Thies Stahl
Triffst du 'nen Frosch unterwegs ...
NLP für die Praxis

Reihe
Pragmatismus & Tradition
Band 1
Herausgegeben von
Thies Stahl

Thies Stahl

Triffst du 'nen Frosch unterwegs ...
NLP für die Praxis

Herausgegeben und bearbeitet
von Isolde Kirchner und Josef Weiß

Junfermann Verlag • Paderborn
1989

© Junfermannsche Verlagsbuchhandlung, Paderborn 1988
2. Auflage 1989
Cover-Illustration: Michael Ryba
Alle Rechte vorbehalten.
Nachdruck oder Vervielfältigung des Buches oder von Teilen daraus
nur mit ausdrücklicher Genehmigung des Verlages.
Gesamtherstellung: PDC — Paderborner Druck Centrum

CIP–Kurztitelaufnahme der Deutschen Bibliothek
Stahl, Thies
Triffst du 'nen Frosch unterwegs ...: NLP für die Praxis /
Thies Stahl. Hrsg. u. bearb. von Isolde Kirchner u. Josef Weiß. —
Paderborn: Junfermann, 1988
(Reihe Pragmatismus & [und] Tradition Bd. 1)
ISBN 3-87387-284-6
NE-Kirchner, Isolde [Bearb.]; GT

ISBN 3-87387-284-6

Inhalt

Einige Überlegungen der Herausgeber		9
Einführung		15
Problem–Physiologie		18
Ziel–Physiologie		19
Ressource–Physiologie		19
Versöhnungs–Physiologie		19
Teil I — Alles in einem		23
1	Das PeneTRANCE-Modell	25
1.1	Kopfschmerz-Entsorgung?	25
1.1.1	Erklärung der Schritte	32
1.2	Kathi Kobus in Rom	38
1.2.1	Kurzform der Schritte	72
1.2.2	Fragen	74
1.3	You are healed, my son!	78
Teil II — Veränderungstechniken erster Ordnung		89
2	Moment of Excellence	91
2.1	Geschenke auf der Ofenbank	92
2.2	Kindergarten	106
2.2.1	Kurzform der Schritte	110
2.3	Im Sitzen, Liegen und auch Stehen	112
2.4	Münchhausens Selbstheilung	119
3	Stuck-State	131
3.1	Nichts geht mehr — oder doch?	133
3.1.1	Fragen	137
3.2	Der Separator-State — Hier und Jetzt oder wo?	139

4	**Kalibrierung**	147
4.1	Hellseherei — oder nicht?	148
5	**Ankern und Change History**	157
5.1	Veränderung der persönlichen Gegenwart	159
5.2	Redegewandt — was immer das heißt!	163
5.2.1	Erklärung der Schritte	170
5.2.2	Fragen	173
5.2.3	Kurzform der Schritte	182
5.3	Integration antagonistischer Zukunftsentwürfe	184
5.3.1	Fragen	187
5.3.2	Kurzform der Schritte	190
6	**Integration zweier dissoziierter Physiologien**	193
6.1	Klimmzüge im Unterholz	202
6.2	Angetrunken nüchtern oder nüchtern angetrunken	209
6.2.1	Der Fluff	213
6.3	Wie hart muß Hartmut sein?	218
6.4	Satt vor Hunger	229
6.4.1	Kurzform der Schritte	236
6.4.2	Fragen	237

Teil III — Veränderungstechniken zweiter Ordnung 243

7	**Reframing**	245
8	**Inhaltliches Reframing**	249
	Typische Klientenäußerungen 1	249
8.1	Haut das hin?	250
8.2	Das denkt der Gegner sicher auch!	255
8.2.1	Gütekriterien	257
8.3	Das nennst du Problem!	258
	Typische Klientenäußerungen 2	261
8.4	Power–Reframing — Der perfekte Ehemann	264
8.4.1	Was passiert beim Reframing?	266
8.5	Standard–Reframings	270

9	Six-Step-Reframing	279
9.1	Zauberei?	279
9.2	Metaphorische Realitäten	306
9.3	Trance — mehr drin als draußen	315
9.4	Interaktionell einwanderhebende Teile	319
9.5	Umgang mit Übertragung und Gegenübertragung	326
9.5.1	Kurzform der Schritte	332
9.5.2	Fragen	334
9.6	Mit Kopf und Bauch dabei	337
9.7	Schritte und Erläuterungen	375
9.7.1	Fragen	387
9.7.2	Kurzform der Schritte	394
9.8	Zitat-Check	397
9.9.	Sechs Schritte auf dem Weg zur Meisterschaft	402

Literatur 405

Einige Überlegungen der Herausgeber

Triffst du 'nen Frosch unterwegs, ... verwandel ihn gleich in einen wunderschönen Prinzen. Aber was ist, wenn er als Prinz dann unter Umständen überhaupt nicht mehr in seine „natürliche Umwelt" paßt? Vielleicht ist er gar nicht in eine Prinzessin verliebt und wäre als Prinz ganz unglücklich ... Also frag ihn erst einmal nach seinen Zielen, was er erreichen will — vielleicht will er gar kein Prinz werden ... Womöglich bleibt er lieber ein Frosch und genießt das Leben zusammen mit anderen Fröschen, anstatt diverse Pflichten als Prinz erfüllen zu müssen. Vielleicht schmecken ihm Fliegen besser als Kaviar und Sekt. Mag sein, daß ihm sein Teich viel mehr gefällt als ein Schloß. Wenn du ihn triffst, ist er vielleicht nur auf der Suche nach seiner Lieblingsseerose und du kannst ihn mit einer entsprechenden Auskunft viel glücklicher machen als mit einer Verwandlung in einen Prinzen.

Mit dieser Metapher soll keinesfalls verneint werden, daß viele Klienten mit dem Wunsch in die Beratung oder Therapie kommen, wie der Frosch im Märchen in einen Prinzen verwandelt zu werden. Neurolinguistisches Programmieren (NLP) stellt dazu, gemäß dem ersten Buchtitel „Frogs into Princes", zwar entsprechende Möglichkeiten bereit, es bietet jedoch noch viel mehr. Davon wird in diesem Buch die Rede sein.

NLP wurde von *Richard Bandler* und *John Grinder* mit großer Wahrnehmungsgenauigkeit und präzisen Kombinations- und Integrationsfähigkeiten aus Beobachtungen und Analysen der therapeutischen Arbeit *Milton Ericksons, Fritz Perls'* und *Virginia Satirs* entwickelt. Das Resultat waren sensationell schnelle Therapieerfolge und verblüffende Veränderungen in der Arbeit mit Klienten. Die entsprechenden Interventionsmethoden wurden auch in der Bundesrepublik bekannt und finden mittlerweile in vielen Bereichen Anwendung.

In der Praxis genießt NLP auch hier immer mehr den Ruf einer sehr effektiven Kurzzeit-Therapiemethode. Daß dem so ist, dazu hat

Thies Stahl, Gründer, Leiter und Trainer der Deutschen Gesellschaft für Neurolinguistisches Programmieren (DGNLP), viel beigetragen. In seinen Seminaren vermittelt er die von ihm weiterentwickelten Interventionsmuster des NLP an Psychologen, Ärzte, Sozialpädagogen, Heilpraktiker, Lehrer, Managementtrainer u. a. Anknüpfend an die Tradition der Humanistischen Psychologie stehen dabei eine erfahrungsorientierte Vorgehensweise und praktische Demonstrationen im Vordergrund.

In dem vorliegenden Buch liegt ein Schwerpunkt auf der Darstellung von Vorführungen der Interventionsmuster, wie sie vor verschiedenen Seminargruppen stattgefunden haben. Ein Charakteristikum dieser Demonstrationen ist, daß *Thies Stahl* die Seminarteilnehmer für eine Einzelarbeit in keiner Weise vorher auswählt. Er selbst meint dazu: „Es kommen immer diejenigen nach vorne, mit denen oder von denen ich selbst am meisten zu lernen habe." In dieser Äußerung wird deutlich, daß er bei der Vermittlung der Interventionsmethoden Übertragung– und Gegenübertragungsphänomene einbezieht. Dies stellt eine Erweiterung des ursprünglichen NLP–Konzepts dar. In der amerikanischen NLP–Literatur kommen diese Begriffe überhaupt nicht vor. Im Gegensatz dazu beinhaltet dieses Buch Hinweise, wie der Umgang mit Übertragung und Gegenübertragung theoretisch und praktisch in NLP–Muster Eingang findet; und zwar so, daß deren Effektivität gewahrt bleibt. Im Falle des Six–Step–Reframings wird das Vorgehen dadurch sogar besser verständlich, überschaubarer und leichter zu handhaben. Dadurch wird NLP auch für jene interessanter, die bisher aufgrund ihrer tiefenpsychologischen Vorbildung mit einigem Recht ein Verfahren kritisch hinterfragt haben, das die Tradition dieser Begriffe unbeachtet und ungenutzt läßt. Schon bei dem ersten elementaren Schritt einer Veränderungsarbeit, dem Aufbau eines tragfähigen Rapports, sind Übertragung–Gegenübertragungskonstellationen oft entscheidend für den weiteren Therapieverlauf. Auch hier bringt der Ansatz von *Thies Stahl* effektive Hilfestellungen für den Umgang mit diesen Phänomenen.

Neurolinguistisches Programmieren erregte bisher vor allem mit den Fällen Aufsehen, in denen Probleme innerhalb kürzester Zeit erfolgreich therapiert wurden, wie zum Beispiel bei der Behandlung von Phobien in zehn Minuten. Solche schnellen Erfolge in der therapeutischen Arbeit sind möglich. Schwierige Probleme können in kürzester Zeit erfolgreich behandelt werden — die Frage ist jedoch, ob die Umgebung des betreffenden Klienten und er selber dies verkraften kann und welche Konsequenzen sich aus solch einer schnellen

Wandlung ergeben. Manche Veränderungen brauchen auch Zeit. Wenn sich als Voraussetzung einer gewünschten Veränderung viele andere Dinge im Leben eines Klienten ebenfalls ändern müssen, geht das oft nicht innerhalb von Minuten. Der Überprüfung dieser Aspekte kommt in der therapeutischen Arbeit große Bedeutung zu. Ökologie ist daher ein viel verwendetes Wort in diesem Buch. Der Lebenszusammenhang des Klienten wird als System verstanden, in dem Veränderungen in bestimmten Bereichen Folgen in verschiedenen anderen Kontexten haben können. Die Vernetztheit der einzelnen Lebensbereiche ist so komplex, daß der Therapeut insbesondere mit Hilfe des Unbewußten des Klienten besser absehen kann, ob angestrebte Veränderungen ökologisch, das heißt verträglich mit allen anderen Bereichen des Klienten sind.

Ein grundlegendes Prinzip für jede verantwortungsbewußte und respektvolle NLP-Anwendung ist es, bei allen Interventionen die Integrität und Souveränität des Klienten zu bewahren. Die in diesem Buch beschriebenen Methoden sind Vorschläge für Vorgehensweisen, die letztendlich nur im intensiven kommunikativen Prozeß zwischen Therapeut und Klient zu voller Wirksamkeit gelangen können. NLP ist mehr als nur eine Aneinanderreihung von Techniken; es ist der Prozeß zwischen Klient und Berater. Dabei wird die implizite Grundhaltung deutlich, daß der Klient selbst alle Möglichkeiten zur Weiterentwicklung in die Therapie mitbringt und dem Therapeuten verbal wie nonverbal den Weg zeigt, auf dem die Behandlung zu einem erfolgreichen Abschluß geführt werden kann. Der Therapeut tut gut daran, diese Hinweise des Klienten zu berücksichtigen, wozu er im vorliegenden Buch viele Anregungen findet.

Jeder therapeutische Prozeß ist in gewisser Weise einzigartig und nicht mit anderen vergleichbar. Wir haben uns dennoch entschlossen, ein Buch über die von *Thies Stahl* weiter- und neuentwickelten Interventionsmuster herauszugeben, die er in seinen Seminaren demonstriert und lehrt. Unserer Erfahrung nach sind strukturierte Hinweise und insbesondere spezielle Formulierungen zu den Methoden eine große Hilfe, die Anwendung von NLP effektiver zu gestalten und dabei immer virtuoser zu werden. Zudem haben wir in den Seminaren so lebendige Demonstrationen erlebt, daß wir sie gerne einem größeren Publikum zugänglich machen wollen. Für Teilnehmer der Seminare wird die Möglichkeit interessant sein, die Demonstrationen noch einmal nachzulesen, da manche Feinheiten erst im Nachhinein deutlich werden könnten.

Dieses Buch ist für Praktiker gedacht, die sich für die eigene Arbeit Ideen und Anregungen holen wollen, wie und was alles mit NLP möglich wird. Es bietet viele Möglichkeiten, die eigene Kreativität und Flexibilität im Umgang mit bestimmten Methoden zu verbessern, da es mit vielen Demonstrationen Anregungen gibt, Formulierungen so zu variieren, bis sie für den Klienten in der jeweiligen Beratungs- und Therapiesituation passen. Außerdem wird es möglich, den systemischen Gedanken des „sowohl ... als auch ..." umzusetzen und nicht nur dem linearen Ansatz des „entweder ... oder" zu folgen. Denn mit NLP wird nicht nach dem Kausalitätsprinzip nur an der Ursache von Symptomen gearbeitet. Es findet in der Therapie viel auf der unbewußten Ebene statt, die eher systemisch organisiert und nicht wie das bewußte Denken vorwiegend der linearen Betrachtungsweise verhaftet ist. Aus diesem Grund zielt eine solche Vorgehensweise eher auf den systemischen Zusammenhang. Ob dies nun den Kontakt mit Klienten in der psychologischen oder medizinischen Praxis betrifft oder das Gespräch mit Kollegen, Vorgesetzten oder Mitarbeitern in der betrieblichen Praxis, so läßt sich immer wieder feststellen, daß NLP überall dort, wo es eine authentische und kongruente Umsetzung findet, sehr effizient eingesetzt werden kann. Wer sich vertieft in dieses Gebiet einarbeitet, wird sehr schnell feststellen, welche vielfältigen Anwendungsmöglichkeiten NLP bietet: vom klinisch therapeutischen Bereich und der medizinischen Praxis über die Erwachsenenbildung bis hin zur betrieblichen Aus- und Weiterbildung mit Themen wie Konfliktmanagement, Teamentwicklung, trainingsorientierte Organisationsentwicklung und Corporate Identity. NLP steht in vielen dieser Gebiete erst am Anfang einer kreativen Umsetzung in die alltägliche Praxis.

Das Buch ist in drei Teile gegliedert. Teil I verdeutlicht in dem von *Thies Stahl* entwickelten PeneTRANCE-Modell, wie der Klient mit Hilfe des Therapeuten durch „penetrantes" Nachfragen zu klaren und eindeutigen Zielvorstellungen seiner Veränderungswünsche gelangen kann und wie diese erreicht und auf ihre Ökologie hin überprüft werden können. Teil II handelt von Veränderungstechniken erster Ordnung. Darunter sind Interventionsmuster zu verstehen, die zu einem Lernen erster Ordnung (nach der Einteilung von *Bateson*) führen. Der Klient lernt eine neue Verhaltensweise oder Reaktion in einem speziellen Kontext. Dies geschieht hauptsächlich mit Hilfe von Ankern, wie in der „Veränderung der persönlichen Geschichte" oder der „Integration zweier dissoziierter Zustände." In Teil III wird der Umgang mit Veränderungstechniken zweiter Ordnung dargestellt. In diesem Fall ist dies das Reframing, sowohl in inhaltlicher als auch in der Six-Step-Form von *Thies Stahl*. Hier findet sich auch der interessante Versuch einer theoretischen Begründung des Six–Step–Reframings, die für die Behandlungspraxis und das therapeutische Vorgehen relevant ist. In sehr verdichteter Form formulierte *Thies Stahl* diese Überlegungen schon im Vorwort zur deutschen „Reframing"–Ausgabe von *Richard Bandler* und *John Grinder*. Diese Gedanken liegen dem von *Thies Stahl* entwickelten Konzept der Versöhnungs–Physiologie zugrunde, das ebenfalls eine Neuerung darstellt und im Text ausführlich erläutert wird.

Dieses Buch entstand aus Seminaraufzeichnungen mehrerer Jahre, die von uns so zusammengefügt wurden, als ob es sich um ein Dreitagesseminar handelt. Die Namen aller zitierten Teilnehmer wurden geändert. Der Inhalt entspricht dem Stoff, der im Grundkurs und Aufbaukurs I der DGNLP vermittelt wird. In der Planung sind weitere Bände, die vertiefende Methoden in ihrer praktischen Anwendung sowie ihrer theoretischen Einordnung darstellen. Wir selbst möchten mit diesem Buch zur Verbreitung der Gedanken des NLP beitragen und wünschen allen Lesern und Leserinnen viel Spaß mit all den Dingen, die sich damit in ihrem Leben verändern.

Unseren herzlichsten Dank möchten wir an dieser Stelle all denen aussprechen, die mit ihrer Energie zum Erscheinen dieses Buches beigetragen haben.

München im Mai 1988 *Isolde Kirchner* und *Josef Weiß*

Einführung

Jeder Mensch hat in seinem Leben sehr viele Erfahrungen gesammelt, mit verschiedenen Menschen an beliebigen Orten, zu den unterschiedlichsten Zeitpunkten. Die Lerngeschichte jedes Einzelnen enthält eine Menge Verhaltensmöglichkeiten, Denkmuster und Handlungsentwürfe. Dieses reichhaltige Reservoir an Fähigkeiten liegt meist brach, anstatt als Quelle für ein befriedigendes Leben zu dienen und bei der Lösung von Problemen zu helfen. Solche vielfältigen Erfahrungen für eine selbständige Nutzung des Klienten verfügbar zu machen ist das wichtigste Ziel im NLP.

Wir können hier gleich damit anfangen. Um möglichst effektiv mit dem hier im folgenden angebotenen Material umzugehen, könnt ihr euch erinnern, wie ihr früher Sachen schnell und gründlich gelernt habt. In welcher Situation war das und in welchem Zustand habt ihr euch befunden? Was gibt es in dieser Situation zu sehen und zu hören, wie fühlt ihr euch? Vielleicht gehört auch ein bestimmter Geruch oder ein Geschmack dazu. Was in eurer inneren und äußeren Wahrnehmung läßt euch wissen, ihr lernt erfolgreich? Nehmt dieses Wissen und stellt auf eine bestimmte, angenehme und sehr individuelle Art und Weise sicher, daß es euch in der Hier-und-Jetzt-Realität dieses Seminars zur Verfügung ist.

Für diejenigen, die in anderen Therapieformen bzw. Methoden der Erwachsenenbildung sozialisiert sind, ist es außerdem wichtig, ihre Identität zum Beispiel als Gestalt- oder Gesprächstherapeut oder als Trainer separat und intakt zu lassen. Ihr habt bestimmte Techniken gelernt, wie ihr in bestimmten beruflichen Situationen reagiert. Je nach Therapiesozialisation macht ihr entweder eine Verbalisierung oder eine TA-analytische Intervention oder was immer. Ihr alle wißt innerlich, woran ihr erkennt, daß ihr kurz davor seid, das zu tun, was ihr als Therapeut oder Trainer gut könnt. Wie merkt ihr das sinnesspezifisch? Es kann ein bestimmtes Körpergefühl sein, ein Bild, ein akustischer Hinweis, etc. Dieses innerlich wahrnehmbare Phänomen könntet ihr als Möglichkeit entdecken, mit dem Teil von euch auf der unbewußten Ebene zu kommunizieren, der die automatischen und unbewußten Komponenten dessen strukturiert, was ihr gelernt habt und jetzt sicher könnt. Wenn ihr dieser Wirklichkeitsauffassung folgt, könnt ihr dieses Gefühl, dieses Bild, dieses akustische Phänomen, etc. als einen direkten „Kommunikationsdraht" zu dem Teil von euch benutzen, der zum Beispiel dafür sorgt, daß ihr bestimmte Interventionen machen könnt, indem er euch etwa auf der unbewußten Ebene bestimmte Intuitionen zusammenstellt. Mit welchen Worten auch immer ihr den unbewußten und automatischen Anteil dessen beschreibt, was ihr gut könnt, ihr solltet innerlich das Einverständnis eures entsprechenden Teiles bekommen, hier neue Dinge ausprobieren zu können, ohne daß er euch dazwischenfunkt. So könnt ihr zum Beispiel Konzentrationsstörungen in diesem Seminar vorbeugen, indem ihr den Teil innerlich personifiziert oder ihn euch auf eine andere, zu euch passende Weise vergegenwärtigt oder symbolisiert und dann zu ihm sagt: „Ich würdige, was du bisher für mich getan hast und wie du meine bewußten und unbewußten Fähigkeiten organisiert und eingesetzt hast. Und ich würdige auch, was du damit bisher in meinem Leben sichergestellt hast oder sicherstellen wolltest. Ich möchte dich bitten, eine Zeitlang deine Bedenken gegen Dinge zurückzuhalten, die dir das zu gefährden scheinen, was du bisher sehr gut für mich tun konntest. Es geht hier nicht darum, dich zu bekämpfen, sondern darum, etwas Neues auszuprobieren. Ich werde deine Integrität bezüglich deiner Ziele und der Verantwortlichkeit für mich und andere sowie deine Funktionsfähigkeit schützen. Außerdem werde ich deine Bedingungen akzeptieren, unter denen du bereit bist, mich hier neue Erfahrungen machen zu lassen."

Wenn ihr einerseits mit NLP-Techniken und andererseits mit anderen Methoden mit Klienten arbeiten wollt, könnte eine solche Bedingung sein, in zwei unterschiedlichen Zimmern mit euren Klienten zu arbeiten. Damit hättet ihr etwas geschaffen, was wir im NLP eine Kontextmarkierung nennen. So könntet ihr in einem Zimmer das machen, was ihr bisher schon gut könnt; im anderen Zimmer arbeitet ihr mit den NLP-Mustern, die ihr hier neu lernt. Auf diese Weise haltet ihr eure bisherigen Fähigkeiten intakt und separat von den NLP-Fähigkeiten, bis sie sich von alleine integrieren. Es gibt sehr viele Möglichkeiten der Kontextmarkierung, um innerlich zu wissen, wann ihr in welchem Zustand seid. Was vermutet ihr, wird es der Wechsel von einem Zimmer ins andere und zurück sein? Eine interessante Kontextmarkierung, von der ich gehört habe, hat sich ein Therapeut geschaffen, dessen Praxis nicht erlaubte, die Zimmer zu wechseln: Er hat die Schuhe gewechselt! Er trug Hausschuhe während der einen Arbeitsweise und elegante Straßenschuhe in der anderen. Er hat sein Verhalten auf diese Art sortiert — und sich so daran erinnert, wie wichtig es ist, sich Zeit zu lassen, bis die Welten von allein zusammenkommen. Welche Schuhe er dann trug, ist nicht überliefert. Das macht auch nichts, denn mit fortschreitender Integration werden die Kontextmarkierungen unwichtiger.

In meinem Fall war die andere Therapie–Richtung hauptsächlich die Gestalttherapie. Ich habe die Ansätze lange Zeit ganz separat gehalten, bis sie sich nach drei oder vier Jahren intensiver Beschäftigung mit NLP und Erickson'scher Hypnosearbeit von alleine integriert haben. Seitdem mache ich häufig Sitzungen, mit denen der Gestalttherapeut in mir genauso zufrieden ist wie der Ericksonianer. Das sind die beiden therapeutischen Sozialisationsinstanzen in mir, die von ihren Grundprämissen her am weitesten auseinanderliegen.

Viele unter euch werden Strategien haben, zum Beispiel etwas Bestimmtes zu sehen und zu hören und kurz darauf nicht mehr genau zu wissen, was sie gesehen und gehört haben. Sie wissen eher, welches Gefühl sie haben, nachdem sie das gesehen und gehört haben. Denjenigen, die jetzt nicken, empfehle ich, die Tatsache zu würdigen, daß ihr diese Strategie habt! In der Terminologie von vorhin heißt das, es gibt einen Teil von euch auf der unbewußten Ebene, der mit dieser Fähigkeit etwas Bestimmtes sehr gut kann und auch sicherstellt. Wenn ihr beim Üben der NLP–Techniken und –Interventionsmuster feststellt, daß sich einige eurer Strategien nicht mit denen vertragen, die ihr hier neu lernt, so laßt den Teil innerlich wissen, daß ihr das würdigt, was er mit der bisher benutzten Strategie erreichen konnte. Versichert ihm, daß ihr die alte Fähigkeit nicht auf den Müll werft, sondern auf jeden Fall für ausgesuchte Situationen erhalten wollt. Wenn ihr zum Beispiel lernen werdet, in der visuellen und auditiven Wahrnehmung zu bleiben, anstatt in das kinästhetische Sinnessystem zu gehen, bleibt die Fähigkeit, Gefühle zu haben, ohne genau zu wissen, welche visuelle oder auditive Wahrnehmung sie bewirkt haben, natürlich für bestimmte Kontexte erhalten.

Es kann für den einen oder die andere von euch neu sein, sich auf bestimmte Zustände des Klienten zu kalibrieren. Das bedeutet, diese Zustände möglichst detailliert und genau wahrzunehmen und diese Wahrnehmung innerlich so zu speichern, um die gleichen Zustände wiederzuerkennen, wenn sie später erneut auftreten. Bei der Kalibrierung ist die genaue Wahrnehmung von einigen Parametern in der Arbeit mit dem Klienten wichtig. Ihr werdet lernen, euch darauf zu eichen, wie der Klient aussieht und wie sich seine Stimme anhört, eventuell auch, wie er sich anfühlt, damit ihr die Zustände identifizieren könnt, wenn sie erneut auftauchen. Kennzeichen für den Zustand eines Klienten, wenn er sich z. B. an etwas zurückerinnert, könnten zum Beispiel ein leichtes Aufrichten, eine heftige Atmung, eine leichte Gesichtsrötung und eine laute, tiefe Stimme sein. Diesen körperlichen Gesamteindruck bzw. -ausdruck nennen wir die „Physiologie". Folgende physiologische Parameter sind im NLP von Bedeutung:

— Atmung: Amplitude (Brust-, Bauch- oder Zwerchfellatmung), Frequenz und Volumen
— Lippengröße
— Gesichtsfarbe
— Muskeltonus/Muskelspannung
— Haltung
— ideomotorische, d .h. unbewußte Bewegungen
— Augen: Blickrichtung, Lidreflex, Größe, Feuchtigkeit
— Stimme: Tonlage, Lautstärke, Timbre
— Schweißproduktion

Mit Hilfe dieser Parameter können viele einzigartige physiologische Zustände unterschieden werden. Einzigartig deshalb, weil die Vielfalt der Menschen sich in ihren Physiologien spiegelt. Dennoch ist eine Klassifikation bestimmter Physiologie-Typen möglich. Im NLP unterscheiden wir unter anderem zwischen folgenden Zuständen.

Problem–Physiologie

Sie ist definiert als der Zustand, aus dem heraus der Klient benennt, was er problematisch findet, und auf welche Weise er dies im einzelnen tut. In den meisten orthodoxen Therapien verbringt der Klient den größten Teil der Zeit im wesentlichen in der Problem–Physiologie. Während er die verschiedenen Szenen der Entstehungsgeschichte beschreibt, in denen er sein Verhalten immer problematisch fand, ist er genauso in diesem Zustand wie bei der Schilderung seiner Erwartungen, wo es problematisch sein wird. Die Problem–Physiologie durchzieht alle diese isomorphen Szenen als ihr wesentliches konstituierendes Element.

Ziel–Physiologie

Sie ist definiert als die Physiologie, die mein Klient mir in den meisten Veränderungs–Techniken des NLP am Anfang einmal zeigen muß, damit ich als Therapeut weiß, woran ich erkennen werde, wann die Veränderungsarbeit abgeschlossen ist. Im Pene-TRANCE–Modell, dem ersten Muster, was ich euch hier vorstellen werde, wird der Umgang mit der Ziel–Physiologie detailliert gezeigt.

Ressource–Physiologie

Die Ressource–Physiologie ist sehr ähnlich der Ziel–Physiologie. Sie wird definiert als die Physiologie der Fähigkeiten, mit Hilfe derer mein Klient in die Ziel–Physiologie kommen kann. Atmung, Haltung, Muskeltonus und ideomotorische Bewegungen werden in beiden Zuständen ähnlich sein. Am Ende der Veränderungsarbeit sollte er gelernt haben, die Ressource–Physiologie selbst einzusetzen

Versöhnungs–Physiologie

Die Versöhnungs–Physiologie zeigt der Klient in dem Moment, wo ihm bewußt wird, daß es sinnvoll ist, das Problemverhalten zur Verfügung zu haben; sei es, daß dadurch erst etwas Bestimmtes möglich wird oder daß das Verhalten einen Schutz bietet. In diesem Augenblick versöhnt sich der Klient mit sich selbst als ein mit dem Problemverhalten behafteter Mensch. Er erkennt, daß es keinen Grund gibt, sich noch länger selbst zu bekämpfen. Er oder sie sagt dann nicht mehr zu sich selbst, „jetzt habe ich schon wieder das und das gemacht", sondern eher, „gut, daß ich das kann, gelernt ist gelernt". Mediziner würden von dem Wechsel von sympathikus- zu parasympathikusaktivierter Physiologie sprechen. Der Klient wechselt im Gesamtausdruck von einem Zustand, in dem er vielleicht zu sich selbst sagt, „was bin ich für ein schlechter Mensch", und in dem er eine blasse Hautfarbe, eine verspannte und unsymmetrische Haltung und autoaggressive Gesten zeigt, zu einer Physiologie, die womöglich mit den inneren Worten „toll, daß ich dieses Verhalten habe" und mehr Durchblutung, einer tieferen Atmung, einer entspannten, symmetrischen, aufrechten Haltung und einem berührten oder bewegten Gesichtsausdruck verbunden ist.

Die Versöhnungs–Physiologie ist definiert als die Physiologie, die zu dem häufig als sehr intensiv wahrgenommenen Erlebnis des Klienten dazugehört, wenn er plötzlich weiß, daß das Verhalten, das er loswerden will, für etwas Bestimmtes in seinem Leben absolut sinnvoll und unverzichtbar ist. In dem Moment, wo er irgendwie würdigen kann, welche Funktion das Verhalten in bestimmten Kontexten hat, zeigt er mir diesen physiologischen Wechsel. *Richard Bandler* und *John Grinder* sprechen vom Wechsel von sympathikusaktivierter zu parasympathikusaktivierter Physiologie. Ich nenne ihn die Versöhnungs–Physiologie.

Ihr werdet euch in der Arbeit mit NLP–Methoden auf diese verschiedenen Physiologien kalibrieren lernen. Laßt euch überraschen, wie euer Unbewußtes es fertigbringt, euch davon zu überzeugen, daß ihr das schon könnt und es nicht mehr ganz von Anfang an lernen müßt, sondern diese Physiologien schon immer wahrgenommen habt. Vielleicht müßt ihr nur noch lernen, systematischer wahrzunehmen und in bestimmten Situationen das Wahrgenommene nicht kinästhetisch abzubilden.

In meinen Seminaren sollen weniger theoretische Vorträge über NLP referiert werden, sondern mehr praktische Anleitungen für die Anwendung der Techniken in der Beratungs- und therapeutischen Praxis und im Trainingsbereich angeboten werden. Dabei gehe ich vom Prinzip des erfahrungsorientierten Lernens aus: Ihr lernt NLP am besten, wenn ihr es selbst erfahrt; und zwar sowohl in der Rolle des Klienten als auch des Beraters oder Beobachters. Dazu ist eine Dreiergruppe als Übungskontext am besten geeignet. Sie enthält eine(n) Klienten(in), eine(n) Berater(in) und eine(n) Beobachter(in), der/die dem(der) Berater(in) Hilfestellung geben soll.

Bevor ihr jeweils in die Kleingruppen geht, um die verschiedenen Techniken auszuprobieren, werde ich die Modelle kurz theoretisch darstellen und mit einem oder mehreren Teilnehmern vorführen. In den Demonstrationen werde ich mich B nennen. B ist immer die Abkürzung für Berater, Supervisor oder Therapeut. Der oder die, mit dem oder der ich die Methode zeigen werde, wird A sein. Und ihr alle seid in der Beobachter-Position, die der Einfachheit halber C genannt wird. Diese Aufteilung in die A–, B–, und C–Position ist die Standardaufteilung in den meisten Kleingruppenübungen, die wir machen werden. Die Funktion von C wird generell sein, Feedback für B bereit zu stellen; und zwar ein sinnesspezifisches Interaktionsfeedback. Damit ist gemeint, daß C sich im Feedback zunächst aller Interpretationen und Wertungen enthält und „nur" direkt beobachtbares Interaktionsverhalten beschreibt. Statt zu sagen, „da und da warst du hilflos, oder arrogant, etc.", bietet C am Ende der Arbeit B etwa folgende Beschreibungen an: „Wann immer A's Stimme lauter, schneller und höher wurde, bist du um einige Grade blasser geworden, hast für zwei Sekunden die Luft angehalten und danach etwas flacher geatmet" oder „Wenn immer du deinen Kopf ein wenig zurückgelegt und dabei die Augenbrauen um fünf Millimeter angehoben hast, hat dein A den Blick gesenkt und seine Stimme wurde leiser." Das ist ein „high quality feedback", weil bei der Übermittlung von C an B nur ein Minimum an Information verloren geht. B hat also die Chance, innerlich zu einer zumindest annähernd ähnlichen Repräsentation der beschriebenen Interaktion zu kommen wie C. Hat C demonstriert, daß er oder sie ein in dieser Weise sinnesspezifisches Feedback geben kann, hat er oder sie sich sozusagen das Recht erkämpft, ein interpretierendes und eventuell auch wertendes Feedback zu geben — wenn ihm oder ihr noch der Sinn danach stehen sollte.

Kurt: Also ist auch abwertendes Feedback erlaubt?

Natürlich ... in einem bestimmten Sinne. Nur unter der Voraussetzung, daß C mit dem sinnesspezifischen Feedback einen doppelten Beweis erbracht hat: Erstens, daß seine Wahrnehmungsfähigkeit ausgebildet genug ist, um als Grundlage für die Verantwortung zu dienen, die er eingeht, wenn er B unerfreuliche Sachen sagt. Und zweitens, daß er nicht nur schlicht seine eigenen kommunikativen Unzulänglichkeiten auf B projiziert, sondern den anderen wahrnehmen kann, ohne ein Interesse daran zu haben, daß B bei einer Beschreibung seines Tuns schlecht abschneidet. Je deutlicher er seine dann vorhandene Fähigkeit demonstriert, eine präzise, mikrodynamische, sinnlich begründete Interaktionsbeschreibung zu liefern, desto größer ist meiner Meinung nach die Wahrscheinlichkeit, daß er, ohne sich zu verhärten, B Dinge sagen kann, die ihm normalerweise vielleicht vorenthalten werden, aber als korrigierendes Feedback absolut notwendig sind.

Aber stimmt, du hast Recht, abwertend ist dann nicht das richtige Wort. (Lacht) Man kann z.B. scheinbar abwertende Dinge sehr aufwertend–zugewandt sagen, wie zum Beispiel (in Richtung von Kurt, der noch sehr angespannt in den Startlöchern zum Kritisieren sitzt): „Du bist wirklich reichlich blind für die Erfolge, die du in der Kommunikation mit anderen hast!" (Kurt entspannt sich sichtlich und nickt nachdenklich, lacht schließlich.)

Teil I

Alles in einem

1 Das PeneTRANCE-Modell

Am Anfang des Seminares möchte ich eine Übung mit euch machen, die die wichtigsten Prinzipien des NLP verdeutlicht. Ich werde die fünf Schritte dieser Übung hier vorne mit jemandem demonstrieren. Im Anschluß daran möchte ich die Methode kurz im Zusammenhang darstellen. Und danach könnt ihr sie selbst ausprobieren.

Für dieses Modell brauche ich jemanden mit einem Veränderungswunsch in bezug auf sein oder ihr privates und/oder professionelles Leben. Aus den infrage kommenden Zielen solltet ihr eines auswählen, das trotz des Grades von Öffentlichkeit der Großgruppe hier benennbar ist. Im NLP gibt es sehr viele Interventionsmuster, die es nicht erforderlich machen, daß B den Inhalt des Veränderungswunsches von A weiß. In dieser Übung, die ich jetzt demonstrieren möchte, brauchen wir den Inhalt, um unser Gehör für bestimmte Charakteristika von Zielformulierungen zu schulen. Gibt es jemanden, der oder die ein relevantes persönliches Veränderungsziel hat und nach vorn (klopft mit der linken Hand neben sich auf den Tisch, auf dem er vor der Gruppe sitzt) kommen würde?

1.1 Kopfschmerz-Entsorgung?

Markus: Ich habe ein Ziel!

Thies: Herzlichen Glückwunsch!

Markus: Danke. Allerdings ist das weniger ein Anlaß zu gratulieren, denn ich habe ziemliche Kopfschmerzen.

Thies: Trotzdem, herzlichen Glückwunsch, (Markus schaut ihn verständnislos an) denn du bist gerade das Risiko eingegangen, dein Ziel zu erreichen. (Die Gruppe lacht.) Wie heißt du?

Markus: Markus Maier, und Sie?

Thies: Thies Stahl. Ach, übrigens ...

(zur Gruppe) ... wenn ihr einverstanden seid, legen wir als Seminarsprache das Duzen fest. Oder möchte jemand gesiezt werden? (Er sieht sich um.)

Markus: Würdest du denn wirklich siezen? Ich meine, wenn ich nun auf diese Frage ja sagen würde?

Thies: Ja.

Das habe ich schon erlebt: Ein etwas älterer, sehr distinguiert aussehender Mann sagte auf diese Frage „Ja", ganz locker und souverän. Ich habe mich daran gehalten und ihn drei Tage lang als einzigen von dreißig Seminarteilnehmern gesiezt. Das war eine tolle Erfahrung für mich, der ich frisch aus der humanistischen Therapie-Szene kam, wo jemand im Anzug und mit dem Anliegen, gesiezt zu werden, meist nicht sehr „alt" in den Gruppen wurde. Seit diesem Ereignis habe ich wieder die Wahlfreiheit darüber, ob ich jemanden duzen oder siezen will und vor allem auch, wann ich das eine in das andere umändern möchte. Also, möchte jemand gesiezt werden? (Er sieht abwechselnd in die Gruppe, in der viele den Kopf schütteln und keiner etwas sagt, und zu Markus, der Ansätze zu einer Na–Gut–Geste zeigt.)

Thies: Mir wäre das Duzen eigentlich lieber.

Markus: O. K.

Nachdem A und B sich etwas kennengelernt und Kontakt bekommen haben, im NLP sprechen wir von Rapport ...

Thies (zu Markus): Ist es O. K., wenn ich ab und zu (dreht sich dabei zur Gruppe) in die Richtung kommentiere?

Markus (nickt): Ja.

Thies: O. K., danke.

Rapport ist ein Begriff, der aus der Hypnose übernommen wurde. Im NLP gibt es für beinahe alles neue Begriffe. In diesem Fall ist es ein alter neuer, der aber ganz sinnvoll ist. Wir kommen später noch darauf zurück.

Kommt ruhig ein bißchen näher. (Er winkt die Seminarteilnehmer dichter zu sich heran). Gezielte Wahrnehmungsübungen machen wir zwar erst später, aber tut für den Moment so, als sei es wichtig, dicht genug zu sitzen, um Veränderungen in der Atmung, Gesichtsfarbe etc. wahrnehmen zu können.

Nachdem B also mit A (sieht Markus an, beide nicken und lächeln) in Kontakt gekommen ist, fragt B:

Thies: Was ist dein Ziel, was willst du erreichen?

Markus: Also wie gesagt, die Kopfschmerzen, ich möchte sie loswerden! (Er macht das entsprechende „Kopfschmerzgesicht", verbunden mit einer Bewegung der rechten Hand in Richtung auf sein rechtes Ohr.)

Thies (der rechts von ihm sitzt, lachend): Ich hoffe, es ist nicht meine Stimme?

Markus (lacht auch): Nein.

Thies: Gott sei Dank! Dein Wunsch ist übrigens gefährlich. Wenn du mit diesem Wunsch zum Beispiel an *Richard Bandler* geraten wärest, würde er vielleicht so tun, als zöge er seinen Colt aus der Tasche. (Er spielt das entsprechende Verhalten, tut so, als hielte er Markus am Hals und ihm die Pistole an die Schläfe und sagt dann mit tiefer Stimme): O. K. Baby, dann wollen wir mal! Oder willst du sie doch behalten?

(Alle lachen.)

Thies: So etwas würde ich ja nie tun. Ich würde vielleicht darauf hinweisen, daß sich heute mehr und mehr die Einsicht durchgesetzt hat, daß man Dinge nicht so einfach loswerden kann. (Zur Seite nach hinten gewandt:) Wie weit sind Sie mit dem Endlager für Kopfschmerzen? Was, Sie haben nur ein Zwischenlager! (Alle lachen, Markus lächelt nachdenklich und berührt.) Während du vielleicht über Recycling oder gezielte Verwendungsmöglichkeiten von Kopfschmerzen nachdenkst, gehe ich mal gerade an die Tafel? (Markus nickt.)

B achtet in dieser Übung darauf, daß die Zieldefinition von A bestimmten Kriterien genügt. Wann immer sie diesen Kriterien nicht genügt, wird B tätig und stellt penetrant Fragen. Das erste nicht erfüllte Kriterium in dieser Demonstration ist: DIE ZIELDEFINITION SOLL KEINE NEGATION ENTHALTEN! Besser gesagt: Die Zieldefinition soll positiv formuliert sein. Mir gefällt die negative sprachliche Fassung dieses Kriteriums besser, weil „positiv sein" heutzutage bestimmte Assoziationen anregt, und weil „keine Negation" als Imperativ so herrlich inkonsequent ist: „Du sollst nicht anderen etwas vorschreiben!" Beispiele für negativ formulierte Ziele sind: Ich möchte nicht mehr diese Angst haben, ... keine Angst haben, ... entspannt sein (im Sinne von nicht angespannt sein), ... das Rauchen/Saufen etc. aufgeben. Und eben auch: ... Kopfschmerzen loswerden!

Wenn die Zieldefinition eine Negation enthält, stellt B eine ganz einfache Frage. Prägt sie euch bitte ein, weil ihr euch später in penetrantester Weise auf sie beschränken und alles andere vergessen sollt, was ihr gut und sicher tun könnt. Diese Frage lautet:

Thies: Markus, woran wirst du erkennen, wenn du dein Ziel erreicht hast, die Kopfschmerzen loszuwerden? Wie wirst du wissen,

wann es so weit ist, daß du dein Ziel erreicht hast, die Kopfschmerzen loszuwerden?
Markus (verwirrt und etwas unwirsch): Wie?
Falls ihr das mit Klienten macht, solltet ihr vorher deren Erlaubnis einholen, eine Zeitlang ungewöhnliche Fragen stellen zu dürfen. Ihr braucht auch die Erlaubnis, unterbrechen zu können, wenn es sein muß sogar oft — worauf wir später noch kommen werden.
Thies: Darf ich häufig unterbrechen und ungewöhnliche Fragen stellen?
Markus: Ja. (Er schüttelt leicht den Kopf, seine Stimme klingt hart.)
Stellt auf jeden Fall sicher, daß ihr ein kongruentes „Ja" bekommt (er spiegelt dabei in Stimme und Kopfschütteln das nonverbale Verhalten von Markus). Angenommen, ...
Thies: ... das wäre kein hundertprozentiges Ja, gäbe es Bedingungen, unter denen du hundertprozentig Ja sagen würdest?
Markus: Äh, ... wie meinst du das?
Thies: Es könnte ja sein, daß du das Recht haben möchtest, die Erlaubnis zurückzuziehen, wenn es dir zuviel werden sollte.
Markus: Ja, genau, stimmt überhaupt!
Thies: Selbstverständlich hast du dieses Recht. Wohlwissend, das du es hast, habe ich deine Erlaubnis, dir ungewöhnliche Fragen zu stellen und dich, wenn es sein muß, auch oft zu unterbrechen?
Markus (jetzt mit einem Kopfnicken und eher sanfter Stimme): Ja.
Dieses ist ein kongruenteres Ja, oder? (Einige Teilnehmer nicken und lachen.)
Thies: Woran wirst du erkennen, wenn du dein Ziel erreicht hast und die Kopfschmerzen losgeworden bist? Und während du nachdenkst, ...
Für meine Arbeit mit Paaren im Clinch, die völlig im blame-game verfangen sind, sich also mit gegenseitigen Anklagen und Schuldvorwürfen nur so überhäufen, habe ich ein sehr wirksames Interventionsmuster entwickelt: Die „Kleine Schule des Wünschens". Wenn man den anklagenden Partner dazu gebracht hat, den hinter der Anklage an den anderen Partner stehenden Wunsch zu sagen, dann wünscht er sich in der Regel ... NICHTS! Ein Vakuum, die Abwesenheit von etwas! Ich wünsche mir (nörgelnde, hohe krächzende Stimme), daß du endlich aufhörst ... (Markus zeigt das nonverbale Verhalten von jemand, der gerade einen Einfall hat.) ... Kopfschmerzen zu haben.
Markus (lacht und zeigt einen deutlichen Wechsel in der Physiologie: mehr Farbe im Gesicht, Schultern etwas tiefer, entspannt): Also gut, die Antwort ist, ich werde lockerer sein.

Thies: Woran wirst du erkennen, wenn du dein Ziel erreicht hast, lockerer zu sein? Und während du nachdenkst, kommentiere ich noch einmal zur Gruppe. (Markus nickt.)

Unser nächstes Kriterium ist: DIE ZIELDEFINITION SOLL KEINE VERGLEICHE ENTHALTEN. „Lockerer" als wann? Denkt mal folgenden Satz zu Ende: Ich möchte reicher sein. Wie habt ihr die getilgte andere Hälfte des Vergleiches ersetzt? Viele haben gedacht, als ich es jetzt bin, richtig? In dieser Art von alltäglicher Selbst–Hypnose wirkt eine Repräsentation des Status–Quo — innerlich leise zu Ende gedacht. Diese Form der Alltagshypnose wirkt ganz ähnlich wie jene Suggestion, die zum Beispiel ein Klient mit einem Eßproblem auf sich selbst anwendet, wenn er nachts durch die Wohnung tigert und zu sich selber sagt: „Denke nicht an die leckeren Hühnerschenkel, die im Kühlschrank liegen!"

Diese auf *Milton H. Erickson* zurückgehenden hypnotischen Sprachmuster lassen sich nicht nur als indirekte Selbst–Suggestionen anwenden, sondern auch im Umgang mit anderen Menschen: Ich möchte nicht (mit langsamer, eindringlicher Stimme), daß ihr schon jetzt anfangt, die Kriterien für wohlgeformte Zielformulierungen zu lernen; und außerdem möchte ich auf jeden Fall vermeiden, daß ihr schon jetzt darüber nachdenkt, wie es wäre, wenn ihr einen Teil auf der unbewußten Ebene entwickelt, dessen Aufgabe es wäre, euren inneren Dialog auf die Wohlgeformtheit seiner zielgerichteten Überlegungen hin zu überprüfen ... sondern erst gleich damit fortfahrt, wenn ihr die anderen Kriterien kennengelernt habt. Also, ...

Thies: ... wie wirst du erkennen, wenn du dein Ziel erreicht hast, lockerer zu sein?
Markus: Ich werde nicht mehr so angestrengt darüber nachdenken, ob das, was ich tue, richtig ist.
Thies: Rate mal, welche Frage jetzt kommt.
Markus: Wie werde ich erkennen, wenn ich nicht mehr so angestrengt darüber nachdenke, ob das, was ich tue richtig ist, oder nicht?
Thies: Genau. Und wie heißt die Antwort? Die verbale meine ich.
Markus: Ich höre mich innerlich nicht reden.
Thies: Und angenommen, das passiert in einer Sekunde: Woran wirst du erkennen, daß du dich innerlich nicht reden hörst?
Markus (zeigt einen ähnlichen Wechsel in der Physiologie): Ich fühle mich frei?

Jetzt brauchen wir ein neues Kriterium: DIE ZIELDEFINITION SOLL SINNESSPEZIFISCH–KONKRET SEIN. Sinnesspezifisch ist sie schon: Er wird es im kinästhetischen Repräsentationssystem erkennen, wenn er sein Ziel erreicht hat. Um die Zieldefinition noch konkreter zu bekommen, frage ich, ...

Thies: ... ist das Gefühl eher ganzheitlich oder ist es eher irgendwo im Körper lokalisiert?

Markus (zeigt wieder den Physiologie-Wechsel): Lokalisiert; (er legt sich die Hand auf den Bauch) hier so.

Thies: Ist es gleichbleibend oder periodisch, etwa synchron mit der Atmung oder dem Pulsschlag?

Markus: Es ändert sich mit der Atmung.

Thies: Wird es intensiver beim Ein- oder beim Ausatmen?

Markus: Intensiver beim Ausatmen.

Thies: Ist es symmetrisch zur Mittellinie oder ist es asymmetrisch?

Markus: Symmetrisch (diesmal ohne nachzudenken, etwas abgelenkt).

Thies: Angenommen, ... es wäre doch eine Asymmetrie, vielleicht eine ganz leichte oder eine, die nur für einen kurzen Moment da wäre, aber die eventuell irgendwie sehr typisch ist! Wäre sie dann im rechten oder im linken Bereich ausgedehnter?

Markus (wieder mit einem Physiologie-Wechsel): Im rechten.

Thies: Ist das eher eine Wärme-, oder eher eine Kälteempfindung?

Markus: Wärme!

Jetzt sind wir am Ende von Schritt 1 dieser Methode: A hat sein höchstindividuelles Zielerkennungsphänomen. Bei Markus ist es ein beim Ausatmen intensiveres, nach rechts asymmetrisches, im Bauch lokalisiertes Wärmegefühl.

Georg: Wovon hängt es ab, wie detailliert das Phänomen beschrieben werden soll?

Einmal davon, ob die Ziel-Physiologie deutlich ausgeprägt erkennbar ist. Bei Markus konntet ihr sehen, daß bei jeder neuen Antwort die Ziel-Physiologie zurückkam. Wenn ich als B in meiner Wahrnehmung auf die Ziel-Physiologie kalibriert bin, mir also sicher bin, daß ich sie später wiedererkenne, dann habe ich genug solcher Submodalitätsfragen gestellt. Ein zweites Kriterium dafür, ob das Zielerkennungsphänomen konkret genug ist, ergibt sich aus meiner Bereitschaft als B, meinem A etwas Gutes zu tun. Habe ich diese Bereitschaft, ...

Thies: ... ach, ganz nebenbei, ist das Gefühl eher tief drinnen, zum Körperzentrum hin, oder eher gerade unter der Haut, mehr peripher?

Markus (zeigt wieder den Physiologie-Wechsel): Tief drin.

Thies: Und sind die Grenzen zwischen dem Zustand, wo das Gefühl noch zu spüren ist, und dem, wo es nicht mehr zu spüren ist, sehr distinkt, sehr scharf gezogen?
Markus (wieder Physiologie-Wechsel): Distinkt.

Habe ich also die Bereitschaft, meinem A etwas Gutes zu tun, frage ich ihm nicht ein Loch in den Bauch, sondern ein bestimmtes Gefühl. (Markus und Thies lachen sich an.)
Dagmar: Und, sind denn nun die Kopfschmerzen weg?
Markus: Äh. (Wechselt in die erste Physiologie, die Problem–Physiologie.) Nein, aber sie sind nicht mehr so stark.
Thies: Sind die Kopfschmerzen in dem Moment noch da, in dem du sehr deutlich das Wärmegefühl spürst, lokalisiert im Bauch, tief drinnen, nach rechts hin asymmetrisch, beim Ausatmen intensiver werdend, ...?
Markus (wechselt während einer leichten Trance in die Ziel–Physiologie): Wie, ... Kopfschmerzen? (Er wechselt beim Reorientieren zurück in die Problem–Physiologie.) Also, wie gesagt, lange nicht mehr so stark.
Thies: Pflege und hege sie, denn es geht jetzt nicht darum, daß wir sie „wegüberlisten". Wer weiß, was dann passiert (er macht noch einmal die Geste mit dem imaginativen Colt); vielleicht bist du auf einmal kopflos. (Markus nickt nachdenklich, sieht sehr berührt aus und entspannt sich.)

Diese Physiologie prägt euch bitte ein; ich nenne sie die Versöhnungs–Physiologie.

Thies: Kann es sein, daß du eben gerade eine Idee bekommen hast, wofür die Kopfschmerzen gut waren?
Markus (nickt und lacht): Kopflos, ja, andere würden das vielleicht rückgratlos nennen, oder treuelos, sich selbst gegenüber meine ich natürlich.
Thies: Natürlich.

In dieser Übung geht es darum, daß ich als B einmal die Ziel–Physiologie sehen kann, damit ich später nach meiner Intervention weiß, ob das, was ich getan habe, erfolgreich war. Am Ende von Schritt 1 dieser Übung weiß A, wie er oder sie in seinem subjektiven, inneren Erleben erkennen wird, wenn er oder sie das Ziel erreicht hat. Und B weiß, wie A aussehen wird, wenn die dann folgenden therapeutischen Schritte erfolgreich waren.

Thies: Ich würde es gerne an dieser Stelle so lassen, wenn du einverstanden bist, und dich vielleicht später hier vorne wieder begrüßen.

(Markus nickt, nimmt die Hand, die Thies ihm entgegenstreckt.) Ich danke dir erstmal.
Markus: Ich danke dir. (Er geht auf seinen Platz.)

1.1.1 Erklärung der Schritte

Als ersten Schritt in diesem Modell fragt ihr euren Klienten: „Was ist dein Ziel?" oder „Was willst du erreichen?" Darauf kommt irgendeine verbale Antwort. Ihr wollt eine *situationsspezifische* Antwort und fragt zuerst: „Wann und wo wirst du dich wem gegenüber wie verhalten, wenn du dein Ziel erreicht hast, xyz zu können, zu erleben oder zu machen?" — wobei xyz das wörtliche Zitat des Klienten ist! Daraufhin seht ihr meist wie eben bei Markus einen kleinen Trance–Zustand. Die Frage ist so kompliziert, daß man ein bißchen in Trance gehen muß, um die Antwort zu finden. Das haben auch alle kommenden Fragen gemeinsam. Deswegen habe ich dieses Vorgehen PeneTRANCE genannt. Um diese und die folgenden Fragen beantworten zu können, muß der Klient in die „Zukunft regredieren" und nach einer wichtigen Erlebnisdimension suchen, die vielleicht aus einem anderen Zusammenhang bereits bekannt ist. Um ihm oder ihr diese Erfahrung zu ermöglichen, müßt ihr sehr penetrant nachfragen und wirklich auf genauen Antworten bestehen.

Die *Zieldefinition* soll nicht nur *situationsspezifisch*, sondern auch *konkret* sein. Nicht nur der Kontext, sondern auch das Verhalten soll so detailliert wie möglich beschrieben werden.

Dann prüft ihr, ob *keine Negation* und *kein Vergleich* in der Zieldefinition enthalten ist, und ob sie einen *kurzen Feedback–Bogen* hat. Ein Beispiel für eine Zieldefinition mit langem Feedback–Bogen ist, wenn jemand sagt: „Ich möchte es schaffen, weniger zu rauchen und ich werde wissen, daß ich mein Ziel erreicht habe, wenn die Schachtel abends noch halb voll statt leer ist." Dann weiß derjenige nicht genau, was er wann im einzelnen getan hat, um in dieser Weise erfolgreich zu sein. Er bekommt das Feedback über seinen Erfolg zu spät. Wichtig ist in diesem Modell ein kurzer Feedback–Bogen. Möglichst so kurz, daß der Klient, während er sich in bestimmter Weise verhält, merken kann, ob es das ist, was er als Ziel will, bzw. ob ihn das dem Ziel näher bringt.

Mit der folgenden Frage könnt ihr dem Klienten helfen, einen möglichst kurzen Feedback–Bogen zu erhalten: „Tu so, als gäbe es in der Situation *selbst* schon die Möglichkeit, daß du wahrnehmen kannst, ob du das Ziel erreichst oder nicht. Was wäre das?" Dieses „Tu so als ob" ist eines der wichtigsten Manöver im NLP.

Wenn ihr damit die Information, die ihr braucht, auch nicht bekommt, holt ihr den Klienten am besten aus seiner Sitzhaltung heraus; damit ändert ihr seine Physiologie. Ihr tut so, als wenn er in dem Zustand, in dem er da saß, keinen Zugang zu der gesuchten Information hatte. Eine andere interessante Methode ist die, ihn durch Herausholen aus der Sitzhaltung in eine andere Physiologie zu bringen, und ihm dann mit Blick zurück zu der Stelle, wo er zuvor saß, zu sagen: „Verwandel dich mal in irgend jemanden, der weiß, in welcher Situation und auf welche Weise *er* (zeigt wieder auf die Stelle) das schon viel früher erkennen könnte! Wer kennt dich gut genug, um das zu wissen? Oder verwandel dich für einen Moment in jemanden, der das, was du erreichen willst, enorm gut kann. In welcher Situation und auf welche Weise würde der erkennen, daß er erfolgreich ist?"

Das sogenannte Zielerkennungsphänomen soll *SINNESSPEZIFISCH* angegeben werden. Um das zu erreichen, gibt es eine einfache stereotype Frage: „Woran wirst du erkennen, wenn du das Ziel erreicht hast?" Ihr wollt wissen, ob der Klient in der Situation etwas Bestimmtes wahrnimmt, aufgrund dessen er weiß, daß er sein Ziel erreicht hat; ob er etwas vor dem inneren Auge sieht oder ob er die Dinge um sich herum in einer bestimmten Art sieht — zum Beispiel besonders farbig oder mit viel Tiefenwirkung, etc. —, ob er etwas hört vor dem inneren Ohr oder ob er eine bestimmte Art des Hörens entwickelt für das, was von außen kommt — zum Beispiel besonders stereophon hört oder mit hoher Sensibilität —, oder ob er ein bestimmtes inneres Körpergefühl hat oder eine bestimmte Art des Tastens oder ein Geruchs- oder Geschmackserlebnis. Es ist sehr wichtig, daß der Klient genau angeben kann, wie und was er wahrnehmen wird, wenn er im Ziel ist. Ob er es über ein Körpergefühl, über ein Bild, über die Akustik oder über das Riechen oder Schmecken erkennen wird. Dies wird im NLP immer folgendermaßen abgekürzt: V_{isuell} $A_{kustisch}$ $K_{inästhetisch}$ $O_{lfaktorisch}$ (V.A.K.O.).

Wenn die Zieldefinition den Kriterien nicht genügt, seht ihr beim Klienten die Problem-Physiologie. Benennt er oder sie das Ziel möglichst wohlgeformt, im Sinne dieser Kriterien, zeigt er die Ziel-Physiologie. Wenn in seiner Zieldefinition jeweils ein Kriterium mehr erfüllt ist, kommt die Ziel-Physiologie entweder für einen kurzen Moment voll entwickelt oder kontinuierlich, aber jeweils intensiver werdend.

So weit war ich vorhin mit Markus gekommen. An dieser Stelle ist es ohne weiteres möglich, zu unterbrechen und zu einem späteren Zeitpunkt die Arbeit fortzusetzen. Oftmals passiert in diesem Schritt so viel, daß sich die Ziel-Hierarchie ändert und das Ziel nicht mehr wichtig ist oder es ganz aufgegeben wird. Meist ist diese Veränderung in der Ziel-Hierarchie verbunden damit, daß der Klient eine Versöhnungs-Physiologie zeigt und ihm oder ihr klar wird, wozu der Zustand oder das Verhalten gut ist, das er oder sie ändern wollte — zumindest so lange, bis irgend etwas anderes zusätzlich oder zuerst gelernt wird. (Markus lächelt und nickt, während er die Ziel-Physiologie zeigt.) Etwas Ähnliches sahen wir vorhin bei Markus. Wir können deshalb davon ausgehen, daß wahrscheinlich implizit schon Schritte vorweggenommen wurden, die ich als Schritt 3 und 4 dieses Modells gleich erklären werde.

Zunächst jedoch zum zweiten Schritt. Da induziert ihr eine günstige Such-Physiologie, indem ihr sagt: „Du als reifer, erwachsener Mann oder reife, erwachsene Frau hast eine Menge gelernt zu unterschiedlichen Zeiten in deinem Leben, mit unterschiedlichen Menschen und an unterschiedlichen Orten; was von diesen vielen Fähigkeiten kannst du benutzen, um in der Situation (Name des Problemkontextes benutzen) zu deinem Ziel zu kommen (das Zielerkennungsphänomen benennen)?"

Mit diesem Satz helft ihr eurem Klienten, sich die einfache, aber oft vergessene Tatsache bewußt zu machen, daß er oder sie enorm viel gelernt hat. Während ihr sagt, „du als reifer, erwachsener Mann/reife, erwachsene Frau", achtet ihr genau darauf, wie er oder sie diese Worte verarbeitet. Es kann sein, daß diese Worte euren Klienten direkt in eine Problem-Physiologie bringen, anstatt, wie sie es sollen, in eine ressourcevolle Such-Physiologie. Dann nehmt ihr andere Formulierungen, die dasselbe ausdrücken, aber nicht unbeabsichtigt als negative Anker wirken. Ihr braucht die Physiologie, die jemand zeigt, der sich gerade vergegenwärtigt, daß er schon sehr viel kann. Man könnte diese Blanko-Ressource-Physiologie auch „angemessenen Stolz" nennen.

Seht ihr euren Klienten in dieser Physiologie, laßt ihr ihn oder sie eine Fähigkeit aussuchen, die er oder sie einsetzen kann, um im Problemkontext zum Zielphänomen zu kommen. Wenn ihr überzeugt seid, daß euer Klient die Fähigkeiten schon in seinem Repertoire hat, die er im Problemkontext braucht, werdet ihr merken, daß ihr Präsuppositionsfragen benutzt, wie etwa „welche dieser vielen Fähigkeiten kannst du benutzen" statt „hast du Fähigkeiten, die du benutzen kannst".

Laßt euch fünf Fähigkeiten benennen. Ihr könntet ohne Schwierigkeiten auch zehn verlangen, denn *so* hat der Klient noch niemals darüber nachgedacht, welche Ressourcen er oder sie für den Problemkontext zur Verfügung hat. Es genügt, wenn ihr physiologisch wahrnehmt, daß euer Klient die Fähigkeiten gefunden hat, die zur Ziel-Physiologie führen; sie müssen nicht explizit benannt werden.

Dann soll der Klient für jede Fähigkeit ein Ritual finden, das sicherstellt, daß er oder sie die Fähigkeit in der entsprechenden Situation zur Verfügung hat. Ihr sagt: „Durchlaufe innerlich ein Ritual, einen Gedankengang oder einen Traum, oder bau' dir innerlich eine Eselsbrücke, die sicherstellt, daß du im Problemkontext zu dieser Fähigkeit Zugang hast, die du eben genannt hast." Damit sagt ihr im wesentlichen: „Gehe in Trance und halluziniere dein Verhalten mit der neuen Fähigkeit durch." Wichtig ist, daß der Klient sicherstellt, daß er oder sie im Problemkontext nicht amnestisch für die Fähigkeit ist, sondern sie zur Verfügung hat.

Ob das eine sinnvolle Instruktion ist oder nicht, seht ihr von außen, im physiologischen Feedback. Wenn der Klient in dieser Trancephase ist, müßt ihr an irgendeiner Stelle, nachdem er für einen Moment die Problem-Physiologie zeigte und bevor er sich wieder auf euch reorientiert, die Ziel-Physiologie erkennen können.

Wenn es schwer war, die Ziel-Physiologie zu bekommen oder die Fähigkeiten zu finden, habt ihr schon an der Stelle im Prozeß Hinweise darauf, daß das Problemverhalten einen wesentlichen sekundären Gewinn hat. Dann ist es wichtig, daß auch andere Dinge im Leben umorganisiert werden — wofür ihr im Schritt 4 Hilfestellung anbietet.

Im dritten Schritt laßt ihr euren Klienten drei Situationen finden oder erfinden, in denen er die neue Fähigkeit *nicht* anwenden und statt dessen lieber das alte Verhalten zur Verfügung haben will. Wenn euch der Klient kein einziges Mal die Versöhnungs-Physiologie zeigt, während er oder sie die gefundenen Kontexte benennt, oder wenn er oder sie nur weniger als drei angeben kann, erzählt ihr einfach eine Geschichte darüber — mit eurer inhaltlichen Kenntnis des Problemverhaltens, des Problemkontextes und anderer Dinge aus dem Leben des Klienten —, in welcher Situation das Verhalten eurer Meinung nach wertvoll ist. Ihr könnt euren Klienten auch ein bißchen provozieren: „Was würdest du sagen, wenn es jemand wirklich gelingen würde, es dir unwiederbringlich wegzumachen?" Oder: „Ja klar, so mußt du jetzt reden, aber denke mal an den Menschen, der dich wirklich bis in die entfernteste Ecke deiner Seele kennt, ..." Ihr spielt des Teufels Advokat und helft eurem Klienten damit, die Veränderung leichter, eleganter und ökologischer zu durchleben. Wir werden dies Vorgehen als inhaltliches Kontext-Reframing später noch genauer kennenlernen.

Ökologisch ist die Veränderung dann, wenn „das System Klient" in allen Bereichen seines Funktionierens unversehrt bleibt. Ein Beispiel für unökologische Veränderungsarbeit ist, wenn der Therapeut den Ausdruck der Wut des Klienten auf dessen Eltern sehr fördert und es dabei unterläßt, sicherzustellen, daß diese „neue Expressivität" auch durch die eventuell zu lernende Fähigkeit des Klienten gestützt ist, zwischen seinen heutigen und seinen damaligen Eltern zu differenzieren. Ein anderes Beispiel für unökologische Veränderungsarbeit ist, wenn Leute drei Wochen auf ein Selbstbehauptungstraining gehen, und in einem so energiegeladenen Zustand zurückkommen, daß sie als erstes den Job verlieren, dann die Ehe in die Brüche geht und schließlich weitere wichtige familiäre und andere Bindungen großen und manchmal nicht wieder gut zu machenden Schaden nehmen. Aus diesem Grund legen wir im NLP so viel Wert auf die Überprüfung der Ökologie: Der Klient soll sich bewußt sein, welche Auswirkungen die angestrebte Veränderung in seinem Leben haben wird. Dann kann er entscheiden, ob er sie gleich will und die Konsequenzen in Kauf nimmt, oder ob er zunächst Dinge umorganisieren und neu lernen will, bevor er die angestrebte Veränderung Wirklichkeit werden läßt.

Im vierten Schritt geht es genau darum: Ihr laßt den Klienten drei negative Konsequenzen suchen, die die neue Fähigkeit haben könnte — finden oder erfinden. Definiert sind negative Konsequenzen als Situationen, die als Folge der Veränderung im Leben des Klienten passieren werden oder können, mit denen er nicht oder noch nicht umgehen kann. Ein Beispiel: Jemand geht vor seinem Chef in sehr ungünstige Körperzustände. Als Fähigkeit, um in die Ziel-Physiologie zu kommen, nimmt er sich vielleicht Erlebnisse aus seiner bevorzugten Sportart — Boxen! Wenn er jetzt sicherstellt, daß er alle Fähigkeiten, die er beim Boxen hat, Power, Wendigkeit usw., dem Chef gegenüber zur Verfügung hat, könnte die negative Konsequenz sein, daß er den Chef totschlägt. Er wird dann besser sein Ziel verändern, bzw. die Hierarchie seiner Ziele. Er kann grundsätzlich schon die ursprünglich ausgesuchte Fähigkeit nehmen, aber er muß vielleicht zuerst bestimmte verbale Fähigkeiten erlernen und zusätzlich die Fähigkeit, letztere in der powervollen Sport-Physiologie zur Verfügung zu haben.

Weil der Klient vom normalen Bewußtsein her gar nicht alle Konsequenzen über- und vorhersehen kann, ist es die Aufgabe des Therapeuten, ihm oder ihr zu helfen, das eher beschränkte normale Bewußtsein dahingehend zu verändern, daß das unbewußte Wissen über solche Konsequenzen zugänglich wird. Deshalb sagt ihr, „finde *oder erfinde* drei negative Konsequenzen", und seid sehr kongruent in dieser Aufforderung: Euer nonverbales Verhalten sollte dabei etwas ähnliches ausdrücken wie: „Ich rede nicht eher mit dir, bis du sie gefunden hast!" Für jede denkbare Konsequenz soll der Klient eine Idee finden, wie er ihr vorbeugen bzw. sinnvoll mit ihr umgehen kann; er soll sich sozusagen flankierende Maßnahmen überlegen. Dann sagt ihr: „Suche für die Idee, die du jetzt hast, eine Situation, in die du in den nächsten drei oder vier Wochen bzw. Monaten kommst und in der du diese Idee umsetzen kannst." Wenn der Klient die entsprechende Situation gefunden hat, laßt ihr ihn sie durchhalluzinieren und sagt zusätzlich so etwas wie: „Und laß dich wissen, woran du erkennen wirst, im Sehen, Hören und Fühlen etc., daß das jetzt der Moment ist, wo du etwas bestimmtes Neues machen wolltest."

Das ist ein FuturePace. Ich gebe meinem Klienten Instruktionen, die die Umsetzungen der Ideen möglichst zu einem Automatismus machen, so daß er oder sie vom Bewußtsein nicht mehr daran denken muß.

Denkt daran, daß sich euer Leben in den Situationen, in denen sich drastische Veränderungen ergaben, zum Beispiel neue Partnerschaften oder berufliche Veränderungen, auf mehreren Ebenen änderte. Wenn ihr euch noch einmal die Tragweite dieser Veränderungen vergegenwärtigt, könnt ihr womöglich am leichtesten würdigen, wie groß eure Verantwortung als Therapeut ist, und wie wichtig es ist, im Schritt drei und vier sorgfältig zu sein! Wenn euer Klient irgendwo etwas verändert, wird das einen Einfluß auf andere Lebensbereiche haben.

Nach meiner Erfahrung ist es bei den meisten Veränderungswünschen, mit denen Leute in die Praxis kommen, nicht die Frage, ob sie die Kompetenz haben, die für diese Veränderung erforderlich ist, sondern eher, wie sie diese Veränderung so in ihr Leben einbauen können, daß sie ökologisch ist. Nach außen zeigt sich eine ökologische Veränderungsarbeit an der symmetrischen Körperhaltung des Klienten beim Abschluß der therapeutischen Interaktion.

Am Schluß macht ihr einen kleinen Test, indem ihr beiläufig fragt: „Wie wird es das nächste Mal sein, wenn du in die Situation kommst, um die es hier geht?" Dabei achtet ihr auf die physiologische Antwort. Das heißt, noch bevor und während die verbale Antwort kommt, solltet ihr die Physiologie daraufhin angucken, ob euer

Klient in der kurzen Vergegenwärtigung eine Ziel–Physiologie und/oder eine Versöhnungs–Physiologie zeigt. Eine von beiden sollte in dieser kurzen Trance während der inneren Beantwortung der Frage enthalten sein. Es kann sein, daß ihr nicht die Ziel–Physiologie, sondern den Wechsel von der Problem–Physiologie in die Versöhnungs–Physiologie seht. Dann könnt ihr davon ausgehen, daß euer Klient eine neue Ziele–Hierarchie hat und vorläufig das alte Verhalten im Kontext läßt: Er hat sich dann bewußt entschieden, generell oder noch eine Zeitlang das „Problemverhalten" zu behalten.

1.2 Kathi Kobus in Rom

In der Arbeit mit Markus habe ich wie gesagt implizit Schritt 3 und 4 vorweggenommen, weil es in der Demonstration eine eher seltene Besonderheit gab: der Problemkontext fand im Hier und Jetzt statt. Wenn ihr diese Technik in der Praxis anwendet, wird das Problemverhalten meistens woanders stattfinden, als gerade im Hier und Jetzt der therapeutischen Situation. Ich möchte euch das PeneTRANCE–Modell gerne in allen Schritten vorstellen.

Wer hat einen persönlichen Veränderungswunsch, der sich auf eine Situation außerhalb dieses Raumes hier und dieses Momentes bezieht? Etwas, das diesen Grad von Öffentlichkeit in der Gruppe verträgt, so daß wir inhaltlich arbeiten können.

(Andrea kommt vor, will sich einen Stuhl holen und ihn vor den Tisch stellen.)
Thies: Wenn du einverstanden bist, lieber hier (er zeigt auf den Platz neben sich).
Andrea: Auf den Tisch?
Thies: Na klar, wir haben keinen heißen Stuhl, wir haben einen heißen Tisch.
Andrea (setzt sich auf den Tisch): Na gut.

Andrea ist A, ich bin B, und ihr alle seid — analog zur Dreiergruppenübung später — in der C-Position. Und B fragt A, ...
Thies: Was ist dein Ziel? Was willst du erreichen?
Andrea: Soll ich das jetzt sagen, ich meine laut?
Thies: Ja, Geheimtherapie machen wir morgen.
Andrea: Ich möchte ohne Angst in der Stadt autofahren können. (Sie wird etwas blasser und verspannt sich.)
Thies (hüpft aus der sitzenden Haltung ein paarmal hoch und lacht sie dabei an, bis sie wieder aus der Problem–Physiologie heraus ist): Aber nicht rasen!

Und ich mache mir innerlich ein kleines Tonband von dem Zitat: Ich möchte ohne Angst autofahren können.
Andrea (lacht mit erhobenem Zeigefinger): In der Stadt!
Thies (mit einer Entschuldigungsgeste): Oh natürlich, ohne Angst *in der Stadt* autofahren können. Nebenbei, ist es O. K., wenn ich ab und zu zur Gruppe hin etwas kommentiere oder an die Tafel gehe? (Andrea nickt.)

Hier an der Tafel stehen noch unsere „Wohlgeformtheitskriterien für Zieldefinitionen". Sie legen also fest, wann ein Ziel wohlgeformt ist, und zwar ...
Daniel: ... dann, wenn es erreicht ist! (Alle lachen.)

Genauer gesagt, wenn A so kurz davor ist, daß man zehn Pferde bräuchte, um sie davon abzuhalten, es zu erreichen — wie wir vorhin bei Markus gesehen haben. Wir versuchen A mit den später folgenden Schritten 2 bis 5 zu helfen, daß sie ihr Ziel konsistent und systematisch erreicht. Die Kriterien legen fest, wann eine Zieldefinition linguistisch und in ihrem non-verbalen Ausdruck wohlgeformt ist. „Wohlgeformtheit" ist dabei kein ästhetischer Begriff, zumindest nicht in erster Linie, sondern eher ein pragmatischer. Er ist eine Orientierungshilfe für den Therapeuten: Ist die Zieldefinition des Klienten wohlgeformt, so braucht er dessen Äußerung nicht weiter zu hinterfragen und kann ein sehr interessantes Phänomen beobachten, das ihr hier in der Demonstration auch gleich entdecken könnt: Achtet darauf, was mit der Physiologie von Andrea in dem Moment passiert, in dem sie eine weniger „wohlgeformte" in eine „wohlgeformtere" Zielformulierung umwandelt.

In der subjektiven Erfahrung von A (Blickkontakt zu Andrea) ist das Erreichen der Wohlgeformtheit der eigenen Zieldefinition ... sehr spannend. Mehr wird jetzt noch nicht verraten! Höchstens, daß für den Klienten die Wohlgeformtheit seiner Zielformulierung unter anderem daran zu erkennen ist, daß sein Therapeut plötzlich aufhört nachzufragen. (Er persifliert einen Menschen, der sich das Hirn zermartert:) „Wie habe ich es nur geschafft, daß der Kerl endlich Ruhe gibt." Es gibt also eine Art, über die eigenen Ziele nachzudenken, die einem dieses lästige, penetrante Nachfragen anderer Leute vom Halse hält.
Beate: Ist der Klient nicht ganz schnell absolut genervt, wenn er auf diese penetrante Weise mit so stereotypen Fragen belästigt wird?
Thies: Das könnte man denken. Frag mal Markus!
Markus: Das ist seltsam, aber es hat mich überhaupt nicht gestört. Im Gegenteil, es war auf eine komische Weise angenehm, wie wenn man gekitzelt wird.

Dies ist eine sinnvolle Beschreibung, sowohl für das subjektive Erleben von Markus, wie wir an der spontanen, kongruenten Weise seiner Antwort erkennen können, als auch in bezug auf die Tatsache, daß A durch die Fragen und Unterbrechungen im wesentlichen immer wieder dabei gestört wird, die Problem-Physiologie voll zu entwickeln.

Mit diesem Wissen im Hinterkopf könnt ihr euch in der Übung nachher erlauben, eurem A gegenüber sehr streng und direktiv zu sein, zu unterbrechen und penetrant nachzufragen. Ihr habt die Sicherheit, daß ihr eurem A dabei nichts aufzwingt, weil ihr im wesentlichen nur mit dem wörtlichen Zitat der vorherigen Äußerung arbeitet und euch so aus der direkten inhaltlichen Gestaltung heraushaltet. Außerdem bewertet ihr die Äußerungen nicht, bis auf die Überlegung, ob die sprachlichen Kriterien erfüllt sind oder nicht.

Denkt nachher in der Kleingruppe daran: A hat das Recht, einfach so zu reden, wie ihm oder ihr „der Schnabel gewachsen" ist. B speichert möglichst das Original-Zitat und prüft, ob die Kriterien alle erfüllt sind. Es ist absolut in Ordnung, und es soll sogar so sein, daß A sich um die Erfüllung der Kriterien überhaupt nicht kümmert! Wenn das nicht von Anfang an klar ist, kann es sein, daß A schnell unter Leistungsstreß kommt, weil er oder sie sich selbst schon Mühe gibt, die Kriterien zu erfüllen. Nach dem Seminar werden hoffentlich viele von euch einen Automatismus — oder, wie wir im NLP auch gerne sagen, einen Teil auf der unbewußten Ebene — entwickelt haben, der eure Zieldefinitionen auf der sprachlichen Ebene auf diese Kriterien hin überprüft und euch stimuliert, Ziele immer wieder neu und "wohlgeformter" zu denken oder auszusprechen. In der A-Position sollt ihr das jetzt noch nicht tun. Da redet ihr so, wie es kommt.

Die Zieldefinition von Andrea enthielt eine Negation: Ohne Angst. Achtet darauf, was passiert, wenn ich ihr durch entsprechende Fragen helfe, das Ziel verbal so zu definieren, daß es keine Negation mehr enthält. Für diese Fragen brauche ich das Zitat in der puren, kürzesten Form: „Ohne Angst in der Stadt autofahren!" Die Frage, die in dieser Übung penetrant wieder und wieder zu hören sein wird, kennt ihr ja schon:

Thies: Woran wirst du erkennen, wenn du dein Ziel erreicht hast, ohne Angst in der Stadt autofahren zu können? Woran wirst du erkennen, wenn es soweit ist?

Andrea: Wenn ich mich dann in der Stadt genauso fühle wie auf dem Land.

Habt ihr darauf geachtet, was alles in ihrer Physiologie passierte, als sie von der vorherigen zu dieser Formulierung überging?
Thies: ... Da passiert etwas, nicht?
Andrea: Ja (lacht).

Ich mache einmal vor, was unter anderem zur Physiologie dazugehört: „Ich möchte ohne Angst autofahren können." (Er hält die Füße bei gestreckten, angespannten Beinen verschränkt, die Schultern etwas vor- und hochgezogen).

Und das Interessante ist, daß wir einen kleinen Wechsel im Bewegungsprogramm hatten, für „ich möchte ohne Angst in der Stadt autofahren können" (er zeigt nochmals die entsprechende Haltung) und für „ich möchte mich in der Stadt beim Autofahren genauso fühlen können wie beim Autofahren auf dem Land" (er nimmt die Beine auseinander, richtet sich auf, läßt die Schultern locker, und ein kurzer Beweglichkeitsschub durchläuft seinen Körper). Und es passierten noch mehr interessante Veränderungen, zum Beispiel (er macht eine greifende Bewegung vor) in den Händen... (Andrea lacht und zeigt sehr deutlich den physiologischen Wechsel, den Thies eben gespielt hat).

Nebenbei (er zeigt auf die Bewegungen ihrer Füße und Beine), wenn sie ihr Ziel erreicht hat, ahnen wir schon, welches Auto sie fährt; ob ein automatisches oder eines mit Kupplung. (Allgemeines Lachen.)

Thies: Oder hast du verschiedene zuhause?
Andrea (lächelnd): Nein, es ist schon eines mit Kupplung.

Die Physiologie, die sie zeigt, wenn sie sagt, „ich möchte mich in der Stadt beim Autofahren genauso fühlen können wie auf dem Land", nennen wir Ziel-Physiologie. Möglicherweise wird es noch Veränderungen geben, weil sich die Physiologie bei weiteren Neuformulierungen ihres Zieles noch ausdifferenzieren kann. Aber an dieser Stelle kennen wir schon die Hauptcharakteristika des Wechsels von der Problem- zur Ziel-Physiologie. Habt ihr sehen können, was noch passierte. (Er macht die Bewegung der Hände nochmals vor. Andrea guckt dabei zu, macht die Bewegung nach, die ja ohnehin ihre eigene war und wechselt wieder in die Ziel-Physiologie.)

Das passiert durch unser stereotypes, penetrantes Nachfragen. Wenn ihr das nachher übt, möchte ich, daß ihr euch die Freiheit nehmt, euch auf diese einfache, stereotype Frage zu begrenzen: „Woran wirst du erkennen", oder alternativ dazu, „Wie wirst du wissen, wenn du dein Ziel erreicht hast, ...?"
Thies: Halt! (Lacht)

Andrea (zeigt den physiologischen Wechsel, lacht zögernd mit): Das ist jetzt gemein.

Das heißt, sie braucht jetzt nur innerlich die Frage zu komplettieren und eventuell die Antwort zu denken, und schon zeigt sie uns diesen Sachverhalt physiologisch.

Also, die wichtigste Frage in dieser Übung ist: „Woran wirst du erkennen, wie wirst du wissen, wenn du dein Ziel erreicht hast, ...?" An der Stelle setzt ihr das wörtliche Zitat des Klienten ein. Seid so sorgfältig wie möglich bei der Speicherung des Originalzitats. Wenn ihr die gleichen Worte wie euer Klient benutzt, möglichst mit der gleichen Intonation, habt ihr die größtmögliche Sicherheit, ihm oder ihr nichts aufzuzwingen. Das wiederum gibt euch die Sicherheit, sehr hartnäckig nachzufragen, also sehr kongruent absolut penetrant zu sein *und* auf einer Antwort zu bestehen. Denn ihr seid sicher, daß euer Tun ökologisch ist, weil ihr sicher seid, daß ihr eurem A von außen keinen Inhalt aufnötigt.

Jetzt kommen wir zum nächsten Kriterium: Das Zielverhalten soll gut kontextualisiert sein, situationsspezifisch. Dieses Kriterium ist besonders dann wichtig, wenn in der Zielformulierung Hinweise auf den Kontext völlig fehlen, wie zum Beispiel in „Ich möchte glücklich sein!" Eine Möglichkeit, A zu helfen, das Zielverhalten zu kontextualisieren, ist die einfache Frage (mit dem nonverbalen Verhalten, als hätte jemand gesagt: Am liebsten esse ich Honigbrot mit Senf): „Echt? Den ganzen Tag lang? Jede Woche, immer?" — „Na ja, wenn mir gerade jemand auf den Fuß tritt vielleicht nicht gerade." — „Und wie ist es bei ..., sagen wir einem Trauerfall in der Familie?" Anstatt die notwendige Kontextualisierung darüber erreichen zu wollen, daß immer mehr Kontexte für das Zielverhalten oder den Zielzustand ausgeschlossen werden, kann ich auch sehr direkt fragen: „Wenn du dein Ziel erreicht hast, glücklich zu sein, ..."

Thies: ... bzw. du Andrea, in der Stadt mit dem gleichen Gefühl Auto zu fahren wie auf dem Land, wem gegenüber wirst du dich dann wie verhalten?

Andrea: Äh, ... wie? (Sie schaut ihn nur verständnislos an.)

Thies: Wann wirst du dich wo, wem gegenüber, wie verhalten, wenn du dein Ziel erreicht hast, dich in der Stadt beim Autofahren genauso zu fühlen wie auf dem Land?

(Andrea sieht ihn immer noch an, als käme er direkt vom Mars.)

Und das passiert typischerweise. Diese Frage ist so komplex, daß man nur in Trance gehen kann, um sie zu beantworten. Vielleicht ist es in unserem speziellen Fall auch überflüssig, diese Frage zu stellen.

Es könnte sein, daß „Autofahren in der Stadt" schon genug kontextualisiert ist.
Thies: Wann wirst du dich wo, wem gegenüber, wie verhalten ...
Andrea: Also das ist immer noch zu kompliziert.
Thies: Irgendwann wirst du dein Ziel erreicht haben, und wenn du dein Ziel erreicht hast, dich beim Autofahren in der Stadt so zu fühlen wie auf dem Land, wo wirst du dich wann wem gegenüber wie verhalten? (Andrea lacht, schaut ihn mit großen Augen an.) Vielleicht ist es schon klar: Du und das Auto und der Stadtverkehr. (Andrea nickt).

Trotzdem, manchmal ist es sehr wichtig, so zu tun, als wenn es noch nicht ausreichend kontextualisiert ist und auf einer Antwort zu bestehen.
Thies: Du tust einfach so, als wenn es viele Situationen gibt, auf die die Beschreibung zutrifft, „Autofahren in der Stadt"; wo du zu verschiedenen Zeiten, in verschiedenen Stadtteilen, mit verschiedenen Beifahrern verschiedene Wege mit verschiedenen Zielen fährst. Und du tust einfach so, als gäbe es eine Situation, wo du *am liebsten* lernen würdest, beim Autofahren in der Stadt das gleiche Gefühl zu haben wie beim Autofahren auf dem Land, wo du also dein Ziel am liebsten erreichen würdest — oder wo du sicher bist, wenn du das Ziel *da* erreichst, dann hat es die größte generalisierende Wirkung und wirkt in deinem Leben maximal positiv.

(Andrea guckt ihn weiterhin mit großen Augen verständnislos an.)

Ein Manöver, das oft gut wirkt: Tu' mal so als ob ... (Er lacht plötzlich laut los.) Also, ich glaube, ich wende es erst einmal auf mich selbst an und tue so, als ob ich noch klar denken könnte — bei diesen wundervollen Augen! (allgemeines Lachen)

Besonders wichtig bei den Überlegungen zum Kontextualisieren ist in unserem ganz speziellen Fall die Frage, ...
Thies: ... ob du schon einen Beifahrer hast, oder nicht? (Er schaut sie an und legt sich dabei die rechte Hand aufs Herz.)
Andrea (lacht mit ihm und der Gruppe): Nein, ich fahre alleine. (Sie dreht dabei ihren Körper so, daß sie nicht mehr nach rechts zu Thies gewandt ist, sondern mehr nach vorne zur Gruppe.)
Thies: Das ist auch besser, denn dann kann man besser auf den Verkehr achten!
Andrea: Also jetzt überlege ich mal richtig: Wenn ich am Sonntag heimfahre, durch die Stadt, und genieße es.
Thies: Du bist also, wie wir jetzt wissen, alleine?
Andrea: Ich bin alleine und ich genieße es.

Thies: Du und das Auto. Und du genießt es.
Ich probiere nach wie vor, ihr zu helfen, es noch mehr zu kontextualisieren. Und dazu ist es manchmal sinnvoll, zu sagen: „Tu mal so, als ob du genau wüßtest, welche spezielle Situation es beim Autofahren gibt, von der sich das Genießen maximal schnell auf alle anderen Situationen übertragen würde."
Andrea: Eine Situation?
Thies: Ja. Und während du nachdenkst ...
... kann ich vielleicht den Gedankengang sagen, der es mir ermöglicht, so kongruent und hartnäckig auf einer möglichst genauen Antwort zu bestehen. Ein bestimmtes Verhalten ist eine komplexe Interaktion von sich verhaltendem Selbst und dem Kontext. So sind zum Beispiel beim Schlagzeugspielen die Elastizität der Felle und der Stöcke, die Stellung der Becken, die Verhältnisse der Raumakustik, die Dynamik und Interpretationen der Mitspieler wichtig — die Blicke der Kritiker und der zu erobernden Herzensdame nicht zu vergessen. Denke ich bei meiner Zielformulierung den Kontext nicht detailliert genug mit, gehe ich das Risiko ein, gar nicht auf die Idee zu kommen, bestimmte Ressourcen und Fähigkeiten einzusetzen, die ich in meinem Verhaltensrepertoire zur Verfügung habe — obwohl sie für das Zielverhalten absolute Voraussetzung sind.

Außerdem ist eine gute Kontextualisierung aufgrund der Überlegung notwendig, daß es möglicherweise einen ganz bestimmten Kontext gibt, auf den sich der Veränderungswunsch hauptsächlich bezieht. Ich gehe davon aus, daß ihr Unbewußtes den Veränderungswunsch schon sehr gut kontextualisiert hat. (Andrea nickt ideomotorisch und Thies schmunzelt.) Denn das Unbewußte läßt das Bewußtsein meistens nicht nur zum Spaß einen speziellen Kontext aussuchen, sondern wählt mit Bedacht den aus, der in elegantester Weise die geeignete Metapher ist, um bei Erreichen des Zielverhaltens die Veränderung auf problematische Verhaltensweisen in ganz anderen Kontexten generalisieren zu können. (Andrea nickt wieder und lächelt.)

Macht euch ein kleines Bild vor eurem geistigen Auge von dem Wechsel in der Physiologie und speichert es einfach: Unsere Bemühungen bei der Kontextualisierung änderten deutlich ihre Physiologie in bestimmten Bereichen ihres Körpers. (Er macht die Veränderungen im Oberkörper nach.) In den anderen Bereichen passierte die Veränderung bei der Aufhebung der Negation "ohne Angst". (Er zeigt auf ihre Füße, die jetzt wieder verspannt übereinander liegen.)
Thies: Wieso Sonntag?
Andrea: Das ist das Ende vom Seminar.

Thies: Diesen Sonntag? Ah ja. (Er lacht.) Da muß ich mich aber 'ranhalten.
Andrea: Ja, ich glaube, ich habe hohe Erwartungen.
Thies: Vielen Dank für dieses Kompliment. Tun wir also für einen Moment so, als sei die Zielformulierung innerlich gut genug kontextualisiert und kümmern uns um ein weiteres Kriterium, das nicht erfüllt ist. DER FEEDBACK-BOGEN SOLL KURZ SEIN. Damit ist die Zeit gemeint, die zwischen dem neuen Verhalten von A liegt, und dem Moment, in dem sie merkt, daß sie erfolgreich ist.
Thies: Du sagst, wenn du Sonntag durch die Stadt nach Hause fährst, mit dem gleichen Gefühl, wie du es sonst auf dem Land hast, dann wirst du wissen, daß du es geschafft hast.
Andrea: Ja.
Thies: Tu mal so, als ob es irgend etwas gibt, woran du schon viel früher erkennen kannst, daß du es geschafft hast.
Andrea: Ja, heute abend.
Thies: Wie wirst du wissen, wenn du heute abend dein Ziel erreicht hast, in der Stadt mit dem gleichen Gefühl wie auf dem Land Auto zu fahren und es zu genießen?
Andrea: Da komme ich wahrscheinlich weniger stressig heim.
Thies: Der Feedback-Bogen ist immer noch sehr lang.

Diesem Kriterium gebe ich den Vorrang vor denen der Negation und des Vergleiches.

Thies: Wenn du weniger stressig heimkommst, weißt du nicht, was du zehn Minuten vorher neu gemacht hast. (Er gibt ihr Zeit zum Nachdenken.) Also was hast du neu gemacht, um erfolgreich zu sein? Tun wir mal so, als wenn du schon viel früher merken kannst, daß du erfolgreich bist; nicht erst daran, daß du weniger stressig heimkommst.
Andrea: Noch früher?
Thies: Ja.
Andrea: Also geschafft habe ich es ja eigentlich jetzt schon. Ich bin ja schon mit dem Auto hergefahren.
Thies: Ohne Angst?
Andrea: Ja, aber mit Aufregung.
Thies: Ah ja. Ist es noch dein Ziel, ohne Angst Auto zu fahren, bzw. in der Stadt Auto zu fahren mit dem gleichem Gefühl wie auf dem Land und es zu genießen?
Andrea: Ja, das ist es noch.

Es kann bei diesem Vorgehen leicht passieren, daß sich das Ziel ändert. Wenn das passiert, ist das ein therapeutischer Gewinn. Manchmal kommt es vor, daß jemand, angeregt durch diese Fragen,

zu einer völlig neuen Hierarchie von Zielen kommt. Das passiert, wie vorher schon erwähnt, vor allem dann, wenn A plötzlich die positive Funktion würdigen kann, die das Problemverhalten in seinem Leben sichergestellt hat. Es kommt auch vor, daß A klar wird, daß sie das Zielverhalten schon kann ...
Thies: Zur Sicherheit, benenne das Ziel doch bitte nochmals. Was ist dein Ziel?
Andrea: In der Stadt Auto zu fahren mit Gelassenheit und Überblick. (Sie zeigt noch einmal kurz die Ziel–Physiologie, diesmal vollständig, im Oberkörper und in den Beinen.)

Wir sind schon ziemlich weit. In dem motorischen Programm der Beine haben wir noch die Physiologie des ersten Ansatzes, oben herum, im Gesichtsausdruck und in der Atmung die Ziel–Physiologie von vorhin.

Sie faßt ihr Ziel sprachlich neu, und physiologisch ist auch etwas passiert. Es gibt aber noch ein neues Kriterium, das auch noch erfüllt sein soll: DIE ZIELDEFINITION SOLL SINNESSPEZIFISCH–KONKRET SEIN. Also nochmal unsere Standardfrage von vorhin:
Thies: Woran wirst du erkennen, wenn du mit Gelassenheit und Überblick in der Stadt Auto fährst?

Wenn ich das in der Praxis mit Klienten mache, die Schwierigkeiten haben, die Antwort zu finden, kann ich sagen: „Wenn Menschen Ziele haben, brauchen sie auch einen Weg, um herauszubekommen, ob sie das Ziel schon erreicht haben. Sonst kann es sein, daß einem irgendwann mit 80 oder 90 plötzlich klar wird, das habe ich ja schon 40 oder 50 Jahre gekonnt. Das kann peinlich sein. Deswegen ist es einfach wichtig zu wissen, woran man erkennen wird, wenn man sein Ziel erreicht hat. Sonst kann es sein, daß man es schon lange erreicht hat und die Zeit besser nutzen könnte, neue Ziele zu finden."
Thies: Deswegen ist die Frage wichtig, woran wirst du erkennen, wenn du mit Überblick und Gelassenheit Auto fährst?
Andrea: Ja, wenn ich mich genauso fühle, also gelassen und Überblick habend.

Sie sagt, „ich fühle mich so und so". Das ist schon ziemlich sinnesspezifisch, nämlich kinästhetisch, aber noch nicht konkret genug.
Thies: Woran wirst du erkennen, wenn du das Ziel erreicht hast, dich gelassen zu fühlen und Überblick habend?
Andrea: Es wird nicht mehr Streß sein.

Jetzt ist ein neuer Begriff in ihrer Zieldefinition und damit auch eine neue Information über eine zusätzliche Ressource, um in die Ziel–Physiologie zu kommen
Thies: Woran wirst du erkennen, wenn es nicht mehr Streß ist?

Andrea (etwas provozierend): Vielleicht singe ich dann ein Lied.
Thies: Ich hätte gerne eine Antwort ohne „vielleicht". Woran wirst du erkennen, wenn du das Ziel erreicht hast, dich gelassen zu fühlen und Überblick habend?

Wenn man das mit Klienten macht, kann es passieren, daß sie unter Leistungsdruck kommen, sich in die Ecke gedrängt fühlen, oder daß irgend etwas in ihrem subjektiven Erleben stattfindet, was sich in der Interaktion als sogenannte Störung äußert. Habe ich den Eindruck, daß ich die Kooperation meiner A verliere, sollte ich auf jeden Fall überprüfen, ob wir noch eine Arbeitsvereinbarung haben ...

Thies: ... wollen wir noch zehn Minuten versuchen, zu etwas Sinnvollem zu kommen?
Andrea (wieder ernsthaft und kongruent): Ja.
Thies: Wie wirst du also erkennen, wenn du das Ziel erreicht hast, dich gelassen zu fühlen und Überblick habend? Während du nachdenkst, kann ich noch einmal nach dort (zur Gruppe) kommentieren? (Sie nickt.)

Dieser Check hilft ihr, die Energie, die in dieser Störung enthalten war, in den Prozeß der Zielformulierung einzubeziehen. Meist habe ich als B zunächst keine Ahnung, worin subjektiv für A das besteht, was ich als B um so mehr als Störung wahrnehmen kann, je weniger ich mich von meiner eigenen Betroffenheit distanzieren kann, die diese „Störung" in mir ausgelöst hat. (Andrea setzt sich während dieser Ausführungen anders hin, um bequemer aufrecht zu sitzen und nach vorne zu sehen.) Wir werden später darauf zurückkommen — in Zusammenhang mit meinem Konzept der interaktionelleinwanderhebenden Teile.

Thies: Ganz nebenbei, wie war nochmal die letzte Auflage deiner Zieldefinition?
Andrea: Mit Überblick und Sicherheit in der Stadt autofahren können.

Mit Überblick und Sicherheit. Da ist ein neues Wort drin. Aber das ist nicht verwunderlich, denn sie sitzt ja auch in einer anderen Physiologie (Andrea lacht). Und mit dem neuen Wort, wie oben schon erwähnt, hat sie eine neue Ressource verfügbar. Wenn ich weiterhin die alte Zieldefinition benutzt hätte, hätte ich damit die vorherige Physiologie reinduziert. Das hätte ich natürlich nicht lange machen können, ohne den Rapport zu verlieren! Ein beiläufiges Nachfragen nach der aktuellsten Zieldefinition stabilisiert den schon physiologisch–unbewußt demonstrierten Fortschritt unserer Bemühungen.

Thies: Und es ist immer noch der gleiche Kontext?

Das sollte ich zwischendurch, vor allem bei größeren physiologischen Veränderungen überprüfen.
Andrea: Ja.
Thies: Mach den Kontext nochmal enger. Wo willst du es am liebsten können?
Andrea: Im Stadtverkehr, in der Rush-Hour.
Thies: Und gibt es einen bestimmten Weg? Ein bestimmtes Ziel? Bestimmte Gedanken, die du denkst? (Andrea wird etwas verlegen.)

B hilft A, den Kontext so konkret wie möglich zu *denken*: Wann, wo, wem gegenüber, möchtest du dein Ziel erreichen? B muß nicht den Inhalt kennen. Er sollte nur überprüfen, ob A ihn kennt! Und vielleicht gehören die Gedanken auch zum Kontext — bei genauem Nachdenken ist es schwierig, die Grenze zwischen Kontext und Verhalten zu ziehen. Ob nun die Gedanken zum Kontext gehören oder zum Verhalten, jedenfalls...

Thies: ... vermute ich richtig, daß du den Inhalt deiner Gedanken lieber für dich behältst?
Andrea (lacht): Ja, allerdings.
Thies: Und wenn du in *dem* Kontext dein Ziel erreicht hast, gelassen und mit Überblick und Sicherheit zu fahren, wie wirst du es erkennen?
Andrea: Ich werde weniger gestreßt heimkommen.

Jetzt könnten wir denken, „Mist, schon wieder ein Vergleich drin", aber damit würden wir der Tatsache nicht gerecht, daß wieder neue Information verfügbar ist für den Veränderungsprozeß, wieder ein neuer Wegweiser zu relevanten Ressourcen. Ich werde dem Kriterium des kurzen Feedback–Bogens wieder den Vorrang geben, da ich davon ausgehe, daß diese Korrektur die der Negation und des Vergleiches erübrigt.

Thies: Tu mal so, als könntest du schon viel früher als beim Heimkommen wahrnehmen, daß du erfolgreich in der Lage warst, bzw. dann gerade in der Lage bist, in der Stadt mit Überblick und Sicherheit Auto zu fahren. Was kannst du, noch während du gerade dabei bist, dein Ziel zu erreichen, oder kurz vorher oder kurz nachher wahrnehmen, woran du erkennen kannst, jetzt hab ich's!
Andrea: Ich werde entspannt sein.
Thies: Woran wirst du erkennen, wenn du entspannt sein wirst?

„Entspannt" behandle ich wie eine Negation: „Nicht gespannt".
Andrea: Ich werde mich locker fühlen.

Der Feedback–Bogen ist jetzt kurz genug. Das heißt, sie kann unmittelbar überprüfen, ob sie erfolgreich ist.

Thies: Und wie wirst du wissen, wann es an der Zeit ist, dich beim Autofahren in der Stadt locker zu fühlen?
  Denn das Ziel ist noch nicht sinnesspezifisch–konkret benannt.
Andrea (zeigt kurz die Ziel–Physiologie, sowohl in den Beinen als auch im Oberkörper): Da tut mir das Kreuz nicht weh.
Thies: Okay, sehr schön. Neue kostbare Information, aber verpackt in der Negation. Woran wirst du erkennen, wenn dir das Kreuz nicht weh tut?
Andrea: Ich spüre es doch.
Thies: Wie denn?
Andrea: Ich spüre einen Schmerz.
Thies: Wenn es *nicht* weh tut? Woran wirst du erkennen, wenn dir das Kreuz nicht weh tut?
Andrea: Ach so ja, dann spüre ich keinen Schmerz.
Thies: Okay, woran wirst du erkennen, daß du in dem Kontext keinen Schmerz spürst?
Andrea (mit einem Physiologie–Wechsel): Dann ist es angenehm in meinem Körper.
Thies: Neue Information. Woran wirst du erkennen, daß es angenehm ist in deinem Körper?
Andrea: Tja. Ich bin entspannt und locker.
Thies: Und woran wirst du erkennen, wenn es angenehm ist in deinem Körper und du entspannt und locker bist?
Andrea (sieht ihn schelmisch an): Da bin ich vielleicht auch ein bißchen vergnügt.
Thies: Dann versetze dich nochmal ins Auto. Ich bin ja nicht der Beifahrer. (Er lacht sie an.) Leider!
Andrea (lacht auch, nachdenklich): Ich habe auch keinen Beifahrer in der Situation.
Thies: Dann versetze dich nochmal in die Situation im Auto und tu so, als wenn du das Ziel gerade erreicht hättest. Gucke gerade aus dafür, oder in irgendeine andere Richtung, so daß du weißt, das kurze Stück, wo ich neben dir gesessen bin, ist jetzt vorbei und du fährst alleine. Und dort in der Zukunft im Auto in der Stadt, wenn du mit Überblick und Gelassenheit, äh, Sicherheit fährst, woran wirst du erkennen, wenn es an der Zeit ist, daß es angenehm in deinem Körper ist?
Andrea (geht weitgehend zurück in die auf ihn fixierte Haltung von vorher): Möglicherweise singe ich dann ein Lied.

  Das „möglicherweise" und das „vielleicht" von vorhin sind interessante Phänomene. Normalerweise sind in diesem Prozeß die Antworten auf diese Fragen sehr spontan. So eine plötzlich auftretende

Unsicherheit über das Zielerkennungsphänomen kann in verschiedener Weise ein wichtiger Hinweis sein. Es kann sein, daß wir unseren Rapport überprüfen müssen, unerledigte Geschäfte klären etc. ...
(Andrea nickt nachdenklich.)
... es kann aber auch zusätzlich sein, daß wir uns mit unseren „Geistern" beschäftigen müssen, mit unserer Übertragungs-Gegenübertragungs-Konstellation, die wir aufgebaut haben. (Andrea nickt.)
Thies: Angenehm, guten Tag! (Thies gibt ihr die Hand.) Thies Stahl! Nebenbei, ich weiß noch nicht genau, welchen Geist ich finde, aber es ist ein weiblicher Geist mit einem sehr schönen Mund und auch sehr schönen Augen. (Sie lachen sich an.)
Es kann aber auch sein, daß es zusätzlich sinnvoll ist, zu überprüfen bzw. A daran zu erinnern, ...
Thies: ... daß das Bewußtsein manchmal eine Ziel-Physiologie anstrebt, zu der das Unbewußte aus guten Gründen nicht oder noch nicht das O.K. geben kann. (Andrea nickt nachdenklich.) Diese Dinge können interessanterweise auch gleichzeitig der Fall sein, ...
Thies: ... denn keiner weiß, welches für was eine Metapher ist. Und wofür es eine Metapher ist, ob ich oder sonst wer oder gerade überhaupt keiner der Beifahrer ist. Wo doch keiner weiß, wofür das Ganze überhaupt eine Metapher ist.
Andrea (lacht, mit einem veränderten nonverbalen Verhalten ihm gegenüber, weniger auf ihn fixiert): Doch ich! Aber wofür, verrate ich nicht.
Thies: Genau, das ist nämlich das Gute an der Einrichtung Metapher. Da hat sich das Unbewußte schon was dabei gedacht. (Andrea nickt) Woran wirst du erkennen, wenn du dein Ziel erreicht hast, ... Ist es noch das gleiche?
Andrea: Ja. Mit Überblick, Gelassenheit und Sicherheit in der Stadt autofahren. (Leise zu sich selbst) Woran werde ich es erkennen? (Sie zeigt die Ziel-Physiologie im ganzen Körper.)
Thies: Das ist ja eine ganz neue Spur.
Und jetzt haben wir auch die Beine, die wir dafür brauchen. Ihr erinnert euch an das Bewegungsprogramm vom Anfang?! Jetzt ist es wieder in der Ziel-Physiologie enthalten.
Thies: Wie wirst du wissen, wenn du dein Ziel erreicht hast, in der Stadt mit Gelassenheit, Sicherheit und Überblick so Auto zu fahren, daß es dir gut geht?
Andrea: Ich fühle mich im Sitz wohl. Ich spüre den Sitz.
Thies: Okay. Woran wirst du erkennen, daß du den Sitz spürst?
Andrea: Ich spüre ihn am Rücken.

Thies: Okay.

Wir haben ein kinästhetisches Zielerkennungsphänomen, external kinästhetisch: Eine bestimmte Art und Weise, wie sie den Sitz spürt.

Thies: Da, wo du am Rücken den Sitz spürst, spürst du die Kontaktfläche symmetrisch oder asymmetrisch ...?
Andrea (deutlich intensivere Ziel–Physiologie): Symmetrisch.

Ich bleibe jetzt mit meinen Fragen im kinästhetischen Repräsentationssystem und stelle noch einige Submodalitätsfragen.

Thies: Ist das eher eine Wärmeempfindung oder eine Kälteempfindung? Wenn du dir vergegenwärtigst, daß es nicht nur ganz unterschiedliche Tastempfindungen gibt, zum Beispiel für einen Ledersitz oder einen Stoffsitz und für die oder die Struktur, sondern daß wir noch unterscheiden können zwischen der Tastempfindung und dem Körpergefühl, direkt an der Stelle des Kontaktes und im ganzen Körper. Kannst du so eine Unterscheidung machen, im Auto sitzend?.
Andrea (Ziel–Physiologie): Das mit warm und kalt ...

Und achtet auf die Physiologie. Wenn sie an das Zielerkennungsphänomen denkt — in diesem Fall also die kinästhetischen Sensationen, an denen sie im Kontext erkennt, wenn sie dabei ist, das Ziel zu erreichen —, zeigt sie mir die Ziel–Physiologie.

Thies: Du hast physiologisch schon gezeigt, daß du eben innerlich eine für das Ziel bedeutsame Unterscheidung getroffen hast. Wie ist die verbale Antwort bezüglich der Wärme–Kühle–Dimension?
Andrea (wieder in der Ziel–Physiologie): Eher warm, aber nicht zu warm.
Thies: Hast du auch taktile Empfindungen dabei; fühlst du, wie die Oberfläche von dem Sitzpolster ist, oder wie hart bzw. weich er ist?

Jetzt frage ich nochmal nach, was taktil passiert. Da reagierte sie während meiner Aufzählung vorhin am deutlichsten mit der Ziel–Physiologie.
Andrea: Schon ja. Die Form vom Sitz. (Ziel–Physiologie, mit einer kleinen Bewegung, die durch ihren ganzen Körper läuft:) Ich spüre, daß ich da lehne.
Thies: Und ist das mit Bewegung verbunden?
Andrea: Mit ein bißchen Hineinkuscheln in den Sitz.
Thies: Ist das eine Bewegung, die eher rauf und runter geht, oder eher seitlich, oder eher kreisförmig (lächelt, als er sieht, daß sie in die Ziel–Physiologie wechselt), und wenn ja, eher im Uhrzeigersinn, oder eher gegen? ... Und während du darüber nachdenkst und noch einen

Moment genießt, wie es ist, im Ziel zu sein, kommentiere ich noch einmal zur Gruppe. (Sie nickt, versunken.)
Wir sehen die vollständige Ziel–Physiologie. Diese interessante Reise durch Übertragung, Gegenübertragung und sonstige spannende Entwicklungen hindurch hat es ihr offensichtlich möglich gemacht, die Physiologien beider Zielfindungsansätze zu vereinigen. Um dahin zu kommen, ging der Weg ganz sicher durch diese spezielle Interaktion mit mir — wofür diese Interaktion auch immer eine Metapher war. Auf jeden Fall hat sie in der Transformation der Übertragung die Ressourcen gefunden, die sie für die vollständige Ziel–Physiologie brauchte. Vielleicht hätte jemand anderes als ich ihr schneller helfen können, die vollständige Ziel–Physiologie einmal zu demonstrieren. Aber ich denke eher, daß das Unbewußte sich sehr weise entscheidet, welche Thematik es für welchen therapeutischen Kontext auswählt (Andrea nickt fast unmerklich), um einen gegebenen Kontext optimal zu nutzen.

Mit ihrem Zielerkennungsphänomen wird sie in allen Situationen beim Autofahren etwas anfangen können — anders als wenn es das Gefühl im Fuß beim Kuppeln wäre! Es sei denn, die Lehne ist kaputt.

Die Submodalitätsfragen dienen in der Regel dazu, daß ich mich in der B–Position nochmals eichen kann. Denn solche Fragen kann A nicht beantworten, ohne nicht nochmal die volle Ziel–Physiologie zu zeigen.

Nun sind wir am Ende von Schritt 1 und Andrea hat ihr Zielerkennungsphänomen. Sie weiß jetzt genau, wenn sie in der Stadt autofährt und diese Art von Körpergefühl im Kontakt zur Lehne hat, ist sie im Ziel.

Thies: Stimmt das? (Sie nickt und zeigt die Ziel–Physiologie mit dem Bewegungsprogramm der Füße und Beine.) Mit dem Gefühl kann man locker kuppeln.

Wir sind jetzt bei Schritt 2. Dieser Schritt ist nur sinnvoll, wenn Schritt 1 mit der demonstrierten Ziel–Physiologie und dem subjektiven Wissen um das Zielerkennungsphänomen abgeschlossen wurde. Wenn ich in der Praxis mit dem Modell arbeite und in der ersten Sitzung nur durch Schritt 1 komme, kann es vorkommen, daß sich am Anfang der nächsten Sitzung das gefundene Zielerkennungsphänomen verändert hat. Zwischen den Therapieterminen können viele Dinge passieren, durch die Klienten ihr Ziel verändern und damit auch ihr Zielerkennungsphänomen. Menschen verändern sich häufig schneller, als sie es selbst merken, und vor allem schneller, als es ein Therapeut merkt. Bevor ich in Schritt 2 weitermache,

teste ich deshalb noch einmal kurz, ob A noch weiß, wie sie erkennt, wenn sie ihr Ziel erreicht hat?
(Andrea hat aufmerksam zugehört und zeigt kurz die Ziel-Physiologie.)
Und ihr habt gesehen, was passiert ist? Während Andrea innerlich diese Frage beantwortet, sehe ich noch einmal kurz die gleiche Ziel-Physiologie: Das ist die Voraussetzung für Schritt 2. Dann kann ich fragen, ...
Thies: Du als reife, erwachsene Frau, die eine Menge gelernt hat im Leben ...
(Andrea runzelt die Stirn und verspannt sich.)
Ich weiß mittlerweile schon, wie sie aussieht, wenn sie in eine Problem-Physiologie geht. Bei der Formulierung „du als reife, erwachsene Frau" möchte ich, daß sie an all das denkt, was sie schon gelernt hat und an den ganzen Reichtum von Fähigkeiten. Wenn sie daraufhin so aussieht (karikiert ihre Problem-Physiologie), dann ist das nicht das, was ich erreichen wollte. (Alle lachen, auch Andrea.)
Thies: Das „reif" werden wir mal rausnehmen. Was nehmen wir statt „reif"? Du als erwachsene Frau ... (Andrea runzelt wieder die Stirn) ... Oh, das geht auch nicht! Erfahrene? ... (Sie wechselt wieder in die Flirt-Physiologie aus dem ersten Schritt.)
„Erfahren" geht gemessen an ihrer Physiologie schon besser als „reif", aber (lacht) „erfahren" ist ein gefährliches Wort, besonders wenn ich plötzlich wieder auf dem Beifahrersitz sitze! (Beide lachen.)
Thies: Welches Wort oder welcher Begriff repräsentiert für dich die Tatsache, daß du in ganz vielen unterschiedlichen Situationen mit unterschiedlichen Menschen, in unterschiedlichen Zeiten eine Menge gelernt hast? (Andrea wechselt beim Nachdenken in eine ressourcevolle Physiologie) Die wollte ich, genau!
Einmal in einer Demonstration mit einer Frau benutzte ich auch die Formulierung „Du als reife, erwachsene Frau" — eine Redewendung, die von *Virginia Satir* stammt. Die physiologische Reaktion war (karikiert das nonverbale Verhalten eines Menschen mit Zahnschmerzen) ähnlich wie die vorhin, jedenfalls nicht die erwartete. „Reif" war in ihrem Fall ein Auslöser für: „Ich muß zu früh und zu viel Verantwortung übernehmen!" Sie sah völlig anders aus, als wenn sie sich gerade die Tatsache bewußt macht, daß sie über einen großen Fundus an Fähigkeiten verfügt. Ich sagte dann zu ihr: „Du hast enorm viel gelernt (langsamer mit einem Seitenblick zu Andrea), in den unterschiedlichsten Zeiten deines Lebens, in ganz unterschiedlichen Kontexten, in verschiedenen Situationen, in Beziehun-

gen mit ganz unterschiedlichen Menschen, ..." (Andrea wechselt in die ressourcevolle Physiologie).
Thies: Was wäre ein Begriff für dich, der dich das sofort wissen läßt?
Andrea: Ich weiß nicht, wie ich es nennen soll.
Thies: Das weiß ich auch nicht. Wollen wir es X nennen?
Andrea: Ja, das finde ich gut.
Thies: Wie sagen wir es? Also, du als erwachsene x–ige Frau? (Sie zeigt erneut die ressourcevolle Physiologie.)

Diese Physiologie nenne ich eine Blanko–Ressource. Ich brauche eine Art von Ansprache, die A sofort innerlich wissen läßt, daß sie natürlich eine Menge gelernt hat.

Ich muß jederzeit damit rechnen, daß die Worte etwas anderes auslösen, als ich beabsichtigt habe. In dem Beispiel von vorhin haben wir mit Prozentzahlen gespielt. Ich sagte zu ihr: „Nein, *so* reif und erwachsen meinte ich doch gar nicht! Ich meinte doch höchstens 40 Prozent reif und erwachsen!" Sie meinte: „Nein, dann schon eher 80 Prozent." — „Oh, meinst du nicht, daß das etwas zu hoch gegriffen ist?" Bei jeder Prozentzahl achtete ich genau auf ihre Physiologie. Welche Gründe ihrer Lebensgeschichte auch immer dafür verantwortlich waren, je mehr wir uns der Zahl 70 annäherten, desto ressourcevoller wurde ihre Physiologie, und als ich sie mit „Du siebzigprozentig reife erwachsene Frau" ansprach, zeigte sie mir die maximal intensive Blanko–Ressource–Physiologie.

Thies: Ich möchte, daß du als reife x–ige Frau durchsortierst, was von den vielen Dingen, die du gelernt hast, welche von allen deinen Fähigkeiten du benutzen kannst, um im Kontext, „du, das Auto und die Stadt", zu diesem speziellen Körpergefühl zu kommen, das du hast, wenn du in der vorhin spezifizierten Weise Kontakt mit der Rückenlehne hast?

Und wichtig ist, daß ihr hinschaut. Weil die wichtigste Antwort immer physiologisch kommt, noch bevor sie es ausspricht. Und wir wissen (zeigt auf ihre Atmung), das ist ein Teil der Ziel–Physiologie. Die nonverbale Antwort auf die Frage wird einen Teil der Ziel–Physiologie beinhalten.

Thies: Wie ist der verbale Teil der Antwort? Was ist dir eingefallen? Was kannst du? Welche Fähigkeiten hast du, die du dafür nutzen kannst?

Manchmal weiß das Bewußtsein von A es als letztes, daß eine Fähigkeit gefunden ist. Aber wenn sie nonverbal mit der vollständigen oder partiellen Ziel–Physiologie oder einer ganz ähnlichen Physiologie antwortet, weiß ich, daß sie etwas gefunden hat, auch wenn ihr

Bewußtsein es noch nicht weiß bzw. die Fähigkeit noch nicht benennen kann.
Thies: Kannst du die Fähigkeit benennen?
Andrea: Ich habe eben an das Vergnügen gedacht, Auto zu fahren, und daß ich auch ganz gern schnell fahre.

Hier ist es jetzt sehr wichtig sich zu erinnern, daß es nicht darum geht, als B logisch, emotional oder verhaltensmäßig nachzuvollziehen, was wohl genau die gefundene Fähigkeit ist. Ich weiß aufgrund der physiologischen Antwort, *daß* Andrea etwas gefunden hat. Außerdem sollte ich mich daran erinnern, daß das innere Erkennen einer bestimmten Fähigkeit und die Fähigkeit selber eins sind, während es etwas absolut anderes ist, die Fähigkeit beschreiben zu können.

Thies: Du hast die Fähigkeit, beim schnellen Autofahren Vergnügen zu haben? (Andrea nickt in der Ressource–Physiologie) Das kann nicht jeder.

Jetzt haben wir die erste Fähigkeit gefunden. In diesem Fall konnte die gefundene Fähigkeit benannt werden. Aber denkt dran, auch wenn A einen grammatikalisch richtigen und vollständigen Satz für die Benennung der Fähigkeit bildet: Es ist chinesisch und ihr sprecht kein chinesisch! Es gibt tausend verschiedene Wege, wie sich die Fähigkeit, Vergnügen beim Autofahren zu haben, äußern kann, aus welchen Komponenten sie sich zusammensetzt und wie sie wo benutzbar sein kann. Es kann sogar sein, daß sie damit eine Fähigkeit meint, die sie in ihrem Verhalten demonstrieren kann und innerlich genießen kann, wenn sie dreißig Stundenkilometer fährt. (Seitenblick zu Andrea, die nickt und für einen kurzen Moment die Ressource–Physiologie zeigt) Ich kann sehr leicht der Illusion erliegen, zu glauben, ich wüßte, wovon mein A redet.

Wenn A die Fähigkeit nicht benennen kann, sondern mir „nur" physiologisch anzeigt, daß er oder sie eine gefunden hat, sage ich in etwa: „Denk nochmal an die Fähigkeit und zwar daran, wie du wußtest, daß du eine Fähigkeit hast, die nicht oder noch nicht benennbar ist. Vielleicht hattest du so etwas wie eine kleine Ahnung, wie „Ah, ja, da ist etwas" oder so ähnlich, wie jemand vielleicht einen Traum erinnert, und zwar als kleines Bild ... oder als etwas zu hören ... oder als ein Körpergefühl." Wenn A dann im Trance–Zustand dieser Prozeßinstruktion wieder die Ressource–Physiologie zeigt, sage ich: „Wenn du einverstanden bist, nennen wir sie einfach Fähigkeit Nummer 1?"

Damit haben wir eine Privatsprache geschaffen, die auch nicht viel weniger Informationen übermittelt als vielleicht „Vergnügen beim

Autofahren". Bei dem Begriff „x–ige Frau" wissen wir ja auch ziemlich genau, was damit gemeint ist. (Er zwinkert Andrea zu, die bei „x–ige" prompt wieder die entsprechende Physiologie zeigt.)
   Wichtig ist, daß A weiß, was mit der Beschreibung gemeint ist. Und das erkenne ich an ihrer Physiologie, so wie Andrea mir eben physiologisch zeigte, daß sie weiß, was x–ig ist und was mit den folgenden Worten gemeint ist: „Vergnügen beim schnellen Autofahren haben." (Sie zeigt die Ressource–Physiologie.)
   Im nächsten Schritt soll A mit der gefundenen Fähigkeit folgendes machen:
Thies: Finde oder erfinde ein Ritual, oder (seine Stimme wird wieder langsamer, leiser, tiefer, mit größeren Pausen — Andrea zeigt eine Trance–Entwicklung) ... eine kleine Eselsbrücke, ... oder wie immer du es nennst, ... oder träume etwas, auf der Stelle jetzt und hier, ... mit offenen Augen oder geschlossenen, wie immer du das machst, ... einen kleinen Traum, der sicherstellt, daß du diese Fähigkeit, „Vergnügen beim Autofahren und gerne schnell zu fahren", im Problemkontext „du und die Stadt und das Auto" zur Verfügung hast — und laß' dich überraschen, wie sich diese Fähigkeit an die Situation anpaßt ...
   Das geht schnell. Konntet ihr das sehen? Die Problem–Physiologie tritt für einen Moment auf, die Farbe geht aus dem Gesicht — daran hatte ich mich orientiert — und plötzlich passiert der Wechsel in die Ressource–Physiologie, die wir von eben schon kennen. Wenn ihr mit Klienten in der Praxis arbeitet, solltet ihr diesen Wechsel nicht benennen. Ich mache es hier nur aus didaktischen Gründen, damit ihr eure Wahrnehmung sensibilisieren könnt. Außerdem habe ich einen guten Rapport zu Andreas Unbewußten, das mir versprochen hat, daß es ihr die Ohren zuklappt, wenn es für ihre Person nicht ökologisch sein sollte zuzuhören. (Er sieht sie an; sie lacht und zeigt ein leichtes ideomotorisches Nicken.)
Thies: Weißt du, wie das Ritual geht? Ich meine, könntest du explizit angeben, welche inneren Schritte du gemacht hast, um sicherzustellen, daß du dich im Problemkontext an die Fähigkeit erinnern kannst?
Andrea: Mh?
Thies: Was hast du innerlich gemacht, um sicherzustellen, daß du dich im Problemkontext an die Fähigkeit „mit Vergnügen ..." erinnern kannst.
Andrea: Ich habe mir gerade schon etwas gedacht.
   „Ich habe mir gerade schon etwas gedacht" sagt sie und zeigt den Wechsel nochmal. Das ist interessant. Wenn ich das, was ich jetzt

weiß, vorhin gewußt hätte, hätte ich nur zu sagen brauchen, „Denk' dir mal gerade etwas, das sicherstellt, daß du dich ... erinnerst!" (Allgemeines Lachen.) „Denk' mal was" oder „denk' mal nach" ist als Aufforderung, in Trance zu gehen, manchmal genauso effektiv oder sogar effektiver, als zu sagen, „durchlaufe innerlich ein Ritual", „träume auf der Stelle einen kleinen Traum", „mach dir eine Phantasie", „mach ein Assoziationsexperiment" oder „bau dir eine Eselsbrücke!"

Manchmal muß ich mehrere alternative Bezeichnungen ausprobieren, bis ich eine finde, die für meinen A sinnvoll ist. A soll beim Hören für einen kurzen Moment und wahrnehmbar in Trance gehen. Wenn ich sage, „durchlaufe ein Ritual", und mein A schaut so aus, als wüßte sie nicht so ganz, was ich wohl gemeint haben könnte, dann sollte ich mein Glück lieber mit einer anderen Bezeichnung versuchen.

Thies: Also, du hast dir etwas gedacht? (Sie zeigt beim Nicken den Wechsel noch einmal.)

So soll die physiologische Antwort aussehen! Ganz kurz in die Problem–Physiologie und dann in die Ressource–Physiologie, die der Ziel–Physiologie sehr ähnlich ist, wie ihr seht.

Thies: Kannst du es laut sagen? Nur damit wir unsere halluzinatorischen Fähigkeiten üben können. Für den therapeutischen Prozeß ist es nicht wichtig, daß du die Frage beantwortest.

Wir alle können jetzt halluzinieren, wie die Fähigkeit ist, „mit Vergnügen Auto zu fahren", was sie da sehen muß, wie sie die Welt wahrnimmt, und was sie alles tut, wenn sie diese Fähigkeit zur Verfügung hat. Und dann können wir weiter halluzinieren, wie sie es wohl macht, sich im Problemkontext an diese Fähigkeit zu erinnern.

Thies: An was hast du gerade gedacht, was sicherstellt, daß du dich an die Fähigkeit im richtigen Moment erinnerst?

Andrea: Ich bin gerade mit Vergnügen die Elisabethstraße heraufgefahren, von Ampel zu Ampel. (Sie macht eine kaum hörbare Pause bei den Worten Ampel und zieht die Augenlider dabei leicht zusammen.) Die gleiche Strecke wie vorhin auf der Herfahrt, nur diesmal mit dem Sitz–Körpergefühl und einem Vergnügen ... (lacht in der Ziel–Physiologie).

Thies: ... und die Polizei hinter dir her?

Andrea (lacht): Nein, sogar ziemlich langsam.

Ich lasse keine Gelegenheit aus, auf Ökologie in der Veränderungsarbeit zu achten.

Thies: Gut! Also in der Straße geht es. Könnte es sein, daß du dann, wenn die Elisabethstraße zu Ende ist, in ein Taxi umsteigen mußt, weil das, was du gefunden hast, nur für da gilt?

Eventuell, wir wissen es nicht. Vielleicht ist das, was sie jetzt als Ritual genommen hat ... Früher wäre sie die Elisabethstraße so entlang gefahren (macht ihre Problem–Physiologie vom Anfang nach), und jetzt fährt sie die Elisabethstraße runter, indem sie vielleicht auf eine neue Art und Weise Ampeln anguckt (macht die Ressource–Physiologie von eben nach). Vielleicht kann man an Ampeln irgend etwas sehen, was einen an irgendetwas anderes erinnert. Dann verhilft ihr das Ritual zu einer neuen Wahrnehmung für Ampeln, die dazu führt, daß sie in einer bestimmten Weise an etwas Bestimmtes denkt, das symbolisiert ist durch das spezielle Kontakt–Gefühl im Rücken. (Er lacht.) Jetzt wissen wir immer noch nicht, was sie macht und wie sie es macht — wir müßten immer noch halluzinieren.

Mit Ritual meine ich so etwas wie das, wie ich es manchmal durchlaufen habe, als ich anfing, NLP–Seminare zu machen. Wenn ich absolut aufgeregt war und die Zeit dazu hatte, ging ich vorher in den Seminarraum, stellte mich vorne hin, suchte mir einen markanten Punkt zum Anschauen — die Lampe an der Decke, oder die Ausgangstür, etwas, was später vor der Gruppe in meiner visuellen Wahrnehmung durchgängig verfügbar sein würde. Dann dachte ich mit Blick auf diesen Punkt an zwei oder drei sehr ressourcevolle und powervolle Erlebnisse, die für eventuell später im Seminar auf mich zukommende schwierige Situationen die richtigen Ressourcen sein könnten. Wenn ich dann im Seminar in eine schwierige Situation kam, habe ich mich einmal um mich selbst gedreht und dann auf den vorher ausgesuchten Punkt gesehen, während ich so tat, als würde ich nachdenken.

Thies: Ganz nebenbei, geht das auch in anderen Straßen, oder nur in der Elisabethstraße?
Andrea: Das weiß ich jetzt nicht.
Thies: Probiere es mal aus.
Andrea: Ja, okay. (Sie wechselt von der Problem–Physiologie in die Ressource–Physiologie.)

Es ist naheliegend, ihr bei dieser Generalisierung zu helfen. Ich sage, „Toll, daß du es *da* neu kannst und stell sicher, daß du das, was du da neu kannst, ..."
Thies: ... auch kannst, wenn du in die Kathi–Kobus–Straße einbiegst (der Veranstaltungsort liegt an dieser Ecke).

Was immer sie als Feedback dieser kleinen Arbeit sagt oder sagen wird, wenn ich ihre Ziel–Physiologie kenne und sie am Ende der Arbeit sehe, kann sie mir sonst was erzählen: Ich weiß, sie schafft den Wechsel von der Elisabethstraße in die Kathi–Kobus–Straße.

Thies: Ich bitte dich, nachher in der Kleingruppe sicherzustellen, daß du Fähigkeit zwei, drei, vier und fünf noch genauso gut findest und zusätzlich nutzen kannst wie Fähigkeit Nummer 1.

Ihr helft als B in Schritt 2 eurem A, mindestens fünf Fähigkeiten zu finden, egal aus welchen Lebensbereichen und aus welchem Lebensalter. Für jede einzelne gefundene Fähigkeit laßt ihr A ein Ritual finden, mit dessen Hilfe er oder sie sich im Problemkontext an die entsprechende Fähigkeit erinnern kann.

Die nächsten Schritte sind sehr einfach. Schritt 3 und 4 ist für B die Belohnung, die ihn für seine Arbeit in Schritt 1 und 2 entschädigt. Ich brauche nämlich als B nur darauf zu bestehen, daß A innerlich etwas Bestimmtes macht. In Schritt 3 sage ich zu A:

Thies: Kannst du mal für das alte Verhalten, das du ersetzen möchtest, nämlich die alte Weise, mit Angst oder mit Aufregung Auto zu fahren, drei Kontexte suchen, drei Situationen in deinem Leben, die du findest oder erfindest, wo du genau dieses Verhalten in deinem Repertoire behalten möchtest? Und kannst du mir hier außen anzeigen, wenn du jeweils eine gefunden hast, so mit erstens, zweitens, drittens? (Er macht es ihr vor.)

Solche Fingersignale sind günstig, weil wir dann Gelegenheit haben, ihre Physiologie zu studieren, während sie die Situationen findet. Interessant ist auch oft, was kurz vorher oder kurz hinterher physiologisch passiert.

Thies (lacht): Das war das Neue! Du sollst nicht suchen, wo du das neue Verhalten überall brauchen kannst. Du sollst etwas finden, wo du das alte noch brauchen könntest. Soll ich dir nochmal helfen, das geht so? (Er macht die Körperhaltung ihrer Problem–Physiologie vor — allgemeines Lachen.) Finde oder erfinde Situationen, die passieren könnten, oder passieren werden — es können absolut wahrscheinliche und naheliegende oder auch absurd erscheinende und völlig unwahrscheinliche sein — wo du froh wärst, wenn du das alte „Problemverhalten" zur Verfügung hättest, pur und intakt.

(Andrea lacht.)

Thies: Und weißt du schon wo?

Andrea: Also ich weiß, daß ich das alte Verhalten so nicht haben möchte, ... die Vorteile, die ich daraus habe, möchte ich da nutzen.

Thies: Ah! Gut wenn du die kennst.

Die Physiologie, die sie jetzt zeigt, nennen wir Versöhnungs–Physiologie. A versöhnt (Seitenblick zu Andrea) bzw. vertöchtert sich mit sich selbst, als einem mit diesem Problem behafteten Menschen. Allerdings hat Andrea mich in einer interessanten Art und Weise mißverstanden: statt an Kontexte zu denken, in denen sie das alte Verhalten auf jeden Fall behalten möchte, hat sie schon mit Schritt 4 angefangen. In Schritt 4 soll sie ja später drei negative *Konsequenzen* finden oder erfinden, die es hat oder haben kann, wenn sie ihr Ziel erreicht. Schön, Andrea war also gleich so nett zu verdeutlichen, daß die Schritte 3 und 4 einen engen inneren Zusammenhang haben:

Thies: Also wenn du dein Ziel erreichst, wäre eine negative Konsequenz, daß du dann nicht mehr diesen Vorteil hättest, an den du eben gedacht hast, stimmt's?

Andrea (lacht und nickt): Ja, das wäre blöd.

Thies: Wir kommen nachher in Schritt 4 noch einmal darauf zurück, wie du dieser negativen Konsequenz vorbeugen kannst. Übrigens würde ich dir nicht empfehlen, von „Vorteilen" zu reden, denn dieses Wort hat eine ziemlich negative Konnotation. Es impliziert, daß das Bewußtsein das Problemverhalten sozusagen in kühler Berechnung eingesetzt hat, um bestimmte Vorteile zu erschleichen. (Andrea reagiert mit einer Intensivierung der Versöhnungs–Physiologie.) Vielleicht solltest du später ein neues Wort aussuchen, um die entsprechende positive Funktion des „Problemverhaltens" zu benennen. Denk' doch jetzt erst mal an die Kontexte, in denen du auf jeden Fall das alte Verhalten als Fähigkeit behalten möchtest. Der innere Zusammenhang von Schritt 3 und 4 wird deutlich, wenn du dir vergegenwärtigst, daß du schon *einen* Kontext gefunden hast: Solange du nicht irgend etwas Bestimmtes neu gelernt hast, um diese positive Funktion sicherzustellen, solltest du das Verhalten vielleicht da, wo du es jetzt machst, noch eine Zeitlang weitermachen?

Andrea (lacht plötzlich): Oh ja, allerdings! (Erneutes Auftreten der Versöhnungs–Physiologie.)

Thies: Gut, dann suche bitte noch zwei zusätzliche Kontexte.

Schritt 3 heißt, ich fordere meinen A auf, Kontexte zu suchen, wo das alte Verhalten seinen Platz behalten soll. (zu ihr gewandt) Man schmeißt nichts so einfach weg, oder? Gelernt ist gelernt. Wenn A keinen Kontext mehr findet, kann ich mich als B fragen: Was müßte passieren, in welche Situation müßte ich hineinkommen, in der ich froh wäre, dieses sogenannte Problemverhalten zur Verfügung zu haben? (Andrea schaut aus wie bei einem Aha–Erlebnis und zeigt wieder die Versöhnungs–Physiologie.)

Wenn ich einen Einfall habe, kann ich meiner A diesen Einfall in Form einer Geschichte erzählen, in dem Tonfall, als wenn ich Kindern Märchen erzähle (mit entsprechend veränderter Stimme): Stell' dir mal vor, das und das passiert, und dann noch das und das mit dem und dem und da und dort..., und dann spitzt sich die ganze Situation noch in der und der Weise zu..., und plötzlich (Andrea ist nach innen orientiert und nickt ideomotorisch) wird dir klar, „Ah, ich kann ja noch das Verhalten, das ich damals Problemverhalten genannt habe! Ich habe es ja noch in meinem Repertoire!" Da kam eine Idee.

Damit ist klar, daß wir in Schritt 3 weitermachen. Schritt 3 und 4 sind hier nur aus didaktischen Gründen getrennt. Äußerlich sichtbar ist der innere Zusammenhang beider Schritte in der Versöhnung–Physiologie, die in beiden Schritten auftritt. In beiden Fällen, wenn A innerlich die Kontexte oder die Konsequenzen identifiziert, kommt A nicht umhin, die Sinnhaftigkeit des Problemverhaltens zu würdigen. Diese Würdigung ist die Grundlage für konstruktive Veränderungen des Problemverhaltens.

Thies: Ist es okay, die Idee, die dir eben gekommen ist, laut zu sagen?
Andrea: Es waren sogar zwei Ideen. Ja, ich kann sie laut sagen. Das erste, was mir einfiel, war Autofahren in Rom.
Thies (lacht): Autofahren in Rom, da kannst du genauso gut so (verschränkt die Füße als Bestandteil ihrer Problem–Physiologie) im Auto sitzen bleiben. Zumindest zur Zeit möchtest du es in Rom lieber nicht ausprobieren. Solltest du es in Rom tun, kannst du die Problem–Physiologie als Test benutzen, um zu wissen, ob alle Bedingungen gesetzt und erfüllt sind, die notwendig sind, damit du doch bereit wärest, mit Hilfe der Ressourcen und der Ziel–Physiologie das Risiko einzugehen, in Rom zu fahren. Dazu könnten etwa Sicherheitsgurte gehören, oder die Frage, sitze ich gerade in einem Volvo oder einem Mercedes, ist ein Airbag vorhanden, ein Sturzhelm? Außerdem sollte man eventuell sichergestellt haben, daß es nicht das eigene Auto ist, sondern ...

(allgemeines Lachen, Andrea schaut noch etwas verdutzt.)

... und wenn es ein geliehenes Auto ist, sollte es gut versichert sein; vielleicht sollte ich nur da fahren, wo der Rettungshubschrauber landen kann, ... und so weiter. (Wieder ernsthaft.) Und bevor du nicht wirklich alle Tests durchlaufen hast, kannst du die ehemalige Problem–Physiologie als absolut sinnvolle Einrichtung behalten. Das ist jetzt sehr übertrieben, aber du weißt, welche Tests du innerlich und äußerlich machen müßtest, bevor du sogar in einer Stadt wie Rom autofahren würdest?

Andrea: Äh, ... (lacht) ja, in etwa.
Thies: Diese komplexe Gesamtfähigkeit, die du ganz am Anfang mit den Worten „Angst im Stadtverkehr Auto zu fahren" beschrieben hast, kannst du in einer ganz speziellen Weise benutzen: Angenommen, du bist mit jemandem in Rom, der sagt: „Komm, fahr' du doch". Du sagst unüberlegt Ja, läßt dir den Schlüssel in die Hand drücken und willst losfahren. Und plötzlich kommt die ehemalige Problem-Physiologie und erinnert dich daran, daß du noch sehr sorgfältig prüfen mußt, ob alle Bedingungen erfüllt sind, unter denen du tatsächlich fahren würdest. Du weißt innerlich, welche das sind? (Andrea nickt.) Ich habe eben einfach mal die aufgezählt, die ich an deiner Stelle setzen würde, wie zum Beispiel genügend Blech um mich herum. Weißt du, welche du setzen müßtest? Oder anders gefragt, weißt du, wie lange es gut wäre, die Problem-Physiologie zu haben? So lange, bis du wirklich sicher bist: Jetzt sind alle Bedingungen erfüllt, und ich fahre *sogar* in Rom Auto!
Andrea: Ah, ja. (Sie nickt.)
Thies: Und tu mal so, als wenn du sie innerlich identifizieren und auch erfüllen würdest. Halluziniere sie als erfüllt..., sprich, du hättest das richtige Auto ausgewählt oder was immer... (lacht, als er Andrea den Wechsel von der Problem- zur Ressource-Physiologie machen sieht) oder vorsichtig sein!
Kurt: Ich verstehe das noch nicht ganz. Das Problemverhalten war doch mit Angst verbunden.
Das Problemverhalten ist ein sehr komplexes Verhalten oder auch ein sehr komplexer Zustand, den wir anfangs genannt hatten, „ich habe Angst", oder „ich fahre in der Stadt nicht gerne".
Kurt: „Ohne Angst zu fahren".
Ja, aber wir wissen von dem Problemverhalten die Physiologie, also den Zustand. Was sie bezeichnet hat mit „ich habe Angst, in der Stadt zu fahren", ist ein bestimmter Zustand, in der Welt zu sein. Und innerhalb dieses Zustandes kann sie bestimmte Sachen wahrnehmen, zum Beispiel wie ihr Körper sich anfühlt und was sie sieht und hört. Das ist eine Fähigkeit, auf eine bestimmte Weise in der Welt zu sein, Wahrnehmungen zu verarbeiten und mit der Umgebung zu interagieren. Und ich rede quasi nicht mehr von „ich habe Angst, in der Stadt Auto zu fahren", sondern ich rede von dem gesamten psychophysiologischen Zustand, der so benannt worden ist.
Kurt: Die Fähigkeit ist praktisch wertneutral. Es gibt einfach Fähigkeiten, die als solche Fähigkeiten sind.
So kannst du herangehen. Aber die Fähigkeit ist in diesen drei Kontexten, die wir eben hatten, praktisch nicht mehr wertneutral;

dann weiß sie, daß es toll ist, es da zu können.
Kurt: Aber das ist eine andere Situation.

Ja. Das ist wie zum Beispiel mit der Problem-Physiologie, sich auf die Lippen zu beißen und bestimmte Dinge nicht oder nur wenig zu fühlen, um nichts sagen zu müssen. Das kann eine lebensrettende Fähigkeit sein, wenn ich in eine Rockerbande gerate und es wichtig ist, die nicht weiter zu provozieren: Die gleiche Fähigkeit, die sonst ein Problem darstellt! Es gibt nur Fähigkeiten. Probleme ergeben sich daraus, daß sie manchmal schlecht kontextualisiert sind und lieber in anderen Kontexten eingesetzt werden sollten. Und das ist anscheinend ein sehr guter Kontext für Andrea, wo sie die Fähigkeit gut gebrauchen kann. Jetzt ist plötzlich klar: Die Problem-Physiologie ist ein Aliierter, kein Feind! Andrea kann sagen: „Ich freue mich, daß es mir möglich ist, sie zu haben, weil sie mich daran erinnern kann (Stimme langsamer, leicht zu Andrea gewandt), daß ich bestimmte Bedingungen setzen muß, bevor ich etwas Bestimmtes tue."
Thies: Und die Frage ist, wie kannst du das in konkretes Verhalten übersetzen, was jetzt im Moment eventuell nur einen Ahnung ist, bzw. sich so allgemein anhört?

Im Grunde ist dieser Schritt schon fertig, wenn sie drei Kontexte gefunden hat. Dann ist meine Aufgabe als B erfüllt. Therapeutisch ist es nicht notwendig, daß ich den Inhalt weiß. Wenn ich ihn aber doch wissen möchte, weil ich die Information gerne für ein entsprechendes persönliches Problem hätte oder, so wie ich jetzt, einfach nur schrecklich neugierig bin, sollte ich dieses persönliche Interesse ehrlicherweise auch A gegenüber deutlich machen. Also, interessehalber würde ich gerne wissen, ...
Thies: ... unter welchen Bedingungen würdest du in Rom autofahren? Was müßte alles gewährleistet sein; welches Auto müßtest du haben, wer müßte dabei sein, was müßte passieren, daß du sogar in Rom autofahren würdest?
Andrea: Als Beifahrerin.
Thies: Nein, wenn du am Steuer bist.
Andrea: Daß der, der neben mir sitzt, genau sagt, was zu tun ist.
Thies: Also du brauchst einen Beifahrer, der kompetent sagt, jetzt links oder rechts? (Sie nickt.) Okay, tu mal so, als ob du das alles hättest. Halluziniere mal, du würdest mit Beifahrer in Rom autofahren.

(Andrea zeigt immer noch, allerdings weniger intensiv, die Problem-Physiologie.) Da fehlt noch etwas, das sehen wir.
Andrea: Ja.
Thies: Aber die ehemalige Problem-Physiologie ist dein Berater oder

deine Beraterin. Und die sagt, „okay, das ist schon ganz gut so, aber es ist noch nicht gut genug! So nicht! Es sind noch nicht alle Bedingungen erfüllt." Was fehlt noch?
Andrea: Mehr Erfahrung erstmal in Deutschland.
Thies: Oder vielleicht ein Auto, wo das Lenkrad in der Mitte ist, und rechts und links ein Beifahrer. (Einer der Co–Trainer hat sich, links von Andrea neben dem Tisch sitzend, über die letzten zehn Minuten hinweg ihr mehr und mehr angenähert, so daß ihm zu einer Körperberührung mit ihr nur noch paar Zentimeter fehlen. Lachend und wie zufällig setzt er sich jetzt einen halben Meter zurück und bleibt so sitzen, ohne seinen Arm wieder auf den Tisch zu legen.) Nein (Thies lacht), das ist es nicht. (Allgemeines Lachen.) Aber mehr Erfahrung in Deutschland.
Andrea: Ja, auf jeden Fall.
Thies: Kannst du dir für einen Moment vorstellen, du wüßtest im einzelnen, welche Bedingungen es gibt, und du hättest sie alle erfüllt; einschließlich der Bedingung, ausreichend Erfahrung in Deutschland gesammelt zu haben. Du würdest also von der ehemaligen Problem–Physiologie das O. K. kriegen, tatsächlich loszufahren, sogar in Rom! Kannst du dir das vorstellen? Was müßtest du alles überprüfen? Kannst du dir vorstellen, du hättest alle notwendigen Tests durchlaufen und würdest das O.K. kriegen, wie das wäre?
Andrea: Ja. Ich denke schon.

Das Wesentliche an diesen Interventionen ist, daß Andrea den Prozeß lernt und üben kann, die Problem-Physiologie als „Beraterin" wahrzunehmen. Dazu gehört, daß sie in den relevanten Situationen Kontakt zu ihr bekommt und auch, daß sie mit ihr kommunizieren kann: Sie muß wissen, wann sie ihr O. K. bekommt und wann nicht.
Thies: Wie wir schon gesagt hatten, wir wissen ja nicht, wofür diese Autofahrgeschichte eine Metapher ist.
Andrea (lacht, etwas verlegen): Auch wenn ich es schon vollständig wüßte, würde ich es sicher nicht sagen, nach wie vor.
Thies: Nein, das sollst du auch nicht. Natürlich auch das nicht, was du schon jetzt weißt und erst recht nicht das, was du erst ahnst...! (lacht) Ich will ja nur die halluzinatorischen Fähigkeiten der Gruppenteilnehmer stimulieren.

Wenn wir schon nicht ahnen, wofür das Autofahren eine Metapher in ihrem Leben ist, wissen wir erst recht nicht, wofür Autofahren in Rom eine Metapher ist. Also haben wir überhaupt keine Ahnung. Aber ich tue einfach so, als wenn ihr Unbewußtes klug genug ist, in dieser Situation irgend etwas zu nehmen, was auf der direkten, konkreten Ebene „Autofahren" wichtig und bedeutsam ist,

und genauso auf irgendeiner sicher auch vorhandenen metaphorischen Ebene. (Andrea sieht überrascht aus und zeigt eine Versöhnungs—Physiologie.) Das Unbewußte kann nicht anders, zumindest in meiner Überzeugung, als vorhandene Lernkontexte zu nutzen. Es sagt (gierig): „Aaahhh, ein Lernkontext, wie interessant!"
Thies (wieder ernst, in seinem nonverbalen und verbalen Verhalten direkt an die Interaktion vor der Metapher–Interaktion anschließend): Und du weißt, wie das ist, wenn du das O. K. kriegst.
Andrea: Ja.
Thies: Meistens würde man sagen, „daß ist ja eine interessante Metapher!" In diesem Fall müßte man wohl sagen, „das ist ja eine interessante Realität, die da der Metapher zugrunde liegt". Das ist so interessant an Metaphern: Was ist Metapher für was?
Andrea: Stimmt, ist schwer zu sagen.
Thies: Leichter ist es zu sagen, was du in dieser Art von Öffentlichkeit hier erzählst, und was du lieber für dich behältst, oder?
Andrea (lacht): Ja.
Thies: Gut, aber du weißt, wie es ist, von dieser Beraterin, diesmal bezüglich Rom, das O.K. zu bekommen und du weißt auch, welche Bedingungen im einzelnen und konkret erfüllt sein müssen?
Andrea (kongruent): Ja.
Thies: Versprichst du mir, daß du einen dritten Kontext suchst, in dem du das alte Verhalten behalten möchtest? Aus Zeitgründen möchte ich es jetzt hier nicht mehr machen.
Andrea: Müssen es unbedingt drei sein?
Thies: Vielleicht nicht, aber seitdem *John Grinder* und *Richard Bandler* gesagt haben, daß bei drei neuen Wegen erst die Flexibilität anfängt, während man bei einem ein Roboter wäre und bei zweien in einem Dauer–Dilemma, haben wir diese Regel im NLP. Und die NLP'ler bekommen zwanghafte Wahnvorstellungen, so daß sie nachts nicht schlafen können, wenn sie tags zuvor mal jemand mit nur zwei neuen Wegen haben weggehen lassen. (Allgemeines Lachen.) Also, im Interesse meines guten Schlafes heute nacht und im Interesse der Gruppe, morgen jemand hier vorne sitzen zu haben, der ausgeschlafen ist, versprichst du mir, daß du einen dritten Kontext findest?

Dieser Logik liegt die Vermutung zugrunde, daß jeder weitere gefundene Kontext, für den das Bewußtsein das „Problemverhalten" als die beste aller Verhaltensoptionen anerkennt, direkt zu einer weiteren Veränderung im Leben von A führt. Darauf kommen wir morgen in Schritt 4 und später wieder im Zusammenhang mit den verschiedenen Reframing–Methoden zurück. Diese Gründlichkeit ist auch ethisch wichtig: Wenn ich als B helfe, daß eine Veränderung

stattfindet, habe ich die Verpflichtung, dafür zu sorgen, daß diese Veränderung möglichst ökologisch ist. Und das ist sie vor allem dann, wenn meine A keinen Kampf mit irgend etwas haben wird, das gelernt worden ist. Jede Problem–Physiologie ist eine Fähigkeit. (Andrea nickt und zeigt eine Versöhnungs–Physiologie.)
Thies: Richtig? Ist da noch ein neuer Kontext?
Sie sieht so aus, als wenn sie noch einen neuen Kontext gefunden hätte.
Andrea (lacht): Ganz neu nicht. Ich hatte vorhin schon mal kurz daran gedacht.
Thies: Stimmt, du hattest ja vorhin zwei Ideen und ich habe vergessen, die zweite nachzufragen ... Ist es O. K., den Inhalt zu sagen?
Andrea: Ja, doch, ich kann es.
Thies: Sonst teile es so mit, daß du das Private, was du nicht veröffentlichen willst, so umsortierst, daß es trotzdem noch interessant klingt für uns hier außen.
Andrea: Gut, bei mir ist es, Beifahrer zu sein. Deswegen mag ich nicht immer autofahren.
Thies: Das heißt, du kannst die Problem–Physiologie auch für den Test nutzen, ob du in der Situation wirklich selbst fahren willst, oder dich eher dem Genuß des Beifahrerinseins hingeben möchtest. O.K. laß uns noch einen suchen. Wir haben im NLP nun mal diese magische Zahl drei.
Wenn jeder gefundene Kontext, wo das alte Verhalten bleiben soll, eine neue Verhaltensoption impliziert, kann sie, wenn wir drei Kontexte finden, drei Sachen neu tun. Indem sie sich zum Beispiel aufgrund der Problem–Physiologie fragt, „will ich jetzt vielleicht lieber Beifahrerin sein", kann sie neue Sachen tun, die sie sonst nicht hätte tun können.
Thies: Jetzt suche mal den dritten.
Andrea: Ich genieße es, als Beifahrerin aus dem Fenster zu schauen.
Thies: Das ist noch eine andere Variante zu der Beifahrerkonstellation.
Andrea: Ich genieße es, mir aus dem Fenster die Gegend anzuschauen. Und ich weiß, daß das gefährlich ist, wenn ich selber fahre.
Thies: Aber das ist ein anderer Entwurf als der erste Beifahrerentwurf?
Andrea: Genau.
Thies: O. K., es gibt zwei unterschiedliche Kontexte, die beide die Bezeichnung Beifahrerin kriegen. Der eine ist vielleicht die gesprächsmäßige Beifahrerin, der andere die träumende Beifahrerin.
Andrea: Ja. genau.

Thies: O. K.

Eine interessante Frage finde ich, ob Ideen und Einsichten im sozialen Austausch, in der Kommunikation, validiert werden müssen, um nicht als flüchtige Phänomene sofort wieder in der Versenkung zu verschwinden; und wenn ja, wie dieser Austausch beschaffen sein muß? Muß er notwendigerweise explizit verbal sein, oder genügen Andeutungen. Oder gibt es womöglich Prozeßmerkmale, an denen sich B orientieren kann, während er vage formuliert? Wie etwa, ...

Thies: Was hältst du davon, wenn du Schritt 4 heute nacht träumst bzw. im Traum vorarbeitest?

In der Wachversion heißt Schritt 4: Finde oder erfinde 3 negative Konsequenzen, die auftreten werden oder auftreten können, wenn du dein Ziel erreichst. Und für jede dieser negativen Konsequenzen bekomme eine Idee, wie ihr am besten vorzubeugen ist. Und für jede Idee finde eine Situation in der nächsten Zukunft, in der du anfangen kannst, diese Idee umzusetzen.

Thies: Und während du noch darüber nachdenkst, wie das wohl sein würde, diesen Schritt 4 mit vollem Bewußtsein zu machen und zu überlegen, möchte ich direkt (er spricht das Wort „direkt" langsamer, tiefer und weiter vorgebeugt) zu dem Teil von dir auf der unbewußten Ebene sprechen, der für das Träumen der Träume zuständig ist ... (Er wartet zwei bis drei Sekunden ab, bis sie sich für einen Moment spontan nach innen orientiert, und spricht dann in diesen Trance–Zustand hinein — wieder in der gleichen Weise, wie eben bei dem Wort „direkt"): Du, der Teil von Andrea, der für ihre Träume zuständig ist, ich möchte dich bitten, heute nacht, wenn du für sie arbeitest, auf eine für ihr Bewußtsein sehr amüsante und lehrreiche Art mit der Tatsache zu spielen, daß alle Lebensbereiche untereinander vielfältig vernetzt sind und daß eine Veränderung in einem Bereich viele Veränderungen in anderen Bereichen zur Folge hat. Solltest du entscheiden, daß sie sich morgen an die Träume erinnert, so möchtest du vielleicht ihr Bewußtsein schonend und dosiert über die Folgen unterrichten, die es haben kann oder wird, wenn sie ihr Ziel erreicht hat, in der Stadt mit Gelassenheit und Sicherheit Auto zu fahren, ... etwa, indem du ihr ganz bizarre Träume schickst, an denen sie dann morgen früh beim Zähneputzen zu rätseln hat. (Andrea hat die ganze Zeit in Trance zugehört und fängt jetzt an, sich zu reorientieren. Thies spricht wieder mit normaler Stimme:) Vielleicht triffst du 'nen Frosch unterwegs!

Andrea (reorientiert sich vollständig und lacht): Und ich sage zu ihm: „Um Gottes Willen, bleib' wie du bist!"

Eingebettete Zitate hier, oder?

Thies: „Zumindest noch eine Zeitlang, denn ich bin noch nicht soweit. Und komme nicht auf die Idee, mich schon zu küssen — mit Gewalt erreichst du bei mir gar nichts! Alles braucht seine Zeit!" Träumst du das? Naja, vielleicht nicht genau das. (Beide lachen.) Wir machen eine Verabredung: Morgen früh stellen wir fest, ob du etwas geträumt hast, was dir hilft, die drei negativen Konsequenzen zu identifizieren, falls du es nicht schon jetzt ganz oder zum Teil weißt (sie nickt). O. K.?

(Am nachfolgenden Tag morgens:)
Thies: Und was sagen die Träume?
Andrea: Träume? Ach so, äh, (nickt langsam) ah ja.
Thies: Weißt du noch, was du geträumt hast?
Andrea: Ja, ungenau (versunken) zwar, aber ich weiß noch was.
Thies: Nimm mal das, was du noch weißt, als Grundlage und forme es innerlich in Ideen um: Welche negativen Konsequenzen werden damit verbunden sein, wenn du dein Ziel erreichst?
Andrea (Versöhnungs–Physiologie): Ah ja.

Wichtig ist nicht, daß ich als B weiß, welche negative Konsequenz sie gerade gefunden hat, sondern daß ich ihr mit Prozeßinstruktionen helfe, diese Einsicht ...
Thies: ..., die ist nicht ohne, oder?
Andrea: Puh (macht eine Geste, als wenn sie sich die Finger verbrannt hat und sie anpustet), das kann man wohl sagen.
Thies: Gehe ich recht in der Annahme, daß du diesen Einfall nicht veröffentlichen wirst. Therapeutisch ist es wie gesagt nicht notwendig, höchstens didaktisch — oder weil ich neugierig bin.
Andrea: Ja, du gehst recht in der Annahme.
Thies: O. K., dann finde für diese negative Konsequenz eine Idee, wie du ihr vorbeugen willst.
Andrea (denkt nach, hat plötzlich einen Einfall): Mhm. Ah ja, gut.
Thies: Und suche dir für diese Idee jetzt drei Situationen, in denen du anfangen willst, sie umzusetzen.
Andrea: O. K. (Sie überlegt.) Eine habe ich.
Thies: Gehe in die hinein und halluziniere durch, ob es geht.
Andrea (sitzt im Trance–Zustand mit kleinsten impliziten Muskelbewegungen): Ah ja, toll.
Thies: Zwei negative Konsequenzen brauchen wir noch. Finde oder erfinde welche.

Finden oder erfinden ist auf einer strukturellen szenischen Ebene egal. Was denkbar ist, kann auch passieren. Wenn jetzt wirklich die drei negativen Konsequenzen an den Haaren herbeigezogen werden müssen, erfunden werden müssen, *richtig* ausgedacht werden müssen, heißt das, daß sie drei Ideen umsetzt, etwas Bestimmtes neu zu tun. Aber häufig sind sie eben nicht ausgedacht, weil die Lebensbereiche sehr vernetzt sind. Sie tut etwas in einem Kontext, und das hat eine Menge Auswirkungen in vielen anderen Kontexten. Und es kann sein, wenn sie im Kontext „ich und das Auto in der Stadt" etwas Neues tut, daß es häufig in wichtigen Beziehungen, Mann–Frau, Eltern, Freund, Freundinnen, Verwandten, Bekannten, Arbeitskollegen, Auswirkungen hat.

Selbst wenn die Gleichsetzung zwischen „denkbar" und „wirklichkeitsabbildend bzw. –erzeugend" nicht haltbar und nur meine private Philosophie wäre (die für mich natürlich stimmt, und mich kongruent in meinen Instruktionen macht) — schlimmstenfalls wird ihr Verhaltensrepertoire um eine Variante reicher, die sie in drei Situationen ausprobieren wird. Flexibilität und Variabilität im Verhalten ist eine Möglichkeit, psychische Gesundheit zu definieren, also ...
Thies: ... suche zwei mehr! ... Hast du schon Ideen?
Andrea: Ich finde es schon ein bißchen schwierig, ...
Thies (streng): Es hat ja auch keiner gesagt, daß das einfach sein soll.

Wenn mir ein Klient in der Praxis sagt, daß er es schwierig findet, was ich verlange, sage ich nur, (spricht in Andreas Richtung:) das stimmt, das ist *richtig echt* Arbeit hier! (Andrea entwickelt die Versöhnungs–Physiologie, nachdem sie sich wie in einer kleinen Schreckreaktion in einer unbewußten Bewegung die Hand auf den Mund gelegt hatte.)

Das ist das, was in Schritt 4 passieren soll: Wir sehen die Versöhnungs–Physiologie und kurz vorher eine Problem–Physiologie. Zuerst denkt A an eine negative Konsequenz (karikiert die Schreck-Geste von Andrea, lenkt sie aber ab, indem er die Geste weiter ausarbeitet und die Hand für einen Moment vom Mund zur Stirn führt und dabei seine Augen verdeckt wie jemand, der pfeifend versucht, nicht hinzusehen, was er angerichtet hat.)
Thies: Hast du eine Idee, wie du dieser Konsequenz vorbeugen kannst?
Andrea: Ja.
Thies: O. K., drei Situationen, wo du anfangen willst, diese Idee umzusetzen. Und denk' dran, das müssen keine revolutionären Neuerungen sein.
Andrea (hat nachdenklich zugehört, während er sprach): Mhm.
Thies (mit trancemäßiger Stimme): Es ist manchmal sinnvoll, gar nicht mit den vorhandenen Situationen herumzumachen, sondern sich ganz neue Lernkontexte zu erschließen. (Andrea nickt.) Diese Lernkontexte können sorgfältig ausgesucht sein, so daß das Lernen

in ihnen eine gute Vorbereitung für das *eigentliche Lernen* ist, so daß die notwendigen Veränderungen im Leben ökologisch geschehen können: In der richtigen Zusammensetzung, in der richtigen Reihenfolge und im richtigen Timing.
Thies: O. K., waren das drei? (Andrea nickt.) Jetzt suche die letzte negative Konsequenz.
Andrea: Also ich weiß jetzt keine mehr, glaube ich.
Thies: Vielleicht würdest du immer in die Stadt fahren und mit jungen Männern flirten ... (Sie wird leicht rot und zeigt die Versöhnungs–Physiologie.) Tu einfach so, als wenn du noch eine wüßtest.
Andrea: Ja. (lacht, in der Ressource– und der Versöhnungs–Physiologie:) Etwas durcheinander bin ich jetzt schon...
Thies: Das macht nichts. Stell dir mal vor, du willst wichtige Dinge in deinem Leben verändern und wärst nicht durcheinander vorher. (Allgemeines Lachen.)
Thies: Versprichst du mir, für diese Konsequenz eine Idee zu suchen, um ihr vorzubeugen, und dann drei Situationen oder Kontexte, um sie umzusetzen?
Andrea: Ja, aber ich glaube, ich muß langsam anfangen, mir die ganzen Hausaufgaben aufzuschreiben, sonst vergesse ich sie noch. Oder schreibst du sie auf (wendet sich einem Mann in der Gruppe zu, der nickt und gleich damit anfängt.)
Thies: Ein externes FuturePace!? Na gut. (Zu dem Mann in der Gruppe gewandt:) Die Zukunft dieser Dame liegt in deiner Hand, also, paß auf! (Wieder zu ihr:) Ich wünsche dir alles Gute und wenn du durch Rom fährst, schicke mir doch eine Karte. Nebenbei, wann, sagtest du, fährst du das nächste Mal in der Stadt?
Andrea (in der Ziel–Physiologie): Heute abend, und morgen abend wieder.
Thies: Vielen Dank (verabschiedet sie mit Händedruck und Umarmung).

Das war Schritt 5. Da frage ich möglichst beiläufig: „Wann kommst du das nächste Mal in den Problemkontext?" Ich achte darauf, in welcher Physiologie die Antwort kommt. Und ihr habt gesehen, welche das war. Schritt 5 nennen wir FuturePace, das heißt ein Anbinden dessen, was hier erarbeitet worden ist an den ehemaligen Problemkontext.

Es können häufig Kleinigkeiten sein, die neu zu lernen sind. Das müssen gar nicht die großen, weltbewegenden und absolut persönlichkeitsverändernden Ziele sein. (Er lacht.) „Als kleine flankierende Maßnahme möchte ich lernen, gegründet durch das Leben zu gehen, oder absolut zentriert zu sein."

1.2.1 Kurzform der Schritte

PeneTRANCE

1. Wohlgeformte Zieldefinition
Was willst du erreichen? Was ist dein Ziel?
Kriterien für eine wohlgeformte Zieldefinition:
a) Das Zielverhalten bzw. der Zielzustand soll durch A selbst initiierbar und aufrechterhaltbar sein.
   Wenn nicht, Prozeßinstruktionen zum Suchen eines alternativen Zieles geben: **Angenommen, es gäbe etwas für dich neu oder besser zu lernen, das die Wahrscheinlichkeit erhöht, daß dieser Wunsch in Erfüllung geht, was wäre das?**
b) Die Zieldefinition soll einen kurzen Feedbackbogen enthalten.
   Wenn nicht: **Tun wir so, als ob du, bevor du ...** (Zitat des Klienten) **..., schon wahrnehmen kannst, ob du das Ziel erreicht hast. Woran kannst du das schon viel früher erkennen?**
c) Das Zielverhalten bzw. der Zielzustand soll gut kontextualisiert sein.
   Wenn nicht: **Wenn du dein Ziel erreicht hast, ...** (Zitat des Klienten) **..., wo und wann, in welcher Situation, wirst du dich dann wem gegenüber wie verhalten?**
d) Das Zielverhalten bzw. der Zielzustand soll sinnesspezifisch-konkret angegeben werden.
   Wenn nicht: **Woran wirst du erkennen, wie wirst du wahrnehmen (V.A.K.O.), wenn du das Ziel erreicht hast, ...** (Zitat des Klienten) **... ?** (Alternativ: wissen, merken)
e) Die Zieldefinition soll keine Negation und keinen Vergleich enthalten.
   Wenn doch: **Woran wirst du erkennen, wie wirst du wahrnehmen (V.A.K.O.), wenn du das Ziel erreicht hast, ...** (Zitat des Klienten) **... ?** (Alternativ: wissen, merken)
f) Das Zielverhalten bzw. der Zielzustand soll im Hier und Jetzt demonstrierbar sein.
   Der Wechsel von der Problem–Physiologie zur Ziel–Physiologie muß wahrnehmbar sein.

2. Ressourcen
a) Induktion einer Ressource–Physiologie:
   Du als reifer, erwachsener Mann / reife, erwachsene Frau hast eine Menge gelernt zu unterschiedlichen Zeiten in deinem

Leben, mit unterschiedlichen Menschen und an unterschiedlichen Orten, was von diesen vielen Fähigkeiten kannst du benutzen, um im Problemkontext zu deinem Ziel zu kommen, ...(Zitat des Klienten)... ? Mindestens 5 Fähigkeiten suchen lassen.
b) Ritual (FuturePace) für jede der gefundenen Fähigkeiten:
Ich möchte, daß du jetzt innerlich ein Ritual durchläufst oder einen Traum träumst, das oder der sicherstellt, daß du dich im Problemkontext... (Zitat des Klienten) ... an diese Fähigkeit erinnern kannst.

3. Kurz–Reframing I (Kontext–Reframing)
Finde oder erfinde bitte drei Kontexte, wo du die neue Fähigkeiten nicht anwenden willst, wo du lieber die alte Fähigkeit zur Verfügung haben willst.
Sichtbar wird dann jedesmal die Versöhnungs–Physiologie, wenn dem Klienten klar wird, daß die als Problem betrachtete Fähigkeit in bestimmten Situationen auch positiv sein kann.

4. Kurz–Reframing II (Bedeutungs–Reframing)
a) Konsequenzen:
Finde oder erfinde drei negative Konsequenzen, die es in deinem Leben geben könnte, wenn du dein Ziel erreichen würdest.
b) Umgang mit den Konsequenzen:
Finde nun für jede negative Konsequenz eine Idee, was du lernen könntest, um dieser Konsequenz vorzubeugen bzw. maximal gut mit ihr umzugehen.
c) FuturePace für die Ideen:
Suche für jede dieser Ideen eine Situation, in der du anfangen wirst, sie zu realisieren.

5. Test/FuturePace
Wie wird es das nächste Mal sein, wenn du in die Situation kommst ... (Zitat des Klienten) ... ?
Es sollte die Ziel– oder Versöhnungs–Physiologie kommen.

1.2.2 Fragen

Irene: Was tut man, wenn bei der Überlegung, in welchen Situationen das alte Verhalten unbedingt beibehalten werden soll, die Situation wieder auftaucht, die man eigentlich weg haben wollte?

Dann achte ich auf die Physiologie: Zeigt mein A mir die Versöhnungs–Physiologie, so kann ich noch einmal nachfragen, ob ich richtig gehe in der Annahme, daß er oder sie sich aus guten Gründen entschlossen hat, das Problemverhalten zunächst noch oder überhaupt zu behalten.

In diesem Fall wird es wahrscheinlich so sein, daß derjenige die Zielhierarchie anders gestaltet. Er oder sie formuliert erst ein anderes Ziel und wenn das erreicht ist, wird das ursprüngliche Ziel wieder vorrangig. Dann erst ist es gut und ökologisch, dieses Ziel zu erreichen. Obwohl es vielleicht am Anfang einen anderen Anschein hat, kann sich B vergegenwärtigen, daß der therapeutische Erfolg in diesem Fall größer ist, da A dann zwei Ziele erreicht und die Veränderung in seinem Leben komplexer ist.

Bruno: Gibt es nicht auch Probleme, die so gravierend sind, daß derjenige sie eigentlich nicht mehr bekommen möchte?

Das ist ganz unterschiedlich. Ich habe mal mit einer Frau mit Multipler Sklerose ein Reframing gemacht. An der Stelle, wo sie Kontakt zu dem Teil ihres Unbewußten hatte, der zuständig war, daran mitzuarbeiten, daß das Phänomen MS passiert, und als sie Ideen bekam, wofür das gut war, daß sie das kriegte, wollte sie es gerne behalten. Nachdem ich von ihrem Unbewußten deutliche Signale erhalten hatte, daß sie die MS haben kann, ohne daß sich ihr Zustand körperlich bis in die Irreversibilität verschlimmern würde, habe ich sie gehenlassen. Nach einem dreiviertel Jahr hat sie sich in einem sehr herzlichem Brief für die Sitzungen bedankt und mich wissen lassen, daß sie bei einer Kollegin von mir die Therapie fortsetzen würde. Nachdem ich es zuerst schade fand, nicht mit ihr weiterarbeiten zu können, habe ich mich dann aber an Einzelheiten aus den gemeinsamen Sitzungen erinnert und mich über ihren Entschluß freuen können, mit einer Frau weiter zu arbeiten. Bei sehr kritischem Nachdenken muß ich mir vielleicht eingestehen, daß ich damals — es ist vielleicht drei Jahre her — noch gar nicht reif genug war, mit ihr zu arbeiten. Vielleicht hätte ich sie damals, im männlich–narzistischen Größenwahn, nur benutzt, um ihre MS zu bekämpfen und „in die Knie zu zwingen". Das heißt, ich halte es durchaus für möglich, daß das Unbewußte des Klienten in seinen Entscheidungen auch das Wohl und die Lernnotwendigkeiten des Therapeuten berücksichtigt.

Wer diesen letzten Wahrnehmungsfilter mit seinem Glauben über die Natur der Therapeut-Klient-Beziehung nur schwer vereinbaren kann, kommt vielleicht damit aus, sich zu vergegenwärtigen, daß bei Nichterreichen des Zieles die Veränderung in A's Leben umfassender sein kann — um sich über die Sitzung freuen zu können.

In jedem Fall kann es wichtig sein zu betonen, daß die Beibehaltung des alten Verhaltens nur so lange erforderlich ist, bis die Lebensumstände so gestaltet sind, daß das erwünschte neue Verhalten ökologisch ist. Oft sind Klienten dann hoch motiviert, die entsprechenden Dinge zu ändern.

Agnes: Wie ist das mit chronischen Schmerzen, zum Beispiel Migräne? Geht die Technik da auch?

Das PeneTRANCE-Modell ist für Probleme mit sekundärem Gewinn nicht die beste Behandlungsmethode; dafür gibt es andere Techniken, wie das Reframing, auf die wir später kommen werden. Das gilt für die meisten psychosomatischen Symptome, wie chronische Schmerzen, und für alle Suchtkrankheiten; also für alles, wo das Problemverhalten viele positive Auswirkungen im Leben der Person hat. Aber, um meine Flexibilität zu steigern, sollte ich es doch ab und an versuchen, mit dem PeneTRANCE-Modell mit Strukturen starken sekundären Gewinnes zu arbeiten. Es bringt sehr viel Spaß, wenn der Rapport gut ist, und ist sehr effektiv. Zum Beispiel die Resultate der „Tu mal so, als gäbe es ein interessantes und notwendiges Vorziel"-Intervention — um den Feedback-Bogen kürzer zu machen bzw. zu einem selbst initiierbaren Zielverhalten zu kommen — verblüffen mich immer wieder: A setzt immer relevante Vorziele! Als B kann man dabei sehr viel über die Ökologie menschlicher Systeme lernen. Von daher gibt es keinen großen Unterschied zwischen dem Umgang mit chronischen Schmerzen und einem temporären Kopfschmerz, wie ich ihn vorhin demonstriert habe.

Silke: Ich denke mir, daß auf die Frage, „woran merkst du, wenn du keine Kopfschmerzen hast", doch sicherlich oft die Antwort kommt: „So ein Quatsch, was soll das?"

Du brauchst natürlich das O.K. der Person, ungewöhnliche Fragen zu stellen. Du kannst zum Beispiel die ganze Arbeit mit dem PeneTRANCE-Modell so einleiten, „bist du bereit, ein kleines Experiment zu machen?" Wenn darauf ein kongruentes Ja kommt, kannst du recht sicher sein, den Rapport zu haben, um solche Fragen stellen zu können. Dann bekommst du auch keinen Kampf, weil das Unbewußte der Person sofort dein Verbündeter ist. Wenn der Klient sagt, „mir geht es so schlecht", und du fragst, „wieso geht es dir so schlecht", bleibt er in der Problem-Physiologie und das Gespräch wird dann

auch in der Problem–Physiologie weitergehen. Aber wenn du ihm sagst, „angenommen, in drei Sekunden geht es dir wie durch ein Wunder besser, was ist das erste, was du davon merkst", wirst du eine völlig andere Physiologie sehen.
Jörg: Wenn der Zielzustand praktisch ein ganz normaler Zustand ist, wie zum Beispiel keine Kopfschmerzen zu haben, ist es dann besser zu fragen, „Woran erkennst du, daß du keine Kopfschmerzen hast?" oder „Wie ist es, wenn die Kopfschmerzen weggehen?"

Ich würde in der Konstruktion der Frage auf jeden Fall zunächst das Zitat der letzten Klientenäußerung benutzen. In Situationen, wo ich das Zitat nicht benutzen kann oder Gründe habe, es nicht zu wollen, würde ich eher nach dem Prozeß des Verschwindens fragen. Um dafür einen entsprechenden Bezugsrahmen zu haben, ist eine „Als ob"-Frage gut geeignet: „Laß uns mal so tun, als ob in den nächsten drei Sekunden die Kopfschmerzen weggehen. Und wenn sie weggehen, woran wirst du erkennen, daß das so ist?" Das wäre, vermute ich, für die meisten Menschen ein sanfterer Übergang von einer Physiologie in die andere, der manchmal sehr notwendig sein kann, je nachdem, wie weit die Physiologien mit den Etiketten „Kopfschmerz haben" und „kein Kopfschmerz haben" auseinander liegen.

Ob diese Frage für meinen Klienten Sinn macht, erfahre ich direkt im physiologischen Feedback. Wenn ich eine andere Haltung, Ausdrucksweise oder Durchblutung sehe, weiß ich, daß er oder sie mit dieser Intervention etwas anfangen kann. Wenn jemand zum Beispiel Schnupfen hat, kann man mit dieser Frage oft erreichen, daß er für einen kurzen Moment eine trockene Nase bekommt. Das schafft dann die Grundlage für ein prägnantes Zielerkennungsphänomen und fokussierte Ressourcen und dadurch auch für eine genaue ökologische Einpassung der Ressourcen und der Ziel–Physiologien.
Konrad: Wenn der Klient Fähigkeiten nennt und gleichzeitig eine Physiologie zeigt, von der du annehmen würdest, daß das nichts ist, was ihm weiterhilft, fragst du dann erneut nach oder akzeptierst du es zunächst mal?

Als erstes würde ich überprüfen, ob unser Rapport noch gut ist. Genauer gesagt, ich würde mich selber kritisch befragen, auf der Grundlage welcher Wahrnehmungen ich zu einer Aussage komme, die entweder intimste Kenntnis seines Lebens oder eine Überschätzung meiner diagnostischen Fähigkeiten impliziert. Mit anderen Worten, ich würde versuchen herauszufinden, welche Gegenübertragung ich auf meinen A habe. Wenn der Rapport O.K. ist, oder wieder O.K., würde ich ihn diese Fähigkeit zusätzlich zu anderen, die er findet, verwenden lassen — unter der Voraussetzung, daß die entsprechenden Ressource-Physiologien genug Ähnlichkeit mit der Ziel-Physiologie haben und daß er im Ritual-Schritt den Wechsel von der Problem- in die Ziel-Physiologie schafft.

Konrad: Und wie kann man herausfinden, ob man Rapport hat oder nicht?

Ein Rapportcheck besteht im wesentlichen aus zwei Aktionen: Erstens dissoziiere ich mich V/K-mäßig, d. h. ich sehe mich von außen in der Interaktion und vergleiche die Körperhaltung des Klienten mit meiner eigenen. Gegebenenfalls korrigiere ich meine Haltung zuerst im inneren Bild und dann in meinem Körper. Ich osziliere zwischen Körpergefühl und Bild und überprüfe zwischendurch, ob ich im externalen Sehen und Hören „Imitationsschäden" wahrnehme. Zweitens überprüfe ich, ob ich mit meinem Klienten zusammen etwa gleichzeitig lache oder ein Lächeln zeige. Wenn ich den Impuls habe und ihm nachgebe, zu lachen, und mein Klient sitzt da mit gefrorenem Gesicht (macht es vor, die meisten lachen), dann stimmt etwas nicht. Oder wenn mein Klient plötzlich loslacht und ich überhaupt keinen Impuls dazu verspüre (guckt mit verschämtem Gesicht an sich herunter, als wolle er überprüfen, ob er vergessen hätte, den Hosenschlitz zuzumachen, mit verspanntem Körper und etwas gequältem Lächeln), dann ist auch irgend etwas nicht ganz in Ordnung.

Allgemeiner formuliert könnte man sagen, ich überprüfe, ob unser Tanz der Physiologien, unsere Bewegungen einigermaßen synchron sind. Wenn mein Klient sich plötzlich umsetzt, habe ich dann dem Impuls zu folgen? Ich muß nicht notwendigerweise die exakt gleiche Art von Bewegung machen wollen; wichtig ist, ob ich den Wunsch habe, darauf zu reagieren, so wie ich es vielleicht hätte, wenn wir gerade ein Menuett tanzen würden. Für einige von euch sollte ich vielleicht lieber einen anderen Tanz nehmen, so wie ihr auf das Wort „Menuett" reagiert. Sucht euch einen aus. Hauptsache, es ist einer, bei dem ihr nicht nur über das Fühlen, Rainer (der gerade nach rechts unten sah, dann für einen Moment die Augen schloß und eine sanfte ideomotorische Bewegung machte), sondern auch über das Sehen und Hören Kontakt habt.

Ich denke, es ist für euch jetzt an der Zeit, das Modell selbst auszuprobieren. Mit diesen Erklärungen und den beiden Demonstrationen werdet ihr sicher schon sehr weit kommen. In der Demonstration mit Andrea waren alle Schritte enthalten. Daran orientiert ihr euch am besten. Diese Übung kann man nicht oft genug machen: Sie ist die Grundlage des NLP! Solltet ihr in der zur Verfügung stehenden Zeit nicht jeder einmal B sein können, bildet ihr zweckmäßigerweise eine regionale Übungsgruppe, in der ihr das PeneTRANCE–Modell immer wieder üben könnt.

Ich möchte euch bitten, euch darauf einzustellen, wie es sein wird, aufzustehen, im Raum herumzugehen, und euch dabei überraschen zu lassen, mit welchen zwei anderen Seminarteilnehmern ihr euch gleich in einer Kleingruppe wiederfindet, um mit diesem Modell zu spielen. JETZT!

1.3 You are healed, my son!

Wie ging es euch mit der Übung? Nachdem, was ich so gesehen und gehört habe, habt ihr es gut geschafft, euch die Freiheit zu nehmen, euch auf die vorgegebenen Frageformen zu beschränken. Vielleicht waren die wunderschönen Ziel– und Ressource– und Versöhnungs–Physiologien, die ich in vielen Kleingruppen gesehen habe, dafür eine Belohnung. (Einige nicken.)
Hartmut: Wir haben uns ab irgendeinem Zeitpunkt nur noch im Kreis gedreht. Vielleicht (zu Nora, die in seiner Gruppe A war) sagst du mal selber...
Nora: Ich kam mit meinem Ziel in der Übung an einer bestimmten Stelle nicht recht weiter. Ich habe als Ziel, einen gemütlichen Abend zu verbringen, irgendwo in Ruhe zu sitzen, keinen Streß mehr zu haben und etwas zu essen.
Thies: Und ein Glas Wein ... Nebenbei, (zu Hartmut) ist es O.K., wenn ich ihr zwei, drei Fragen stelle? (Hartmut nickt.)
Nora: Ja, genau, ein schönes Glas Wein dabei, und das ist so ein Gefühl, mich wohlzufühlen, mich fallenzulassen, und mit der Person einen gemütlichen Abend zu verbringen.
Thies: Das heißt dein Ziel ist, mit der Person einen gemütlichen Abend zu verbringen. Nennen wir sie X, die Person, den Menschen.

Wir tun mal so, als wenn das die Zielformulierung wäre, mit der wir angefangen hätten.
Thies: Du möchtest gerne mit X einen gemütlichen Abend verbringen. Was würdet ihr machen?

Ist das schon kontextualisiert genug? Ich denke ja. Ist der Feedback–Bogen kurz oder lang?
Gudrun: Das mit dem langen Feedback–Bogen kapiere ich noch nicht.

Ein weiteres Beispiel für einen langen Feedback–Bogen ist ein Sportler, der Hochsprung macht und plötzlich merkt, daß er zehn

Zentimeter höher gesprungen ist als sonst. Er hat irgend etwas Neues gemacht und weiß aber nicht, was. Ob er einen anderen Anlauf genommen hat, ob er mit dem anderen Fuß losgesprungen ist, ob er oben im Drehen eine andere Wendung gemacht hat, oder ob er vielleicht morgens etwas anderes gefrühstückt hat, etc.

Das Kriterium Feedback-Bogen müßten wir überprüfen. Aber ich möchte lieber die Gelegenheit nutzen, noch auf ein anderes Kriterium hinzuweisen, das auch sehr wichtig ist: DAS ZIELVERHALTEN SOLL VON A SELBST INITIIERBAR UND AUFRECHTERHALTBAR SEIN. Dieses Kriterium schließt Zieldefinitionen wie „ich möchte einen Sechser im Lotto" aus. Ich kann dann sagen: „Tu mal so, als gäbe es ein Vor-Ziel, irgend etwas, was du zur Zeit noch nicht kannst, das die Wahrscheinlichkeit drastisch erhöhen würde, dieses Ziel zu erreichen." Dann könnte es sein, daß mein A als Vor-Ziel nimmt, seine Phobie zu bearbeiten, eine Lotto-Annahmestelle zu betreten. Ich kann explizit nach einem Vorziel fragen, ich kann die Kontextualisierungsfrage noch einmal stellen und dabei betonen, „... wo, wem gegenüber etc. wirst *du dich* wie verhalten?" Oder ich stelle unsere Standardfrage:

Thies: Wie wirst du es erkennen, wenn du dein Ziel erreicht hast, einen gemütlichen Abend zu verbringen und keinen Streß mehr zu haben?

Nora: Es ist für mich das Gefühl, entspannt zu sein. (Sie entspannt sich für einen kurzen Moment, spannt sich dann aber wieder an, während sie für den Bruchteil einer Sekunde zu Hartmut hinüber sieht.)

Thies: Die Situation ist heute abend, nicht wahr? Tun wir mal so, als ob es etwas Bestimmtes gibt, was du noch lernen könntest *vor* heute abend. Und wenn du das können würdest, wäre die Wahrscheinlichkeit sehr groß, daß du dein Ziel heute abend erreichst.

Nora: Was ich lernen könnte im Hinblick auf mein Ziel heute abend?

Thies: Ja. Tu so, als gäbe es ein Vorziel. Gibt es irgend etwas, wo du, wenn du es jetzt schon könntest, in der besten Ausgangsposition wärst, dein Ziel heute abend auch zu erreichen? Was wäre ein Teilziel oder ein guter erster Schritt dahin?

Nora: Mich jetzt schon wohlzufühlen.

Thies: Kannst du es auf der Stelle machen, dich jetzt schon wohlzufühlen?

Nora: Nein (mit einem Seitenblick auf Hartmut).

Schön ist, wenn man es lernt, mit Zielen zu spielen wie ein Jongleur. Es gibt so viele spannende Ziele im Leben, oder? Und die Frage

ist häufig nur, welches ist sinnvoll, vor einem anderen erreicht zu werden.
Thies: Es könnte also ein wichtiges Ziel für dich sein, dich jetzt wohl zu fühlen. Wenn du das erreicht hast, wäre es eine gute Vorbereitung für heute abend?
Nora: Ja.
Thies: Gut, dann tun wir so, als wenn es so ist. Angenommen, du würdest dieses Ziel in vier Sekunden erreichen. Wie würdest du erkennen, wenn du es erreichst, dich jetzt schon wohlzufühlen?
Nora: Also erstmal, die gesamte Atmosphäre nicht mehr wahrnehmen und nicht ...
Thies: Augenblick. Darf ich dich unterbrechen?
Nora: Ja.

Wenn die erste nicht wohlgeformte Formulierung kommt, unterbreche ich sofort, denn ich weiß, daß sie alle anderen, noch kommenden Worte ebenfalls aus der Problem–Physiologie heraus sagen wird. Ich höre mir das erste Element der Zieldefinition an, speichere es auditiv als Zitat, wenn es nicht wohlgeformt ist, unterbreche und frage:

Thies: Wie würdest du erkennen, wenn es gleich soweit ist, daß du die gesamte Atmosphäre nicht mehr wahrnimmst?

Ich kann auch fragen, „wie macht man das, etwas nicht wahrnehmen" oder „was wirst du dann wahrnehmen, wenn du das nicht mehr wahrnimmst". Das ist ähnlich, wie wenn jemand sagt, „ich höre Stille", und wir finden heraus, das Stille das Eisenbahngeräusch in der Ferne ist, oder das eigene Atemgeräusch in der Nähe.
Nora: Ich fühle das im Körper.
Thies: Wird das ein ganzheitliches Körpergefühl sein oder ein lokalisiertes?
Nora: Mehr so im Bauch– und Brustbereich.

Achtet auf die Veränderungen in ihrer Physiologie, besonders auf die hörbaren (geht bei den letzten beiden Worten eine Quarte tiefer mit seiner Stimme, genau wie Nora es vorher gemacht hat; sie lacht).
Thies: Es ist also eher ein lokalisiertes Körpergefühl, und ...
Nora: Ja. Und meine Stimme ist nicht mehr so gequetscht.
Thies: Wie wirst du wahrnehmen, wenn du gleich den Wechsel machst, daß sie nicht mehr so gequetscht ist?

Negation! Aber obwohl die neue Auflage der Zieldefinition eine Negation enthält, zeigte sie schon einen deutlichen Wechsel in der Physiologie.
Nora: Die Stimme ist fester, nicht mehr so wackelig.
Thies: Wie erkennst du, wenn sie fester ist?

Nora: Das höre ich. Dann kommt sie nicht so quietschig von hier oben.
Thies: Entschuldige, was sagtest du eben, wie nimmst du es nochmal wahr, daß die Stimme fester ist? (Er blinzelt ihr dabei zu und führt mit seiner eigenen Stimme, die er beim letzten Nebensatz um eine Quarte tiefer werden läßt.)
Nora: Sie kommt einfach tiefer. Nicht so herausgequetscht. Mehr aus dem Körper.
Thies: Und woher weißt du, wenn es so weit ist, daß sie tiefer ist und mehr aus dem Körper kommt?
Nora: Das merke ich.
Thies: Und wie weißt du, daß es an der Zeit ist, das zu merken? Woher weißt du, daß du das merkst?
Nora (etwas gereizt): Hä?

Das ist eine witzige Frage. Wenn jemand sagt (mit dem entsprechend gereizten Tonfall), „merken ist merken, was soll diese Frage", ...
Nora: Ja.
... kann ich auch sagen, bevor der Kampf eskaliert ...
Thies: Angenommen, hundert Leute merken, daß die eigene Stimme tiefer wird, dann gibt es bestimmt hundert verschiedene Wege, *wie* sie das merken. Und ich bin sehr interessiert daran, wie *dein* Weg ist. Hörst du das, verändert sich die Art, wie du deine eigene Stimme hörst? Oder spürst du die Resonanzverhältnisse unterschiedlich? Oder schmeckst du einen größeren Speichelfluß, oder ...
Nora: Ich glaube (für einen Moment ist ihre Stimme tief und die Ziel–Physiologie sichtbar), es ist ein spezielles Hören ... (sie wechselt zurück in die Problem–Physiologie, während sie Hartmut und Thies abwechselnd kurz ansieht). Ich höre das natürlich auch mit den Ohren, das ist klar. Aber ich merke auch, wenn die Stimme so gequietscht hier oben herkommt, daß ich ganz kurz atme. Das mache ich jetzt auch, da ich nicht ruhig bin.
Thies: Das heißt, wenn du dein Ziel erreicht hast, kannst du jederzeit in die Problem–Physiologie zurückgehen, wenn es gute Gründe gibt.
Nora: Ja. (Sie zeigt die Versöhnungs–Physiologie.)
Thies (lacht): Hoffentlich stellt sich X nicht so dumm an wie ich — und dein B vorhin –, sonst ist der Abend gelaufen.

(Allgemeines Lachen, Nora zeigt wieder die Versöhnungs–Physiologie.)
Thies: Wir tun mal so, als wollte ich lernen, wie du das machst, daß die Stimme fester wird. Wie würde ich wahrnehmen, daß ich darin erfolgreich bin?

Nora: Du dürftest nicht so abgequetscht sitzen.
Thies: Sondern?
Nora: Sondern frei. (Sie setzt sich aufrecht hin und zeigt für einen Moment die Ziel–Physiologie.)
Thies: Was wäre wichtiger, um zu wissen, „jetzt bin ich im Ziel", das Hören oder das Fühlen?
Nora: Das ist eine Frage, wieviel Zeit du dir gönnst. Erstmal hören, und dann (ihre Stimme wird tiefer) nimmst du wahr, die Stimme ist wieder gequietscht ...

(Thies lacht.) Wißt ihr, warum ich lache? Weil sie in der Ziel–Physiologie über das Problem redet. Wir werden uns später noch ausführlich mit diesem Phänomen der Integration beschäftigen. Wenn sie plötzlich in dem guten Zustand über Einzelheiten des schlechten redet, habe ich Grund zu der Annahme, daß sie sich innerlich Ideen erarbeitet, was sie im Problemkontext neu machen kann.

Thies: Hast du eine Idee gehabt, was du in solchen (er macht eine Geste, mit der er ihre Aufmerksamkeit unbewußt auf Hartmut lenkt) Situationen neu tun kannst?
Nora: Ich achte auf meinen Atem, da spüre ich es: Wie mein Atem ist, so ist auch meine Stimme. Ich merke, die Stimme ist im Moment wieder quietschig, und achte dann darauf, wie mein Atem geht (mit tieferer Stimme), woher er kommt und wie ruhig er ist.

Hiermit hat sie schon ein Zielerkennungsphänomen und spontan auch gleich eine Ressource gefunden und angewandt, um es zu erreichen: Die Fähigkeit, ihre Atmung zu monitoren und zu verändern. Ich hatte aber vorhin noch einen anderen Hinweis bekommen, dem ich jetzt noch einmal nachgehen möchte, denn ein zusätzliches Zielerkennungsphänomen ermöglicht den Einsatz zusätzlicher Ressourcen!

Thies: Aber welches Phänomen müßte auf jeden Fall da sein, damit ich wüßte, ich bin im Ziel, mich wohlzufühlen, das im Hören, oder das im Fühlen.
Nora: Im Hören. Das ist für mich wichtig (in der Ziel–Physiologie mit tiefer Stimme).

Ja, das ist sehr deutlich.

Thies: Was müßte im Hören passieren? Würde sich die Art meines Hörens verändern? Würde ich besonders plastisch, besonders stereomäßig hören? Oder bliebe alles gleich, was ich außen höre, und höre ich nur meine Stimme anders?

Submodalitätsfragen im auditiven System.

Nora: Das weiß ich nicht.
Thies: Wenn du hörst, daß deine Stimme anders ist, würdest du sie

auch im inneren Dialog anders hören? Müßtest du dazu notwendigerweise laut reden, oder könntest du auch am inneren Dialog erkennen, ob das im Hören stattfindet, woran du erkennen kannst, daß du im Ziel bist?
Nora (räuspert sich): Da muß ich mich erstmal räuspern, und dann kommt das auch von innen.
Thies: Also das Räuspern mußt du außen hören, und dann geht es auch innen?
Nora: Ja.
Thies: Dann kannst du auch innerlich leise mit dir weiterreden (mit tiefer Stimme): „Das ist ja spannend, was heute wohl alles noch passiert?"
Nora (räuspert sich noch einmal und lacht): Ja. (Sie schaut nach links unten und zeigt gleichzeitig die Ziel–Physiologie.)

Sie hat uns eben physiologisch demonstriert, daß sie mit diesem Phänomen auch in die Ziel–Physiologie kommen kann oder genauer gesagt, daß sie dieses Element der Ziel–Physiologie nehmen kann, um die Ziel–Physiologie in ihrer Gesamtheit zu demonstrieren.

Wenn wir mal für einen Moment davon ausgehen, daß ihr euch vorhin im Problemkontext bewegt habt, ...
Thies: Kannst du Hartmut mal angucken und dich dabei fragen, wieviel Ähnlichkeit er mit X hat.
Nora (sieht Hartmut erstaunt an, lacht schließlich los): So direkt eigentlich keine, aber es ist schon der gleiche Typ!
Kurt: Macho.
Nora: Das hast du gesagt! (Sie lacht Hartmut an, in der Ziel–Physiologie, mit tiefer Stimme.)
Thies: Nachdem du gezeigt hast, daß du in diesem Kontext hier dein Ziel erreichen kannst, wenn du willst ... (zeigt auf Hartmut und wartet einen Moment, bis sie, während sie diesen ansieht, die Ziel–Physiologie zeigt) kannst du dich entscheiden, wo du die Fähigkeit, dich wohlzufühlen, benutzen willst — etwa heute abend?
Nora: Gute Idee.
Thies: Aber erst, nachdem ihr beide — (zu ihr und Hartmut) seht euch bitte noch einmal an — vielleicht eine kleine nonverbale Verabredung macht, euch später noch einmal über die spannenden Lernchancen und sonstigen Möglichkeiten eurer Übertragungs–Gegenübertragungs–Konstellation auszutauschen. (Er wartet, bis sie sich anlächeln und nicken, und spricht dann wieder zu Nora:) Und du weißt, wie du deine eigene Stimme im inneren Dialog hörst, wenn du heute abend im Ziel bist?
Nora: Ja. (Sie zeigt für ein paar Sekunden die Ziel–Physiologie.)

Jetzt sind wir am Ende von Schritt 1. Meine A denkt an den Problemkontext und kennt genau das Zielerkennungsphänomen. In diesem Fall ist es ein auditives.
Thies: Du wirst innerlich bestimmte Kommentare machen, in der Situation, über dich oder über X oder wie immer. Und du wirst die Kommentare mit einer bestimmten inneren Stimme tun.
(Nora lacht in der Ziel–Physiologie.)

Nun gehen wir in Schritt 2, wo es im wesentlichen heißt, ...
Thies: Was von allen Dingen, die du als reife erwachsene Frau in deinem Leben gelernt hast, zu den verschiedensten Zeiten, an verschiedenen Orten, mit verschiedenen Menschen, welche von diesen ganzen Fähigkeiten, die du gelernt hast, willst du benutzen, um heute abend zu diesem Hörerlebnis zu kommen?

Wenn sie noch während des Nachdenkens in die Ziel–Physiologie kommt, weiß ich, daß sie etwas gefunden hat, egal ob sie es benennen kann oder nicht.
Nora: Ich kann das so schlecht in Worte fassen.
Thies: Das ist auch nicht wichtig. Denk mal daran, daß das absolut unterschiedliche Tätigkeiten sind, etwas zu tun, als Tätigkeit, und die Tätigkeit, irgend etwas zu beschreiben. Woher weißt du, daß du etwas gefunden hast?

Wenn sie sagt, „ich kann es schlecht in Worte fassen", heißt das, daß sie etwas gefunden hat.
Nora: Ja, das habe ich.

Sie zeigt die Ressource–Physiologie noch einmal. Sie ist beinahe identisch mit der Ziel–Physiologie. Es ist wichtig, das zu sehen, denn es kann sein, daß das ökologische Probleme aufwirft.
Nora: Ich glaube, ich sollte heute abend nicht essen gehen.
Thies: Oder du solltest ihn vorher warnen. Er soll sich gut anziehen oder Fäustlinge mitbringen. O.K. Und wie weißt du, daß dir etwas eingefallen ist?
Nora: Das waren nur so Gedanken im Kopf.
Thies: Gut, daß Kopf und Körper zusammengehören. Und Denken und Gefühle.
Nora: Jetzt wo du mich fragst, fällt es mir ein: ich hatte im Grunde ein Bild im Auge.
Thies: Ein Bild *im* Auge! Sehr interessant dabei: die Submodalität Distanz. Bilder vor dem geistigen Auge können einen Kilometer weit weg sein, aber auch ziemlich nah dran. Du hast also ein Bild im Auge. Dann mache innerlich ein kleines Ritual, das sicherstellt, daß du

diese Fähigkeit, die du gefunden hast, im Problemkontext heute abend zur Verfügung hast.
Nora: Was ist ein Ritual?
Thies: Durchlaufe einen kleinen Traum, der sicherstellt, daß dir diese Fähigkeit heute abend einfällt.
Und wir studieren genau ihre Physiologie während sie internal orientiert ist. Diesen Wechsel kennen wir schon — wir können die Problem-Physiologie und die Ziel-Physiologie auseinanderhalten.
(Nora reorientiert sich und lacht.)
Thies: Kannst du mir versprechen, daß du noch vier zusätzliche Fähigkeiten suchst?
Nora: Ja. Aber das waren mehrere.
Thies: Das war eine Klasse von Fähigkeiten, die dir eingefallen ist?
Nora: Ja, so Schlagwörter.
Thies (lacht): Kannst du sicherstellen, daß du noch vier andere Schlagwörter findest?
Nora: Obendrauf.
Thies: Obendrauf, ja. Armer X. Wer immer X ist, ich vermute mal, das ist ein Mann ...
Nora: Ja.
Thies: Obendrauf, der arme Kerl. Wir müssen bei der Ökologie-Überprüfung sehr gründlich sein, glaube ich.
Wie schnell sie die erste Fähigkeit gefunden hat und sie umsetzen konnte, ist eher normal für diesen Prozeß. A weiß eben (mit tiefer Stimme), was genau sie an Fähigkeiten sucht.
Thies: Ich möchte, daß du nachher in der Kleingruppe die zweite bis fünfte Klasse von Fähigkeiten auch noch findest und für jede so wie eben einen kleinen Traum träumst — als Vorbereitung für heute abend.
Nora: Für meinen Abend mit Mister X?
Thies: Ja. Du machst dasselbe, was du eben gemacht hast für die eine Fähigkeit, für noch mehr Fähigkeiten.
Nora: Also wenn ich heute abend in der Situation bin ...
Thies: Nein, vorher. Wann gehst du in die Situation?
Nora: Wenn ich hier aus dem Raum gehe.
Thies: Ja, O.K. Bis dahin nimmst du dir noch ein paar Sekunden Zeit, nochmal über die zweite, dritte, vierte und fünfte Fähigkeit nachzudenken, wie du zu dieser Tonalität des inneren Dialoges kommst. Und für jede Fähigkeit, aus welchem Lebensbereich du sie auch immer nimmst, machst du ein kleines Ritual, um sicherzustellen, daß du sie heute abend zur Verfügung hast.
Nora: O.K., dann ist alles klar. Danke.

Thies: Halt, halt!
Ich lege immer großen Wert auf den Ökologie–Check und das Future–Pace. Sonst könnte es passieren, daß bei Zielerreichung einiges in die Brüche geht. In welchen Kleingruppen blieb in dieser Hinsicht noch etwas offen? (Einige melden sich.) Wer von denen, die in diesen Gruppen A waren und Schritt drei, vier und fünf noch nicht gemacht haben, hätte Lust, noch mit nach vorne zu kommen. (Irene und Guido kommen vor und setzen sich neben Thies und Nora.)
Thies: Damit wir uns kalibrieren können, möchte ich, daß ihr alle drei nochmal für einen kurzen Moment an euren Problemkontext von vorhin denkt.
(Alle drei wechseln die Physiologie.)
Thies: O.K., das reicht. Jetzt denkt doch nochmal an euer Zielerkennungsphänomen, das ihr erarbeitet habt.
(Nora lacht in der Ziel–Physiologie, Irene und Guido kommen in eine sichtlich ressourcevollere Physiologie.)
Thies: Und jetzt möchte ich, daß ihr innerlich folgendes tut: Jeder und jede von euch soll leise für sich alleine an drei Situationen in seinem oder ihrem Leben denken, die passieren werden oder passieren können, wo ihr absolut froh seid, wenn ihr das alte Verhalten oder den alten Zustand zur Verfügung habt. (Nora zeigt die Versöhnungs–Physiologie.)
Es kann sein, daß Nora gerade etwas gefunden hat. Das sieht man von außen.
Thies: Macht das für euch selbst. Und vielleicht wäre es gut, wenn ihr uns außen signalisiert, wenn ihr eine Situation gefunden habt. O.K. Nora, du arbeitest an der zweiten? (Sie nickt.)
Irene, hast du schon eine? (Sie schüttelt den Kopf.) O.K. Und zeige einfach außen an, wenn du eine hast. Sonst bemühen wir die Gruppe, die finden dann entsprechende Situationen. Sie erzählen dann kleine Geschichten und sagen: „Stell dir mal vor, das und das passiert, und der Gang der Handlung ist so und so, und die und die Entwicklung passiert; und plötzlich erkennst du, Mensch, ich kann ja noch das und das tun."
(Nora lächelt und zeigt wieder die Versöhnungs–Physiologie.)
Ihr wißt jetzt, wie jemand aussieht, der einen Einfall hat.
Thies: Nora, wieviele hast du jetzt?
Nora: Zwei.
Thies: Und Irene, hast du einen? (Sie zuckt mit den Schultern.) Also brauchst du noch einen Moment. Bei dir, Guido, ist das Zielverhalten, „ich möchte besser visualisieren können", stimmt's?
Guido: Ja.

Thies: Nun möchte ich, daß ihr beiden, Guido und Nora, in den vierten Schritt geht. Findet oder erfindet drei negative Konsequenzen, die es haben kann, wenn ihr euer Ziel erreicht ..., (zu Nora, lächelnd) damit wir sicher sind, daß er das überlebt und ihr heute abend nicht zu Schlagwörtern kommt oder bei ihnen bleibt! ... Irene, willst du die Kreativität der Gruppe für diese Geschichte nutzen?
Irene: Ja.
Thies: Ich weiß von vorhin aus der Kleingruppe ein paar Aspekte von deinem Problemverhalten. Darf ich darüber hier vor der Gruppe reden?
Irene: Ja.

Ein Element des Problemverhaltens bzw. –zustandes ist ein Erlebnis oder eine Wahrnehmung, die sie Kopfschmerzen nennt. (Irene zeigt einen intensiven physiologischen Wechsel, etwas in der Mitte zwischen Versöhnungs– und Scham–Physiologie.)

Thies: Oh, was ist passiert? Solltest du auf einmal neu über die Fähigkeit nachgedacht haben, für die du bisher den Begriff Kopfschmerzen verwandt hast?
Irene: Ja, ich glaube, ich weiß, was passieren würde, wenn ich sie nicht zur Verfügung hätte.
Thies: Und weißt du, was du lernen wirst, um sie durch einen angemesseneren Zustand zu ersetzen?
Irene (kongruent): Ja.
Thies: Und wirst du Kontexte finden, wo du sie behalten willst?
Irene (kongruent): Ja.
Thies: Viel Spaß. (Er gibt ihr die Hand, sie geht in die Gruppe zurück.)
Thies: Wieviele Konsequenzen habt ihr? Drei?
Guido: Hundert.

(Viele lachen.)

Thies: Jetzt mußt du visualisieren. (Er lacht, wird aber gleich wieder ernst.) Achtung! (Er hebt die rechte Hand und hält sie in der Luft, während er in der angespannten Haltung verharrt.) Jetzt verbessern sich deine Fähigkeiten zu visualisieren drastisch. Willst du sie haben?
Guido: Ja.
Thies: Und bist du bereit, mit den hunderten von Konsequenzen umzugehen.
Guido: Ja, weil ich das alte beibehalten werde.
Thies: Nein, nicht „weil"! (mit Nachdruck:) Ja?
Guido: Ja, (sehr ernst) ich bin bereit.
Thies: You are healed, my son! (Er legt ihm dabei mit einem leichten

Klaps die rechte Hand flach auf die Stirn und läßt sie eine Zeitlang „einwirken", während er ihn mit der linken im Rücken stützt.)
(Alle lachen, Guido durchläuft intensive physiologische Wechsel, bleibt dann in einer sehr symmetrischen und ressourcevollen Physiologie, nimmt wie in Trance seinen Pullover, den er vorher ausgezogen hatte, und geht zu seinem Platz. Thies lacht ebenfalls, studiert dabei aber noch eine Weile sehr aufmerksam Guidos Physiologie.)
Thies: Hast du drei Konsequenzen, Nora?
Nora: Ja.
Kannst du mal an heute abend denken?
Nora (leise): Ja.
Thies: Und wie wird das sein heute abend?
Nora: Müde. (Sie lacht in einem Gemisch aus Ziel- und Versöhnungs-Physiologie.)
Das war Schritt fünf. O.K.
Es könnte sein, daß es ganz gut ist ... (zu Nora:) Wenn dein Unbewußtes nicht will, daß du zuhörst, hörst du weg? (Nora nickt.) Es könnte sein, daß in der Interaktion heute abend etwas Bestimmtes passiert, und daß Nora dann die Wahlmöglichkeit hat, müde zu sein, oder das Problemverhalten und/oder die vorhin gefundenen Fähigkeiten einzusetzen, oder in verschiedener Reihenfolge alle diese Möglichkeiten nacheinander zu haben. Das ist abhängig davon, wie sich die Interaktion entwickelt, und wie der Interaktionspartner auf ihr verändertes Verhalten reagieren wird. Unter Umständen ist das, was immer es ist, was sie mit „müde" bezeichnet, zunächst ökologischer und für beide Interaktionspartner konstruktiver als die Problem-Physiologie oder auch die Ziel-Physiologie.
Thies: Das hast du nicht verstanden, nicht? (Er lächelt sie an.)
Nora: Ja, ja (sie lächelt ihn an und wird dann wieder nachdenklich).
Thies: O.K. ich danke dir. Und viel Spaß heute abend. (Sie geht nach einem Händedruck zurück in die Gruppe.)
Diese Schritte sind sehr wichtig, wenn eure Arbeit erfolgreich sein soll. Wenn ein neues Verhalten nicht in Einklang mit allen denkbaren Lebenskontexten steht, sind seine Chancen gering, auch tatsächlich ausgeführt zu werden. Das Unbewußte des Klienten wird dafür sorgen, daß in dessen Leben nichts kaputt gemacht wird.

Teil II

Veränderungstechniken erster Ordnung

2 Moment of Excellence

Im NLP wird, wie sicherlich schon deutlich wurde, viel Wert auf einen guten, ressourcevollen Zustand des Klienten gelegt, in dem er den größtmöglichen Zugang zu seinen Fähigkeiten hat. Im Gegensatz zu anderen Therapieformen soll der Klient so selten wie möglich in der Problem–Physiologie sein, da er oder sie in diesem Zustand kaum Möglichkeiten hat, Lösungswege zu entdecken. Auch wenn es in der Therapie zum Teil darum geht, bestimmte problematische Verhaltensweisen wie zum Beispiel Phobien an ihren Ursprüngen zu bearbeiten — wie wir im nächsten Seminar (Band II) sehen werden —, so passiert das doch im Kontext der Verfügbarkeit sämtlicher, dem Klienten zur Verfügung stehender, relevanter Ressourcen.

Im PeneTRANCE–Modell haben wir so einen Zustand unter der Bezeichnung Blanko–Ressource schon kennengelernt und ihn mit folgender Frage zu induzieren versucht: „Du als reifer, erwachsener Mann bzw. reife, erwachsene Frau hast eine Menge gelernt in deinem Leben, zu unterschiedlichen Zeiten, mit unterschiedlichen Menschen und an unterschiedlichen Orten, ..." Diese ressourcevolle Physiologie diente dann als Such–Physiologie für relativ spezifische Ressourcen, bezogen auf das jeweilige Ziel. In einigen NLP–Interventionsmustern ist es jedoch erforderlich, daß der Klient in einem sehr ressourcevollen Zustand ist, sozusagen in einer Super–Blanko–Ressource–Physiologie. Mit der nächsten Übung lernt ihr, wie ihr einen Klienten in eine solche Physiologie bringen könnt, die im NLP „Moment of Excellence" genannt wird.

Für diese Physiologie gibt es mindestens drei Verwendungsmöglichkeiten. In einer generativen Veränderungsarbeit kann ich erstens A helfen, sich die Physiologie zunächst zugänglich zu machen und dann einen Kontext zu suchen, wo sie gut hinpassen würde. Zweitens hat mein Klient bei der Bearbeitung von Phobien oder Traumen um so mehr Aussicht auf eine deutliche Veränderung, je intensiver die Ressource–Physiologie ist, die ich als B induzieren kann. Je ressourcevoller, drittens, die generelle Arbeits–Physiologie meines

Klienten ist, desto besser ist mein Rapport und, synonym dazu, desto effektiver unsere Zusammenarbeit.

Die Einteilung in Veränderungstechniken erster und zweiter Ordnung im NLP entspricht der Unterscheidung von Lernen erster und zweiter Ordnung in der *Bateson*'schen Einteilung des Lernens in Lernprozesse verschiedener logischer Ebenen:

Veränderungstechniken erster Ordnung verhelfen dem Klienten zu einem Lernen erster Ordnung, das im wesentlichen darin besteht, für einen bestimmten Kontext eine bestimmte Reaktion oder eine bestimmte Klasse von Verhaltensweisen neu zu erlernen. Die nächsten Demonstrationen und Übungen werden alle Beispiele von Veränderungstechniken erster Ordnung sein.

Veränderungstechniken zweiter Ordnung entsprechen dem „Lernen des Lernens". Wir werden sie später am Beispiel der Six-Step–Reframings kennenlernen: Beim Lernen zweiter Ordnung wird der Klient lernen, wie er die neuen Reaktionen oder die neuen Klassen von Verhaltensweisen auswählt, die er lernen wird und wie er das Lernen der Ebene I erleichtern kann.

Die jetzt folgende Übung ist also sehr grundlegend für das NLP und ihr solltet sie oft wiederholen. Ausschlaggebend sind wie beim PeneTRANCE–Modell eure Fähigkeiten, genau zu beobachten und gleichzeitig bestimmte Strukturen in euren Verbalisierungen zu realisieren. Für A ist es einfach eine sehr schöne Übung, die er oder sie voll genießen kann.

2.1 Geschenke auf der Ofenbank

Wer will A sein? (Agnes meldet sich, geht vor und setzt sich neben Thies auf den Tisch.)

Dies ist auch eine Wahrnehmungsübung. Ihr solltet möglichst so sitzen oder stehen, daß ihr A ganzkörperlich wahrnehmen könnt, das heißt von Kopf bis Fuß. (Während er redet, beugt er sich vor und schaut auf die sich bewegenden Füße und Beine von Agnes.) Häufig erzählen die Füße mit ihren motorischen Programmen, ob jemand (er spricht langsamer) in den Startlöchern steht, ob er kurz davor ist zu stolpern oder bereit zu gehen und den ersten Schritt zu machen ... (Agnes entwickelt einen Trance–Zustand und reorientiert sich nach ein paar Sekunden wieder, beide lachen.)

Thies: Agnes, suche bitte von den vielen, die dir einfallen, drei Situationen aus, auf die in etwa folgende Beschreibung paßt: Du warst in

Ich bestelle hiermit:

Anz.	Autor/Titel	ISBN	Preis
	Bandler/Grinder, Neue Wege der Kurzzeit-Therapie	3-87387-193-9	34,—
	Bandler/Grinder, Metasprache und Psychotherapie	3-87387-186-6	34,80
	Bandler/Grinder, Kommunikation und Veränderung	3-87387-187-4	34,80
	Cameron-Bandler, Wieder zusammenfinden	3-87387-205-6	30,—
	Dilts, Strukturen subjektiver Erfahrung	3-87387-229-3	39,80
	Bandler/Grinder, Reframing	3-87387-228-5	34,80
	Gordon, Therapeutische Metaphern	3-87387-240-4	34,80
	Bandler, Veränderung subjekt. Erlebens	3-87387-271-4	32,80
	Stahl, Triffst du'nen Frosch unterwegs…	3-87387-284-6	ca. 38,—
	Andreas, Gewußt wie	3-87387-291-9	ca. 34,—
	Perls, Gestalt · Wachstum · Integration	3-87387-185-8	29,80
	Satir/Baldwin, Familientherapie in Aktion	3-87387-274-9	32,80

Bitte geben Sie diese Karte Ihrem Buchhändler – oder senden Sie sie an den Verlag.

Anschrift oder Stempel der Buchhandlung

Absender:

Name/Vorname

Straße

PLZ   Ort

Datum/Unterschrift

Antwortkarte

Junfermann-Verlag
Postfach 18 40
4790 Paderborn

Bitte mit
Postkarten-
Porto
freimachen

einer exzellenten Verfassung! Oder: Du hattest ein Maximum deiner Fähigkeiten und Ressourcen als reife, erwachsene Frau zu deiner Verfügung! Identifiziere diese Situationen innerlich und zeige uns außen nonverbal an (er zählt nacheinander mit Daumen, Zeigefinger und Mittelfinger eins, zwei und drei), wenn dir jeweils eine einfällt.

Das war der erste Schritt. In den Trance–Zuständen, die beim Nachdenken entstehen, haben wir schon Gelegenheit, uns zu kalibrieren. Dabei eichen wir uns in unserer Wahrnehmung so, daß wir die entsprechenden Physiologien wiedererkennen, wenn Agnes sie später zeigt. Wir *wissen* also, was zu diesen Physiologien alles dazugehört; Körperhaltung, Atmung, Gesichtsfarbe, kleine unbewußte ideomotorische Bewegungen etc. Meistens gibt es etwas, was allen drei Physiologien gemeinsam ist.

Agnes (signalisiert dreimal in der vorgeschlagenen Weise, während ihre Haltung aufrecht ist und die Atmung voluminöser wird und höher in der Brust zu sehen ist; sie nickt): Mhm.

Nun kommt der zweite Schritt und ich bitte A:

Thies: Suche von diesen drei Situationen eine aus, von der du im Moment — morgen würdest du dich vielleicht anders entscheiden — sagen kannst, das ist die schönste, und von der du zusätzlich der Meinung bist, daß ihre Darstellung den Grad von Öffentlichkeit hier im Plenum und (zur Gruppe gewandt) bei euch später den der Kleingruppe verträgt.

Agnes (lacht): Dann nehme ich doch lieber die andere.

Thies: Die erste, oder?

Agnes: Wie, die erste? Ach so die, die mir zuerst einfiel, genau.

Thies: Die wurden immer schöner, von eins auf zwei auf drei, oder?

Agnes: Ja.

An dieser Stelle hat B eine gute Gelegenheit seine Wahrnehmung zu üben, denn er ist nicht nur auf die Gemeinsamkeiten der Physiologien kalibriert, sondern auch auf das jeweils Besondere der einzelnen Physiologie. Außerdem kann er seine halluzinatorischen Fähigkeiten gut trainieren, indem er versucht zu raten, wie die Unterschiede in Atmung, Gesichtsfarbe, Lippengröße und besonders natürlich in den ideomotorischen Bewegungsmustern wohl mit dem Grad ihrer Veröffentlichbarkeit zusammenhängen. (Beide lachen.)

Thies: Also gut, die erste nehmen wir. Wo bist du da?

Übrigens (halb zur Gruppe gewandt), vielleicht ist das jetzt genau der richtige Moment, auf sehr interessante Übertragung–Gegenübertragungs–Konstellationen hinzuweisen, die in dieser Übung gerne stattfinden. Normalerweise sind wohl therapeutische Übertragungskonstellationen eher durch die wenig ressourcevollen Physiologien von Clinchsituationen gekennzeichnet — aus dem Moment of Excellence heraus eine Übertragung zu bekommen, ist jedoch ein anderes Erlebnis. (Agnes und er lachen sich an.) Damit sollte ich (wieder halb zur Gruppe gewandt) genauso vorsichtig und bewußt umgehen wie mit Clinchübertragungen, da sie auch sehr intensiv sein können.

Thies (reorientiert Agnes mit einer Geste nach vorne wieder in die Szene von vorhin): In dieser Situation, der ersten, wo bist du da? (Er lehnt sich zurück, als sie sich internal orientiert, quasi „aus der Szene heraus".)

Agnes: Auf einer Veranstaltung.

Und ihr merkt, ich rede im Präsens. Ich sage nicht, „wo warst du da", sondern „wo bist du da". Mein Ziel ist, möglichst viel von der Physiologie dieses schönsten Momentes zu induzieren. Das geht am besten, wenn ich A helfe, sich das Erlebnis gegenwärtig zu machen. Ich achte darauf, daß sowohl ich als auch mein A nur in der Gegenwartsform über die Szene des Moments of Excellence reden. Nachdem ich ein Minimum an Information über die Situation erhalten habe, frage ich gleich:

Thies: In welcher Körperhaltung bist du auf dieser Veranstaltung? Stehst du da oder sitzt du da?

Agnes: Ich sitze.

Thies: Sitzt du mit Lehne? Und ist das (zeigt auf den Tisch, auf dem beide sitzen) ein Stuhl?

Agnes: Nein. Das ist auf einer Ofenbank. (Sie zeigt die Moment–of–Excellence–Physiologie für einen Augenblick maximal.)

Wie wir hier von außen sehen können, ist es aus irgendeinem Grund wichtig, daß es auf einer Ofenbank war.

Thies: Du sitzt auf einer Ofenbank. Haben die Füße Kontakt zum Boden?

Agnes: Ja.

Thies: Wenn du jetzt hier neben mir auf dem Tisch sitzt, kannst du halluzinieren, daß du auf der Ofenbank sitzen würdest und daß du mit den Füßen Kontakt zum Boden hättest? Kannst du dir vorstellen, wie das Körpergefühl wäre?

Ich frage also, welche Situation das ist und helfe ihr, mir die Körperhaltung möglichst genau zu zeigen, in der sie dort ist. Ich hätte eigentlich einen Stuhl holen müssen, damit sie hier und jetzt in die möglichst identische Körperhaltung gehen kann, in der sie in der Originalszene auch war. Mit etwas mehr Routine könnt ihr notwendige Abweichungen von der gerade eingenommenen Haltung auch kinästhetisch halluzinieren lassen. Interessanterweise habe ich noch nie jemand erlebt, der oder die das nicht auf Anhieb gekonnt hätten. Anders ist das bei Instruktionen zu visuellen oder auditiven Halluzinationen. Vielleicht liegt das daran, wie kongruent die Instruktion ist.

Angenommen, mir fallen spontane kinästhetische Halluzinationen leichter — kinästhetisch gesprochen — als visuelle oder auditive, dann werde ich sicher in bezug darauf viel kongruenter in meiner Instruktion sein als bei den beiden anderen: (beiläufig) Mach doch mal eben! Das klingt wie: Gib mir doch gerade mal den Zucker rüber. Bei Instruktionen zu visuellen und auditiven Halluzinationen würde ich vielleicht eher sagen: Würdest du, ... äh, also unter Umständen, ... könntest du mal versuchen, äh...!

Auch für die Bewegungsabläufe gilt: Möglichst identisch nachmodellieren! Wenn es nicht oder nur sehr umständlich geht, kann ich die entsprechende Bewegung in ihrem Körpergefühl halluzinieren oder mit Hilfe von Zeitverzerrung verlangsamen und als Skulptur darstellen lassen.

Thies: Was machst du in dieser Körperhaltung mit den Händen?
Agnes: Reden.
Thies (lacht mit ihr und der Gruppe zusammen): Kannst du mal an den schönsten Moment denken? Wo sind in diesem Moment die Hände, eher unten oder eher oben?
Agnes: Ungefähr so. (Sie zeigt eine mittlere Stellung.)
Thies: Jetzt geh mal voll in die Situation, innerlich. Und tu mal so, als wenn du den Bewegungsablauf in der Situation im schönsten Moment einfrierst. (Agnes wird schlagartig blaß und verspannt sich.) Nein, das ist vielleicht zu kalt.

Einfrieren ist kein gutes Wort für Agnes, wie man deutlich sieht. Da gibt es (er spielt einen Erfrierenden) minimale Hinweise. „Die Bedeutung deiner Kommunikation ist die Reaktion, die du bekommst, nicht die Absicht, die du im Sinn hattest!" Dieser NLP-Leitsatz, eine der wichtigsten Grundannahmen des NLP, macht es natürlich erforderlich, hinzugucken — und zwar *in jedem Moment,* da jedes meiner Worte ein Auslöser für etwas sein kann, was ich im Traum nicht erwarten würde.

Agnes: Ich kämpfe immer mit kalten Händen. (Sie reibt sich dieselben fröstelnd.)
Thies: Ich sehe. Also zurück auf die Ofenbank! (Er wartet einen Moment, bis sie wieder in die Körperhaltung und die Physiologie wechselt, in der sie vor dem Wort einfrieren war.)

Das ist wie beim Hypnotisieren. Ich habe mal erlebt, daß jemand mit den besten Absichten und in absolut zugewandter, liebevoller

Art und Weise seinem A den schönsten Trance–Zustand der Welt bereiten wollte. Dabei sagte er zu A, der schon in leichter Trance war: „Es ist wunderschön, sich einfach so treiben zu lassen." A kam daraufhin absolut entsetzt und etwas plötzlicher aus der Trance zurück, als er es erwartet hatte. Im Nachhinein stellte sich heraus, daß A das Erlebnis, sich treiben zu lassen, kannte: Nachdem seine Hochseeyacht abgesoffen war, allein ohne Proviant für vierzehn Tage in seinem Schlauchboot! Da hilft es nur flexibel zu sein und zu sagen, „Nein, *das* Treibenlassen doch nicht! Was ich meinte, ..." (zu Agnes gewandt)
Thies: ... ist *das* Einfrieren, das Kinder gerne spielen, wenn sie mit nackten Händen im Schnee spielen, einen Schneemann bauen und dann ins Haus laufen und die knallrot durchbluteten Hände zum Prickeln an die Heizung legen.
(Agnes schaut lächelnd auf ihre Hände und reibt sie etwas aneinander.)
Thies: Ich denke, jetzt könnte ich dich wieder bitten, die Bewegung im schönsten Moment einfrieren zu lassen, oder? (Agnes nickt.)
Der zweite Weg, mit unbeabsichtigten negativen Wortankern umzugehen, besteht darin, nach alternativen Beschreibungen für das zu suchen, was zu vermitteln eigentlich meine Absicht war, nämlich:
Thies: Kannst du nochmal in die Situation gehen und dort die Bewegung im schönsten Moment stoppen. Kannst du dir das vorstellen? Ich möchte, daß du die Bewegung nochmal machst und sie im schönsten Moment stoppst und dir dann vergegenwärtigst, was du genau in dem Augenblick siehst.
Agnes: Ja, das ist da. (Sie reorientiert sich nach einem kurzen Trancemoment der Vergegenwärtigung der Szene sehr schnell.)
Thies: Dann möchte ich, daß du das nochmal machst, und (mit langsamer, tiefer, tranceinduzierender Stimme) während du das alles *dort* ... *jetzt* siehst, dir vergegenwärtigst, was du im schönsten Moment hörst ...
Agnes: Lachen von vielen Leuten. (Sie bleibt bei der Antwort in der Trance, das heißt in der Regression.)
Thies: Stereo? Ich meine, hörst du es von beiden Seiten?
Agnes: Ja.
Thies: Und was siehst du in diesem schönsten Moment?
Agnes: Einen hellen Raum.
Thies: Gibt es im Gesichtsfeld einzelne Elemente, die sehr wichtig sind?
Agnes: Also, es ist jemand neben mir (Thies wechselt etwas seine Position, um dort, wo sie hingezeigt hatte, freien Raum zu lassen) und

eben die Leute, die ich noch sehe. Also ich habe das Gefühl, ich habe den ganzen Kreis von Leuten noch in den Augen.
Thies: Das heißt, du siehst sie in deinem peripheren Blick? (Agnes nickt.) Dein Sehen ist also sehr panoramisch? (Agnes nickt.) Und hörst du auch so?
Agnes: Ja.
Thies: Und während du den hellen Raum siehst und in dieser Weise panoramisch siehst und das Lachen hörst, geh nochmal in den schönsten Moment und vergegenwärtige dir das Körpergefühl, das du hast, zusätzlich dazu, daß du das Gefühl hast, den ganzen Kreis von Leuten in den Augen zu haben.

Eine sehr interessante Synästhesie, nebenbei bemerkt (zur Gruppe gewandt, während Agnes noch in der Szene absorbiert ist).
Agnes: Mhm. (Sie zeigt die entsprechende Physiologie am deutlichsten in dem Moment, in dem sie mit dem nonverbalen Verhalten einer Dirigentin zum Reden anzusetzen scheint.)

Wir kalibrieren uns visuell, das heißt wir gucken genau hin, was gehört alles zu dieser Physiologie dazu: Körperhaltung, Art und Charakteristika der beteiligten, eher bewußten Bewegungsabläufe, ideomotorische (unbewußte) Bewegungen, Volumen und Frequenz der Atmung, Ort der Amplitude der Atmung, also des Punktes mit der größten Bewegung beim Atmen (Brust-, Zwerchfell- oder Bauchatmung); Muskeltonus, Gesichtsfärbung, Größe der Unterlippe, Pulsfrequenz, soweit sie an sichtbaren Adern ablesbar ist.

Später machen wir noch Wahrnehmungsübungen, falls ihr euch im Moment etwas überfordert fühlt. (Einige stöhnen, andere lachen.) Für diese Übung genügt es, wenn ihr genau auf ideomotorische Bewegungen achtet und euch zusätzlich auditiv kalibriert, also darauf achtet, was es jedesmal zu hören gibt, wenn die Moment-of-Excellence-Physiologie am intensivsten oder prägnantesten ist. Wir merken uns die Phänomene, die wir sehen und hören, und die konsistent jedesmal dann auftreten, wenn sie die Physiologie maximal und intensiv demonstriert. Diese Beobachtungen brauchen wir nachher.
Thies: Und wenn du es noch einmal machst, den schönsten Moment, achte darauf, ob es einen Geruch oder einen Geschmack gibt, der sehr wichtig ist und unbedingt dazugehört.
Agnes: Ja, das weiß ich jetzt schon. Holz. Ich rieche Holz. (Sie zeigt einen ähnlichen Zuwachs an Intensität der Moment-of-Excellence-Physiologie wie vorher bei dem Wort „Ofenbank".)
Thies: Du riechst Holz. Und überprüfe (er rehypnotisiert sie noch mehr in die Szene, indem er seine Stimme wieder langsamer und

tiefer werden läßt), ob es einen Geschmack gibt, der in irgendeiner Weise wichtig ist.

Agnes: Geschmack? (Sie zeigt das motorische Programm des Schmeckens und bleibt dabei assoziiert in der Szene.)

Thies (spricht weiter mit langsamer und tiefer Stimme): Häufig gibt es einen; manchmal ist er sehr wichtig, aber schwer benennbar.

(Agnes nickt ideomotorisch, reorientiert sich dann wieder.)

Thies: Okay, dann lassen wir den Geschmack. Aber der Geruch scheint wichtig zu sein? (Er rehypnotisiert sie damit nochmals, um sich selbst und der Gruppe eine weitere Gelegenheit zum Kalibrieren zu geben.)

Ich machte diese Demonstration einmal mit einem Rockpianisten, der seinen Moment–of–Excellence am Piano hatte, kurz vor seinem Solo beim Auftritt. Ich hatte ihn in seine typische Sitzhaltung gebracht und gefragt: „Und jetzt im schönsten Moment" — wir sprachen damals vom „geilsten" Moment –, „was siehst du?" Er saß da und veränderte schon deutlich seine Physiologie. (Er spielt ihn am Piano sitzend, wobei er das nonverbale Verhalten eines Menschen zeigt, der gerade mit den wunderbarsten Zärtlichkeiten verwöhnt wird.) Das steigerte sich aber noch, als er bestimmte Elemente in den einzelnen Wahrnehmungsfeldern benannte: „Ich sehe die Kneipe, in der wir spielen, den Rauch in der Luft, und in der Peripherie meines Blickes (er spielt eine deutliche Zunahme in der Intensität der Physiologie) den Lautstärkeregler, den ich gleich aufdrehe." „Was siehst du noch?" (Er spielt abwechselnd beide Positionen.) „Ich sehe die Kellner, an der Seite so halb den Schlagzeuger und außerdem, wie eine bestimmte Frau im Publikum zu mir 'rüber guckt." (Er spielt wieder eine zunehmend intensivere Physiologie.) Ähnliche Unterschiede in der Physiologie gab es auch bei seiner Beschreibung der verschiedenen Elemente im auditiven, kinästhetischen und olfaktorisch–gustatorischen Wahrnehmungsfeld. Beim jeweiligen Rehypnotisieren in die Szene verwendete ich genau die Originalzitate: „Und während du den Lautstärkeregler deines Pianos siehst und die Frau im Publikum, die zu dir rüberguckt, was hörst du in diesem schönsten Moment?" Mit dieser neuen Information reinduzierte ich die Physiologie wieder neu: „Und während du den Lautstärkeregler deines Pianos siehst und die Frau im Publikum, die zu dir rüberguckt, und das und das hörst, was fühlst du in deinem Körper und was tastest du außen?" Auf die gleiche Art fragte ich dann nach einem Geruch oder Geschmack, der in irgendeiner Weise wichtig für den schönsten Moment war.

(Agnes zeigt, während sie zuhört, die Moment-of-Excellence-Physiologie, zu der ein sehr charakteristisches motorisches Programm in den Beinen gehört.)
Thies (hatte während des kurzen Rollenspiels öfter zu ihr hingesehen, lacht): Halt die Beine still, sonst ruinierst du uns noch die ganze schöne Übung!

Das ist eine interessante nonverbale Nebenbemerkung ... (er sieht sie für einen Augenblick fragend an; sie schaut nicht weniger fragend zurück)... wohl eher ihres Unbewußten als ihres Bewußtseins. Sie benutzt natürlich bewußt und unbewußt diese Situation, um zu lernen. Denn Menschen können nicht nicht lernen. Und wenn sie jetzt von mir in diesen Kontext hineinhypnotisiert wird, und damit in diese Physiologie, dann wird sie gleich aufpassen, wie das geht, und Wege finden, wie sie es selbst schaffen kann. Ich denke, Erwachsene sind bezüglich der Lust zu Lernen wie Kinder — wenn man sie läßt und bereit ist, es wahrzunehmen! Bei Kindern muß es schon ganz schlimm kommen, daß sie eine Situation als Kontext behandeln, in dem es nichts zu lernen gibt. Ich freue mich immer, wenn ich dieses Lernlust-Phänomen beobachten kann. Nur kann es sein, daß Therapeuten Ängste bekommen, daß sie nichts mehr zu tun haben, wenn die Klienten so schnell lernen.

Jedenfalls soll es in dieser Übung unsere Aufgabe als B und C sein, ihr zu helfen, diese Physiologie in geeigneten Kontexten selbst erzeugen zu können — und plötzlich haben wir nichts mehr zu tun! Gott sei Dank ...

Agnes: Ah genau, jetzt weiß ich, was eben war! Als du nochmal die Anweisungen wiederholt hast, hatte ich plötzlich die Idee, daß ich den Holzgeruch ja im Grunde überall riechen kann, wo ich will, zum Beispiel ...

Thies: Behalte den Inhalt für dich und freue dich darauf, gleich noch weitere Wege zu bekommen, diese Physiologie neu einzusetzen.

Gott sei Dank gibt es noch was zu tun. Unser Job als B und C ist, uns bei A für die Gelegenheit zu bedanken, ihre Physiologie studieren zu dürfen, indem wir ihr ein Geschenk machen. Dieses Geschenk besteht darin, daß wir mit den Beobachtungen, die wir gemacht und vielleicht als kleinen Film vor dem geistigen Auge gespeichert haben, etwas ganz Bestimmtes tun. Wir fragen uns noch einmal, was alles dazugehört und konstant mit der Physiologie jedesmal auftrat. Was konnten wir alles sehen und hören, was in dieser Weise charakteristisch war. Und mit der Antwort wissen wir schon, was wir ihr schenken, nämlich ein Feedback. Jetzt fehlt uns noch das Geschenkpapier. Und was macht ein Feedback erst so richtig schön? Wenn es so verpackt ist, daß der Empfänger etwas damit anfangen kann! Also geben wir das Feedback in eine Form, die ich Instruktionsfeedback nenne: Wir geben, präzise und minutiös, detaillierte Instruktionen, die es A ermöglichen, das gleiche Phänomen, das sie vorher als Bestandteil der Moment–of–Excellence–Physiologie unbewußt gezeigt hat, jetzt bewußt machen zu können. Dazu sagen wir: „Tu mal das und das in der und der Reihenfolge". Wir instruieren wie ein Regisseur genau das, was wir vorher gesehen und gehört haben.

Angenommen, wir hätten gesehen, daß sie immer diese kleine Bewegung macht (er macht eine kleine, unscheinbare Bewegung mit dem kleinen Finger der rechten Hand), wenn die Physiologie am deutlichsten und prägnantesten zu sehen war, dann bestünde unsere Aufgabe darin, sie so zu instruieren, daß sie genau die gleiche Art von Bewegung *bewußt initiiert* machen kann. Wir sagen nicht (mit dem nonverbalen Verhalten eines Spießes auf dem Kasernenhof): „Los, beweg' mal deinen kleinen Finger"; dann kriegt A das nämlich nicht hin. (Er spielt jemanden, der höchstgradig unbeholfen eine Bewegung macht, die mit der Originalbewegung nur die Ähnlichkeit hat, daß sich auch der kleine Finger bewegt.) Sondern wir würden in etwa sagen, „mach mal mit dem kleinen Finger der rechten Hand allein eine Hin– und Herbewegung, wobei die Fingerkuppe ungefähr jeweils zwei bis drei Zentimeter zurücklegt, der Finger sich in den Winkeln seiner Gelenke nicht bewegt und die Bewegung ungefähr so schnell ist." (Er verdeutlicht die Frequenz der Bewegung durch ein schnelles Klatschen der Hände.)

Hat jemand etwas gesehen oder gehört, was konsistent passiert ist, irgendeine Beobachtung, die er oder sie gerne mal als Instruktionsfeedback geben möchte?

(Agnes ist kontinuierlich in der Moment–of–Excellence–Physiologie und bewegt ihre Beine.)

Ein Phänomen hat sie schon selbst herausgefunden und macht es nun kontinuierlich. (Er nimmt sie bei der Hand und läßt sie vom Demonstrationstisch aufstehen.)

(Rainer meldet sich.)

Thies: Gut, probiere es mal. Deine Aufgabe ist, ihr solche Instruktionen zu geben, daß ihr das, was du als unbewußte, ideomotorische Bewegungen wahrgenommen hast, bewußt wird. Du instruierst sie so lange, bis du siehst, daß sie diese kleine Bewegung genauso macht, wie sie sie vorhin unbewußt gemacht hat. Und dann achten wir darauf, was in der Gesamt–Physiologie passiert. Wir haben natürlich ein Ziel: ihr ein bestimmtes kleines Geschenk zu machen.

Rainer: Setz dich mal hin und versuche, deinen rechten Fuß ganz entspannt zu bewegen. Ich gebe dir eine Rückmeldung.

Das ist ein Weg, der immer geht, nämlich, im wesentlichen ihr zu sagen, „Mach die und die — grob beschriebene — Bewegung und mach sie so lange, bis sie dir vertraut ist!" Aber als Übung für dich ist es günstiger, das Feedback so zu geben, wie ich es vorhin in bezug auf den kleinen Finger vorgespielt habe.

Rainer: Ja, bewege deinen Fuß mal. (Sie macht es.)

Also gut, das ist zwar nicht das, was ich meinte, aber mal sehen, wo wir damit hinkommen. Jetzt ist die Frage, ob die Fußbewegung gerade eben identisch war mit der vorhin. Das war sie nicht, oder? (Rainer schüttelt den Kopf.) Aber es war schon mal eine Annäherung. Manchmal funktioniert dieser Weg. Es ist ja auch der eleganteste, direkteste. Manche Leute müssen diesen Weg üben, nämlich sehr kongruent darin zu sein, zu sagen (er spricht diese Aufforderung direkt in Richtung von Rainer): „Mach schon, du kannst es!" Für dich ist es eventuell wichtiger, den anderen Weg mehr zu üben, nämlich ganz präzise in deinen Instruktionen zu sein.

Rainer: Mhm. Mach die Bewegung nochmal und halt sie durch ohne zu stoppen.

(Agnes bewegt wieder ihren Fuß, entsprechend verändert.)

Rainer: Nein.

Thies: Doch! Das war es schon mehr.

Rainer: Ja, die Bewegung war drin, aber der Fuß war ...

Also in der Gesamt–Physiologie ist mehr passiert als vorher. Was soll der andere Fuß machen, wenn der rechte sich ohne zu stoppen bewegt? Soll der unbeweglich bleiben?

Rainer: Ja, der soll zunächst still sein, und dann fängt er langsam an, aber nur ein bißchen.

Aaah! Die Sonne geht auf! (Er zeigt auf Agnes.) Das kann sie sich vorstellen. Sie tut es nicht äußerlich, aber allein die Vorstellung bringt die volle Moment–of–Excellence–Physiologie. Ob sie es nun innerlich halluziniert oder richtig ausführt ist egal. An der Stelle machen wir natürlich sofort ein FuturePace, damit das Gelernte später wieder verfügbar ist:

Thies: Dieses Wissen, wie du es eben gemacht hast, nämlich das in der Weise wie eben zu halluzinieren, wo willst du das anwenden? Wo hättest du es gerne zur Verfügung? Denk mal an irgendeine Problemsituation, wo du es gerne anwenden würdest.

Und wir gucken hin, was mit der Physiologie passiert, während sie innerlich macht, was immer notwendig ist.

Agnes: Ja (lächelt).

Was wir wahrnehmen sollten, ist ähnlich wie bei der PeneTRANCE–Übung im zweiten Schritt: Zuerst sollten wir eine Problem–Physiologie sehen, die dann in die Moment–of–Excellence–Physiologie übergeht.

(zu Rainer) Hast du noch eine Idee, was du ihr für eine Instruktion geben könntest?

Rainer: Laß die Augen mal aufblitzen und zieh' die Mundwinkel ein bißchen nach oben ...

(Agnes macht dies, die Physiologie kommt wieder.)

Jetzt hat sie demonstriert, daß sie diese Instruktionen verwenden konnte, um die ganze Physiologie nochmal zu produzieren. Du warst zwar wieder weniger präzise, als ich es gerne gehabt hätte (er blinzelt Rainer zu), aber das macht das, was passiert, ist nicht weniger interessant: Verbal hast du ziemlich geschlampt, aber nonverbal hast du sie genau wissen lassen, was du mit „laß die Augen mal aufblitzen" meinst. (Er demonstriert in seinem eigenem Verhalten Agnes gegenüber den gleichen verklärten Blick, den vorher auch sie gezeigt hatte; alle lachen.) Wichtig ist es, zu erkennen, daß sie diese Instruktion in genau dieser Weise verwenden konnte, um in den Zustand zu kommen. Wenn das passiert, sagen wir so etwas wie, ...

Thies: Finde innerlich so etwas wie ein Ritual, oder stell irgendwie sicher, daß du dir für die Fähigkeit, so wie du sie eben demonstriert hast, nämlich daß du in der Lage warst, dir die Moment–of–Excellence–Physiologie zugänglich zu machen, einen Kontext aussuchst, wo du sie gerne zur Verfügung hättest. (Agnes geht in eine Nachdenktrance.) Und geht das da?

Das ist das FuturePace. Ich möchte, daß sie innerlich irgendeine Verknüpfung bildet, eine Assoziation, eine Eselsbrücke oder wie immer man es nennen will, die ihr in einer dafür ausgesuchten Problemsituation den Zugang zur Moment–of–Excellence–Physiologie ermöglicht. Dabei sollte ich von außen den Wechsel von der Problem– zur Ressource–Physiologie sehen können. Hier ist natürlich die Moment–of–Excellence–Physiologie die Ressource–Physiologie. Sie zeigt, daß sie innerlich irgend etwas machen kann, um dahin zu kommen, denn ich sehe den Wechsel für einen Moment. Dann geht sie in eine andere Problem–Physiologie und ich habe auf diese Weise einen deutlichen Hinweis, daß sie die eben demonstrierte Fähigkeit, über das Spiel der Füße in die Moment–of–Excellence–Physiologie zu kommen, in der ausgesuchten Problemsituation nicht einsetzen kann. Ihr wißt schon aus der PeneTRANCE–Übung, daß es genauer heißen müßte (zu ihr gewandt, mit tranceinduzierender Stimme) ...

Thies: Es geht *zur Zeit* nicht, jedenfalls nicht, ohne das irgend etwas anderes in irgendeinem Bereich in deinem Leben verändert oder neu gelernt wird, vorher, nachher oder parallel dazu, die Moment–of–Excellence–Physiologie in dem Problemkontext zur Verfügung zu haben. (Sie zeigt die Versöhnungs–Physiologie und nickt ideomotorisch.)

Statt diesem Vorgehen, das dem Schritt vier im PeneTRANCE–Modell entspricht, könnt ihr auch die folgende Instruktion geben, die die Ökologie der Situation in einer Metapher berücksichtigt.

Thies: Suche dir einfach einen anderen Kontext. Denn dieser kleine Trick mit den Füßen ist wie ein Zauberring, den man da, wo man ihn brauchen will, zunächst ganz vorsichtig nur eine Viertelumdrehung herumdreht, um zu überprüfen, ob er in der Situation wirkt. Wenn man ihn mit Gewalt in einer Situation einsetzen will, wo er beim ersten Test noch keine Wirkung zeigt, dann geht man das Risiko ein, daß er seine Wirkung ganz verliert. Suche dir also einfach einen neuen Kontext, eine neue Problemsituation in deinem Leben, in der du gerne die Moment–of–Excellence–Physiologie zur Verfügung hättest. (Sie zeigt eine Problem–Physiologie mit Wechsel zur Moment–of–Excellence–Physiologie.)

In *der* Situation geht es, wie wir sehen. Wäre es nicht gegangen, hätte ich ihr nahelegen können, einen Lernkontext, das heißt eine Klasse von Situationen ganz neu zu schaffen, in dem sie mit dieser Physiologie spielen will ...

(Agnes hatte zugehört und zeigt physiologisch, daß ihr entsprechende Ideen kommen.)

Thies: ... oder auch mehrere neue Lernkontexte, wo immer du da bist, was immer du dort mit wem und wie machst.

Ein Geschenk kommt selten allein, zumindest in dieser Übung. Wer hat vorhin etwas *gehört*? Und wer hat davon eine so genaue Tonaufzeichnung vor seinem oder ihrem geistigen Ohr, daß er oder sie Agnes instruieren kann? Gesucht ist ein hörbares Phänomen, das jedesmal dann passierte, wenn die Physiologie am intensivsten war.

Leo: Ein kurzes Lachen.

Thies: Ja, aber es gab noch etwas anderes, zusätzlich.

(Gisela meldet sich.)

Thies: Kannst du ihr solche Instruktionen geben, daß sie das Geräusch auf der Stelle reproduzieren kann?

Gisela: Du legst die Lippen aufeinander und läßt dabei einen Mund-

winkel — ich glaube, es ist der linke — ein bißchen offen und ziehst die Luft ein ...
(Agnes versucht es und produziert ein Geräusch.)
Diejenigen, die es am Anfang auch gehört haben, wissen, daß wir auf der richtigen Spur sind; ihre Physiologie war schon halb da.
Sigrid: Kann ich es mal vormachen? (Sie macht ein zischendes Geräusch.)
Zu hoch. Kann das jemand vormachen?
(Daniel versucht es.)
Thies: Da ist zuviel Knall drin. Aber von der Tonhöhe war es richtig. Mach es nochmal, aber ohne den Knall.
(Daniel versucht es nochmal.)
Aha, genau, sehr gut getroffen! Wir können das einen Anker nennen — in diesem Fall einen auditiv–tonalen, auch wenn das Konzept der Anker erst später erläutert wird. Sie weiß, oder besser ihr Unbewußtes weiß, daß sie dieses Geräusch macht, wenn die Physiologie am schönsten ist. Und ob es von ihr selbst kommt oder von außen, ist egal; in beiden Fällen bringt es die Moment–of–Excellence–Physiologie zurück. Das ist sicher auch schon ein schönes Geschenk für sie, aber eventuell auch ein gefährliches, da sie von einem anderen Menschen abhängig ist, wenn sie über *diesen* Weg Zugang zu den Fähigkeiten und Ressourcen des Moments of Excellence haben möchte. Sie kann in Situationen kommen, wo sie zu ihm hingehen muß, um ihn dazu zu veranlassen, dieses Geräusch zu produzieren. (Er geht auf Daniel zu mit dem non–verbalen Verhalten eines Süchtigen, der um den dringend benötigten Stoff bettelt:) „Oh, gib es mir doch! Mach doch noch einmal diesen Wahnsinns–Zischer! (Alle lachen.) Wenn er Therapeut wäre und sie die Klientin, dann könnte das die beste Grundlage für die sogenannte therapeutische Symbiose sein. Was das ist? Du sicherst mir meine Hier–und–Jetzt–Pension und bist ein Vierjahresring in meinem Klientenstamm und ich verwahre das Wissen um das Vorhandensein deiner Ressourcen und auch deren Auslöser wie Zischen und ähnliche Phänomene!
Also wir wollen, daß Agnes ein autonomieförderndes Geschenk bekommt: Wir geben ihr solche Instruktionen, die sie in die Lage versetzen, über das Phänomen selbständig die Moment–of–Excellence–Physiologie zu erreichen, so daß sie eine Chance hat, das später in bestimmten Situationen auch ohne Hilfe zu können.
Thies: Probierst du nochmal, das Geräusch so ähnlich zu machen, wie du es eben von außen gehört hast.
(Agnes probiert es.)
Thies: Zu hoch, mach es mal tiefer.

(Agnes versucht es wieder.)
Was fehlte jetzt noch?
Gisela: Es ist von der Mitte gekommen und nicht von der Seite.
Es soll also an der Seite sein. Wir wissen nur noch nicht an welcher.
Thies: Probierst du es auf beiden Seiten mal, erst links, dann rechts.
(Agnes probiert es.)
Thies: Du machst das Geräusch zu weit vorne. Es wird tiefer im Mund produziert.
(Agnes versucht es erneut.)
Thies: Mach es mal so, daß die Lippen nicht vorkommen, sondern im wesentlichen da bleiben, wo sie sind.
Jetzt zeigt sie physiologisch, daß sie einen Weg da hinein findet ...
Thies: ... so daß du es noch üben kannst. Kannst du dir mal vorstellen, du hättest ein paar Tage daran geübt?
(Er lacht, als er sieht, daß sie es in einem entspannteren Zustand erfolgreicher probiert.) Das nennt man normalerweise Zeitverzerrung. Dieses hypnotische Phänomen läßt sich manchmal in kürzester Zeit induzieren. Die Tu–so–als–ob–Intervention ist wohl die powervollste Intervention überhaupt, wenn sie kongruent übermittelt wird. Ich bin jedesmal wieder überrascht, was Menschen alles plötzlich doch können.
(Agnes probiert es weiter, das Zischen wird leiser und ähnlicher dem normalen Atmen.)
Es kann sein, daß sie ein anderes Geräusch nimmt. Sie kann durchaus im Verlauf der Tage beim Üben merken, wenn sie das Originalgeräusch immer perfekter beherrscht, daß eine leisere und unauffälligere Kurzform genauso effektiv ist wie das Geräusch in der ursprünglichen Form. Zumal, da Menschen nicht *nicht* lernen können. Sie hat entweder bewußt oder unbewußt schon die Reihenfolge dieser Übung aufgenommen und weiß, daß jetzt ein FuturePace in eine Problemsituation hinein der nächste Schritt ist. Eventuell hat sie schon eine solche ausgesucht, in der es nicht angebracht ist, laut herumzuzischen. (Beide lachen.)
Thies: Angenommen, du hättest das ein paar Tage lang geübt und kannst das Geräusch in der richtigen Weise aus dem Stegreif produzieren. Wo willst du es dann anwenden, in welchen Lebensbereichen? Wo hättest du es als Ressource gerne zur Verfügung.
Agnes: Mhm, da habe ich eine Situation. (Sie zeigt einen Wechsel von einer Problem–Physiologie zur Moment–of–Excellence–Physiologie, mit einer kleinen Bewegung um den Mund herum und einem etwas lauterem Ausatmen.)
Thies: Danke dir. (Sie geben sich die Hand).

2.2 Kindergarten

Diese Übung ist ein Austausch. A gestattet B und C, seine oder ihre Physiologie genau zu beobachten. Und als Geschenk dafür bekommt A dieses kleine Feedback.

Ich erkläre zuerst einmal die Struktur: Ihr laßt A drei Situationen überlegen, in denen er oder sie in einer exzellenten Verfassung war und ein Maximum seiner bzw. ihrer Ressourcen zur Verfügung hatte. A soll die Situationen innerlich identifizieren und nach außen anzeigen, wenn er jeweils eine gefunden hat. Denkt daran, euch auf die Physiologien zu kalibrieren.

A soll eine von den drei Situationen aussuchen, die momentan am schönsten und außerdem in der Kleingruppe darstellbar ist.

Dann redet ihr im Präsens und fragt, „Wo bist du da?" Gleich nach der Antwort auf diese Frage laßt ihr euch zeigen, wie er oder sie in der Situation aussieht: A soll möglichst genau die Körperhaltung der vorgestellten Situation einnehmen. Dabei kann es auch nötig sein, eine Situation einfrieren zu lassen, das heißt die entsprechende Bewegung im schönsten Moment anzuhalten. Wenn jemand zum Beispiel als Situation eine bestimmte Stellung beim Skifahren nimmt, könnt ihr ihn oder sie mit der Zusatzsuggestion in die entsprechende Körperhaltung modellieren: „Geh in den Moment, wo es am schönsten ist und laß die Zeit anhalten, ... während du die gestoppte oder verlangsamte Bewegung so genießt, als sei sie schnell."

Es gibt ein schönes Experiment, das deutlich macht, wie wichtig die Körperhaltung in dieser Übung ist.

Thies (steigt auf einen Stuhl neben dem, auf dem Melanie sitzt, und nimmt ihre Hand): Darf ich mal? (Während sie überrascht nickt, zieht er ihren Arm hoch und bringt sie dadurch in eine Stellung, die der eines Kindes entspricht, das ein Erwachsener an der Hand hält. Sie hält ihren Arm beinahe ganz ausgestreckt und legt dabei den Kopf zurück, um ihn von unten anzuschauen.)

Thies (lächelt sie an wie ein Erwachsener ein kleines Mädchen und fragt mit entsprechender Stimme): Wie alt bist du?

Melanie (in der Physiologie einer Alterregression): Drei Jahre.

Thies (läßt ihre Hand los und steigt vom Stuhl und stellt sich vor sie hin): Und wie alt bist du jetzt?

Melanie (zurück aus der Regression): 35.

Thies: Und von dem, als du drei Jahre alt warst, kannst du vielleicht auch etwas verwenden als 35jährige?

Melanie (nach einem Moment des Nachdenkens): Ja.

Das könnt ihr als Experiment gut machen. Der Weg über die Körperhaltung ist neben dem Geruch der schnellste Weg in die Regression. Macht das mal mit eurem Sitznachbarn. Und spielt ein bißchen mit dem Arm in der Position oben, solange bis ihr eine schöne verjüngte Physiologie seht.

Wenn ihr ein gruppentherapeutisches oder ein Trainings-Setting habt und es schaffen wollt, daß die Leute nicht mehr so steif dasitzen, ist das einfachste Mittel, eine Geschichte zu erzählen, wie es jemandem ergangen ist, der plötzlich einen Geruch aus der frühen Kindheit wiederentdeckt hat, der sehr wichtig und mit angenehmen Erlebnissen verbunden war. Dann könnt ihr euch in der Gruppe umschauen, was physiologisch passiert.

(Einige lachen, denn die meisten Gruppenteilnehmer sehen aus und bewegen sich wie Kinder auf einem Kindergeburtstag, die aufgeregt reden.)

Allerdings ist es gefährlich, wenn die Gruppe dadurch zu jung wird und man Disziplinierungsprobleme bekommt, wenn alle nur noch herumsitzen und herumalbern (viele lachen) und keiner mehr aufpaßt (Lore lacht lauthals los, Thies lacht auch), genau, das meine ich.

Und die, die ihr regrediert wart oder seid, — wobei die, die noch regrediert sind, das Wort nicht verstehen (Lore lacht immer noch) — macht ein kleines Ritual, so daß ihr das, was ihr als Kinder gut konntet, aus dieser Regression mit in die jetzige Realität bringt.

Wenn ihr diese Geschichte in Gruppen erzählt, habt ihr eine Ressource induziert, indem ihr geholfen habt — (Lore redet laut mit ihrer Nachbarin) Ruhe! (sie lacht) —, die Physiologie einer Drei- bis Vierjährigen zu entwickeln. Denn diese Physiologie ist voll Energie, genau richtig zum Lernen. Vielleicht habt ihr Erfahrungen mit Kindern, was diese alles lernen können in solchen Lern-Physiologien. (Er lacht.) Wenn sie nicht gerade in der Pubertät sind (mit einem Seitenblick zu Lore, die immer noch versucht, mit ihrer Nachbarin zu „schwatzen"), wo sie bestimmte andere Sachen lernen, während sie im Unterricht nicht zuhören.

Macht also ein kleines Ritual für euch selbst, daß ihr die Potenz eines Zwei- oder Dreijährigen, oder in welches Alter auch immer ihr regrediert seid, dort in eurem Erwachsenenleben zur Verfügung haben könnt, wo ihr sie gerne haben wollt.

Thies (redet die kichernde Lore direkt an): Wo willst du diesen Zustand in deinem Erwachsenenleben gerne haben? Such mal drei Kontexte.

Lore: Also einen habe ich schon.

Thies: Schön. Noch zwei.

Macht das für euch selbst auch. Sucht für die in euren Regressionserlebnissen zugänglich gewordenen Fähigkeiten mindestens drei Kontexte, wo sie optimal hinpassen.

Aber jetzt zurück zum Modell „Moment of Excellence". Nachdem ihr den Klienten die Körperhaltung im schönsten Moment der Situation einnehmen habt lassen, macht ihr das, was ich die V.A.K.O.-Hypnose nenne. Ihr sprecht im Präsens und hypnotisiert euren A in die Situation hinein. Dabei fragt ihr, sobald A die Körperhaltung eingenommen hat und vorstellungsmäßig im schönsten Moment ist, was es in dieser Situation zu sehen, zu hören, zu fühlen, zu riechen und zu schmecken gibt. Laßt euch das beschreiben, indem ihr ihn oder sie veranlaßt, sich zu vergegenwärtigen, was im schönsten Moment in den einzelnen Sinnessystemen wahrnehmbar ist. Und achtet darauf, welche der in den einzelnen Wahrnehmungsfeldern beschriebenen Phänomene während der Beschreibung am deutlichsten die Physiologie von A verändern. Manchmal kommt die intensivste Moment-of-Excellence-Physiologie auch kurz vor oder kurz nach der Beschreibung des signifikant wahrgenommenen Phänomens. Genau das sind die Wahrnehmungsbeschreibungen, die ihr euch als Zitate merken müßt, wenn ihr sie hört. Ihr sollt sie parat haben, wenn ihr A tiefer in die Szene hineinhypnotisieren wollt, um die Physiologie des Moment of Excellence zu reinduzieren, zu intensivieren oder zu stabilisieren.

Ihr nehmt zuerst die Information, was er oder sie sieht, und wiederholt diese, indem ihr fragt: „Und während du das und das siehst, was hörst du dabei? So fügt ihr die Informationen nach und nach zusammen, bis ihr fragen könnt: „Und während du das und das siehst, das und das hörst, das und das fühlst, das und das riechst, gibt es da auch einen bestimmten Geschmack?"

Wenn in einem Sinnessystem sehr viele Informationen kommen, sucht diejenigen aus, die am meisten die Physiologie bringen und wiederholt sie. Nachdem ihr alle Systeme erfragt habt, instruiert ihr A folgendermaßen: „Geh nochmal in die Situation hinein und vergegenwärtige dir, was der schönste Moment ist und mache ihn subjektiv länger, auch wenn er tatsächlich nur eine Sekunde dauert. Genieße diesen schönsten Moment voll und ganz." So habt ihr noch einmal Gelegenheit, die Physiologie zu betrachten. Vielleicht stellt ihr gewisse Eigenheiten fest; zum Beispiel kleine Bewegungen, die jedesmal auftreten, wenn die Physiologie maximal wird.

Wenn ihr solche Eigenheiten gefunden habt, kommt die Feedback-Phase. Ihr sagt aber nicht einfach, was zur Physiologie dazugehört, sondern gebt das Feedback als Instruktion. Ihr macht ganz genaue Instruktionen, wie A was in welcher Reihenfolge machen soll. Dann überprüft ihr, ob A das Phänomen bewußt so wiederholen kann, wie er oder sie es vorher als ideomotorische Bewegung gezeigt hatte.

Diese Instruktionsphase wird für möglichst viele ideomotorische Phänomene wiederholt.

Für die dann bewußt eingesetzten Bewegungen, die kinästhetisch die ganze Moment-of-Excellenz-Physiologie zurückbringen, ist noch ein kleines FuturePace angebracht: „Mach dir innerlich ein kleines Ritual, daß du die Fähigkeit, die du eben demonstriert hast, in den Situationen anwenden kannst, in denen du sie haben willst."

Einige der Elemente, die A sieht, hört, fühlt, riecht oder schmeckt, sind Phänomene, die in seiner oder ihrer Wahrnehmungswelt für den Moment, um den es geht, absolut bedeutungsvoll sind. Und Worte, die diese Phänomene bezeichnen, wie zum Beispiel „Ofenbank" (er sieht zu Agnes hinüber, die auf das Wort hin sofort in die Moment-of-Excellenz-Physiologie gegangen ist), sind Auslöser für die Vergegenwärtigung der Szene, die dann wieder Auslöser für die entsprechende Physiologie ist. Da ich das Konzept des Ankerns erst später einführe, kann ich euch leider noch nicht sagen, daß wir im NLP hier von einem auditiv-digitalen, also einem Wort-Anker sprechen. Also sprechen wir besser von, sagen wir, hochgeladenen Beschreibungen, die zu erkennen ihr üben werdet und dann benutzt, um die Physiologie jeweils entweder zu intensivieren, zu stabilisieren oder zu reinduzieren.

Bevor ihr jetzt die Übung selbst macht, habt ihr hier nochmal kurz die einzelnen Schritte im Überblick.

2.2.1 Kurzform der Schritte

MOMENT OF EXCELLENCE

1. Ressource-Situationen finden
Denke bitte an drei Situationen in deinem Leben, in denen du ein Maximum deiner Fähigkeiten zur Verfügung hattest. Situationen, in denen du in einer excellenten Verfassung warst, oder wie immer du das nennen willst. Und zeige mir an, wenn du die erste, zweite, dritte gefunden haben.

2. Auswahl der Situation
Jetzt möchte ich, daß du von diesen drei Situationen eine auswählst, die du im Moment am schönsten findest. Sie sollte nach Möglichkeit hier darstellbar sein. Die Situation sollte nicht im Hier und Jetzt sein, sondern aus der Erfahrung des Klientens stammen.

3. Darstellung der Situation
a) im Präsens ansprechen:
   Gehe bitte in deiner Vorstellung in den Moment der Situation, wo sie am schönsten ist. Wo bist du da?
b) in die Situation hypnotisieren:
   Wie ist deine Körperhaltung dabei? Ihr laßt den Klienten möglichst die identische Körperhaltung einnehmen.
c) V.A.K.O.-Hypnose:
   Was siehst du, wenn du in dieser Haltung in dem Moment bist? Was hörst du, fühlst du, riechst du und schmeckst du? Wiederholt am besten jeweils die Informationen, die ihr schon habt, verbunden mit „während", und fragt dann nach den Wahrmehmungen im jeweils nächsten Repräsentationssystem.
d) Prozeßinstruktionen:
   Wenn ihr durch alle Repräsentationssysteme durch seid, sagt ihr einfach: **Gehe bitte noch einmal in die Situation hinein und vergegenwärtige dir, was der absolut schönste Moment ist.** Zusätzlich könnt ihr sagen: **Du kannst auch diesen schönsten Moment in deiner subjektiven Zeit länger machen, auch wenn du objektiv nur eine Sekunde drin bist. Mache ihn subjektiv länger und genieße ihn.** Dabei achtet ihr noch einmal voll auf die Physiologie und auf kleine Bewegungen, die vielleicht dazugehören.

4. Separator-State*

5. Instruktionsfeedback
Jetzt gebt ihr das, was ihr physiologisch beobachtet habt, als detaillierte Instruktion. Dabei modelliert ihr euren Klienten in die entsprechende Physiologie mit den dazugehörenden ideomotorischen, also unbewußten Bewegungen. Ziel ist es, diejenigen zu instruieren, die der Klient benutzen kann, um die Moment-of-Excellence-Physiologie zu kommen, vermittelt über diesen, jetzt bewußt verfügbaren kinästhetischen Selbstanker.

6. Future Pace
Suche dir eine Situation in der Zukunft aus, wo du diese Erfahrung gerne zur Verfügung hättest. Und mache ein kleines Ritual oder irgend etwas, was sicherstellt, daß du dich in dieser Situation an diese Bewegung (den Selbstanker) erinnerst.

7. Pre-Reframing
Ihr macht ein vorbeugendes Reframing für die Situationen, in denen es noch nicht ökologisch wäre, diese Moment-of-Excellence-Physiologie zur Verfügung zu haben.

---

* Zum Begriff Separator State vgl. S. 139 ff.

2.3 Im Sitzen, Liegen und auch Stehen

Es gibt eine kleine technische Feinheit, die wichtig ist, wenn der Moment of Excellence bzw. das Instruktionsfeedback mit sehr ausladenden Gesten verbunden ist. Angenommen, A kann aufgrund der Instruktion die volle Ressource–Physiologie wieder entwickeln; nur ist damit verbunden, daß A mit seiner Hand eine zu große Flugbahn beschreiben muß. (Er spielt einen Schauspieler oder Opernsänger, der sich, mit der rechten Hand auf dem Herzen, in eine Power–Physiologie bringt, und anschließend jemanden, der sich bei der folgenden stimmlichen und gestischen Explosion gerade noch in Sicherheit bringen kann.)
Julia (lacht): So ähnlich ist es bei mir.

Problematisch wird dieser Weg in die Moment–of–Excellence–Physiologie eigentlich erst dann, wenn man diese in einem Kontext einsetzen will, wo so eine räumlich große Geste entweder nicht ganz paßt, oder ihr Einsatz höchst unökologisch wäre. (Er macht nochmal das Ausweichmanöver aus dem letzten Rollenspiel, indem er jemand spielt, der sich nach einem kräftigen Schlag schon wieder soweit erholt hat, daß er reden kann — nur eben ohne Zähne.)
Thies: So war das auch bei dir, nicht wahr? Der Weg bzw. die Art und Weise, zur Physiologie zu kommen, hat unökologische Nebenwirkungen: Noch in derselben Situation oder in anderen Situationen passiert etwas, was entweder überhaupt nicht passieren darf, oder worauf du noch nicht optimal vorbereitet bist?
Julia (nickt): Bislang kann ich nur in die Moment–of–Excellence–Physiologie kommen, wenn ich stehe und (wechselt in eine deutlich wahrnehmbare Problem–Physiologie) das wäre da, wo ich sie haben möchte, völlig unangebracht.
Thies: Ja, das sehe ich ... auch so. Dabei geht es im Sitzen, Liegen und auch Stehen, wußtest du das? (Alle lachen, sie reorientiert sich aus der Problem–Physiologie.)
Julia: Es ist leichter im Stehen.
Thies: Zeig mal, wie machst du das, wenn du stehst?
(Julia macht die Armbewegung weit ausladend vor und lacht.)
Alle ideomotorischen Bewegungen, die konsistent dazugehören, sind interessant (er macht, während er weiterspricht, eine Bewegung mit dem rechtem Daumen am rechten Ringfinger, wie wenn er einen Ring drehen würde), nicht nur die Armbewegung mit der in diesem Fall dazugehörenden charakteristischen Ganzkörperdrehung.

Manchmal gibt es kleinere Bewegungsprogramme, die in größere eingebettet sind. (Er macht die Daumen–Ringfinger–Bewegung zur

Gruppe hin nochmal vor. Julia und Thies lachen, während sie auf seine rechte Hand schaut und dabei einen etwas desorientierten Eindruck macht.)
Thies: Nun mach es mal im Sitzen.
(Julia macht die Armbewegung vor.)
Thies: Du denkst, du mußt den Arm dafür ausstrecken?
Julia: Ja, weil ich etwas zeige.
Thies: Aber die interessante Frage ist natürlich, ob du unbedingt etwas zeigen mußt, und wenn ja, ob unbedingt in der Form mit dem Arm, um zum Beispiel einen bestimmten Muskeltonus oder eine bestimmte Atmung zu bekommen.

Interessant finde ich die Frage, wie Menschen eigentlich generalisieren. Egal, ob eine Problem–Physiologie generalisiert wird oder eine Moment–of–Excellence–Physiologie, der Prozeß der Generalisierung müßte eigentlich derselbe sein.

(Julia hat nachdenklich zugehört. Sie nickt, spielt gedankenverloren mit ihrem rechten Daumen und Ringfinger und wechselt kurz darauf erkennbar in die Moment–of–Excellence–Physiologie.)

Gerade erlebt ihr die Vorteile der Veränderungsarbeit vor der Gruppe, oder allgemeiner gesagt, die Vorteile einer triadischen Kommunikationssituation: Während ich als B in eure Richtung etwas über Generalisation sinniere, bekommt A ganz zufällig eine interessante und offensichtlich auch sehr effektive Idee. Aber dieses ist kein Hypnoseseminar und auch keine Hypnosesitzung mit einem auf Urlaub geschickten Bewußtsein, sondern (mit einem breiten norddeutschen Akzent und dem Habitus eines ehrlichen Handwerkers) richtige, echte, bewußte Arbeit. (Alle lachen, auch Julia.)
Thies: Wir alle haben gesehen, daß du noch etwas anderes gemacht hast, was man und auch frau durchaus im Sitzen machen kann. Und dein Unbewußtes weiß auch, wovon ich rede — schließlich hast du nicht nur schon vorhin darüber gelacht, als ich es vorgemacht habe, sondern es hat dich diesen kleinen oder auch großen (spricht für einen Moment wie ein Märchenerzähler) Zauberring schon benutzen lassen!
(Er zeigt es nochmal, Julia lacht.)
Thies: Kannst du mal mit dem rechten Daumen deiner rechten Hand den rechten Ringfinger ungefähr da berühren, wo der Ring ist.
(Julia versucht, den Daumen über den Mittelfinger zum Ringfinger zu bewegen.)
Thies: Und zwar nicht von außen, sondern von innen. Den kurzen Weg. Und zwar so, daß du mit der Fingerkuppe des Daumens den Ringfinger da berührst, wo der Ring wäre, wenn du jetzt einen an

dem Finger tragen würdest; du streichst an der Stelle nicht hoch und runter, sondern nach links und rechts; einmal hin und zurück — als wolltest du den imaginären Ring drehen. (Sie macht es; die Bewegung wirkt aber noch hölzern und sie ist dabei sehr konzentriert und angespannt.) Und mach es nochmal so, daß es eine vertraute Bewegung wird.
(Julia macht es, die Moment–of–Excellence–Physiologie scheint auf, beide lachen.)
Thies: Mach es nochmal, heimlich.
(Julia hält ihre Hand so, daß keiner die Daumenbewegung sehen kann und lacht wieder, zeigt den Physiologiewechsel aber nicht.)
Irgendein Charakteristikum der Bewegung ist noch nicht da. So geht es nicht. Es könnte auch sein, daß sie sich einen Kontext ausgesucht hat, für den sie von ihrem Unbewußten nicht oder noch nicht das O. K. bekommt. (Er sieht sie genau an und findet in ihrem Verhalten keine Bestätigung ihres Unbewußten für diese These.)
Thies: Es müßte irgendwie ... wenn du die Hand ein bißchen weghältst, wie geht es dann? Ich kann es auch einfacher machen: Denk mal an den Problemkontext, wo du diese Physiologie gerne zur Verfügung hättest, und wo du annimmst, daß es ökologisch ist, sie zur Verfügung zu haben. Und wie kannst du dann dort diese kleine Bewegung heimlich machen.
Julia (ändert die Körperhaltung, dreht die recht Hand wieder ganz zu sich, zeigt den Wechsel von der Problem–Physiologie zur Moment–of–Excellence–Physiologie und lacht): Ja leicht, denn das sieht ja niemand.

Arbeit mit Menschen muß nicht notwendigerweise so mißverstanden werden, daß ich dem anderen Arbeit abnehme, die für mich viel schwerer, wenn nicht sogar unmöglich ist und für sie kinderleicht. Beinahe wäre ich der Versuchung erlegen, ihr kluge Ratschläge zu geben, wie sie die Bewegung verändern soll; entsprechend meiner, sicher ungenauen Vorstellungen von ihrer Problemsituation und ihrer Moment–of–Excellence–Situation. Das kurze Feedback, das für sie in meiner Instruktion enthalten war, es im Problemkontext heimlich zu machen, konnte sie benutzen, um die Art der Bewegung so zu verändern, daß sie die Physiologie bringt. Vorher hatte sie keinen Weg, in der Problem–Physiologie den Übergang zu der gleichen Art von „heimlicher" Bewegung zu bewerkstelligen, den sie kurz vorher in der Hier–und–Jetzt–Rapport–Physiologie locker schaffte. Es ging nicht, der Arm war angespannter und der Druck vom Daumen gegen den Ringfinger war härter, was ich an dem Grad des Weißerwerdens ihrer Knöchel sehen konnte.

Thies: Wie immer du es machst, du weißt jetzt jedenfalls, daß du es dort heimlich kannst? (Sie zeigt wieder den Wechsel in der Physiologie.)
Julia: Und wenn ich das jetzt heimlich mache, dann kann ich es wieder, das andere?
Thies: Ja, glaubst du? Also nach meiner Kalibrierung: Ja.
Aber wenn es einen Zweifel gibt, dann tun wir für den Moment so, als gäbe es einen ökologisch begründeten Einwand — bewußt oder unbewußt — und als könnten wir mit ihm nicht anders umgehen als folgendermaßen ...
Thies: Denk doch nochmal an einen anderen Kontext, wo du es gerne könntest!
Man unterscheidet kurative und generative Veränderungsarbeit. Hier wissen wir nicht, welche es wird, da wir nicht wissen, wie ihr Bewußtsein den Kontext etikettiert, den sie jetzt aussucht: Als einen Problemkontext, oder als einen, in dem sie etwas schon gut oder sogar sehr gut kann, und wo sie lernen möchte, es noch besser zu können.
Julia: Wieder etwas anderes als vorher? (Sie zeigt sich verwirrt, mit wenig ressourcevoller Physiologie.)
Thies: Ich denke, es wird (er bringt sie zum Lachen, indem er eine Grimasse schneidet) eine kurative. Tu so, als hättest du noch eine zweite Problemsituation, in der du gerne Ressourcen und Fähigkeiten aus der Moment–of–Excellence–Situation einsetzen möchtest. Wenn zum Beispiel so etwas passiert wie gerade eben ...
(Julia zeigt wieder die gleiche Verwirrungs–Problem–Physiologie, denkt nach, der Wechsel von der Problem–Physiologie zur Moment-of-Excellence-Physiologie stellt sich nicht ein.)
Thies: Das kann auch heißen, der Kontext, in dem du sie gerne zur Verfügung hättest, findet gerade im Moment statt. (Sie nickt ideomotorisch; er verlangsamt seine Stimme.) Und während du vom Bewußtsein her auf unterschiedlichen Wegen versuchst, herauszufinden und zu würdigen, welchen Reichtum an Empfindungen und Eindrücken dein Unbewußtes dir gerade zur Verfügung stellt, können dein rechter Daumen und Ringfinger vielleicht anfangen, deinem linken Daumen und Ringfinger ein bestimmtes wichtiges Wissen zu vermitteln. Eventuell lernen die beiden das nicht so schnell, wie — rechts oder links, keiner weiß es — der goße Zeh und der Ringzeh, oder zwei andere Zehen, oder die Zunge gegen den Gaumen oder ...
(Julia zeigt den Wechsel von der Problem–Physiologie in die Moment-of-Excellence-Physiologie und lächelt.)

Sie machte etwas anderes, als ich demonstrieren wollte. Als Weg in die Moment–of–Excellence–Physiologie nimmt sie nämlich eine kleine Bewegung — ihr konntet sie vielleicht wegen der Entfernung nicht sehen —, die ich vorhin schon an ihr gesehen hatte, als sie das erste Mal ihre Moment–of–Excellence–Physiologie zeigte, und die bei ihren Versuchen danach nicht mehr dabei war: Sie bewegt ihre Nasenflügel, und in Sekundenbruchteilen war die volle Wirkung zu sehen. Wie wir später noch lernen werden, können wir ziemlich sicher sein, daß sie eine Geruchs– oder Geschmackssensation benutzt hat, um sich im eventuell gerade zu Ende gegangenen Problemkontext (er blinzelt ihr zu) an ihre Ressourcen aus der Moment–of–Excellence–Situation zu erinnern. Unvorhergesehene Sachen sind immer ...

Julia (unterbricht): Genau, in der Moment–of–Excellence–Situation roch es nach Heu und gerade wird mir bewußt, daß ich mir vorhin dachte, ich müßte mir bei dieser nervigen Teambesprechung, die ich mir als Problemkontext ausgesucht habe, nur vorstellen, daß dieser schreckliche Mensch, der mein Chef ist, statt Tabak Heu in seinem Beutel hat. (Sie lacht und zeigt erneut die Moment–of–Excellence–Physiologie und das motorische Riechprogramm.)

Falls jemand gestern in der PeneTRANCE–Übung nicht verstanden hat, was mit innerem Ritual gemeint sein könnte, so hat er hier ein Exemplar. Als unvorhergesehene Entwicklung in dieser Demonstration zeigt diese Episode noch einmal die Wichtigkeit einer genauen Wahrnehmung. Wenn ich denke, daß ich genug gesehen habe und in meiner Wahrnehmung ausreichend geeicht bin, so habe ich mit Sicherheit noch etwas absolut Wichtiges übersehen. Dann gibt es zum Beispiel noch eine kleine Bewegung in der Bewegung, mit der ich eine Menge hätte anfangen können, wenn ich sie gesehen hätte. Wenn ihr in der Übung in so eine Situation kommt, studiert nochmals die Physiologie und achtet genau darauf, was zusätzlich zu dem, was ihr wahrgenommen habt, noch alles konsistent dazugehört.

Julia (gereizt): Kann man das selber auch machen?

Thies: Kann man was selber machen?

(Julia wird wieder konfus und zeigt eine ähnliche Problem–Physiologie wie vorher.)

Ah, das ist interessant! Vielleicht hätte ich es schon früher tun sollen, aber dafür tue ich es jetzt, nämlich ...

Thies: ... dich zu fragen, ob ich ganz zufällig eine Ähnlichkeit mit noch oder nicht mehr lebenden Personen habe?

Julia: Nicht, daß ich wüßte (immer noch in dem etwas gereizten Ton).

Thies: Eine Ähnlichkeit, die du vielleicht nicht in erster Linie sehen, sondern hören kannst, während du meiner Stimme weiter zuhörst, oder vor deinem inneren Ohr halluzinierst, wie sie vorhin geklungen hat ...
Julia (lacht los): Na klar, du bist genau so ein jungdynamischer Typ wie mein Chef! So ein Unternehmertyp! Und du dozierst, glaube ich, wohl auch mal ganz gerne.
Thies: Ah ja (nachdenklich)... ein interessantes Feedback. Hoffentlich nicht völlig ohne Kompliment. (Sie ist für einen Moment verwirrt, erwidert dann aber sein Lächeln). Aber du fragtest vorhin, ob man irgend etwas selber machen kann. Ist diese Frage noch aktuell?
Julia: Nein.
Thies: Für den Fall, daß du es sinnvoll findest, in einer Situation mit deinem Chef die Ressourcen aus deinem Moment of Excellence zur Verfügung zu haben (sie nickt), wüßtest du, wie du Zugang zu ihnen bekommen kannst? Denk mal an die bislang schwierigste Situation zwischen euch, die sich vielleicht sogar noch öfters wiederholen wird — vor allem, wenn keiner von euch beiden etwas neu lernt.
Julia: O. K., habe ich. (Sie zeigt die Problem–Physiologie.)
Thies: Denk an die Bewegung von Daumen und Ringfinger. Und halluzinier durch, wie wohl die Ressourcen und Fähigkeiten vom Moment of Excellence sich an diesen neuen Kontext anpassen ...
Julia (bleibt zunächst in der Problem–Physiologie, reorientiert sich dann): Das ist schwierig, die rechte Hand hat sozusagen keine Zeit.

Wenn diese kleine Bewegung in einem bestimmten Kontext die Moment–of–Excellence–Physiologie nicht wieder zurückbringt, habe ich drei grundsätzlich verschiedene Möglichkeiten, mit der Situation umzugehen:

Ich könnte erstens davon ausgehen, daß der im Probehandeln durchhalluzinierte Einsatz der Moment–of–Excellence–Ressourcen im Leben von A unökologisch wäre. Dann muß ich A helfen herauszufinden, was sonst noch in ihrem bzw. seinem Leben gelernt oder umorganisiert werden muß, damit der Einsatz in der gewünschten Form ökologisch wäre.

Ich könnte zweitens meinen oder meine A veranlassen, sich einfach einen neuen Kontext für den Einsatz der Ressource zu suchen oder zu schaffen. Wenn es mit meinen eigenen Glaubenssystemen zusammenpaßt, kann ich auch genug Kongruenz aufbringen für eine Instruktion wie: „Und suche dir eine Situation aus — entweder schon vorhanden oder als Lernkontext neu geschaffen —, von der du sicher wärest, wenn du die Moment–of–Excellence–Physiologie dort zur Verfügung hättest, würde sie dir auf eine bestimmte Weise als gute

Grundlage dienen, die Moment-of-Excellence-Ressourcen auch in anderen Situationen zur Verfügung zu haben." Diejenigen von euch, die mit hypnotischen Mustern arbeiten und sich schon sicher fühlen, können auch das Unbewußte von A bitten, ihn oder sie solange in einer leichten Trance zu halten und erst dann wieder wach werden zu lassen, wenn ES sicher ist, so einen Kontext gefunden zu haben.

Drittens kann ich davon ausgehen, daß im Kontext selbst etwas neu gelernt oder umorganisiert werden muß, damit nicht nur der Einsatz, sondern auch die Art des Einsatzes der Ressourcen im Leben von A nicht mehr kaputt macht als neu aufbaut.

Und Julia hat mich schon sehr genau wissen lassen, wie ich sie instruieren soll, ...

Thies: Und vielleicht können dieser Daumen und dieser Ringfinger (deutet auf die rechte Hand) diesem Daumen und diesem Zeigefinger (deutet auf die linke Hand) ein bestimmtes Wissen weitergeben, ... ein „bewußtes unbewußtes" Wissen, das ...

(Julia lacht und zeigt als Abschluß einer kurzen Trance die entsprechende ideomotorische Bewegung in der linken Hand.)

Ich helfe ihr das, was immer auch in der einen Hand und in diesem motorischen Programm kinästhetisch repräsentiert ist, von da nach da zu transponieren ... (Julia ist in einem leichten Trance-Zustand, sieht auf ihre Hände, zeigt wieder in der linken Hand das motorische Programm und lacht.) ... und dann ist der Test natürlich wieder physiologisch. Ich beobachte genau, ob die Bewegung, auch wenn sie sich in Bezug auf ihren Ort oder auf ihre Art verändert hat, die Moment-of-Excellence-Physiologie auslöst oder nicht.

(Julia ist wieder klar und wach.)

Thies: Also, wie würden die das machen?

Julia: Die zwei? (Sie schaut auf ihre linke Hand und macht die Bewegung. Die Physiologie kommt. Sie lacht ihn herzlich und mit viel Energie an.)

Jetzt brauchen wir natürlich noch ein FuturePace, damit ich als ihr Therapeut nicht in Versuchung komme, diese powervollen Ressourcen an mich zu binden, und ...

Thies: ... du ahnst schon, in welchen Problemkontext ich dich schicke, damit du dort überprüfen kannst, ob die beiden (guckt auf ihre linke Hand und spricht in diese Richtung) in der Zwischenzeit vielleicht schon geübt haben.

(Julia zeigt die Problem-Physiologie, dann eine minimale Bewegung in der linken Hand und die Moment-of-Excellence-Physiologie. Sie bleibt noch eine Zeitlang in der anderen Realität und reorientiert sich dann nachdenklich und befriedigt.)

Thies (gibt ihr die Hand): Danke dir.
Julia: Ich danke dir. (Sie geht auf ihren Platz zurück.)

2.4 Münchhausens Selbstheilung

Gudrun: Kann man das auch mit sich selber machen?

(Thies packt sich am eigenen Schopf, zieht und folgt mit dem ganzen Körper der Bewegungsrichtung seiner ziehenden Hand.) Physikalisch geht's nicht, psychisch manchmal! Die Frage ist, nach meinem privaten Glaubenssystem, ähnlich zu beantworten wie die in den Hypnose-Seminaren in der Ausbildungsgruppe häufig gestellte Frage, ob man Selbsttrance für dieses oder jenes, persönlich sehr begehrte „Wunder" einsetzen kann. Oder wie die Frage, ob ich mich selbst aus einer blockierten Situation herausbringen kann — wie wir es nachher noch miteinander üben werden. Inwieweit es geht, determiniert ganz sicher das Unbewußte der das „Unmögliche" versuchenden Person, oder nahezu synonym, die Ökologie ihres Lebens- und Beziehungssystems.

Das Unbewußte von Münchhausen „hat diesen Urlaub nicht gewollt." (Er singt diese Worte eines zum Seminarzeitpunkt beliebten Schlagers: „Er hat den Urlaub nicht gewollt, doch sie hat gesagt, es müßte sein." Alle lachen.) Sein Unbewußtes hat also dafür gesorgt, daß er wirklich nicht los kam, aber ihn statt dessen den ersten Lehrsatz der Mechanik zu Papier bringen lassen. (Wieder allgemeines Lachen.) Dies nennt man Sublimierung. Das hätte eine schöne Metapher sein können, aber dann müßten die Physikhistoriker zwei Ohren zudrücken. Es war nämlich so, daß ihm sein Unbewußtes die Kanonenkugel auf den Fuß hat fallen lassen und er dann von der Reise Abstand genommen hat. (Die Gruppe lacht ausdauernd, einer schüttelt den Kopf.) Nein, so war es auch nicht, wie ich gerade von der Regie erfahre. Das war das mit der Erdbeschleunigung. (Er spielt den Verlegenen, peinlich Berührten.)

Wenn man sich selbst in so ein Chaos hineinhebeln kann, müßte man sich ja auch wieder selbst herausbringen können. Das Unbewußte muß erst sein O. K. dazu geben, so weit waren wir: Darf ich? (Er guckt an sich herunter, als suchte er, wo sein Unbewußtes sich im Moment gerade aufhält und spielt einen Tieftrance-Zustand mit Armlevitation und ideomotorischem Nicken, dann einen plötzlichen Wechsel in den Wachzustand. Zur Gruppe gewandt nickt er:) Ich darf! (Er seufzt erleichtert.) Es ist ökologisch. (Er lacht mit der

Gruppe und wechselt zurück in sein normales Seminarleiterverhalten.)

Die zweite Möglichkeit, deine Frage zu beantworten, hat mit dem „existentiellen Du" zu tun. Ich glaube, daß alle essentiellen Lernerfahrungen, also diejenigen, die etwas ganz Neues im Leben der betreffenden Person konstituieren und/oder eröffnen, im Kontext einer bedeutsamen Beziehungserfahrung passieren. *Du brauchst den anderen.* (Er markiert diese Worte mit einer nachdrücklicheren Stimme und, für die Zeitdauer der Stimmveränderung, einem Blickkontakt mit Gudrun, die sich deutlich entspannt, für einen Moment in Trance geht und ideomotorisch nickt.) Wenn man von anderen erfolgreich, respektvoll und in angenehmer Weise hypnotisiert wurde, geht die Selbstinduktion nach jeder bedeutsamen Fremdinduktion besser, schneller und ist meistens auch amüsanter. Die „Du-Erfahrung" ist nicht ersetzbar: Veränderungen sind nur im Kontext bedeutsamer Beziehungserfahrungen möglich. Auch wenn man diese Erfahrung mit Sätzen wie „Der Therapeut etabliert mit seinem Klienten eine Feedbackschleife" oder „Der Therapeut ist ein höchst differenzierter Feedbackmechanismus" zu beschreiben versucht, gilt doch, daß ein Computer das nicht kann. Diejenigen von euch, die Therapieerfahrungen haben: Denkt mal an die Veränderungen, die ihr in der Zeit eurer Therapie erlebt habt. Und jetzt vergegenwärtigt euch, wie das Wissen um diese Veränderung gespeichert ist, wie ihr daran denkt? Es ist eingebettet in eine Erinnerung an den Menschen, der euer Therapeut oder eure Therapeutin war, stimmt's? (Viele nicken nachdenklich.)

Später, als Fortgeschrittene, werden wir mit sogenannten Strategien spielen. Das sind die Sequenzen von Erfahrungs-Repräsentationen, die primär in Seh-, Hör-, Fühl-, Riech-, und Schmeckphänomenen kodiert sind, und die eine bestimmte Fähigkeit zugänglich und verfügbar machen. Ihr werdet dabei sehr interessante Schritte in diesen Strategien kennenlernen, die zur Überraschung eures Bewußtseins wichtige Szenen mit bedeutungsvollen Bezugspersonen in verschiedenen Lebensabschnitten enthalten.

Vielleicht sind alle Veränderungen, die Menschen anstreben (er deutet wieder die Münchhausen-Schopf-Geste an und behält weiterhin Gudrun im Blick, während er spricht), auch wenn sie scheinbar nichts mit anderen Menschen zu tun haben, Metaphern für bestimmte Wünsche in Bezug auf Veränderungen in bedeutsamen Beziehungen. (Gudrun nickt ideomotorisch.)

Stefan: Wie meintest du das mit dem Feedbackmechanismus?

In der B–Position bin ich für dich als A ein Kontext, der dich mehr über dich selbst wissen läßt. Du weißt anhand meines Verhaltens, das ein Feedback bezüglich deines verbalen und nonverbalen Gesamtverhaltens ist, ob du in einer Problem– oder in einer Ressource–Physiologie bist, in der Wach– oder in der Trance–Physiologie, im normalen Hier–und–Jetzt–Rapportzustand oder in der Moment–of–Excellence–Physiologie; und zwar meistens schneller als du es von deinen eigenen inneren Feedback–Möglichkeiten her weißt. Ich kann dir mit dem Feedback, das ich dir zur Verfügung stelle, helfen, deine Zustände zu monitoren und zu sortieren und damit auch, deine inneren Kommunikationsmöglichkeiten zu erweitern.

Außen sehen es die Leute immer zuerst! Zum Beispiel den Zustand „Verwirrtsein" und „Nicht verstehen". (Er lacht zusammen mit Stefan, der kurz vorher noch so aussah, als müßte er im Bruchteil einer Sekunde etwas absolut Kompliziertes kapieren und das Leben einer Gruppe von Menschen würde einzig von seiner schnellen Auffassungsgabe abhängen.) Ihr kennt sicher alle die Erfahrung, gut gelaunt auf einer Party zu sein und euch vielleicht gerade angeregt zu unterhalten, und plötzlich seht ihr in der Peripherie eures Blickes, daß jemand Bestimmtes das Parkett betritt. (Er schaut kurz zur Eingangstür des Seminarraumes, tut so, als hätte er nichts gesehen und als überspielte er eine Verspannung und Nervosität.) Dann kann es einige Minuten dauern, bis ihr registriert, daß ihr euren Zustand drastisch verändert habt, oder? (Einige sagen Ja, viele nicken, die Atmosphäre und Energie der Gruppe verändert sich schlagartig.) Da der Zustand, mit dem im Moment viele von euch anzeigen, daß ihr diese Erfahrung kennt, sicher nicht die beste Arbeits– und Lern–Physiologie ist (einige lachen), solltet ihr als Abschluß dieses kleinen Gedankenexperimentes an eine Situation denken, wo ihr schlecht gelaunt auf einer langweiligen Party seid, und plötzlich kommt ein bestimmter Mensch (schnellere Stimme, spannungs– und erwartungsvoll), von dem ihr im Traum nicht zu hoffen gewagt habt, daß er oder sie kommt; aber aus bestimmten Gründen wollt oder dürft ihr nicht zeigen, wie sehr ihr euch freut. Es dauert jedoch einen Moment, bis euer Bewußtsein erkennt, daß sich euer Zustand verändert hat. Komischerweise scheint das Bewußtsein diesen Wechsel schneller zu registrieren und weniger auf ein Feedback von außen angewiesen zu sein als im umgekehrten Fall ...

Moritz: ... oder es wesentlich schneller zu verarbeiten.

Ja, genau, gute Idee. (Er lacht.) Vielleicht braucht man dann gar nicht den Umweg über die Wahrnehmung des Gastgebers als existentiellem Du, mit dem man sich vielleicht gerade unterhielt, der

dann vielleicht versehentlich den Stimmungsumschwung als Bestandteil der Feedbackschleife mit ihm interpretiert und glaubt, er hätte gerade etwas Tolles gesagt oder ihr hättet eure Meinung über seine Party geändert.
Erwin: Bei uns in der Kleingruppe passierte es, daß A ganz traurig wurde. In der Moment–of–Excellence–Situation schlug es plötzlich um ...
Thies: Und was habt ihr gemacht?
Erwin: Wir haben immer wieder versucht, ihn aus den Gefühlen herauszuholen ..
Thies: Erfolgreich?
Erwin (wendet sich Viktor zu, der ihn sauer ansieht und im blassen Zustand versucht, sich ein Lächeln abzuringen): Ja, ich weiß nicht ...
Thies (lacht): Das sieht eher nicht so aus, oder?
Erwin (lacht, nachdem Viktor etwas verzögert grinst, auch mit): Nein, stimmt.
Thies: Ihr könntet über das, was wohl passiert ist, auf verschiedene Weise nachdenken. Ich würde zunächst davon ausgehen, daß diese Art von Einzelarbeit natürlich in einem Kontext stattgefunden hat: Der Kontext ist definiert durch die Triade eurer Kleingruppe. Diese wiederum, wenn ihr euch alle drei mal bitte anguckt (er wartet, bis sie das tun, und redet dann langsamer, als Prozeßinstruktion), könnte man definieren als die Übertragung–Gegenübertragungs–Konstellation, die ihr die Chance hattet aufzubauen. (Erwin und Viktor sehen sich einen Moment an und nicken ideomotorisch.) Und während ihr euch weiter anschaut, und euch die Freiheit nehmt, mir zuzuhören, *während ihr euch weiter anguckt* (in strenger, „väterlicher" Tonalität), kann es sein, daß ihr erst jetzt dazu kommt, vom Bewußtsein her die interessante Situation zu würdigen, in die ihr in der Lage wart, euch zu manövrieren (Erwin und Viktor lächeln sich für einen Moment an und gehen dann wieder in den Trance–Zustand wie davor) bzw. die euer Unbewußtes in hervorragender Kooperation hergestellt hat, damit ihr jetzt und hier *die Chance habt* (Stimme wieder nachdrücklicher und strenger), etwas ganz Bestimmtes, Wichtiges zu lernen. (Beide nicken ideomotorisch und lächeln leicht.)

Das Gute ist nämlich: Man kann nicht nicht übertragen! Und eine Übertragung–Gegenübertragungs–Konstellation ist die Quelle von Wachstum und persönlicher Reife. Ihr braucht euch nur zu vergegenwärtigen, ob ihr eher etwas, was ihr vom anderen seht, oder etwas, was ihr hört, oder ein Gefühl in euch oder, auf welche interessante Weise auch immer, eine Geruchs– oder Geschmacksempfindung benutzt (beide lächeln wie bei einem Aha–Erlebnis, jedoch bei unterschiedlichen Sinnessystemen in dieser Aufzählung), um herauszubekommen, an welchen anderen Menschen auf der Welt euch die Person, die vor euch sitzt, erinnert. Das Tolle an der Situation ist, daß die Person, mit der ihr hier zusammen seid, euch Dinge sagen kann bzw. dazu bereit ist, die euch die „Originalperson" eventuell nicht sagen kann. So könnt ihr neugierig sein, ob ihr die Gelegenheit nutzen wollt, in dieser Situation miteinander und voneinander das zu lernen, was euer Unbewußtes wohl im Sinn hatte, als es dafür gesorgt hat, daß ihr beide euch in dieser Kleingruppe findet. (Er tieft die entstandenen Regressionen damit sichtbar.) Laßt euch überraschen, ob ihr eine kleine nonverbale Verabredung treffen wollt, euch später — gleich oder „nach Feierabend" — zu treffen, um für euch alleine die Lernmöglichkeiten der Situation zu erforschen. Nicht reden! Laßt euch überraschen, ob ihr plötzlich merkt, daß ihr euch nonverbal verabredet, oder ob ihr es eurem Unbewußten überlaßt, das in dieser Situation Gelernte in der Zukunft sinnvoll anzuwenden und euch damit zu überraschen, wie ihr die jetzige Situation so auflöst, daß ihr die bestmögliche Ausgangsposition für das habt, was nach diesem eigenartigen Erlebnis alles passiert — als Erweiterung in den Beziehungen, die ihr beide als Seminarteilnehmer miteinander und mit bestimmten anderen Menschen außerhalb des Kontextes dieses Seminars habt. (Er überläßt die beiden sich selbst, wobei er zunächst langsam und dann schneller zurücktritt, nachdem sich Erwin und Viktor in gutem, entspannten Rapport anschauen, eine sehr intensive Versöhnungs–Physiologie zeigen und zu lächeln anfangen).

Wenn bei der Induktion der Moment–of–Excellence–Physiologie ein plötzlicher Wechsel in eine Problem–Physiologie stattfindet, so solltet ihr als erstes einen Rapportcheck machen. Übrigens (zu Viktor gewandt), in welcher Situation war dein Moment of Excellence?
Viktor (wechselt in eine sehr ressourcevolle Physiologie und lacht): Ich hatte eine richtig schöne Vaterübertragung auf ihn. (Er zeigt, ohne die Übertragungs–Physiologie von vorhin zu zeigen, lachend auf Erwin.) Deshalb wurde ich so traurig. Der Moment of Excellence war, als ich als Jugendlicher eine Tischtennismeisterschaft gewann. Mein Vater hat sich nicht, zumindest nicht sichtbar, gefreut und mir das Spielen verboten, wie er es schon vorher wegen der Schulleistungen angedroht hatte.
Erwin: Und war das nicht ganz sinnvoll?
(Thies lacht.) Halt, ihr seid für dieses und ähnliche Themen erst nachher verabredet. (Alle drei lachen.)
Thies: Wenn ihr den Rapport wiederhergestellt habt, induziert ihr die

Moment–of–Excellence–Physiologie noch mal, was jetzt bei Viktor wohl sehr leicht und auch in der Art geht, daß der Moment of Excellence pur ist, oder? (Erwin und Viktor nicken.)

Habe ich einen guten Rapport und mein A wechselt aus der Situation des Moment of Excellence innerlich in einen Kontext, der ihn traurig macht, so würde ich als erstes die ökologische Situation überprüfen und etwa fragen: „Stell' dir mal vor, du könntest dir diesen powervollen Zustand nicht nur im Moment zugänglich machen, sondern auch da, wo du dir jetzt vorstellst, ihn am liebsten ganz zur Verfügung zu haben." Dann warte ich einen Moment, bis die Physiologie ganz durchkommt und frage: „Was geht schief in deinem Leben, wenn du in dieser Situation in dem Zustand sein würdest, ohne vorher etwas Bestimmtes anderes zu lernen?" In aller Regel wird A dann mit der Versöhnungs–Physiologie anzeigen, daß er einen unökologischen Zukunftsentwurf im Sinn hatte. Ist A mit dem, was er gegenwärtig in dem Kontext tut, versöhnt, so kann ich ihn erneut in die Szene des Moment of Excellence regredieren lassen: „Wohl wissend, daß du mit dem, was du dort findest, in einer ganz bestimmten Weise vorsichtig umgehen wirst, vergegenwärtige dir noch einmal den schönsten Moment." Bei Berücksichtigung der Ökologie im Leben von A ist die Induktion der puren Moment–of–Excellence–Physiologie kein Problem. Das gilt nicht nur für das Beispiel eben, sondern sicher auch für das Übertragungsbeispiel vorhin.

Thies (zu Viktor gewandt): Hast du eine Ahnung, wenn die Übertragungssituation vorhin nicht nur eine Metapher für frühere ökologische Notwendigkeiten war, sondern auch für heutige, was du in deinem Leben zusätzlich neu lernen mußt, damit du es dir leisten kannst, die Moment–of–Excellence–Physiologie in den Situationen zur Verfügung zu haben, in denen du sie gerne hättest?

(Viktor ist sichtlich verwirrt.)

Thies: Tu mal so, als sei in der Übertragungssituation vorhin so etwas wie ein Lehrstück darüber enthalten, was du in deinem Leben neu lernen mußt, um dir leisten zu können, öfter in dem Zustand zu sein, in dem du bei der Tischtennismeisterschaft warst?

Viktor (denkt nach und lächelt): Klar, ich mache zum Teil mit meinem Chef zusammen Gruppenarbeit, und ich glaube, unsere Beziehung würde das nicht verkraften ...

Thies: ... ohne daß du nicht etwas Bestimmtes neu lernst.

Eine ähnliche Dynamik liegt nach meiner Erfahrung sehr vielen Problemen zugrunde, bei denen es darum geht, daß jemand etwas nicht kann. Sie hat zu tun mit der „Ökologie des Erfolges". (Einige Gruppenteilnehmer schauen irritiert.) Den Erfolg zu haben, den man sich wünscht, kann sehr unökologisch sein. (Mit Seitenblick auf Viktor:)

Ich zum Beispiel war vor etlichen Jahren sehr mit der Frage beschäftigt, wie es wohl kam, daß ich nicht vom Drei-Meter-Brett gesprungen bin. Ich ging davon aus, daß es wohl ein phobisches Verhalten sein mußte und entschied mich für ein Flooding. Hinauf und mit Gewalt durch die Angst durch! Und das ging auch. Dann habe ich die ganze Angelegenheit wieder vergessen, bis ich irgendwann wieder der Meinung war, ich sei phobisch, weil ich ein paar Jahre lang nicht gesprungen war und auch nur mit mulmigen Gefühlen daran dachte. Allerdings wußte ich, daß ich mit sieben und acht Jahren ein begeisterter Drei-Meter-Brett-Springer war; wo doch schließlich das Schwimmen meine absolute Stärke war und ich schon mit sechs Jahren meinen Freischwimmer hatte. Außerdem hatte ich keine Erinnerung an ein etwa traumatisches Ereignis, das auch nur im Entferntesten mit Fliegen, Wasser, Turm oder Schwimmen etwas zu tun gehabt hätte. Auf einmal fiel mir jedoch eine Kindheitserinnerung ein, die mir deutlich machte, daß es doch eine Phobie war, und zwar eine *eingebildete*: Ich war wohl acht oder neun Jahre alt, und mein Vater und ich waren schwimmen, was nicht so oft vorkam, da er im Gegensatz zu mir nicht gerade eine Wasserratte ist. Wir kamen in die Nähe des Sprungturms, ich stieg einige Stufen hoch und winkte ihm zu, mir nach zu kommen. Er wollte nicht, und sah dabei so aus — wenn ich heute darüber nachdenke –, als wenn ihm nicht ganz geheuer bei dem Gedanken war, es zu tun. Damals habe ich es weder bewußt so gesehen noch bewußt darüber nachgedacht, was ich gemacht habe: Ich stieg die drei Stufen wieder runter! Und nicht nur das, ich war damit beschäftigt, was wohl die Horde großer Jungs von mir dachten, von denen ich „wußte", daß sie zusahen, wie ich unverrichteter Dinge die Stufen wieder herunter kam. Deren vermeintliche Wahrnehmung und Interpretation habe ich dann übernommen und irrtümlicherweise geglaubt, ich hätte Angst gehabt zu springen. Denkste! Es war der Weg, wie ich Liebe und Respekt meinem Vater gegenüber ausgedrückt habe. Oft sage ich zu Klienten, die in irgendeiner Hinsicht nicht glücklicher, erfolgreicher, klüger etc. als die Eltern werden bzw. werden dürfen (er verlangsamt die Stimme etwas und markiert die folgenden Worte mit einem anhaltenden Blick in Richtung von Viktor als extra Botschaft): „Wenn du dieses Ziel erreicht hast, mußt du zusätzliche Wege lernen, wie du deine Eltern, und vor allem auch dich selbst, wissen lassen willst, daß du sie weiterhin liebst und respektierst." (Viktor nickt ideomotorisch und zeigt die Versöhnungs-Physiologie.)

Wenn die Moment–of–Excellence–Physiologie in die Problem–Physiologie einer leid– oder kummervollen Erfahrung wechselt und ich die Ökologie und den Rapport überprüft und dabei keinen Hinweis auf einen Einwand des Unbewußten gegen die gerade angestrebte Verwendung der Moment–of–Excellence–Physiologie erhalten habe, so werde ich meinem A helfen, den Moment of Excellence möglichst pur zu erleben. Dazu verwende ich in der Induktionsphase hypnotische Sprachmuster zur Veränderung der Zeitwahrnehmung. Diese Muster haben, wie alle anderen NLP–Techniken auch, eine Pacing– und eine Leading–Phase. Das Pacing besteht darin, den Erhalt der physiologischen Botschaft von A zu quittieren und damit seine bzw. ihre Wahrnehmung zu validieren: „Die Dinge scheinen sich drastisch zu verändern in der Situation, in der du da bist." Oder: „Freud und Leid liegen, auch in der Erinnerung, oft dicht zusammen." Das Leading kann dann eine Instruktion sein wie: „Und während du dies würdigst — auf eine Art, die das O. K. deines Unbewußten bekommt und für dein Bewußtsein annehmbar ist — bekommst du vielleicht eine Idee, wofür es gut war, daß diese beiden scheinbar gegensätzlichen Erfahrungen, die eventuell sogar zeitlich nicht so eng zusammen lagen, in der Erinnerung so eng zusammen gehören." Läßt mich A durch ein ideomotorisches Nicken oder eine explizite Verbalisierung wissen, daß er oder sie diesen Schritt machen konnte, gebe ich Instruktionen zum Separieren beider Erlebnisqualitäten, etwa: „Woran würdest du erkennen, wenn du den schönsten Moment pur und verlängert erleben würdest?" Oder: „Geh nach innen und frage, gibt es einen Teil von mir auf der unbewußten Ebene, der sich gut mit dem Phänomen Zeitverzerrung auskennt, und die Bereitschaft und Kompetenz hat, mich den schönsten Moment pur und verlängert erleben zu lassen?"

Vera: Wie siehst du eigentlich den Unterschied von NLP zu anderen Therapieformen?

NLP ist sehr zielorientiert: Als Therapeut lasse ich mir die Ziel–Physiologie im Hier und Jetzt der Behandlungssituation demonstrieren und habe dadurch eine valide Repräsentation dessen, was das Ziel unserer Sitzung ist. Ich kann mich auf das Ziel hinbewegen und weiß, wann ich es erreicht habe. Im Gegensatz dazu sind die meisten traditionellen Ansätze problemorientiert. Der Versuch, Szenen aufgrund isomorpher Strukturen szenischer Konstellationen bis in alle Ecken der persönlichen Geschichte hinein zurückzuverfolgen, sorgt dafür, daß der Klient sein verbales Material fortlaufend aus einer bestimmten Physiologie heraus produziert: aus der Problem–Physiologie! Manchmal führt diese „Tiefung" über eine Kartharsis zu einer

Neuorientierung — also aus der Problem–Physiologie heraus. Meistens aber dauert dieses Durcharbeiten durch die verschiedenen „Schichten" des Problems Jahre. Diese Zeit wird fast ausschließlich in der Problem–Physiologie zugebracht. „Woher kennst du das?" soll manchmal heißen: „Bleib dabei, in der Problem–Physiologie bist du so schön pflegeleicht!" „Bleib dabei" als therapeutische Intervention ist herrlich doppeldeutig: „Verläßt du meinen Klientenstamm, ist meine Hier–und–Jetzt–Pension gefährdet."

Burkhard: Du bist wohl auf die Gestalt–Therapie nicht so gut zu sprechen.

Vom Ansatz her finde ich sie toll. Es gibt auch Therapeuten, die sie sehr gut verwirklichen. An einige Arbeiten, die ich mit *Hilarion Petzold* während meiner Ausbildung zum Integrativen Bewegungstherapeuten gemacht habe, denke ich sehr gerne zurück. Aber ich kann mich auch sehr gut an Situationen in Ausbildungsgruppen erinnern, in denen ziemlich haarsträubende Dinge passierten. Unerkannte und unaufgelöste Gegenübertragung–Übertragungs–Konstellationen zusammen mit abwegigen Denkweisen und Prämissen können gefährliche Mischungen ergeben: „Das, was du jetzt machst, ist nicht O. K., denn du vermeidest! *Das jetzt* ist noch viel weniger O. K., denn du vermeidest immer noch ... Aber *das jetzt* ist geradezu kriminell, denn du versuchst, mich für deine Sache zu interessieren und vergißt das Ziel des Self–Supportes! ... Aber was du *nun wieder* versuchst (macht unter Kopfschütteln ein schnalzendes Geräusch), ist der Gipfel an neurotischer Unreife: du vermeidest es, dich mit deinem Vermeiden zu konfrontieren! Also wirklich (persifliert absolute Empörung), du meta–meta–vermeidest!" (Viele lachen.)

Gudrun (mit dem nonverbalen Verhalten einer bedeutungsvollen diagnostischen Eröffnung): Du bist noch nicht in Kontakt mit deinen wirklichen Gefühlen!

(Thies tritt einen Schritt zur Seite und spielt einen zustimmenden Kollegen, der zu der Stelle hin gestikuliert, wo er kurz vorher stand:) Genau, den können wir jetzt noch nicht in Therapie nehmen, der muß noch einmal „auf die Weide". Sollte er dort Suizid machen, verabreden wir einen Therapietermin im nächsten Leben. Ach nein, das geht ja nicht, ich will ja dann nicht schon wieder Therapeut sein müssen. (Er persifliert ablenkendes Verhalten.) Außerdem habe ich für die Zeit noch gar keinen neuen Terminkalender!

Joachim: Was meinst du mit abwegigen Denkweisen und Prämissen?

Eine Ausbildungskandidatin war von der Trainerin auf der Bühne — wir machten „Hot-Stage"-Arbeit — mit „So, wie du jetzt bist, bist du nicht O. K."-Botschaften überreich bedacht worden; ganz ähnlich

wie eben vorgespielt. Sie hatte keine Chance, etwas richtig zu machen. Nach dieser Arbeit lag sie allein, weit abseits der Gruppe, im denkbar schlechtesten Zustand in eine Wolldecke gehüllt, während die Trainerin mit dem Rest der Gruppe gemütlich um den Kaffeetisch herum saß und ein Teilnehmer auf Bitte und Aufforderung der Trainerin hin einen Aufsatz zum Phänomen der „Sackgasse" vorlas. Nebenbei, damals habe ich angefangen, Impass– oder Sackgassenphänomene als leichte Trance–Zustände zu erkennen, die sich sehr gut utilisieren lassen.
Lukas: Was passierte dann in der Gruppensituation.

Ich hatte zunächst eine intensive Auseinandersetzung mit der Trainerin über Etikettierungs– und Ausgrenzungsphänome in der Psychiatrie, in der Gesellschaft im allgemeinen, und im Treibhaus–Mikrokosmos von Gestaltgruppen im besonderen. Und die Gruppe hatte dann natürlich in mir ein neues Problemkind: „Was ist das bei dir? Was ist dein Anteil?" Das alte Sackgassen–Problemkind kam währenddessen mit ihrer Decke in einem sichtlich besseren Zustand in den Kreis der Gruppe zurück — eine für die Diskussion nicht unwesentliche Tatsache, die wahrzunehmen anscheinend ich als einziger auserkoren war. Alle anderen, sogar die jetzt wieder im Kreise der Gruppe aufgenommene Protagonistin, die ihren wohlverdienten Kaffee schlürfte, hatten etwas anderes im Fokus ihrer Aufmerksamkeit: mich und die Frage, welche lebensgeschichtliche Szene in der unaufhaltsam sich anbahnenden Einzelarbeit mit mir wohl jetzt meine eigenartig gefühlsgeladene „rationalisierende Argumentiererei" erhellen würde. Natürlich gab es die! Wie sonst hätte ich sensibel für diesen Ausgrenzungsvorgang sein können? Ich machte also dann, und das entsprach auch den in mir aufgewühlten Gefühlen, eine Einzelarbeit zu einem szenisch–isomorphen Ausgrenzungs– und Etikettierungsgeschehen in meiner Herkunftsfamilie. Diese erzwungene „Privatisierung" des Themas war einerseits schmerzlich, andererseits in bezug auf die aufgearbeitete Szene auch wichtig für mich — weniger therapeutisch als theoretisch. Denn es ist mir durch schmerzhafte Abläufe wie diesem bewußt geworden, daß Einzelarbeiten weniger Figur auf dem Hintergrund des Gruppenprozesses werden, sondern Metaphern für denselben sind. Metaphern, die das Unbewußte des Protagonisten aus dem großen Angebot der unerledigten Geschäfte seiner Vergangenheit auswählt, um dem Gruppenleiter eine Chance zu geben, die Begrenztheiten und Redundanzen seiner eigenen Interaktionen in der Gruppe zu transzendieren.

Zusätzlich jedoch war dieses Erlebnis der Anfang eines neuen Nachdenkens über faschistische Tendenzen in der humanistischen

Therapieszene, die nicht im bösen Willen ihrer Vertreter, sondern vor allem in der Behandlungslogik und ihrer Prämissen und den aus ihnen resultierenden Wahrnehmungsfiltern begründet sind (vgl. *Stahl*, 1981a). Zu diesem Anfang gehörte auch eine erneute, tiefere Auseinandersetzung mit der Hypnose und der Frage, unter welchen Bedingungen ein sehr direktives und manipulierendes Vorgehen mit dem Schutz der Integrität des Klienten vereinbar ist. Mit vielen dieser Bedingungen werden wir uns im Laufe der Ausbildungszeit beschäftigen — als Einladung, Künstler in der Kommunikation zu werden.

3 Stuck-State

Nun arbeitet ihr ja nicht nur mit Klienten, die immer im Moment of Excellence sind. Im Gegenteil, ihr werdet wahrscheinlich meistens Physiologien sehen, die nicht gerade besonders ressourcevoll sind. Wer hat noch keinen Klienten gehabt, der so in die Therapie kommt (er spielt ihn mit hängendem Kopf und vorgezogenen Schultern, schlaffen Gesichtsmuskeln und geringem Muskeltonus) und absolut depressiv ist. Wenn ihr ihn fragt, „was ist dein Ziel, was möchtest du durch die Therapie erreichen", wird er sagen: „Weiß ich nicht!" (nonverbal wie oben). Und er weiß es tatsächlich nicht, in dem Sinn, daß er in dieser Physiologie amnestisch für jede Erinnerung an Szenen ist, zu denen eine andere Physiologie als konstituierendes Element gehört. Als Referenzerfahrung bräuchte er diese Erinnerung, um sein Ziel benennen oder überhaupt denken zu können. Im PeneTRANCE–Modell hatten wir gesagt, daß man in die Zukunft regredieren muß, um zu einer wohlgeformten Zieldefinition zu kommen. In der depressiven Physiologie kann dieser Klient nicht in Szenen regredieren, in denen er ressourcevoll ist — er ist dissoziiert von seinen Ressourcen. Das Gedächtnis besteht nicht nur aus der Aktivität der Nervenzellen des zentralen Nervensystems, sondern aus dem Zusammenspiel aller Vorgänge, die „die Physiologie" konstituieren. Dazu gehört die Muskelspannungsverteilung im Gesamtkörper, das Zusammenwirken nervöser und hormoneller Abläufe und vieles mehr. Die Physiologie *ist* das Gedächtnis.
Bruno: Das scheint mir aber eine etwas gewagte These zu sein, ...
Stimmt! Eine von mir gewagte Arbeitshypothese. Interessant ist für mich die Frage: Was kann ich tun, wenn ich diese Arbeitshypothese benutze? Wenn ich diesen Glauben, daß das so ist, für eine Zeitlang ausprobiere? Ich kann zum Beispiel dafür sorgen, daß mein A in eine andere Physiologie kommt. Dann hat er überhaupt erst eine Chance, die Frage nach seinem Therapieziel so wohlgeformt zu beantworten, daß er es erreichen kann.
Denkt nochmal an die Kriterien für wohlgeformte Zieldefinitio-

nen. Die Ziel–Physiologie soll einmal demonstriert werden! Wie soll das der Klient schaffen? Der Wechsel von der depressiven Physiologie zu der Ziel–Physiologie ist meist zu dramatisch, als daß er mit einem Anlauf zu schaffen wäre. Es geht also darum, Übergänge von einer Physiologie in die andere zu schaffen, sozusagen eine Zwischenstufe. Eine andere Metapher ist die einer Plattform, von der aus mein Klient ohne große Schwierigkeiten in alle möglichen anderen Physiologien gehen kann. Um diese Metaphern von Anläufen, Plattformen und Übergängen wieder auf eine sinnlich–physiologisch erfahrbare Realität zurückzubringen, möchte ich mit euch eine Übung machen.

Und in dieser Übung sagt B zu A in den Dreiergruppen: „Denk an eine Situation in deinem Leben, wo die Dinge irgendwie festgefahren sind, wo du wie blockiert bist, wo im wesentlichen nichts mehr geht, außer eben in diesem Zustand zu sein." Den psychophysiologischen Zustand, der zu einer solchen Situation dazugehört, nennen wir „Stuck–State". Depressiv sein ist nur einer von vielen möglichen Stuck–States und „depressiv" ist auch nur eine von vielen Beschreibungen. Wenn A so eine Szene ausgesucht hat, lädt B ihn oder sie ein, sich die Szene zu vergegenwärtigen, sich innerlich in die Situation hinein zu versetzen und damit in die Stuck–Physiologie. A kann die letzte Situation aussuchen, wo das passiert ist, oder auch die intensivste, die eigenwilligste, die typischste, die interessanteste, nach welchen Kriterien A auch immer seine Vergangenheit sortiert. Während A sich in diesen Zustand hineinversetzt, studiert B den dazugehörigen Wechsel in der Physiologie.

Ihr braucht übrigens keine Angst zu haben, daß ihr euch bei dieser Übung euren Stuck–State ruiniert! Obwohl diese Art von Symptomverschreibung als therapeutische Intervention ja häufig sehr effektiv ist.

Wenn die Stuck–State–Physiologie nicht mehr prägnanter wird, also ihr Plateau erreicht hat, fängt B an auszuprobieren, wie A in diesem Zustand erreichbar ist. B soll herausfinden, über welches Sinnessystem, das heißt über welchen Inputkanal, A zu erreichen ist — denn A befindet sich ja innerlich in einer anderen Realität, nämlich in der Realität der Situation, wo auch immer der Stuck–State gewöhnlich stattfindet. B variiert sein eigenes verbales und non–verbales Verhalten und sortiert es dabei nach den Inputsystemen von A. Damit überprüft er, welches Sinnessystem, welche „Pforte der Wahrnehmung" für eine vor allem non–verbale Einladung offen ist, in die Hier–und–Jetzt–Realität zurück zu kommen. Hier wird schon deutlich, daß die Einladung so beschaffen sein muß, daß B mit ihr etwas anbietet, was für A mindestens ebenso gut ist wie sein Stuck–State! Inwieweit B seinen A erreicht und wie das Erreichen operationalisiert werden kann, darum geht es in der nächsten Übung, wie wir gleich in der Demonstration sehen werden. Wer hat Lust vorzukommen?

(Lutz meldet sich, geht vor und setzt sich neben Thies auf den Tisch.)

3.1 Nichts geht mehr — oder doch?

Das ist eine Zweierübung. Ich als B sage zu A:
Thies: Denk doch mal bitte an Zustände, die du in deinem Leben kennst, auf die die Bezeichnung „Stuck–State" zutreffen würde: Zustände, in denen du dich oder die ganze Situation oder einfach alles als festgefahren erlebst, in denen nichts mehr geht. Ein Zustand, in dem die Verhaltensoptionen auf ein Minimum begrenzt sind, oder in denen nichts anderes mehr geht, außer eben einfach nur in dem Zustand zu sein. Das war's! (Er macht einen gestischen Kommentar, der die Ausweglosigkeit einer Situation beschreibt; ähnlich jenen, die bei Stan Laurel und Oliver Hardy oder bei Bert in der Sesamstraße oft vorkommen.)

Das ist der erste Schritt. B hilft A, in so einen Zustand zu kommen. Und komme mir keiner auf die Idee zu sagen, er oder sie hätte solche Zustände nicht mehr im Sortiment! (Er lacht.) So gut durchtherapiert kann gar keiner sein. Und wenn doch, nehmt den „Beim–Therapeuten–Sitzen–Stuck–State"! Wenn ihr damit einverstanden seid, gehen wir erst einmal davon aus, daß jeder solche Zustände kennt. Wenn jemand wirklich keinen findet, nehmt so einen, von dem ihr den Eindruck habt, daß ihr dort nur ein Minimum an Optionen in eurem Verhalten habt. Als Hilfestellung, in den Zustand zu kommen, sagt B zu A so etwas wie:
Thies: Ich würde dich bitten (langsam mit Pausen), daß du dich selbst einfach in diesen Zustand hineinversetzt, indem du dich an den Ort und in die Zeit versetzt, wo dieser Zustand passiert, ... wie auch immer du ihn nennst, oder wie auch immer du die dazugehörige Szene erlebst. Und während du das tust, kann ich (spricht die nächsten beiden Worte zur Gruppe gewandt) *hier außen* zur Gruppe reden? (Er wartet ab, bis Lutz leicht nickt, und spricht dann zur Gruppe gewandt. Lutz wird blasser und verspannter.)

Ich achte als B darauf, welche physiologischen Veränderungen stattfinden: Gesichtsfarbe, Atmung, Haltung etc. verändern sich.

Wenn das Plateau dieser Veränderung erreicht ist, das heißt, wenn es keine Steigerung in der Prägnanz und Intensität der Physiologie mehr gibt ...

(Er schnippt mit den Fingern, wobei er vorher seine Hand in eine Position gebracht hatte, in der Lutz sie nicht sehen kann. Nachdem er das zwei, drei Mal gemacht hat, hebt er langsam seine Hand in Lutz' Blickfeld und schließlich ihm direkt vor die Augen, jetzt sogar winkend — ohne daß dieser reagiert. Schließlich berührt er ihn mit der anderen Hand, außerhalb von dessen Blickfeld, am Rücken, woraufhin Lutz seinen Kopf zu ihm wendet, ihn anschaut und leicht lächelt, halb reorientiert.)

Wenn das Plateau erreicht ist, stellt ihr also einen Input zur Verfügung; einmal für seine Ohren, dann für seine Augen und schließlich auch etwas für sein Körpergefühl, ...

Thies: ... die Kinästhetik (mit breitem norddeutschen Akzent) soll dscha schließlich auch neech zu kurz kommen, neech? (Er lacht mit Lutz zusammen, der dadurch ganz aus dem Stuck–Zustand herauskommt.)

Auditiv, visuell, kinästhetisch; in dieser Reihenfolge habe ich mit Lutz experimentiert und herausgefunden, in welchem Sinnessystem er am schnellsten auf die Hier–und–Jetzt–Realität reorientierbar ist. Leider hatte ich kein Riechfläschchen dabei und auch keinen Brandgeruch. Damit geht es sofort, wie wir alle wissen. Die Reorientierung über das olfaktorisch/gustatorische Sinnessystem ist genau so schnell und gründlich, wie ihr ökologische Grenzen gesetzt sind!

Wenn er im Stuck State ist, geht er innerlich in eine andere Realität und sieht und hört vor seinem geistigen Auge und Ohr etwas, was es hier und jetzt nicht gibt. Ich habe ausprobiert, in welchem Sinnessystem ich ihn am schnellsten reorientieren kann. Zuerst testete ich das auditive System (schnippt wieder mit den Fingern) und bekam keine Reorientierungsreaktion. (Er gestikuliert in Lutz' Richtung.)

Lutz (war wieder in den Stuck–State gegangen und reagierte ebensowenig wie vorhin. Als viele in der Gruppe lachen, lacht er mit und reorientiert sich): Puh!

Thies: Ist nicht ohne, oder? Manchmal sind die Stuck–States auch wie morgens das warme Bett, in das man, schwuppdiwupp, sofort zurück springt oder fällt, wenn man nur irgend kann und wenn die Welt mit ihrem Aufforderungscharakter den Vergleich mit der Attraktivität des warmen, einladend leeren Bettes nicht standhält.

Dann probierte ich etwas anderes aus: Ich bin in sein visuelles System gegangen und habe etwas mehr Reaktion bekommen, nämlich ein kleines Zucken um die Augen herum. Aber von der Gesamt-Physiologie her, Körperhaltung, Gesichtsfarbe, Atmung usw., bekam ich keine wesentliche Reorientierung auf die Hier-und-Jetzt-Realität. Anders im kinästhetischen System: Über das Körpergefühl — mit der Berührung am Rücken — bekam ich sehr schnell eine weitgehende Reorientierungsreaktion.

Das ist der erste Durchgang. Jetzt weiß ich, daß ich im kinästhetischen System größere Chancen habe, ihn schnell zu reorientieren.

Stefan: Das ist für mich noch nicht schlüssig. Es hätte ja auch sein können, daß du die ganze Sitzung anders gestaltet hättest und es einfach die Menge an Input gewesen wäre, also zum Schluß das Schnippen mit den Fingern.

Das ist theoretisch möglich. Aber als ich es eben noch einmal nachvollzogen habe, ist es nochmal passiert. Und im zweiten Durchlauf würde ich dann folgendes tun:

Thies: Gehst du bitte noch einmal in den Stuck-State hinein.

(Lutz geht wieder in Trance; er wird blasser und verspannter.)

Ihr merkt, wenn ich jetzt nicht nur das mache (schnippt wieder mit den Fingern), sondern auch noch mit der Stimme spiele (bewegt sich während des Redens hin und her und spricht die letzten drei Worte mit einem ungewöhnlichen Singsang in der Stimme), bringt das auch nur eine unwesentliche Reaktion.

(Thies geht vor Lutz in dessen Gesichtsfeld, bückt sich und schaut ihn von unten an, worauf Lutz lächelt.)

Im visuellen System bekomme ich mehr Reorientierung als im auditiven, auch wenn ich einen Singsang in der Stimme habe.

Thies: Gehst du noch einmal hinein. (Lutz geht wieder in Trance. Thies berührt ihn an der Schulter, ohne Reaktion.)

Dann probiere ich aus, ob es in dem System, in dem es das erste Mal gut ging, auch einen Input gibt, mit dem es nicht geht: Ich ändere meinen Wahrnehmungsfilter und finde heraus, mit welchen Stimuli in meinem Verhalten ich ihn tiefer in den Zustand hineinbringen kann. Das tue ich in allen Repräsentationssystemen und vor allem auch in dem System, in dem er im ersten Durchgang am besten erreichbar war. (Er berührt Lutz wieder am Rücken; dieser lächelt und bewegt sich.)

In der Szene, zu der dieser Zustand in seinem Leben gehört, gibt es einen bestimmten kinästhetischen Input, der diesen Zustand stabilisiert oder intensiviert. Es kann sein, daß es zu den entsprechenden Situationen in seinem Leben dazugehört, daß er in einer bestimmten Weise angefaßt wird. Wenn ich als B ihn zufällig oder gewollt in der gleichen Weise anfasse und vielleicht auch noch die dazugehörige Tonalität treffe, kann es gut sein, ...

Thies (mit scheinbar einfühlsamer Stimmlage, in Karikatur einer symbiotischen Zuwendung; berührt ihn dabei wieder an der Schulter): Ach, Lutz, kann ich dir irgendwie helfen? (Lutz wechselt in Sekundenbruchteilen in die Stuck–Physiologie zurück; er wird dann aber gleich wieder von Thies über die Berührung am Rücken herausgeholt.)

Das ist ein sogenannter natürlicher Anker, also ein Auslöser für eine spontane Regression, den ich als A nicht etabliere, sondern vorfinde. In der Kommunikation muß ich immer darauf gefaßt sein, mit dem, was A von mir sieht, hört, fühlt und sogar riecht, Regressionen und damit auch Übertragungen auszulösen. Ich faßte einmal eine Frau am Oberarm an, um eine Ressource–Physiologie zu ankern — wir werden uns später noch mit dem Konzept des Ankerns beschäftigen — und sie zuckte zusammen, duckte sich, und wandte sich abrupt ab: Ich hatte sie zufällig in der gleichen Weise angefaßt wie ihr Vater früher, kurz bevor er zuschlug.

Es gibt aber auch für die entsprechende Szene ungewöhnliche Sachen, die ich tun kann. Finde ich als B zum Beispiel ein Verhalten, das in der Wahrnehmung von A in der vergegenwärtigten Szene ungewöhnlich oder sogar inkompatibel ist, kann ich ihn damit sofort reorientieren. In jedem Wahrnehmungssystem gibt es Inputs, die den Zustand intensivieren, also A tiefer in die Wirklichkeit der Szene hineinhypnotisieren und andere, die reorientieren. Ich experimentiere in dieser Übung also mit den vorhandenen natürlichen Ankern, das heißt mit Komponenten und Elementen der Szene.

Am Ende sollte B seinen A ganz aus dem Zustand herausholen. Dazu ist eine Körperintervention am geeignetsten:

Thies (gibt ihm die Hand wie zur Begrüßung und zieht ihn dann hoch): Kannst du mal aufstehen? (Er dreht Lutz einmal um sich selbst.) O. K. du kannst dich wieder hinsetzen. (Er setzt sich auf die andere Seite des Tisches.)

Das geht auch gut, wenn ihr in der Therapie– oder Gesprächssituation auf Stühlen oder in Sesseln sitzt. Ihr holt jemand ganz aus dem Zustand heraus, indem ihr ihn aufstehen laßt, zum Beispiel mit der Erklärung: „Sehen Sie mal hier aus dem Fenster, das wollte ich Ihnen schon immer mal zeigen...". Dann arrangiert ihr die Sitzgelegenheiten anders, wobei ihr die Stühle in einen anderen Winkel zueinander bringt, oder euch selbst auf den Stuhl eures A setzt. Das heißt, ihr stellt sicher, daß er nicht wieder in die gleiche Sitzhaltung wie vorher geht, sondern so wie jetzt bei Lutz hier möglichst eine andere Position einnimmt, damit er nicht wieder in den gleichen Zustand zurück geht.

Nach meiner Erfahrung ist jemand dann maximal aus der Stuck-Physiologie heraus, wenn sich alle Körperwinkel verändert haben: Die Winkel Kopf–Hals, Hals–Oberkörper, Oberkörper–Unterkörper, Oberarme–Schultern, Oberarme–Unterarme, Unterarme–Hände, Hände–Finger, Glieder der Finger, ebenso alle entsprechenden Winkel der Beine und Füße.

Stellt sicher, daß ihr euren A wirklich ganz aus dem Stuck-Zustand herausholt. Notfalls laßt ihn einen Kopfstand machen, der eignet sich immer gut, um jemand aus einer bestimmten Physiologie herauszuholen. Eine andere Möglichkeit wäre etwa, A zu fragen, „Sag mal, so ganz nebenbei, was war doch nochmal dein Moment of Excellence?" oder „Hast du heute schon ... ?" (Er sieht Lutz fragend an, als hätte er eine vollständige Frage gestellt; dieser guckt verwirrt und muß dann lachen.)

Nun könnt ihr selbst mal ausprobieren, wieviele Wege es gibt, Leute aus solchen Zuständen herauszuholen.

3.1.1 *Fragen*

Wie ging das? Gibt es Fragen oder Kommentare?
Cordula: Wenn jemand, um in diesen Stuck-State zu kommen und darin zu bleiben, die Augen zumacht und sie zuläßt, ist das ein Hinweis, daß er über die Augen am leichtesten wieder herauszukriegen ist?

Nicht unbedingt. Zunächst heißt es nur, daß er so reingegangen ist. Am besten probiert ihr es selbst aus. Ihr seid in dem Fall auf das kinästhetische Input-System, die Ohren, den Geruchs- und Geschmackssinn von eurem A eingeschränkt. Ihr könntet natürlich mit Riechsalz kommen, oder mit irgend etwas anderem zu riechen. Es ist enorm, wie schnell die Reorientierung über Gerüche geht: Ihr könnt in irgendwelchen Trance-Zuständen sein, wenn es angebrannt riecht, seid ihr sofort wieder voll da. Viele von euch können sich darauf verlassen, daß sie ein Überlebensprogramm haben, um sofort, wenn es brenzlig oder nach Feuer riecht, mit allen Sinnessystemen im Hier und Jetzt zu sein.

Wenn die Augen zu sind, kann ich das auditive, das kinästhetische und das olfaktorische System benutzen, um in die Realität von A zu gehen und ihn oder sie aus diesem Zustand herauszuholen, zurück in die Hier-und-Jetzt Realität. Auch bei geschlossenen

Augen gibt es genug Möglichkeiten, A zu reorientieren: Die Kombinationen von Berührungen, Klängen, Geräuschen, von tonalen Veränderungen in meiner Stimme und Worten oder Sätzen, die ich aussuche, sind grenzenlos.

Wenn es mein Ziel ist, A dazu zu veranlassen, die Augen aufzumachen, kann ich zum Beispiel sehr direkte Kommandos geben, oder auch indirekte durch analoge Markierungen, eingebettete Zitate wie „manche Menschen machen gerne unter Wasser die *Augen auf!*" oder kleine Metaphern: „... und schließlich konnte er es nicht mehr aushalten, er mußte einfach die Augen aufmachen und hingucken."

Thilo: Ich habe als A eigentlich alles um mich herum wahrgenommen. Aber ich hatte nicht das Gefühl, daß ich etwas tun müßte; es hatte keinen Aufforderungscharakter. Es war nur sehr schwach und bald wieder weg.

Ein ganz ähnliches Feedback geben häufig Leute, die gerade aus einem Trance–Zustand zurückkommen. Diese Tatsache und die, daß ein Stuck–State mit zwei, drei Interventionen in den schönsten Trance–Zustand überführbar ist, haben mich zu der Hypothese veranlaßt, daß Stuck–States ursprünglich sehr nützliche und gesunde Trance–Zustände waren, in denen der Organismus seine Ressourcen neu organisiert. Man spricht auch von „Verlegenheitstrancen", wenn jemand zum Beispiel einen Faux–Pas begangen hat und sich plötzlich für einen Moment aus der Realität zurückzieht. Ich denke, daß viele Stuck–States ursprünglich eine Reaktion auf Stimuluskonfigurationen waren, die über einen doppelten Aufforderungscharakter zu inkompatiblen Handlungsentwürfen führten.

Solche Trance–Zustände sind sehr heilsam. Sie schaffen Gelegenheit zur innerlichen Reorganisation von Ressourcen und zur Synthetisierung eines Verhaltensentwurfs, der den scheinbar widersprüchlichen doppelten Aufforderungscharakter der Situation integriert. Ich kann so tun, als treffe das für jeden Stuck–State zu: Ein heilsamer Trance–Zustand, nur etwas chronifiziert. Mit dem Wahrnehmungsfilter kann ich einen Stuck–State als angenehmen Begleiter, als Alliierten wahrnehmen und nicht als etwas, was unter allen Umständen überwunden und ausgemerzt werden muß.

Als Gestalttherapeut kannte ich den Stuck–State unter der Bezeichnung „Impasse" oder „Sackgasse". Irgendwann habe ich einmal ausprobiert, einen Impasse–Zustand in einen Trance–Zustand zu überführen. Es ging sehr einfach, ich brauchte nur so etwas zu sagen, wie: „Und gehe einfach noch tiefer hinein in diesen angenehmen Trance–Zustand ..."

Irene: Wie kamst du darauf, das ist ja nicht gerade orthodox?

Stimmt. Ich machte parallel zu meiner Gestaltausbildung eine Ausbildung in Familientherapie und hatte schon *Virginia Satir* kennengelernt. Also blieb es nicht aus, daß ich versuchte, die Sackgassensituation als triadische Kommunikationssituation zu begreifen und den Klienten, der in der Regression Vater oder Mutter auf dem leeren Stuhl hatte, zu fragen, wie er das dritte Element der Triade repräsentiert hatte. Das war natürlich nicht orthodox, da die Gestalttherapie, zumindest so wie ich sie damals gelernt und praktiziert habe, mehr in diadischen als in triadischen Interaktionen denkt und handelt. Das trifft auf die Hier–und–Jetzt–Interaktionen mit dem Therapeuten oder einzelnen Gruppenmitgliedern genauso zu wie auf die Interaktionen in der Realität der unerledigten Geschäfte. Ich betrachtete also den Impasse als einen chronifizierten, aber eigentlich heilsamen Trance–Zustand, der ursprünglich zum Beispiel unterschiedliche Botschaften von Vater und Mutter „unter einen Hut bringen sollte" und gab meinem Klienten im getieften Sackgassen–Trance–Zustand Prozeßinstruktionen, bestimmte Ressourcen für eine respektvolle Auflösung der triadischen Problemsituation neu miteinzubeziehen. Was immer auch Sackgassen und Stuck–States wirklich sind, meine Gruppenarbeit als Gestalttherapeut machte mir und den Teilnehmern sehr viel mehr Spaß mit dem Sackgassen–Konzept als mit dem orthodoxen vorher.

3.2 Der Separator–State — Hier und Jetzt oder wo?

In der letzten Übung haben wir jemand aus einem festgefahrenen Zustand in einen Separator–State geholt. Dies ist ein Zustand, der zwei beliebige andere Zustände trennen kann. Nach dieser Definition gibt es zwei States, oder synonym dazu, Physiologien, die das können: Der Hier–und–Jetzt–Zustand und der Trance–Zustand. Beide, so kann man es sich vorstellen, haben die Funktion einer Art Plattform, von der aus A in alle anderen Zustände gehen kann. So ist vielleicht der Unterschied zwischen der Physiologie einer Problemsituation und der einer ressourcevollen Situation zu groß, als daß der Wechsel ohne Übergang möglich wäre. Im Trance–Zustand dagegen kann der Hypnotiseur seinen Klienten direkt von einer Problem– in eine Ressource–Physiologie führen. Diese sprachlichen Metaphern „gehen", „Übergang" und „führen" verweisen auf eine andere mögliche Definition, die mir besser gefällt, da sie einem reifizierenden Denken entgegenwirkt. Ihr zufolge gibt es „den" Separator–State nicht, genauso wenig, wie es einen Körper ohne szenisches In–der–

Welt–Sein gibt. Es gibt, metaphorisch beschrieben, einen Interaktionsprozeß, in dem B von A die Erlaubnis bekommt, ihn in verschiedene Abteilungen, Szenen seiner persönlichen Geschichte zu begleiten, zu denen natürlich die entsprechenden Physiologien gehören.

Hier in der Übung gehen wir von der Definition eines Separator–States als eines Hier–und–Jetzt–Zustandes aus: Alle Sinne sind external orientiert. Dieser State kann zwischen allen anderen Zuständen bzw. Physiologien separieren. Es kommt häufig vor, daß ihr euren A in eine andere Realität begleitet, mit den Worten, „denk mal an den schönsten Moment in deinem schönsten Urlaub". Wenn das dann voll erlebt wird, ist es für ihn oder sie sehr schwierig, an die schlimmste berufliche Situation zu denken, die es je gab. Der Übergang von einer Physiologie in die nächste geht leichter, wenn ihr ihn oder sie erst wieder ins Hier und Jetzt reorientiert und anschließend in die schlimme Situation schickt.

Wichtig ist der Separator–State beim Ankern, wozu wir später noch kommen werden. Wenn jemand in einer Problem–Physiologie ist, brauche ich einen Weg, ihn daraus zu separieren, bevor ich eine Ressource–Physiologie induzieren kann. In der Problem–Physiologie findet er keine Ressourcen und keine Fähigkeiten, jedenfalls nicht die, die er braucht. Also muß ich zuerst den Zustand separieren.

In diesem Sinne ist der Separator–State auch durch die Abwesenheit von Übertragung und Gegenübertragung definierbar — wenn das theoretisch überhaupt möglich ist: Mein Klient sieht, hört und fühlt mich als der B, der ich im Hier und Jetzt der Situation bin. Wer ein Modell für Flexibilität darin braucht, durch das eigene Verhalten so einen Separator–State aufrecht zu halten, der sollte *Virginia Satir* genau studieren. Sie achtet genau drauf, daß sie im Blick ihres Gegenübers bleibt und von ihm gehört wird und ist dabei nicht die Spur aufdringlich. Besonders in der Flexibilität und Eleganz ihrer kinästhetischen Separator–State–Interventionen ist sie als Vorbild absolut zu empfehlen; wie ich aus eigener Erfahrung weiß. Sie macht fortlaufende Körperinterventionen, die es einem unmöglich machen, eine Stuck–, Problem– oder entsprechende Übertragungs–Physiologie aufrecht zu erhalten. (zu Lutz) Darf ich mal? (Als er nickt, zieht Thies ihn in den Stand und legt ihm seine Hände auf den Bauch, so daß er Lutz mit den Daumen leicht unterhalb der untersten Rippenbogen massieren kann.) Und jetzt denke mal an eine wiederkehrende problematische Situation. (Lutz wechselt in eine Problem–Physiologie.) Und versuche weiter daran zu denken, ... vielleicht auf eine ganz neue Art, ... (er macht fortlaufende Körperinterventionen mit den Daumen; Lutz lächelt und durchläuft viele verschiedene Physiologien.) Das ist schwierig, oder? (Lutz nickt, noch nachdenklich.) Ich danke dir. (Er gibt ihm die Hand und lacht ihn an.) Aber nicht ändern, die Problemsituation, ... (er wartet, bis Lutz die Problem–Physiologie noch einmal kurz zeigt) höchstens mit den richtigen Ressourcen. (Lutz lächelt und durchläuft wie im Zeitraffer noch einmal die Physiologien von vorher.)

Manchmal wird im amerikanischen NLP für Separator–State auch Breaker–State gesagt. Damit ist das Manöver gemeint, mit dessen Hilfe man die Physiologie von jemandem „zusammenbrechen läßt" oder „bricht" (to break the state), oder ihn von der vorher gezeigten Physiologie separiert. Also, um die Verwirrung komplett zu machen, eine weitere Definition, die in der NLP–Gemeinde verwandt wird: Ein Separator–State–Manöver ist eine Intervention, die eine Physiologie drastisch verändert, indem sie eine andere induziert. Diese Definition ist, denke ich, die interessanteste, da sie, wenn man sie glaubt und kongruent nach diesem Glauben handelt, eine gute Grundlage für die Entwicklung der Flexibilität des Therapeuten ist. Denn wenn man jemand von einer in eine andere Physiologie führt, kann man das eigentlich nur, indem man ihn von einer Szene in eine andere führt. In meiner Anfangszeit als experimentierfreudiger NLP'ler hatte ich dazu ein interessantes Erlebnis.

Ich fuhr mit meiner Frau in einem Zugabteil. In diesem Abteil saßen außer uns beiden noch eine ältere Dame und ein Mann, der fürchterlich schnarchte. Mir war das eher egal, aber meiner Frau war anzusehen, daß es sie störte. Da dachte ich, das ist eine gute Gelegenheit zum Üben. Es wäre doch eine Herausforderung, ihn dazu zu kriegen, nicht mehr zu schnarchen. Auf eine respektvolle Art, versteht sich, unter Wahrung seiner und meiner Integrität.

Also signalisierte ich meiner Frau durch ein seitliches Nicken mit dem Kopf in seine Richtung, daß ich etwas im Schilde führte und sie sich nicht wundern müsse, wenn ihr etwas in meinem Tun nicht auf Anhieb erklärbar schien.

Ich studierte seine Physiologie und definierte seine Schlaf–Schnarch–Physiologie einfach als Stuck–Physiologie und seine Schlaf–Nicht–Schnarch–Physiologie als Separator–Physiologie. Also war die Frage: Wie kriege ich ihn von hier nach da?

Ein direkter visueller Input war natürlich nicht möglich, da unser Abteilnachbar mit geschlossenen Augen schlief. Einen kinästhetischen Input zog ich nicht in Betracht, da das Risiko zu groß war, ihn damit gleich in die Wach–Physiologie zu kicken und die angestrebte Nicht–Schnarch–Schlaf–Physiologie unwiderruflich zu überspringen. Außerdem hätte es vermutlich ein Ökologieproblem gegeben:

Selbst bei einem — in bezug auf mein Ziel — erfolgreichen Ansatz wäre es sicher nicht einfach geworden, einer mitreisenden älteren Dame zu erklären, weshalb Körperinterventionen an einem schlafenden Mitreisenden erforderlich waren.

Es blieb mir sein auditiver Inputkanal. Ich wußte aus meinen früheren hypnotischen Experimenten, daß es sehr einfach ist, einen Schlafenden zu hypnotisieren, das heißt ihn von der Schlaf–Physiologie direkt in die Trance–Physiologie zu führen.

Ich fing also an, meiner Frau eine Geschichte über jemanden zu erzählen, der ausprobieren wollte, wie viele unterschiedliche Geräusche man mit dem Mund machen kann. Im Kontext dieser Geschichte konnte ich viele Töne unterbringen und in ihrer Wirkung auf seine Schlaf–Physiologie ausprobieren, indem ich sie durch größere Lautstärke und eine Wendung meines Kopfes in seine Richtung markierte. Man kann das „nonverbale eingebettete Zitate" nennen. Dabei habe ich natürlich darauf geachtet, wie er reagiert. Die beste Reaktion kam bei einem Staubsauger–Geräusch: Er nahm den Kopf hoch, der vorher in der Schnarch–Physiologie tief zur rechten Seite herunterhing, und hielt ihn gerade. Er schlief ohne Schnarchen für vielleicht drei Sekunden weiter. Dann kippte der Kopf aus seiner eben noch für einen kurzen Moment stabilen Lage in die vorherige Haltung zurück und er schnarchte weiter.

Jetzt hätte ich denken können, daß das ein Fehler war und ich versagt hätte. *Aber im NLP gibt es keine Fehler, nur Feedback*: Ich wußte nun, daß für die Physiologie des Nicht–Schnarchens eine gerade, stabile Haltung des Kopfes beim Schlafen sehr wichtig war.

Im Gespräch mit meiner Frau habe ich dann eine Geschichte erfunden, in der es um eine wichtige Szene im Leben eines Klienten ging, in der sein Vater in einem bestimmten Moment zu ihm gesagt hätte: „Halt den Kopf gerade!" Diesen Satz habe ich analog markiert, indem ich wieder in Richtung auf den schnarchenden Mann gesprochen habe und diese vier Worte lauter und prononcierter aussprach. Das war ein „verbales eingebettetes Zitat". Er reagierte im Schlaf, indem er den Kopf etwas anhob.

Zur Stabilisierung des „Therapieerfolges" mußte ich diese Anweisung an ihn noch ein paarmal wiederholen. Das tat ich, eingebunden in den Verlauf der Geschichte des fiktiven Klienten, dessen Vater in weiteren bedeutsamen Situationen seines Lebens diese vier Worte wiederholt hätte, so daß er sie dann in seinen in vielen Lebenslagen geführten inneren Dialog übernommen hätte. Schließlich war ein stabiles Ergebnis gesichert: Sein Kopf war gerade, er saß schön symmetrisch da und hat weitergeschlafen ohne zu schnarchen. Seine Nicht-

Schnarch–Schlaf–Physiologie schien er sehr zu genießen; hatte ich doch in die Geschichte eingebaut, daß der Klient sehr stolz auf seinen Vater und sich selbst war, da er gelernt hatte, nicht nur aufrecht, sondern auch aufrichtig zu leben, sogar in seinen Träumen.

Ich empfehle euch, solche Experimente nur dann zu machen, wenn ihr erstens sicher seid, daß ihr in keiner Kampfsituation mit eurem Gegenüber seid, sondern sehr zugewandt, und wenn ihr zweitens bereit seid, dafür zu sorgen, daß er oder sie hinterher in einem besseren Zustand ist als vorher. Wenn ihr bereit seid, nach diesen Kriterien respektvoll mit euch selbst und mit den anderen umzugehen, ist der Alltag üppig angefüllt mit Gelegenheiten zum Experimentieren und zum Lernen; zumindest gibt es keine Langeweile mehr.

Armin: Und wie ist die Geschichte mit dem Schnarcher weitergegangen?

Er schlief noch ungefähr eine Viertelstunde, dann kam die Ansage des nächsten Bahnhofs. Er wurde wach, packte seine Sachen und wir hatten einen distanzierten, aber herzlichen Abschied. Ich hatte sogar sehr deutlich das Gefühl, daß sich auf einer tieferen Ebene unser Kontakt verbessert hatte, im Vergleich zu der Zeit vor seinem Einschlafen.

Vera: Welche Relevanz hat diese Geschichte für den therapeutischen Prozeß?

Keine oder jede, wie du willst! *Jay Haley* hat einmal erzählt, er habe nie verstanden, wie *Milton Erickson* auf die Idee kommen konnte, mit seinem Schuh zu spielen, diesen ab und an fallen zu lassen und die Reaktion auf seinen Klienten zu testen, während dieser etwa gerade ein emotional sehr bedeutsames Erlebnis hatte. *Haley* hat diesen Gedanken zwar in einem anderen Zusammenhang geäußert, aber man kann ihn auch unter dem Blickwinkel einer fortlaufenden Krisenprophylaxe betrachten: Wenn ich als Therapeut die Sicherheit habe, daß ich meinen Klienten sehr schnell und elegant in den Separator–State bringen kann, kann ich viel eher zulassen, daß er tief regrediert.

Eine andere Geschichte ist von *Erickson* überliefert, der zufolge er sich gut merkte, was die Realität seiner Klienten konstituierte, bevor sie in Trance gingen. Zum Beispiel hatte jemand überlegt, ob er vor der Trance noch mal zur Toilette gehen sollte, sich dann aber dagegen entschieden. Zum schnellen Reorientieren bzw. zum schnellen Wechsel von der Trance–Physiologie in die Wach–Physiologie brauchte *Erickson* nur eine mehr oder weniger direkte Anspielung auf seine Blase zu machen. Wie wir in den Hypnose–Wochenenden später sehen werden, ist diese Überlieferung nicht nur als elegantes Manöver zum sofortigen Physiologiewechsel interessant, sondern auch als Technik zum Reorientieren mit impliziter Amnesieinduktion.

Moritz: Jetzt blicke ich nicht mehr durch. Heißt das, du behandelst die Stuck- und die Separator-Physiologie analog zur Trance- und Wach-Physiologie?

Ja, und genau wie die „Schlaf-Schnarch-Physiologie" und die „Schlaf-Nicht-Schnarch-Physiologie". Seit dem damaligen Erlebnis im Zug denke ich neu über die Dynamik des Wechsels einer Physiologie: Was tue ich eigentlich bei einem Separatormanöver? Und ist dieses Tun strukturell ähnlich meinem Verhalten im Zug, als ich ein Staubsaugergeräusch machte und mein Gegenüber von der Schlaf-Schnarch-Physiologie in die Schlaf-Nicht-Schnarch-Physiologie wechselte?

Wenn ich mein Handeln als Therapeut mit dem eines Kulissenschiebers vergleiche, der sich manchmal selbst in Requisiten und kurzfristig auch in Mitspieler verwandelt, wird die strukturelle Ähnlichkeit klar: In welcher Szene auch immer der Schnarchende sich innerlich aufgehalten hatte, das Staubsaugergeräusch war für ihn ganz sicherlich eine Kulisse, die mit der Szene inkompatibel war. Sein nonverbales Verhalten beim Aufrichten des Kopfes regte in mir die Phantasie folgender Szene an, die ich wohl mit meinem Tun evoziert hatte: Er drückt sich vor der Mitarbeit im Haushalt, indem er vorgibt, wichtige Akten durchsehen zu müssen. Über diese gebeugt kann er sich gegen ein kleines Nickerchen nicht wehren. Er setzt es fort, als seine Frau mit dem laufenden Staubsauger ins Zimmer kommt — allerdings mit geradem Kopf, offenen Augen und konzentrierter Miene.

Am interessantesten sind sicher die Fälle, in denen B gleichzeitig Kulisse oder Requisit und Kulissenschieber bzw. vorübergehend Mitspieler von A ist. In der Übung vorhin habt ihr sicherlich diese Erfahrung gemacht: Ihr tut irgend etwas und damit vertieft ihr den Zustand von A eher, als daß ihr A damit reorientiert. In der Demonstration vorhin habe ich zum Beispiel Lutz meine Hand auf die Schulter gelegt, und wir konnten alle sehen, daß durch diese Art des Anfassens die Stuck-Physiologie eher noch stabiler und prägnanter wurde als vorher. Hier war ich sicherlich für einen Moment sowohl Kulissenschieber als auch Mitakteur auf der Bühne von Lutz' Stuck-State-Episode. (Lutz nickt.) B tut in diesem Fall etwas, was in der Stuck-Szene von A genau dem Verhalten eines anderen Teilnehmers dieser Szene entspricht.

Einige Kleingruppen waren vorhin mit dem zweiten Durchgang der Übung ziemlich schnell fertig; jeder bzw. jede B hatte ihre A etliche Male erfolgreich und auf elegantem, kürzestem Wege aus dem Stuck-State herausgeholt. Ihnen habe ich den Vorschlag gemacht, einen anderen Wahrnehmungsfilter zu benutzen: Nicht mehr nach Stimuli zu suchen, die A über den ganzen Körper, das heißt alle Körperwinkel reorientieren, sondern im Gegenteil ganz gezielt nach solchen, die A tiefer in die Szene hineinbringen, also die Stuck-Physiologie intensivieren. Wie war das?
Rainer: Hochinteressant! Mein A ging tiefer in den Zustand, wenn ich seinen Namen sagte, etwa in der Betonung von: „Ach, Lothar, nun stell' dich aber nicht an!" Er kam dagegen sofort heraus, wenn ich mit den Fingern schnippte.
   Hast du mal versucht, was passiert, wenn du beides gleichzeitig machst?
Rainer: Nein.
   (Lothar lacht plötzlich.)
   Falls du es noch probieren wolltest, jetzt ist es zu spät. (zu Lothar) Du bist A in der Kleingruppe gewesen? (Lothar nickt, wieder zu Rainer) Er hat es schon halluziniert.
Lothar: Ja, das stimmt. Ich habe mir plötzlich vorgestellt, wie es wäre, wenn ich in der Stuck-Situation auf die Idee kommen würde — was ich komischerweise noch nie bin — eine ganz bestimmte Platte aufzulegen, die ich dermaßen oberaffengeil finde ... (Er lacht wieder, allerdings mit einem etwas bitteren Unterton.)
Thies (mit einem strengen Tonfall:) Das wirst du in der Situation bestimmt wieder vergessen! ... (Er wartet, bis Lothar ein „langes Gesicht" macht.) ... Es sei denn, du überprüfst, ob du in der Art und Weise, in der du eben das Auflegen der Platte halluziniert hast, respektvoll mit dir selbst und auch respektvoll mit den beteiligten Personen umgegangen bist.
Lothar (betroffen): Ich denke nicht so ganz. Ich glaube aber (zeigt wieder die Mischung aus Stuck- und Separator-Physiologie), daß ich es auch respektvoll kann.
Thies (bestätigend): Ich auch.

   Diese Übung ist die wichtigste und grundlegendste im NLP überhaupt! Wenn ich in einer Interaktion sehr flexibel bin und viele verschiedene, wirksame und elegante Möglichkeiten habe, Separator-State-Interventionen zu machen, dann habe ich in dieser Interaktion etwas, was wir im NLP Rapport nennen. Das ist eine der möglichen Definitionen für Rapport: Je eleganter, wirksamer und variabler ich in meinen Separator–State–Interventionen bin, desto mehr Rapport habe ich. Und umgekehrt gilt ebenfalls: Je mehr Rapport ich habe, desto variabler, eleganter und wirksamer sind meine Separator–State–Interventionen.

In einem Kurs wie diesem machte einmal ein Mann diese Übung mit einer Frau, die so tief in einen Stuck–State ging, daß er als B Blut und Wasser geschwitzt hat, sie da wieder herauszuholen. Und ich als Kursleiter fing langsam an, mich mit dem Gedanken vertraut zu machen, daß diese Abendsitzung eine Krisensitzung mit Überstunden werden würde. Ich fügte mich also in mein Schicksal, begann sogar Gefallen an dieser Herausforderung zu finden und fing an, mir zu vergegenwärtigen, was ich früher als Gestalttherapeut alles bei *Hilarion Petzold* auf dem Kriseninterventionsseminar gelernt habe. Dann klatschte ich zur Schlußrunde in die Hände, um den Rest der Gruppe in den wohlverdienten Feierabend entlassen zu können. Als wenn der liebe Gott ihr blitzartig wieder Leben eingehaucht hätte, sprang sie vom Stuhl auf, setzte sich gleich wieder hin, um ihr auf dem Boden liegendes Schreibzeug aufzuheben, nahm ihren Stuhl und setzte sich nach einem minimalen, eher angedeuteten „Tschüß" an ihren Übungspartner in Erwartung der Plenumssitzung in die Runde — um wieder alles mitschreiben zu können. Später habe ich mich bei meinem Unbewußten für diese elegante Erickson'sche „Blasen–Intervention" bedankt: Man merkt sich, was für den Klienten die Realität vor einer möglichen krisenhaften Entwicklung konstituiert und reorientiert ihn in diese Realität zurück, indem man sich selbst in diese Realität zurück orientiert, in der eigenen Wahrnehmung und im eigenen Verhalten. Und wenn man zudem noch kongruent so tut, als sei in der Zwischenzeit nichts passiert, ist es ein Ansatz, der implizit Amnesie induziert.

Mein Bewußtsein war nicht auf diese Idee gekommen, diese auch schon vor der Übung verfügbare Information für ihre Reorientierung zu nutzen. (lacht) Höchstens für meine Eitelkeit, denn ich hatte vorher noch gedacht: „Was muß ich für kluge Sachen sagen, daß sie alles aufschreibt." Es gibt also immer einen Weg! In diesem Sinne: See you later, Separator ... ! Wir machen eine kurze Pause.

4 Kalibrierung

Von Physiologien, Zuständen und States war schon viel die Rede. Anfangs habt ihr Physiologie-Parameter kennengelernt, durch die Zustände unterscheidbar werden: Atmung, Gesichtsfarbe, Lippengröße, Haltung, Muskeltonus etc. Um sie wiedererkennen zu können, muß ich in meiner Wahrnehmung auf ihre Charakteristika kalibriert, das heißt geeicht sein. Über die Fähigkeit, Zustände von anderen Menschen unterscheiden zu können, verfügt ihr natürlich alle. Diese Fähigkeit kann allerdings, wie alles, noch durch Übung verbessert werden. Ihr könnt das ausprobieren, wo ihr geht und steht; zum Beispiel beim Anschauen einer Talkshow im Fernsehen oder wenn ihr U-Bahn fahrt.

Um dabei eine gewisse Systematik hineinzubringen, empfehle ich euch, ein persönliches Trainingsprogramm festzulegen. Ihr könnt zum Beispiel Woche um Woche die Parameter variieren, die ihr beobachten wollt: Eine Woche lang kalibriert ihr euch bei allen Menschen, denen ihr begegnet und mit denen ihr Kontakt habt, nur auf Farbunterschiede im Gesicht. In der nächsten Woche achtet ihr nur auf die Lippengröße, hauptsächlich auf die Größe der Unterlippe, die variabel ist. Dann könnt ihr euch auf ideomotorische Bewegungen konzentrieren, also auf kleine unbewußte Bewegungsprogramme. Bedeutsam sind auch systematische Veränderungen in der Körperhaltung und ihrer Symmetrie-Asymmetrie-Verhältnisse. (Er lacht und karikiert ein verunsichertes An-sich-heruntersehen) Ich kann mich schon gar nicht mehr ungezwungen bewegen hier vorne, weil mich so viele Leute anschauen und studieren.

Ich gehe natürlich davon aus, daß ihr eure neue „Schaulust" in einer für euch und euren jeweiligen Partner respektvollen und ökologischen Art und Weise befriedigt.

4.1 Hellseherei — oder nicht?

Zu diesen Physiologie–Parametern gibt es eine interessante kleine Übung, so etwas wie ein Gesellschaftsspiel. Ich möchte sie euch kurz zeigen. Wer hat Lust, hier vorne mit mir etwas zu spielen? (Simon kommt vor.)
Thies: Gut. Simon, ich möchte, daß du an eine Person denkst, die du sehr gerne magst ..., oder die du liebst ..., die du achtest ..., oder mit der du einfach sehr gerne zusammen bist. Es sollte möglichst jemand sein, der oder die hier nicht anwesend ist. (Simon nickt.)
   Ihr gebt alternative Beschreibungen und macht dazwischen kleine Pausen, in denen ihr genau hinguckt, ob ihr ein kleines ideomotorisches Nicken seht oder andere nonverbale Zeichen, die euch wissen lassen, daß ihr eine für den Kontext und für A zutreffende Bezeichnung gewählt habt. Wichtig ist alles, was darauf hinweist, daß eure Instruktion für A Sinn macht — wie zum Beispiel auch diejenige Physiologie, die eurem Eindruck nach zur Beschreibung der gesuchten Person paßt.
Thies: Nun suche bitte eine Situation aus, die repräsentativ für dein Verhältnis zu dieser Person ist.
Simon: Ja. (Er schließt für einen kurzen Moment die Augen, macht sie aber sofort wieder auf, als würde er es nicht für angemessen halten.)
Thies: Jetzt möchte ich, daß du dich für einen Moment in die Situation hineinversetzt. Kannst du das besser mit Augen auf oder Augen zu ("Augen zu" betont er als eingebettete Aufforderung)?
Simon (probiert beides noch einmal): Das geht beides. (Er macht dann aber die Augen zu.)
Thies: Vergegenwärtige dir, (Stimme langsamer, tiefer und trancemäßig) was du dort siehst, ... jetzt, ... und hörst, ... um dich herum ... und vorm inneren Auge und Ohr, ... und wie sich dein Körper anfühlt in dieser (spricht „dieser" mit einer kurzen Drehung seines Kopfes, als wenn er eine Realität bezeichnet, in der er gerade zusammen mit A wäre) Situation dort, ... und ob es einen Geruch oder einen Geschmack gibt, der in irgendeiner benennbaren ... oder vorsprachlichen ... Weise wichtig für dieses Erlebnis ist oder irgendwie dazugehört. Ich möchte, daß du dir für einen Moment noch die Situation ganz gegenwärtig werden läßt, bevor du hierher zurückkommst.
   (Simon bewegt sich nach einer Weile und reorientiert sich aus einem leichten Trance–Zustand. Thies lacht, faßt ihn an der Schulter an und schüttelt ihn leicht.)
Thies: See you later, ...

Simon: ... Alligator! (Beide lachen.)
Thies: Separator ... Es war schön da, nicht wahr? (Simon nickt.) Nennen wir diesen Menschen bzw. die Situation X, einverstanden? Leider mußte ich dich wieder zurückholen (lacht, da Simon kurz wieder in den Zustand von eben zurückglitt), denn ich möchte es den anderen nicht zu leicht machen und es ihnen außerdem ermöglichen, ihre Wahrnehmung noch an einer zweiten Physiologie von dir zu trainieren, die wir im Gegensatz zu dieser ... (er wartet einen Moment, bis sich dieselbe noch einmal voll entwickelt) X-Physiologie ... nicht (im nonverbalen Verhalten von vorhin) „See you later ...", sondern Y nennen werden. Und deshalb möchte ich jetzt, daß du an eine andere Person denkst, (Simon verändert in Erwartung der weiteren Instruktion mehrfach seinen Gesichts- und Gesamtausdruck) ... Spannung ..., nämlich an eine, ... dreimal darfst du raten, ...

Kann denn die Physiologie Achterbahn fahren? (Allgemeines Lachen; Simon lacht mit.)

Thies: ... die du nicht so gerne (kaum merkbare Verzögerung) ... hast (gesprochen wie: haßt), die du am liebsten siehst, wenn er oder sie den Raum verläßt, also von hinten ...
Simon: Ist schon klar ...
Thies: Wie wir sehen (lacht), hast du bereits eine gefunden. (Er karikiert Simons Gesichtsausdruck, indem er äußerst stark die Kiefer zusammenbeißt und dabei mit den Fingerkuppen auf die hervortretenden Wangenmuskeln hinweist.)
Simon (lacht, mit bitterem Unterton): Also wirklich, ein echter Hammer ...
Thies: Maxwell Silverhammer! (Simon lacht und kommt auf diese „musikalische Andeutung" hin wieder aus dem Zustand heraus.) Naja, wenn man jemand von hinten anschaut, ist das, was man von ihm sieht, nicht notwendigerweise repräsentativ für die ganze Person.
Simon (prustet laut los:) Der ... , na ja lassen wir das.
Thies: Ich glaube, wir ahnen, was du meinst. Und jetzt möchte ich, daß du eine Situation aussuchst, die typisch und repräsentativ ist für deine Beziehung zu dieser Person.

(Simon nickt und zeigt wieder die Y-Physiologie.)

Thies: Dann möchte ich, daß du dich für einen Moment — nicht zu lange — in die Situation hineinversetzt und dir vergegenwärtigst, was du dort siehst, ... und was du hörst, ... und wie dein Körpergefühl ist, ... und ob es einen Geruch oder einen Geschmack gibt, der irgendwie wichtig für diese Situation ist.
Simon: Ja. (Der entsprechende Zustand wird intensiver.)

Thies: Und bleib noch einen Moment in dieser Situation, dort, und wenn die Situation ganz gegenwärtig ist, dann komme hierher zurück.

Diese Bedingung für das Reorientieren gibt uns als B die Möglichkeit, die Physiologie noch eine Zeitlang zu studieren, ohne dabei reden zu müssen, und eben auch, ohne (in Simons Richtung markiert) denken zu müssen. (Er lacht, als er sieht, daß sich Simon reorientiert).

Simon: Kommt jetzt der Alligator? (noch zum Teil in der Physiologie von eben.)

Thies: Ah! (Er faßt sich an den Kopf, als hätte er etwas absolut Wichtiges vergessen) ... (Dann entspannt er sich lächelnd, als würde ihm gerade klar, daß das doch nicht so schlimm sei.) Ja. Ja? (Er sieht Simon scheinbar desorientiert fragend an. Dann müssen beide lachen; Simon ist jetzt ganz aus dem Zustand heraus.)

Hier ist der Separator–State absolut wichtig, schon (spricht plötzlich sehr laut und streng, wobei er das Gesicht noch geradeaus gerichtet hält, aber die Augen unter zusammengezogenen Augenbrauen in Simons Richtung dreht, der wieder in die Y–Physiologie zurückgegangen ist:) um A einen Gefallen zu tun.

Simon (lacht): See you later separator!

Thies (lacht mit): Genau, das habe ich gemeint.

Angenommen, wir wären auf einer Party und vorhin wäre es langweilig gewesen, so ginge jetzt das Gesellschaftsspiel weiter: Wir sind kalibriert, das heißt wir sind in unserer Wahrnehmung auf mindestens drei verschiedene Physiologien von Simon geeicht: Wir wissen, wie er aussieht, wenn er in der X– und wenn er in der Y–Physiologie ist und wir wissen auch, wie er in der Hier–und–Jetzt–Rapport–Physiologie aussieht. Während wir dafür sorgen, daß unser A im Separator–State bleibt, machen wir folgendes ...

Thies: ... Jetzt möchte ich, daß du die Antworten auf die Fragen, die ich dir gleich stellen werde, nur denkst (Simon nickt). Welche von beiden Personen ist größer?

Simon (sehr spontan): Die erste. (Er zeigt aber die Y–Physiologie.)

Thies: Oh! ... Aber schön, daß das passiert ist ...!

Was habt ihr gesehen? So wie ich die zweite? Wie ist das zu erklären?

Thies: Was würde dafür sprechen, daß die zweite Person größer ist?

Simon: Ich vermute, es ist für mich ein großes Problem. Deshalb mache ich sie größer. Oder meinst du jetzt physisch?

Wenn es das größere Problem ist, kann es sein, daß er die Person innerlich größer repräsentiert hat und sie vielleicht vor dem geistigen Auge größer sieht. Darauf kommen wir später noch zurück, wenn wir uns genauer mit Submodalitäten befassen. Hier haben wir das Glück, daß uns Simon gleich bei der ersten Frage mit dem interessanten Fall bekannt macht, daß das Unbewußte etwas anderes denkt als das Bewußtsein.

Thies: Welche Person ist körperlich, physisch die größere? Von der wahrnehmbaren Körpergröße her? Das ist klarer. (Simon zeigt die X–Physiologie.)

Und jetzt legen wir als B und C fest, welche Person es ist. Dabei sehen sich B und C an. A sollte dabei nicht im Blickfeld sein. (Er schaut demonstrativ zögernd A an:) „Na, ich denke, es wird wohl ... gewesen sein ..., oder vielleicht doch ... ?" Und dabei A angucken und abwarten, ob er nicht vielleicht leicht nickt oder sonst irgendwie zeigt, welche Antwort richtig ist. Nein, so also nicht! B und C sehen sich an, ohne A anzuschauen und legen sich fest, was sie gesehen haben oder ahnen oder raten, gesehen zu haben?

Was habt ihr gesehen? Wer hat die erste, die X–Physiologie gesehen? (Etwas mehr als die Hälfte der Teilnehmer melden sich.) O. K., und wer hat die zweite gesehen? (Einige wenige melden sich.) Ich meine, es war die erste. Wenn wir als B und C uns festgelegt haben, gucken wir ihn an und fragen:

Thies: Welche Person war es?
Simon: Die erste.

Jetzt kommt die nächste Frage, solange bis wir entweder keine Lust mehr haben oder richtig „raten" ...

Thies: Welche Person hat kubikmetermäßig den größeren Wohnraum zur Verfügung? ... (Simon zeigt die zweite, die Y–Physiologie.) O. K.

Wir, B und C, sehen uns wieder an und legen uns fest: Was meint ihr, wer war es? (Etwas mehr als die Hälfte melden sich für die zweite, die anderen für die erste Physiologie.) Ich meine, es war die zweite ...

Thies: Wer war's? Der Gärtner, der Butler?
Simon: Nein, der Arsch! ... Äh, oh Verzeihung?
Thies: Ist nicht so schlimm! Das war doch vorhin schon klar, ... (lacht) wenn man ihn so von hinten sieht. Ganz nebenbei, kannst du mal ganz schnell zwischen den Personen X und Y hin und her denken? Wohl wissend, daß dir beide Kontexte — du und die jeweilige Person — Zugang zu sehr speziellen Fähigkeiten ermöglichen, die im jeweils anderen Kontext nicht oder nicht so leicht möglich sind?

Simon (versucht es): Das geht nicht so gut. Die können sich auch nicht riechen.

Thies: Das geht nicht so gut, ... es sei denn, ich erzähle dir eine kleine Geschichte — so nebenbei als ein kleines Experiment, aus dem du sofort aussteigen kannst, wenn du es möchtest. (Er wartet einen Moment, bis er das nonverbale O. K. von Simon bekommt). Wie zum Beispiel eine Geschichte aus der Zeit, (Stimme trancemäßig) als ein Ypsilon X ... mit einem Xsilon zusammenkam und beide zusammen interessante neue Ideen hatten, über das Leben im allgemeinen und im besonderen ..., was immer auch das Besondere ist, im Einzelfall; das Ypsilon X, das auch Ypselix genannt wurde, und das Xsilon haben nämlich herausgefunden, daß sie in verschiedenen Situationen verschiedene Fähigkeiten haben, ... und sie fanden es absolut interessant, darüber zu spekulieren, wie es wohl wäre, wenn diese verschiedenen Fähigkeiten zusammenkämen; ... was nicht notwendigerweise heißen muß, daß wirklich Ypselixe dabei herauskommen oder Xsilons! Es ist eher wie beim Mendeln, und zwar so, als wären beinahe unendlich viele Generationen von Fähigkeits-Kombinationen auf einmal da ... Und wie auch immer deine Vorstellungen, jetzt, von diesen gut durchgemischten und auch ganz neu entstandenen und synthetisierten Fähigkeiten sind ..., aussehen, sich anhören und anfühlen ..., eventuell sogar schon jetzt einen Vorgeschmack darüber zulassen, wie es sein wird, wenn sich die volle Würze der Veränderungen entfaltet, die du durchlebst und in deinem konkreten Verhalten später wahrnehmen wirst ... Was auch immer du innerlich jetzt machst, während du über Ypselixe und Xsilons nachdenkst, es ist schön, sich darauf zu verlassen, daß das eigene Unbewußte das Richtige tun wird, während man in den Phantasien des Bewußtseins die Metaphern genießt, die das Unbewußte benutzt, um das Bewußtsein nicht nur über den neuesten Stand des Veränderungsprozesses zu informieren und darüber, daß es überhaupt daran arbeitet, ... sondern auch, um es zu amüsieren, zu unterhalten und auch, um ihm Tips zu geben, in welche Richtung es denken soll, um seine Arbeit zu unterstützen. Vielleicht werden diese Metaphern schon jetzt übersetzbar, so daß du schon jetzt konkrete Ideen bekommst, was du neu in deinem Leben tun kannst, wenn die speziellen Fähigkeiten von der einen Situation mit den speziellen Fähigkeiten von der anderen zusammenkommen. Und X und Y können separat bleiben, die Personen, die sie sind; zumindest so lange sie sich nicht auch verändern ..., (mit dem nonverbalen Verhalten, als würde er ihm ein Geheimnis anvertrauen) da möglicherweise du dich in der Interaktion mit ihnen veränderst. Und während du das zu Ende durchdenkst, sage ich mal kurz etwas zur Gruppe. (Er wartet sein nonverbales O. K. ab).

Das braucht ihr in der Kleingruppe nicht zu machen. Stellt Fragen, die eindeutig beantwortbar sind. Wenn ihr zum Beispiel fragt, „wer ist älter", und A denkt an Zwillinge, von denen er nicht weiß, welcher zuerst auf die Welt kam, dann winkt A den Durchgang einfach mit einer „subtilen" Geste ab (er winkt mit einer übertrieben ausladenden Geste), mit der er sich selbst in einen Separator–State bringt. Dann müssen sich B und C neue Fragen einfallen lassen, wie etwa: „Wer ist dir jetzt in diesem Moment räumlich näher? Wer hat die größeren Füße?"

Ist die Frage nicht eindeutig beantwortbar, soll A gar nicht erst lange zwischen beiden Physiologien hin und her springen. Je länger er die Physiologien separat hält, desto besser könnt ihr sie beobachten — es sei denn, ihr legt es darauf an, und wollt euch die Bedingungen schwerer machen. Das bringt auch viel Spaß ... (Er sieht Simon an:) Wichtig ist am Schluß zu prüfen, in welchem Zustand A aus der Übung geht.

Simon (lacht, noch eher in der Y–Physiologie, aber mit weniger Anspannung, vor allem im Gesicht): Stimmt, ich mußte immer wieder daran denken, daß der Kerl eine so riesige Wohnung für sich alleine hat.

Thies: Ah ja, er ist nicht nur ein ... (macht einen Piepton wie in der Film–Zensur), sondern darf gespannt sein, was in der Interaktion zwischen dir und ihm neu passiert.

Das nennt man ein forward–feedback oder feed–forward. Nach dieser kleinen Integrations–Arbeit müßte es eigentlich an die Person Y gerichtet sein, damit die die Veränderungen von Simon auch mitbekommt und sich die Kommunikation zwischen beiden neu kalibrieren kann. Da Y aber nicht hier ist, kann ich es auch mit Simon etablieren, und ihn daran erinnern, gespannt darauf zu sein, wie sich Y verändert, als Reaktion auf das, was Simon neu tut.

Kalibrieren — beide Male das gleiche Wort. In diesem Zusammenhang bedeutet es, daß ein Beziehungspartner unbewußt und sehr konsistent auf bestimmte Gesten, Mimiken oder tonale Veränderungen in der Stimme vom anderen Partner reagiert: Eine kalibrierte Schleife. Der eine ist kalibriert auf bestimmte Zustände des anderen und erkennt sie zuverlässig wieder, indem er zum Beispiel im Fall von Beziehungskonflikten unbewußt — und oft ungewollt — sehr intensiv darauf reagiert. In der therapeutischen Interaktion ist der Therapeut dann kalibriert, wenn er bestimmte für ihn seh–, hör– und fühlbare Zustände des Klienten wiedererkennt. Die fühlbare Variante sollten wir vielleicht lieber ausschließen. (Er tritt einen Schritt zur Seite:) „Was, Sie erkennen nicht, wenn ich in einem Zustand bin, in dem ich mich nicht angenommen fühle von Ihnen?" (Er schlägt mit der Faust dorthin, wo er zuvor stand, wechselt in die ursprüngliche Position zurück und legt sich die Hand über Nase und Mund:) „Jetzt ja!" (Allgemeines Lachen.)

Wenn ihr nicht zufrieden sein solltet, mit dem Separator–State am Ende der Übung, dann fragt doch ganz beiläufig:

Thies: Was sagtest du, hattest du vorhin ausgesucht als Moment of Excellence?

Simon (in deutlich ressourcevollerer Physiologie): Sagte ich was?

Thies: Äh, das war wohl eine Verwechslung, ich habe die falsche Nummer gewählt. (Er lacht Simon an, der zuerst etwas verwirrt guckt und dann grinst.) Na, vielleicht war es doch keine Verwechslung. (langsamer) Vielleicht ist es ganz sinnvoll, noch einmal an den Moment of Excellence zu denken, und gleichzeitig, parallel oder nacheinander auch an Y und an X — in beliebiger Reihenfolge. (Simon zeigt eine Versöhnungs–Physiologie.) Vielleicht denkst du dabei auch neu über Y nach, und dir kommen noch mehr Ideen zu eurer Situation.

Simon (nickt ideomotorisch): Das wäre schön.

Thies: Ich komme nachher nochmal zu dir und überprüfe, ob du mit den Ideen zurecht kommst. Erstmal: Vielen Dank. (Er gibt Simon die Hand, der noch nachdenklich, aber sehr entspannt auf seinen Platz zurückgeht.)

Ihr macht in der Übung folgendes: Ihr sagt: „Identifiziere eine Person, die du meinetwegen X nennst, und zeige mir durch Nicken, wenn du sie hast." Wenn euer A nickt, oder ganz kurz vorher oder nachher, seht ihr ein Maximum der entsprechenden Physiologie und könnt euch kalibrieren. Dann sagt ihr: „Identifiziere eine Situation, die typisch ist für deine Beziehung zu X." Wenn ihr nochmals eine Extra–Gelegenheit zum Kalibrieren haben wollt, dann laßt euch wieder eine nonverbale Vollzugsmeldung machen. Im nächsten Schritt begleitet ihr euren A mit Hilfe der V.A.K.O.–Hypnose in die Situation hinein, studiert die dazugehörige Physiologie und kalibriert euch.

Dann macht ihr ein Separator–State–Manöver, genau wie in der vorhergegangenen Stuck–State–Übung. Dies ist nötig, weil A häufig aus dieser für sie oder ihn schönen Situation nicht so schnell wieder heraus will. Das muß aber sein, da sonst das Spiel nicht weitergeht.

Dann laßt ihr die zweite Person (Y) identifizieren, auf die die gegenteilige Beschreibung zutrifft. A soll wieder eine, diesmal für seine

Beziehung zu Y typische Situation identifizieren. In diese Szene hypnotisiert ihr sie oder ihn dann hinein.

Dann kommt wieder ein Separator–State. An der Stelle ist er besonders wichtig, da ihr sonst das Risiko eingeht, daß für euren A „der Tag gelaufen ist".

Die Fragen, die ihr A dann stellt, sollen eindeutig beantwortbar sein. Wenn sie es nicht sind, weigert sich A, sie zu beantworten. B und C sehen sich an, nachdem sie A's physiologische Antwort studiert haben, legen sich erst fest, was sie gesehen oder geraten haben und lassen sich von A dann sagen, an welche Person er oder sie gedacht hat.

Das ist die visuelle Version. Diese Übung bringt auch auditiv und kinästhetisch viel Spaß. Eben habt ihr euch in der visuellen Wahrnehmung auf die Zustände von A kalibriert. Es gab ganz sicher auch etwas zu hören, Atemgeräusche oder vielleicht kleine auditive Hinweise des Wohlergehens. Wenn ihr euch auditiv kalibrieren wollt, geht ihr ähnlich vor wie eben beschrieben. B bittet A nur zusätzlich am Anfang, einen Satz auszusuchen, den er oder sie ohne nachdenken zu müssen, quasi automatisch in jeder Lebenslage sagen kann. Dafür eignen sich Liedertexte, Gedichtzeilen oder auch Werbeslogans. B und C lassen sich den Satz sagen und kalibrieren sich sozusagen auf die „bottom line", die Referenzgröße. (Eher beiläufig:) „Es grünt so grün, wenn Spaniens Blüten blühen." Dann machen B und C die Augen zu und B induziert die Physiologien. Er oder sie sagt dabei jeweils etwa, „Und wenn die Situation ganz gegenwärtig ist, dann sage deinen Satz." (Er sagt den Satz zweimal, einmal wie verliebt mit tiefer, voluminöser Stimme und einmal blechern mit hoher, nasaler Stimme.) Bei den komparativen Fragen müssen B und C natürlich die Augen zulassen. Das ist eine spannende Übung — zumindest für Menschen wie ich, die eher gelernt haben, sich für das bewußte Tun auf ihre Augen zu verlassen. Da „gehen ganz neue Türen auf".

Ihr werdet sicherlich auch Unterschiede in euren Wahrnehmungssystemen finden. Visuell wißt ihr vielleicht sofort, an wen A gedacht hat, und auditiv habt ihr die größten Schwierigkeiten. Oder umgekehrt.

Wenn ihr die gleiche Übung kinästhetisch machen wollt, werden B und C am Anfang ihre vier Hände über den Körper von A verteilen. (Er legt sich die gespreizte rechte Hand auf den Solar Plexus, den Daumen auf das Brustbein, den kleinen Finger auf dem Bauch.) B und C müssen natürlich darauf achten, daß die Art der Berührung nicht eine dritte, ungewollte Physiologie induziert. Diese Position ist gut geeignet, um die Atmung zu fühlen. Es geht auch, die Hand von A zu halten, denn über die Hand sind sehr viele Informationen über plötzliche oder langsame Wechsel im Muskeltonus, der Temperatur und der Feuchtigkeit zu bekommen. Am Nacken und Hals von A kann man Verspannungen gut fühlen. Sind die Hände plaziert, machen B und C wieder die Augen zu und kalibrieren sich beim Induzieren durch's genaue Hinfühlen.

Wenn ihr diese Übung tatsächlich, wie vorhin scherzhaft angedeutet, als Gesellschaftsspiel macht, dann überprüft die Situation daraufhin, ob so ein Spiel angebracht ist. Ihr müßt einen sogenannten Kongruenzcheck machen, das heißt die Beteiligten fragen, ob sie Lust haben, etwas derartiges unter eurer Leitung zu machen. Wenn die Leute kongruent Ja sagen, könnt ihr loslegen. Wenn sie inkongruent Ja sagen, also zum Beispiel zögern oder dabei den Kopf schütteln, fragt ihr nach Bedingungen, unter denen sie bereit wären, mitzuspielen. Wenn es welche gibt, die ihr akzeptieren bzw. mit ihnen zusammen sicherstellen könnt, wird das Spiel allen Beteiligten viel Spaß bringen.

5 Ankern und Change History

Ihr wißt jetzt, wie man Physiologien erkennt, wie man sie induziert und reinduziert. Dabei kann man im NLP auch mit Hilfe von Ankern arbeiten. Was sind Anker? Wir verstehen darunter Sinneswahrnehmungen, die immer eine bestimmte Reaktion hervorrufen. Wenn ihr euch zum Beispiel vorstellt, von einem bestimmten lieben Menschen in einer angenehmen Art und Weise angefaßt zu werden, so ist diese Berührung für euch ein Anker für einen angenehmen physiologischen Zustand. In diesem Fall handelt es sich um einen kinästhetischen Anker; es gibt außerdem visuelle, auditive (tonale und digitale) und olfaktorische Anker.

Für jeden Menschen gibt es als Ergebnis seiner Lerngeschichte Milliarden von schon vorhandenen Ankern. Diese Tatsache kann in Beratung und Therapie genützt werden. Viele in Heilberufen Tätige profitieren in ihrer Arbeit davon, allerdings ohne sich dessen bewußt zu sein. Gezielt eingesetzt ist das Konzept des Ankerns sehr erfolgreich. Wichtig ist dabei die Utilisation vorhandener und die Etablierung neuer Anker.

Als ihr vorhin die kleine ideomotorische Bewegung beim Moment of Excellence genutzt habt, war das die Utilisation eines natürlichen kinästhetischen Bewegungsankers. „Kinästhetisch" deshalb, weil in dem Fall ein fühlbares Phänomen mit dem Gesamterlebnis assoziiert war und benutzt wurde, um dasselbe wieder zu evozieren. „Natürlich" deshalb, weil ihr als B diese Assoziation in A's Leben schon vorgefunden und ihm nicht dabei geholfen habt, sie neu zu etablieren. „Bewegungs"–Anker deshalb, weil das kinästhetische Phänomen nicht eine Berührung, also eine von außen kommende tastbare Druck– oder Wärmeempfindung war, sondern das propriozeptive Muskel–Feedback der eigenen Bewegung.

Ein Beispiel einer Etablierung neuer Anker habt ihr vorhin in meinem kleinem Spiel mit Simon *gehört*. Hier waren es zwei auditive Phänomene, X und Y, die zu Ankern oder synonym zu Auslösern oder Stimuli für zwei verschiedene Physiologien wurden.

Jetzt möchte ich eine kleine Erweiterung der Kalibrierungsübung mit euch machen. Einmal werdet ihr lernen, in sehr aktiver Weise mit den Händen wahrzunehmen — und zwar visuell. Dann werdet ihr lernen, eurem A zu helfen, zwei Physiologien zusammen zu bekommen, die er oder sie vorher alleine nicht zusammenbringen konnte. Etwas ganz Ähnliches habt ihr in der PeneTRANCE-Übung schon gemacht: Ihr habt eurem A geholfen, durch das Feedback, das ihr in eurem Verhalten zur Verfügung gestellt habt, die Problem- und die Ziel-/Ressource-Physiologie zusammen zu bekommen. Die Integration in dem Vorgehen nannte sich „Ritual". Als Integration wird die Assoziation eines erlebbaren, im Sehen, Hören, Fühlen, Riechen oder Schmecken wahrnehmbaren Phänomens mit einem anderen wahrnehmbaren Phänomen — oder auch mit einem gesamten Erlebnis — definiert. In der Demonstration mit Simon habe ich ihm mit Hilfe meiner auditiven Anker ermöglicht, die X- und Y-Physiologie zu integrieren.

In der nächsten Übung wird es wieder darum gehen, A zu helfen, durch ein gezieltes nonverbales Feedback eine Integration zu erreichen. Aber im Unterschied zum PeneTRANCE-Modell und der XY-Integration mit Simon werden wir jetzt üben, mit kinästhetischen Ankern zu arbeiten. Das heißt, wir stellen unserem A, als Feedback von außen, einen kinästhetischen Input zur Verfügung, der ihm erstens hilft, beide Physiologien maximal intensiv zu zeigen und zweitens, sie zusammen zu bringen — als Grundlage für ein neues Verhalten im Problemkontext.

Wie nimmt man aber visuell mit den Händen wahr, werdet ihr euch vielleicht fragen. Die Frage kann man auch so stellen: Wo fängt bei geübten Autofahrern das motorische Programm an, das Lenkrad zu bewegen, und wo hört die visuelle Wahrnehmung der Zu- bzw. Abnahme der Kurvenkrümmung auf? Wenn ihr jetzt durch eine Kurve fahrt, laßt ihr eure Hände unbewußt das Lenkrad um so mehr drehen, je mehr die Krümmung der Kurve, visuell wahrgenommen, vor euch zunimmt. Ohne weiter drüber nachzudenken seht ihr — wenn euer Bewußtsein nicht gerade etwas anderes zu tun hat — nur noch, daß eine Kurve kommt, und verlaßt euch darauf, daß eure Hände die Zu- und Abnahme der Krümmung mit euren Augen sehen. Genau genommen verlaßt ihr euch natürlich auch darauf, daß sie das Krümmungsverhalten der Kurve auch hören und fühlen — und letzteres unter anderem mit dem Hintern, der, nach Nicki Lauda, gerade bei Rennfahrern sehr sensibel sein muß.

Aber zurück zu der Übung, die ich als nächstes mit euch machen möchte — da wird wohl die Fliehkraft weniger groß sein — es sei denn B macht nur Mist! Wer kommt mal gerade vor? (Dietmar geht vor.)

5.1 Veränderung der persönlichen Gegenwart

Dietmar: Ich heiße Dietmar.
Thies: Angenehm, Thies. (Beide lächeln sich an.) Ist es O. K., wenn ich zwischendurch mal zur Gruppe rede? (Dietmar nickt.)
 Ähnlich wie vorhin bei der Kalibrierungsübung geht es jetzt um genaue Wahrnehmung. Nur ist B diesmal in der Wahrnehmung in einer bestimmten Weise noch aktiver. Und wenn ihr mich jetzt beobachtet, dann laßt euch überraschen, auf welche Art das sein wird.
Thies: Ich würde gerne mal (Tonalität und Blick fragend, nimmt Dietmars Hand, als er ein minimales Nicken als Reaktion bekommt) deine Hand halten. (Dietmar zeigt eine leichte Schreckreaktion, als wäre eine Grenze überschritten.) Komm mal ein bißchen dichter. Das tut man auch nicht jeden Tag, hier vor der Gruppe mit einem wildfremden Mann sitzen und Händchen halten? (Dietmar schüttelt den Kopf und grinst.) Ich auch nicht. ... Tu mal so, als ob du jetzt in eine Problem–Physiologie wechseln würdest. Was wäre das für eine? ... (Dietmar ist leicht blaß, die Schultern etwas vorgezogen und angespannt. Als nonverbale Antwort auf diese Frage intensiviert sich diese Physiologie.) Ah, da ist sie ja schon. Oder besser gesagt, das war sie ja schon. (Er hüpft, nach wie vor im Sitzen, auf dem Tisch herum, auf dem beide sitzen — woraufhin Dietmar ihn verwirrt ansieht und dann lacht, wobei er ganz aus der angespannten Physiologie herauskommt.) Und nun tu mal so, als wüßtest du für diese Problem–Physiologie die beste Ressource: Welche Fähigkeiten von allen, die dir zur Verfügung stehen, hättest du am liebsten zur Verfügung, wenn du in so einer Situation bist? ... Kannst du sie benennen?
Dietmar (als hätten sie schon öfter darüber geredet): Energie mobilisieren. (Er wechselt dabei in eine sehr ressourcevoll anmutende Physiologie.)
Thies (lacht): Das ist völlig logisch, das hätte ich mir denken können.
 Denkt daran: Ihr habt keine Ahnung, wovon er redet. Es ist chinesisch, und ihr könnt kein chinesisch. Das Wort ist für uns einfach ein Etikett, und wir wissen nicht, was es bedeutet.
Thies: Wir wissen nur, daß du die Fähigkeit, die du am liebsten zur Verfügung hättest, „Energie mobilisieren" nennst.

Wenn wir uns die dazugehörige Physiologie ansehen, können wir vielleicht halluzinieren, was es sein kann. (Er lacht Dietmar an, während er dessen nonverbales Verhalten in seiner Rhythmik spiegelt und gleichzeitig karikiert.)
Thies: Kannst du mal an eine Situation denken, wo du diese Fähigkeit maximal und voll und ganz zur Verfügung hattest? ... Und kannst du sie innerlich so durchhalluzinieren, daß du mir hier außen erlauben kannst, deine Hand zu halten; während du in der Situation dort, die typisch für „Energie mobilisieren" ist, eventuell mit deiner Hand etwas völlig anderes machst? Vielleicht kannst du das, was du hier (Stimme und Kopf deuten in Richtung auf ihre ineinander liegenden Hände) spürst und tastest, in einer bestimmten Weise benutzen, um das Gefühl dort um so deutlicher und intensiver wahrzunehmen ... (Dietmar hat einen Trance–Zustand entwickelt, nickt leicht und zeigt die Ressource–Physiologie verstärkt).
Thies: Ganz nebenbei, kann es sein, daß die Problemsituation von eben Ähnlichkeit mit der Situation hier (gestikuliert auf sich und auf die Gruppe) hat?
Dietmar: Äh, ... (geht in die Problem–Physiologie zurück, während er nachdenkt und sich in der Gruppe umsieht) ja!
Thies (hüpft wieder kurz auf dem Tisch und deutet dann in seinem eigenen Verhalten wieder den Rhythmus von Dietmars Ressource–Physiologie an, den er schon vorher gepaced hatte; Dietmar kommt aus der Problem–Physiologie heraus, sie lachen sich an): Wir machen jetzt eine ganz neue Technik, die ich „Change Present" nenne: die Veränderung der persönlichen Gegenwart. Vielleicht fokussierst du mal für einen Moment auf diejenigen Elemente der Wahrnehmung, (seine Stimme wird langsamer, trancemäßig) die dich wissen lassen, daß diese Ähnlichkeit da ist; ... oder auf die verschiedenen möglichen Wege, die Wahrnehmung zu selegieren, Dinge Vordergrund werden zu lassen und andere Hintergrund, die die Struktur dieser Problemsituation ausmachen. ... Jetzt möchte ich, daß du für einen Moment durchträumst, wie du die Fähigkeit „Energie mobilisieren" im Hier- und-Jetzt-Kontext einsetzen kannst.
Dietmar: Was meinst du mit „einsetzen"? Mobilisieren, oder was ich damit machen kann.
Thies: Ja genau, was du damit in diesem Kontext hier machen kannst. Halluziniere es einmal voll durch, (Stimme wieder trancemäßig) ... in allen Einzelheiten, ... im Sehen, Hören, im Fühlen und im Tasten. Und interessant kann es sein, verschiedene Wege durchzuprobieren, was alles möglich ist ... zu tun, ... auf wieviele Weisen die Wahrnehmung gestaltet werden kann, ... auch im Riechen und Schmecken gibt

es Freiheitsgrade für selektive Wahrnehmung in der konstruktivsten Weise, ... und was alles zu tun möglich ist, ... innerlich im Probehandeln, ... und dann nach außen, im äußeren Verhalten, wenn es an der Zeit ist, Dinge umzusetzen, ... (Dietmar blinzelt einer Frau zu, die seinen Gruß in ähnlich jugendlicher Form erwidert) und wie viele Wege es gibt, ein volles Feedback darüber zu bekommen, wie das außen ankommt, was ich tue, welche Reaktionen ich bekomme, ... und was ich dann neu tue, ... und wie der Prozeß, die Feedback-Schleife, weitergeht. ... Laß dir noch einen Moment Zeit, alles durchzuhalluzinieren und durchzuträumen, und (betont das nächste Wort und legt dabei Dietmars Hand in dessen Schoß zurück) deine Fähigkeit „Energie mobilisieren" und alle anderen passenden Fähigkeiten voll für das einzusetzen, was du jetzt innerlich tust und vorbereitest, ... in dem Traum oder Tagtraum, den du jetzt träumst, ... oder in der Phantasie, die du jetzt erforschst ... Denn ich weiß nicht, ob du schon weißt, daß die Träume und auch die Tagträume und Phantasien Grundlage für die andere Wirklichkeit sind, und daß man oft anderentags ganz selbstverständlich das kann, was man vorher im Traum geübt und gelernt hat? Und komm zurück hier nach außen, wenn du zufrieden bist. ... Nimm dir die Zeit, die du brauchst, um in dieser Phantasie die Dinge so zu strukturieren, daß du maximal zufrieden bist, auf den verschiedenen Ebenen. ... Und während du dir Zeit läßt, das zu machen, kann ich vielleicht ein paar Kommentare hier nach außen machen, (Dietmar nickt, noch in Trance) ... während du das innerlich abschließt und anfängst, was wichtig ist, vollendet und gestaltet zu werden.

Ihr konntet vielleicht nicht so genau sehen, auf welche Weise ich seine Hand hielt. Ich habe zwei Punkte (hält seine eigene Hand hoch und markiert mit seiner anderen Hand die Knöchel des kleinen Fingers und des Daumens) an seiner Hand ausgesucht, (Dietmar fängt an, sich zu reorientieren) über die ich euch gleich noch etwas sagen werde.

Thies: Und du weißt, wann es an der Zeit ist zurückzukommen, und wie du es erkennen wirst.
Dietmar: Ja, jetzt langsam.
 (Pause)
Thies: Guten Tag. Wie geht's?
Dietmar: Gut, danke.
Thies: Eigentlich wollten wir ja etwas demonstrieren. Was vermutest du, was wollten wir demonstrieren?
Dietmar: Ankern.
Thies: Und wie würde ich das mit dir demonstrieren wollen?

Dietmar: Keine Ahnung.
Thies: Zum Beispiel indem ich Worte sage wie ... (unverständliches Gemurmel) ... Energie mobilisieren ... (wieder unverständliches Gemurmel) ... ?
(Alle lachen, Dietmar wechselt in die Ressource–Physiologie.)
Thies: Oder gibst du mir nochmal deine Hand?
(Dietmar schüttelt leicht den Kopf, als er sie ihm geben will. Einige lachen.)
Thies: Lassen wir das erst mal so. Ich würde gerne etwas zur Gruppe kommentieren und dein Unbewußtes entscheiden lassen, ob du zuhören darfst oder nicht. (Er schaut Dietmar bei dieser Äußerung genau an. Der nickt fast unmerklich.)

Ich wollte eigentlich noch ein bißchen mehr spielen, doch ich bekam ein sehr deutliches unbewußtes Feedback, was soviel bedeutet wie „wir sind fertig". Also werde ich das erst einmal so lassen. Therapeutisch war das wohl ein ganz sinnvoller Schritt, aber als Demonstration für das, was ich im Sinn hatte, eventuell didaktisch unklug — es sei denn, ihr vergegenwärtigt euch vor dem geistigen Auge noch einmal die Physiologien; die eine Physiologie, die wir am Anfang als Problem–Physiologie hatten, mit den Einzelheiten in der Gesichtsfarbe, dem Muskeltonus und der Atmung; und die andere Physiologie, die wir Ressource–Physiologie genannt haben und die die Bezeichnung bzw. den auditiven Anker „Energie mobilisieren" bekommen hat. Seht vor eurem geistigen Auge beide Physiologien noch einmal und dann zusätzlich die Integration der beiden. Das ist der Prozeß, um den es geht. Ich werde ihn euch gleich noch einmal zeigen.

Thies: Ich danke dir erst einmal. (Er gibt Dietmar die Hand, bevor dieser zu seinem Platz zurückgeht.)

In der Übung wird die Problem–Physiologie normalerweise mit den Worten induziert: „Denk bitte an eine Situation, wo die Dinge nicht so gelaufen sind, wie sie sollten." In der Demonstration eben war das nicht nötig, weil Dietmar gleich in eine Problem–Physiologie ging. Ich lud ihn ein, diesen Zustand zu nehmen. So mußte er nicht irgendeinen anderen suchen, der sich in der letzten Zeit ereignet hat. Ich bat ihn, er solle so tun, als ginge er in eine Problem–Physiologie, denn ich hatte schon gesehen, daß irgend etwas schon eine ausgelöst hatte — das Händchenhalten oder die Tatsache, vor der Gruppe zu sitzen oder was auch immer. Daraufhin verstärkte sich die Problem–Physiologie. In dem Moment habe ich den Druck meines Fingers an dem einen seiner Knöchel in dem gleichen Maße verstärkt, in dem die Physiologie intensiver wurde.

Dann habe ich einen Separator-State gemacht und ihn gefragt, welche Ressource er gerne zur Verfügung hätte. Und in dem Moment, als er an sie dachte, zeigte er sie uns physiologisch. Im gleichen Moment, in dem die Ressource-Physiologie kam, drückte ich mit meinem anderen Finger seinen anderen Knöchel fester und etablierte auf diese Weise einen zweiten kinästhetischen Anker. Und wieder habe ich die Zunahme der Physiologie mit einer entsprechenden Zunahme der Intensität meines Druckes begleitet.

Es folgt die Einladung, seine Ressource in der problematischen Situation einzusetzen und dann über neue Möglichkeiten im Umgang mit der Situation nachzudenken. Als er das tat, indem er sich nach innen orientierte, habe ich beide Anker gleichzeitig eingesetzt — und zwar so, daß sich weder die Problem-Physiologie noch die Ressource-Physiologie alleine durchsetzte: Ich habe solange mit meinen Ankern hin und her gespielt und ihm Prozeßinstruktionen gegeben, bis ich sehen konnte, daß Elemente von beiden Physiologien gleichzeitig in seinem Körper vorhanden waren. In diesem Moment fing die Integration an.

Als der Prozeß der Integration in den Ansätzen stabil war, habe ich ihm seine Hand auf sein Bein zurückgelegt und ihn mit Hilfe geeigneter Prozeßinstruktionen gebeten, seine Wahrnehmung so einzurichten, und zu gestalten, bis er damit maximal zufrieden ist.

Die eben gezeigte Version dieser Technik müßte eher „Change-Present" heißen. Die Version „Change History", übersetzt „Die Veränderung der persönlichen Geschichte", möchte ich euch nochmal vollständig zeigen.

5.2 Redegewandt — was immer das heißt!

Thies: Kann noch mal jemand vorkommen?
(Hugo kommt vor.)
Thies: Ich berühre dich, wenn du einverstanden bist, hier und hier.
(Er legt ihm eine Hand auf die Schulter und eine auf den Oberschenkel, und studiert seine Physiologie genau; Hugo sieht Thies etwas befremdet an.)

In der Praxis kann es den Klienten gegenüber manchmal ganz sinnvoll sein, meinen „Berührungswunsch" zu kommentieren, oder prophylaktisch zu rechtfertigen. Nicht nur dann, wenn ich Anlaß zu der Befürchtung habe, daß mein Klient berührungsphobisch ist, sondern vor allem auch, wenn ich als B in meiner Berührung inkongruent bin. Ich könnte etwa sagen, ...

Thies: Diese Berührung ist hauptsächlich dafür da, daß ich dich später, wenn es wichtig wird, an etwas erinnern kann, was nicht nur dein Bewußtsein manchmal vergißt, (er spricht leiser, wie heimlich, hinter vorgehaltener Hand) sondern sogar dein Unbewußtes.

Nur wenn ich bei der Berührung eine neutrale Reaktion bekomme, kann ich weitermachen; wenn nicht, ändere ich die Art der Berührung oder den Rahmen, den ich zu ihrer Legitimation brauche.

Thies: Denk bitte mal an eine Situation, in der die Dinge nicht so gelaufen sind, wie sie sollten.

Hugo: Ja, (wechselt in eine weniger ressourcevolle Physiologie) die habe ich.

Thies: Und versetze dich für einen Moment in diese Situation hinein, ... und guck dich dort um, ... hör dich um, ... fühle für einen Moment noch einmal die Gefühle, die in der Situation dazugehören, ... und welchen Geruch und Geschmack gibt es, der auch irgendwie wichtig ist? . ... (lauter:) O. K.

(Hugo reorientiert sich.)

Thies: Was hättest du gerne in der Situation zur Verfügung gehabt, an die du vorhin (mit einer beiläufigen Geste über die Schulter zurück) gedacht hast? Welche deiner Fähigkeiten, die du als reifer, erwachsener Mann ausgebildet hast ...

Hugo (hat plötzlich einen Einfall; sein Gesicht wird mehr durchblutet, der Muskeltonus ist höher, er ist insgesamt beweglicher): O. K..

Thies: Kannst du dieser Fähigkeit eine Benennung geben, die nur für dich allein Sinn macht, ein Codewort sozusagen?

Hugo: Redegewandt.

Was immer auch das nun wieder ist. Eigentlich wollte ich ihn bitten, ein Phantasiewort zu sagen, eine Farbe oder etwas Ähnliches.

Thies: Ich möchte jetzt, daß du dich bereit machst, deine persönliche Geschichte zu ändern.

Und nebenbei, das tut man immer, jede Nacht in den Träumen. Im Traum werden Tagesreste umgestaltet, heißt es. Vielleicht sind es genau die Reste, mit denen das Unbewußte im Traum fortlaufend Change History macht; und in der Therapie brauchen wir dann nur noch mit dem zu arbeiten, was der Teil des Unbewußten, der für das Träumen der Träume zuständig ist, nicht schafft. Wir können auch sagen, ...

Thies: ... daß wir etwas Extra-Zeit schaffen für Träume, um mehr alternative Vergangenheiten zu schaffen, zusätzlich zu denen, die das Unbewußte sowieso schon kreiert. Was hältst du davon, wollen wir das machen?

Hugo: O. K., ich bin bereit.

Am besten ist es, man träumt sich die Vergangenheit so zurecht, daß sie die beste Grundlage für neues Tun in der Zukunft ist.

Thies: Und so etwas Ähnliches sollst du jetzt mit der Situation tun, an die du vorhin gedacht hast, wo die Dinge nicht ganz so gelaufen sind, wie sie sollten. Ich möchte, daß du sie jetzt noch einmal durchlebst ... diesmal mit deiner Ressource „redegewandt". (Er wartet, bis Hugo nonverbal signalisiert, daß er erstens eine Vorstellung von dem entwickelt hat, was er tun soll, und sich zweitens nach innen orientiert.) Und tue es jetzt ... Und laß dich überraschen, in welcher Form du deine Ressource dort erlebst, ... ob du sie wiedererkennst, oder ob sie interessante Transformationen durchläuft und du sie auf den ersten Blick ... oder aufs erste Hinhören und –fühlen vielleicht zunächst gar nicht wiedererkennst ... Und nimm dir Zeit, die Situation diesmal so zu gestalten, daß du maximal damit zufrieden bist, wie sich die Dinge entwickeln, ... vermittelt durch deine direkten Aktivitäten und auch unabhängig von dir, ... wo du nur die Pforten deiner Wahrnehmung neu zu öffnen brauchst, um Dinge zu erkennen, über die du dich freuen kannst, ... und die du dann wieder zum Anlaß nehmen kannst, auf eine neue Weise aktiv zu sein ..., mit deiner Ressource „redegewandt". ... Und komm zurück, wenn du mit dem, was du neu tust und wahrnimmst, maximal zufrieden bist.

Hugo (reorientiert sich und lächelt): O. K.

Thies: Bist du zufrieden ...

Hugo (unterbricht, etwas übertrieben euphorisch): Ja, sehr.

Thies: ... mit dieser neuen Vergangenheit?

Diesen Test sollte man machen, wenn man sich eine neue Vergangenheit schafft.

Hugo: Ja.

Thies: Es könnte ja sein, daß es noch eine Kleinigkeit gibt, die noch nicht so hundertprozentig in Ordnung ist. Nehmen wir mal an, du bist schon ziemlich zufrieden (Hugo nickt) ... zu 99,3 Prozent zufrieden?

Hugo: 99,2 Prozent.

Thies: 99,2 prozentig zufrieden. Und zu 0,08 Prozent noch nicht ganz. Wann kommt so eine Situation in der Zukunft wieder?

Hugo: In drei Wochen.

Thies: Ich möchte, daß du diese Situation in der Zukunft auch gleich durchhalluzinierst und durchträumst, ebenfalls mit deiner Ressource „redegewandt". Und ich bitte dich, es so zu tun, daß du, während du in dieser Situation bist und sie zu deiner Zufriedenheit gestaltest oder bevor diese Situation anfängt oder hinterher, dir noch etwas Bestimmtes vornimmst, um mit den 0,08 Prozent umzugehen, die womöglich für bestimmte negative Konsequenzen stehen; sie könnten auch bedeuten, daß du dir bestimmte Kontexte reservieren sollst, wo das, was immer auch nicht so lief, wie es sollte, so bleiben soll, wie es war. Bevor du das gleich in bezug auf die Zukunft zu Ende durchträumst, möchte ich, daß du deinen Weg findest, diese 0,08 Prozent in einer für dich passenden, ökologischen Weise einzubeziehen. ... Und vielleicht hast du Ideen, wo du lieber — entweder vorerst oder aber auch nie — die Ressource „redegewandt" einsetzt, oder wie du mit eventuellen negativen Konsequenzen umgehen wirst? Was immer du auch herausfindest, ob es irgend etwas gibt, was du *vorher* tun mußt oder kannst, bevor du hier jetzt in der Zukunft dich in dieser Weise neu verhältst, oder etwas, was du *parallel dazu* tun mußt oder willst, oder etwas, was du *danach* tun wirst. ... Und während dein Unbewußtes diesen leichten Trance–Zustand nutzt, um auf den verschiedenen Ebenen Dinge vorzubereiten, kann sich dein Bewußtsein darum kümmern, beim Halluzinieren der Zukunft — jetzt — die Weise leicht zu verändern, in der du dich dort verhältst, so daß keine Einwände von 0,08 Prozent mehr notwendig sind.

Ich vermute vom nonverbalen Ausdruck her, daß er mit der letzten Prozeßinstruktion am meisten anfangen kann; nach dem Motto: „Warum schwierig, wenn es auch einfach geht?" Er wird es also wahrscheinlich leicht verändern.

Hugo (reorientiert sich plötzlich): Das habe ich schon gemacht.
Thies: O. K., dann möchte ich, daß (Stimme wieder trancemäßig) du dir noch einmal vergegenwärtigst, was du in der Zukunft sehen ..., hören ..., fühlen ..., riechen oder schmecken mußt, um zu wissen, „jetzt kommt so eine Situation wieder auf mich zu". (Er wartet einen Moment ab.) Und gestalte sie durch, ... mit deiner Ressource „redegewandt", ... in welcher Weise auch immer ... sich die Ressource „redegewandt" an diesen bestimmten Kontext in der Zukunft anpaßt. Gestalte die Situation und halluziniere sie mit deiner Ressource „redegewandt" durch ... solange, bis du maximal zufrieden bist.
Hugo (reorientiert sich nach einer Weile und wirkt etwas benommen): O. K.
Thies: O. K. heißt in unserer Terminologie 99, ... ?
Hugo: 100.
Thies: 99, 100? Wie zufrieden bist du?
Hugo: Voll zufrieden.
Thies: Ich mache mal einen kurzen Kommentar zur Gruppe. (Er wartet Hugos nonverbales Einverständnis ab.)

Wir machen zwei Tests. Einer bezieht sich auf die veränderte Vergangenheit und der zweite auf die veränderte Zukunft. Sobald ich in der B-Position bei dieser Überprüfung den Verdacht habe, daß ein kleiner einwanderhebender Teil da ist — so nennen wir im NLP die äußerlich und innerlich wahrnehmbare Inkongruenz —, liegt es in meiner Verantwortlichkeit, penetrant zu sein und zu versuchen, diesen einwanderhebenden Teil als Alliierten für diesen Veränderungsprozeß zu gewinnen. Die Frage „Bist du zufrieden?" nenne ich den Kongruenzcheck. Ich möchte am Ende des Veränderungsprozesses maximale Kongruenz wahrnehmen. Jede Inkongruenz in der Antwort ist ein deutliches Zeichen, daß eine Ressource in der Veränderungsarbeit noch nicht mit einbezogen wurde, die mithelfen könnte, das Ergebnis zu verbessern.

Thies: Hoffentlich finden wir noch eine kleine Inkongruenz, oder? (Er lacht Hugo an, der nickt.) Keine Angst, eine ist noch da. Laß dich überraschen, auf welche Ressource sie dich bringt und in welchem Lebensbereich du sie anwenden wirst, um die Veränderung, an der du gerade arbeitest, so zu gestalten, daß du nicht mit dem Hintern das wieder umstößt, was du mit den Händen gerade aufgebaut hast.

Es gab eine kleine Inkongruenz in seinem Verhalten. Hat jemand sie wahrgenommen?

Georg: Für mich ist es das leichte Vorbeugen.

Und der Stimmklang? Stimmt er mit den Körperbotschaften überein, und sind diese untereinander kongruent? Hugo war sehr symmetrisch, und seine Stimmte klang auch sehr nach Zufriedenheit. Aber es gab noch eine kleine Inkongruenz. Er sagte „voll zufrieden" und guckte mich an, als ob ich noch etwas dazu sagen sollte. Dies ist eine Inkongruenz insofern, als sein fragendes Gucken in Kontrast zum antwortenden restlichen Verhalten steht. Da meldet sich ein einwanderhebender Teil, ein interaktionell einwanderhebender Teil — er meldet sich bei mir als B und nicht in A's Bewußtsein. Aber darauf komme ich später noch zurück.

Thies: Als ich dich fragte, ob du zufrieden bist, wie wußtest du da, daß es an der Zeit war, mich (er macht die Art des Anguckens nach) so anzugucken? Hast du mich als Spiegel gebraucht, um zu wissen, ob du zufrieden bist.

Hugo: Ich brauchte dich als Spiegel, um zu hören, ob du fertig bist!

Thies: Also hast du mich angeguckt, ob ich fertig bin, als ich dich fragte, ob du fertig bist. Erst wenn ich fertig bin, bist du fertig? Das ist mit Sicherheit ein Weg, um befriedigende Beziehungen aufrechtzuerhalten, indem man sich darauf verläßt, daß der andere sich auf einen verläßt, daß man sich auf ihn verläßt (Hugo lacht) ... also Beziehungen mit Verläßlichkeit und Kontinuität ...

Hugo: ... und Vertrauen!

Thies: Ein schönes Reframing. Aber darauf kommen wir noch. Kannst du den Impuls, mich anzugucken, ob ich fertig bin, benutzen, um innerlich eine Idee zu bekommen, was du eventuell noch zusätzlich tun mußt, um diese Zukunftsgestaltung, die du eben geträumt hast, ökologisch sicher zu machen? So daß nicht irgendwo etwas schief geht, wenn du erfolgreich bist.
Hugo: Ah ja, ist schon klar.
Thies: Und wirst du das tun können? Hast du eine Idee, wie du damit umgehen wirst?
Hugo: Ja. Ich brauche noch ein bißchen Zeit. Ich kann mir nicht vorstellen, daß das in drei Wochen bis zur nächsten Möglichkeit ...
Thies: O. K., wann ist die übernächste Möglichkeit?
Hugo: 4 Wochen später.
Thies: Kannst du in 7 Wochen die Idee umsetzen.
Hugo: Sicher noch mehr. Ich habe die Möglichkeit, zwischendrin die Erfahrung zu machen und es entsprechend zu modifizieren.
Thies: Und ist die nächste dann 10 Wochen danach?
Hugo: Der Abstand ist immer 4 oder 5 Wochen.
Thies: Kannst du dich innerlich noch einmal in die entsprechenden Situationen hineinversetzen (spricht leiser) und durchhalluzinieren, wie du die Aufteilung machst. Erst setze ich soundsoviel von meinem Ziel und dann laß ich es erst mal wieder beim alten, weil ich Dinge neu überprüfen muß. Kannst du dir innerlich mal einen entsprechenden Strukturplan machen. Und während du das tust, sage ich mal kurz was nach hier.

Mit Hilfe von NLP habe ich mehr als in allen anderen Therapieformen begriffen, daß es wichtig ist, sich Zeit zu lassen; manche Veränderungen lassen sich nicht über's Knie brechen. Vielleicht war diese Einsicht gerade durch die schnellen Veränderungen möglich, die ich mit Hilfe des NLP erlebt habe und andere habe durchlaufen sehen. Bei allem Anspruch auf „Wunderheilung", manche Vorbereitung, die als Anpassung an die neue Art des Daseins nötig ist, braucht vielleicht ein paar Monate oder Jahre. Zum Beispiel habe ich mit Hilfe meines Zahnarztes und meines Unbewußten immerhin zwei Jahre dafür gebraucht, den Radius meiner Zahnreihen im Ober- und Unterkiefer um knapp einen Zentimeter zu erweitern. Die Veränderungen auf der Ebene der Fähigkeiten und vor allem auf der der Identität brauchen diese Zeit. Der Kiefer und die Zähne hätten die paar Millimeter schneller geschafft — nur wäre ich mit dem Rest meines Körpers, meiner Seele und mit den Veränderungen in meinen Beziehungen nicht so schnell hinterhergekommen. Wenn ich nicht riskieren will, daß ich irgend etwas anderes sehr Wichtiges verliere,

meistens Beziehungen zu mir wichtigen Menschen (Hugo nickt ideomotorisch), lasse ich mir Zeit. (Hugo reorientiert sich.)
Thies: Es muß ja nicht immer gleich ein Fünfjahresplan sein. Hast du schon einen Dreivierteljahresplan?
Hugo: Mir sind eben noch Ideen gekommen, was ich in den drei Wochen jetzt schon machen kann, um besser vorbereitet zu sein. So daß ich einen besseren Biß bei der nächsten Alternative, beim nächsten Schritt haben werde.
Thies: Gut. Und du weißt genau, wie du wahrnehmen wirst, ob du gut vorbereitet bist, so daß es sicher ist, dich in der zukünftigen Situation in der Weise zu verhalten, wie du es vorhin halluziniert hast.
Hugo: Das Stichwort Vorbereitung ist auch gut, weil ich damit eine Menge abfangen kann.
Thies: Eine Menge abfangen .... Ja, manchmal will man irgend etwas tun und weiß nicht, ob man das Echo verträgt.
Hugo: Oh, stimmt, ich habe etwas Wichtiges ganz vergessen dabei.
Thies: Gehe noch einmal in Trance (Hugo guckt ihn verwirrt an), ich meine, denk noch einmal nach, (Hugo orientiert sich nach innen) was du noch tun mußt, vorher ..., während ... oder nachher, um Schlimmeres zu verhüten.
Hugo (reorientiert sich schnell nach einer kurzen Trance): O. K., alles klar (mit spontaner Symmetrie beim Reorientieren).
Thies: Gut, ich danke dir erstmal. (Er verabschiedet ihn mit einem Händedruck.)
Burkhard: Wie hast du vorhin entschieden, daß seine Antwort auf deine Frage, ob er zufrieden mit seiner neuen Vergangenheit sei, inkongruent war? Ich habe nämlich keine Inkongruenz bemerkt, er war sehr symmetrisch dabei und seine Stimme klang sehr überzeugend.

Inkongruenzen gibt es in unendlichen Variationen. Bezüglich der Vergangenheit war es die Euphorie, die auf mich, natürlich subjektiv, als sehr unverhältnismäßig gewirkt hat. Bei der entsprechenden Antwort im Kongruenzcheck hinsichtlich der Zukunft war es das Phänomen, daß er mich fragend anguckte.

Falls du den Begriff Inkongruenz negativ konnotierst (Burkhard nickt nachdenklich), ist es wichtig zu wissen, daß Inkongruenzen etwas sehr Wertvolles sind; sie sind sozusagen das Salz des Lebens. Absolute Kongruenz gibt es nur auf dem Totenbett, da sagen alle Parabotschaften das gleiche aus: Hier ist Feierabend. (Allgemeines zögerndes Lachen.)

Dieser Hinweis ist zwar etwas drastisch, aber vielleicht doch notwendig, denn die Betrachtungen *Batesons* und seiner frühen MRI-

Mitarbeiter haben in der Therapeuten-Gemeinde — gerade auch in der humanistisch orientierten — zu manchmal sehr unmenschlichen Interaktionen geführt. Oft tut der Therapeut so, als ob bei der Klientenäußerung „ich liebe sie wirklich", die mit zusammengebissenen Zähnen und geballten Fäusten vorgebracht wird, nur der nonverbale Teil wahr wäre, mit dem der Klient sich in seiner verbalen Lüge selbst entlarvt.

Die Überlegung, daß der konfligierende nonverbale Anteil so einer Botschaft dem verbalen Anteil logisch übergeordnet ist, hat in therapeutischen Interaktionen oft eine detektivische Haltung mit der dazu gehörenden unnötigen Verhärtung beider Seiten zur Folge. Eine sehr viel größere Herausforderung, ein Kommunikationskünstler zu werden, ist das von *Richard Bandler* und *John Grinder* vorgeschlagene „Kurzschließen" (mit sanfter Stimme und dem nonverbalen Verhalten eines Heiligen): „Ja, das kenne ich. Wie schön ist es doch, so von ganzem Herzen zu hassen!" (Allgemeines Lachen.)

5.2.1 Erklärung der Schritte

Die Technik heißt „Change History" oder „Veränderung der persönlichen Geschichte" und ist eine Spezialform der Technik „collapsing anchors". Für diese Technik brauche ich eine milde problematische Situation; also weder eine phobische oder traumatische Geschichte noch eine aktuelle Trauerreaktion. Dafür sind andere Techniken wie zum Beispiel die Phobie-Technik besser geeignet, die wir im nächsten Seminar behandeln werden (Band II).

Während ihr den Rapport zum Klienten aufbaut, wählt ihr zwei Berührungspunkte für die kinästhetischen Anker und etabliert diese. Ihr legt euch am besten gleich am Anfang fest, welchen Punkt ihr für welche Physiologie nehmt und placiert eure Hände dorthin, ohne Druck auszuüben oder einen sonstigen kinästhetischen Input zur Verfügung zu stellen. So müßt ihr dann im entscheidenden Moment nicht lange überlegen, wo ihr die Ressource und wo das Problem ankert. Die Berührung sollte den Kontakt nicht beeinflussen, oder anders ausgedrückt, die Physiologie des Klienten sollte sich nicht verändern, und zwar weder dahingehend, daß euer A mit angenehmsten Gefühlen mehr davon möchte, noch dahingehend, daß er oder sie sich angewidert abwendet.

Im nächsten Schritt kommt die Induktion der Problem-Physiologie. Der Klient soll ein Erlebnis suchen, wo die Dinge nicht ganz so gelaufen sind, wie sie sollen, und sich dann in diese Situation hineinversetzen. Während ihr so die Problem-Physiologie induziert, kalibriert ihr euch auf die Physiologie des Klienten und ankert sie, indem ihr eure Berührung an der einen Stelle in dem Ausmaß verstärkt, in dem seine Problem-Physiologie zunimmt. Ihr laßt euch also von eurem A mit seiner Physiologie manipulieren, wie ihr die Anker etablieren sollt. Die beste Metapher für diesen Prozeß ist meiner Meinung nach die des Tanzes: A führt euch mit seiner Physiologie.

Ihr müßt da oftmals recht schnell sein. In dem Moment, wo der Klient die Instruktion hört und anfängt, eine Situation auszusuchen, seht ihr schon die Physiologie und fangt an, euren Anker zu etablieren.

In der Praxis kommen die Leute meist mit Problemen, über die sie reden wollen. In diesem Fall könnt ihr gleich die Gelegenheit nutzen; ähnlich, wie ich es in der Demonstration mit Dietmar getan habe.

Wenn die Situation innerlich identifiziert ist, seht ihr das an der Physiologie und könnt gleich ankern. Die einfachste Weise zur Induktion der Problem-Physiologie ist die V.A.K.O.-Hypnose. Dabei sagt ihr im wesentlichen nur: „Gehe nach innen in die entsprechende Situation und schau dich dort um. Was kannst du dort sehen und hören, spüren und fühlen, schmecken und riechen?" Die Induktion der Problem-Physiologie ist meist kein Problem; sie ist sehr schnell voll da.

Dann ist ein Separator-State sehr wichtig. Nehmt dabei den Problem-Anker voll zurück, das heißt den Druck, mit dem ihr zufaßt, laßt die Hand aber an der gleichen Stelle liegen. Denn wenn euer Klient in der Problem-Physiologie versucht, über Ressourcen nachzudenken, wird er nichts finden. Das hat er alleine schon oft genug versucht. In der Problem-Physiologie ist er amnestisch für die Ressourcen, die er bräuchte, denn das Gedächtnis ist der ganze Körper, die ganze Physiologie, und nicht nur das zentrale Nervensystem. Und wenn die ganze Physiologie von Kopf bis Fuß „auf Problem eingestellt ist", werden die Gedanken auch nur um ähnliche Problemsituationen kreisen.

Der nächste Schritt ist die Induktion der Ressource-Physiologie: „Welche Ressourcen hättest du in der Problemsituation gerne zur Verfügung gehabt?" Auch die Ressource-Physiologie ankert ihr mehrmals, nämlich erstens, während der Klient eine Fähigkeit identifiziert, zweitens, wenn er diese benennt (was die Physiologie sehr intensiviert), drittens, wenn er nach einer für die Zugänglichkeit dieser Ressource typischen Situation sucht, und viertens, wenn ihr ihm mit Hilfe der V.A.K.O.-Hypnose helft, sich die Situation gegenwärtig zu machen. Gerade hier bei diesem Schritt kommt es besonders auf eure Schnelligkeit und Flexibilität an. Es gibt immer wieder

Momente, wo ihr eine Ressource–Physiologie bekommt, ohne sie bewußt induziert zu haben; zum Beispiel könnt ihr immer ankern, wenn der Klient sich spontan über etwas freut oder amüsiert. Humor ist sicher die beste Blanko–Ressource in der Therapie und Beratungsarbeit. Ankert sie einfach mit auf den Ressourcepunkt.

Wann immer eine Ressource kommt, werdet ihr sie unbewußt wahrscheinlich sowieso ankern — mit einem Lächeln, einer Tonalitätsveränderung eurer Stimme oder einer Berührung. Alle Therapeuten, die effektiv arbeiten, tun das. Sie merken sich intuitiv bestimmte Redewendungen oder Anspielungen, die ihr A in der Ressource–Physiologie gebraucht hat, und setzen sie unbewußt gezielt genau in den Momenten ein, wenn der Klient sich mit den traumatischen Sachen seines Lebens beschäftigt. Die Übungen mit Ankern dienen eigentlich nur dazu, zu lernen, das ein bißchen systematischer machen zu können.

In aller Regel kommt ihr bei dieser Technik mit einer Ressource aus, manchmal braucht ihr eine zweite oder mehr. Diese zusätzlichen Ressourcen ankert ihr entweder alle an der einen Stelle, oder an verschiedenen Punkten, zum Beispiel an verschiedenen Fingerknöcheln.

Dann ist wieder ein Separator–State angebracht, auch wenn viele Klienten lieber in der schönen Situation bleiben würden.

Im weiteren Gespräch probiert ihr beide Anker aus, während ihr das Bewußtsein ablenkt. Wenn ihr die Anker nacheinander und einzeln benutzt, muß die entsprechende Physiologie kurz auftauchen.

Die Integration geht nach dieser Vorarbeit folgendermaßen vor sich: Ihr macht eine Vorankündigung ans Bewußtsein, „du wirst die vergangene Situation gleich noch einmal durchleben, dieses Mal mit den Ressourcen zu deiner Verfügung", und gebt dann die Instruktion, es jetzt zu tun. Dann drückt ihr beide Anker fast gleichzeitig, indem ihr zuerst den Problem–Anker und sofort danach den Ressourcen–Anker benutzt; in einer Weise, wie wenn der Ressourcen–Anker den Problem–Anker einholt. Wenn die Integration gut auf den Weg gebracht ist und ihr den Eindruck habt, der Prozeß der Integration habe sich verselbständigt und wird ohne eure Hilfe weitergehen, zieht ihr euch zurück, legt eurem A seine Hand in seinen Schoß zurück und sagt: „Nimm *deine* Ressourcen und laß dir Zeit, das innerlich durchzuträumen, und wenn du maximal zufrieden bist, komm hierher zurück."

Nach der Reorientierung fragt ihr: „Bist du zufrieden?" Bei der Antwort überprüft ihr die Kongruenz derselben. Wenn noch eine Inkongruenz enthalten ist, geht ihr darauf ein, indem ihr zum Beispiel sagt: „Denk an Konsequenzen und Kontexte, die einbezogen werden müssen." In der Regel passiert auf diese Instruktion hin die Versöhnungs–Physiologie, wenn sich der Klient bewußt wird, wofür das bisher abgelehnte Verhalten gut ist.

Dann macht ihr ein FuturePace: „Wann wird das nächst Mal so eine oder so eine ähnliche Situation auf dich zukommen?" In dem Moment, wo ihr die Problem– oder die gemischte Physiologie aufkommen seht, setzt ihr den Ressource–Anker ein und sagt dabei, „Und durchlebe jetzt die Situation in der Zukunft mit deiner Ressource ... (Codebezeichnung) ..." Wenn ihr eine gute Integration seht, das heißt Elemente beider vorher nur getrennt vorhandenen Physiologien *gleichzeitig* wahrnehmen könnt, zieht ihr euch wieder aus der Berührung zurück und sagt etwa: „... solange, bis du maximal zufrieden bist, und dann komm zurück hierher."

In der Ökologie–Überprüfung, auch Öko–Check genannt, lautet die Frage ähnlich wie vorhin in bezug auf die Vergangenheit: „Bist du zufrieden mit der neuen Zukunft?" Wenn nochmal Inkongruenzen auftauchen, werden die ähnlich behandelt wie vorhin.

Ich lade euch jetzt ein, das Interventionsmuster „Veränderung der persönlichen Geschichte" selber ausprobieren. Laßt euch einfach überraschen, auf welche Weise euer Unbewußtes es zuläßt, daß ihr eure bisher unbewußt verwendeten Fähigkeiten zum Kalibrieren, Ankern und Integrieren jetzt bewußt in dieser kleinen Veränderungsarbeit einsetzt.

5.2.2 Fragen

Alice: Welcher Zeitpunkt ist am besten zum Ankern? In der Übung war es für meine Partnerin anscheinend zu früh. Ich habe langsam mit der Berührung angefangen, als ich sah, daß sie in die Situation vorstellungsmäßig hineingeht. Aber sie meinte, ich sollte noch nichts machen, sie wollte erst ganz in die Situation hineingehen.

Wenn du mit „als sie in die Situation vorstellungsmäßig hineinging" meinst, als sie anfing, die entsprechende Physiologie zu entwickeln, hättest du bestimmt gute Chancen gehabt, einen Anker mit gutem Timing zu entwickeln. Daß deine A gesagt hat, sie wolle erst hineingehen, kann mehreres bedeuten. Zum Beispiel kann es sinnvoll sein, zu testen, ob der Platz frei ist oder die Art der Berührung im Kontext der vorgestellten Szene als natürlicher Anker wirkt. Es kann sein, daß deine Körperberührung absolut nicht mit den Gegebenheiten der Szene kompatibel war. Angenommen, in der Szene ist sie ganz allein tief im Ozean beim Tauchen. Dann könnte es sein, daß sie Angst bekommt, wenn sie eine Berührung spürt, oder daß die Berührung das Hineingehen in die Szene verhindert.

Eine andere Bedeutung ihrer Anweisung an dich kann aber auch die sein, daß sie Ausdruck einer weniger konstruktiven Übertragung–Gegenübertragungssituation ist. (Alice lächelt leicht.)

Falls beides nicht zutreffen würde, hieße das, daß du in der Zunahme der Herzhaftigkeit deines Zufassens nicht genau synchron mit der Veränderung der Physiologie warst: Denk nochmal an die Analogie der Lenkradbewegung beim Autofahren ... Es ist eine sehr geeignete Metapher für die synchrone Veränderung der Physiologie und des Drucks der Berührung: Wenn ihr mit dem Auto um eine Kurve fahrt, werdet ihr unbewußt das Lenkrad so drehen, daß sich in der Veränderung der Bewegung des Lenkrades der visuelle Input von der Veränderung der Krümmungseigenschaften der Kurve genau abbildet. Wenn die Kurve mittendrin etwas weniger gekrümmt wird, werdet ihr das Lenkrad etwas nachlassen. Und wenn die Kurve plötzlich enger wird, zieht ihr wieder mehr an.

Diese Metapher macht auch noch eine andere Eigenschaft im *Prozeß* des Ankerns deutlich: Das Ankern ist kein diskretes einmaliges Ereignis, genauso wenig wie das Durchlenken eines Autos durch eine Kurve, sondern tatsächlich der Prozeß eines sehr komplexen Feedback–Geschehens. Die Physiologie kommt nicht nur einmal ganz schnell und geht dann wieder weg — wie ein digitales „Licht an, Licht aus"-Phänomen; je nachdem, was der andere innerlich macht, taucht sie auf, geht wieder etwas weg und kommt vielleicht stärker, entsprechend dem, wie A die Prozeßinstruktionen innerlich umsetzt und welche Eigendynamik die evozierte Szene hat, zu der die zu induzierende Physiologie gehört. Diesem Vorgang muß sich die Intensität der Berührung beim kinästhetischen Ankern anpassen, genau wie sich die Bewegungen des Lenkrades der Zu– und Abnahme der Krümmung in der Kurve anpassen müssen.

Nora: Während der Integration der beiden Situationen hast du ziemlich viel gesprochen. Bei uns in der Gruppe fehlte das irgendwie.

Als minimale Instruktion sagt ihr bei der Integration so etwas wie: „Laß dir einen Moment Zeit, innerlich zu erleben, was du alles neu tun kannst, jetzt." Nach diesem Satz könnt ihr im Prinzip Pause machen, es sei denn, ihr habt ein kleines Repertoire hypnotischer Sprachmuster und könnt Prozeßinstruktionen geben. Das sind Formulierungen, die sehr allgemein sind und in jedem Fall zutreffen, aber innerlich trotzdem als sinnvoll erlebt werden. Der Moment während der Integration ist ein Trance–Zustand, den ihr auch als solchen behandeln könnt.

Wenn ihr so etwas noch nicht gemacht habt, gebt ihr einfach eine Instruktion zum Nachdenken: „Denk einen Moment nach, wenn du dich in die Situation hineinversetzt, jetzt wieder" (Problemanker), „und sie neu durchlebst" (Ressourceanker, dann die Intensität beider Anker variieren, je nach Physiologie). „Denk einen Moment nach und laß dir Zeit zu entdecken, wieviele Möglichkeiten es noch gibt, dich zu verhalten."

Wenn die Physiologie sich integriert, das heißt, wenn von beiden Physiologien etwas vorhanden ist, zieht ihr eure Berührung zurück und gebt nochmal eine kleine Suggestion: „Nimm dir Zeit und komm zurück, wenn du maximal zufrieden bist mit dem, was du jetzt neu tust."

Es kann sein, daß der Klient nach ein paar Sekunden aus dem Trance–Zustand zurückkommt, oder aber erst nach einer halben Stunde. Ihr braucht euch darüber keine Gedanken zu machen. Wenn es euch zu lange dauert und ihr unruhig werdet, geht es eher um eure Belange und euer Wohl, als um das des Klienten: Der fühlt sich sicher, im Vertrauen zu euch, und nimmt es wörtlich, wenn ihr sagt, „reorientiere dich erst, wenn du maximal zufrieden bist". Und solange er das innerlich nicht entsprechend ausgearbeitet hat, bleibt er halt weg.

Wenn es für euch zu lange dauert, könnt ihr euren Klienten im Trance–Zustand nochmals ansprechen und ihn oder sie bitten, vorerst mal euch zuliebe zurückzukommen, mit der Zusicherung, daß er oder sie danach wieder in die jeweilige Trance–Realität zurückgehen kann, um das abzuschließen, was gerade entsteht. Ihr könnt auch einfach in der Trance um ein Nicken bitten, ob die Situation für ihn oder sie noch O. K. ist und es noch Zeit braucht, das sinnvoll auszuarbeiten. Und falls ihr die Sitzung beenden wollt und euer Klient immer noch in Trance sitzt, könnt ihr ihn ja bitten zurückzukommen und das, was er gerade angefangen hat, nachts weiterzuträumen.

Moritz: Wie lange hält eigentlich ein Anker?

An dieser Stelle kann ich nur die Geschichte von *Richard Bandler* erzählen, der gefragt wurde: „How long does an anchor last?" (Er hebt die rechte Hand, die zur Faust geballt ist ... bis auf den lang ausgestreckten Mittelfinger.) „This long!" (Allgemeines Lachen.) Hier würde man vielleicht (geht in die andere Ecke des Raumes vor der Gruppe) eher diese Geste verstehen (zeigt der Gruppe einen Vogel). Aber (geht wieder zurück zur Mitte) das ist natürlich gefährlich, denn (gestikuliert zur Ecke) *damit* zieht man leicht negative Übertragungen auf sich.

Aber, um deine Frage ernsthaft zu beantworten: Ein Anker hält um so länger, je besser er etabliert war. Man unterscheidet vier sogenannte Wohlgeformtheits-Kriterien für das Etablieren von Ankern: Auf der Reaktions-Seite die Reinheit und die Intensität der Reaktion, und auf der Stimulus-Seite die Einmaligkeit des Stimulus und das Timing — denn das Ankern ist ja nichts anderes als eine gezielte Anwendung der sogenannten Stimulus-Response-Konditionierung.

Danach wird ein optimaler Anker dann etabliert, wenn die zu ankernde Reaktion möglichst pur, das heißt nicht mit irgend etwas anderem vermischt ist. Letzteres ist etwa der Fall, wenn man eine Ressource-Physiologie ankern will, dabei aber gleichzeitig andere Reaktionen mitinduziert, zum Beispiel eine Verwunderung, „wieso faßt der mich an" oder ein genußvolles „ah, mehr davon".

Je intensiver die induzierte und geankerte Reaktion, desto effektiver ist der etablierte Anker. Und je einmaliger der Stimulus, desto effektiver der Anker; eigentlich müßte es heißen, „die Stimulus-Konfiguration", da man ja immer in mehr als nur in einem Sinnessystem ankert. Wenn ich etwas mit einem Händedruck ankere, wird die dadurch gestiftete Assoziation weniger lange halten, als wenn ich die gleiche Physiologie mit einem sanften Ziehen am rechten Ohrläppchen geankert hätte.

Das beste Timing fürs Ankern ist eine Synchronizität der Zu- und Abnahme des als Anker angebotenen Phänomens mit der Zu- und Abnahme der Intensität der zu ankernden Physiologie.

Für die Utilisation eines einmal etablierten Ankers ist dann natürlich das Ausmaß an Genauigkeit in der Wiederholung wichtig — bei kinästhetischen Ankern in den Variablen Ort, Intensität des Drucks, Dauer der Berührung und Bewegungsmuster in der Berührung.

Stephanie: Ich habe einmal von einer anderen Form dieser Technik gehört, in denen mehrere geschichtliche Situationen geändert wurden.

Ja, eine interessante Version dieses Interventionsmusters besteht darin, nicht nur eine, sondern eine ganze Reihe problematischer Situationen der Vergangenheit zu verändern: Man ankert das unerwünschte, unangenehme Gefühl und benutzt diesen Anker, um den Klienten mehrere Erlebnisse finden zu lassen, die dieses Gefühl gemeinsam hatten. Jedes dieser isomorphen Erlebnisse wird einzeln geankert; an anderen Stellen als der des ersten Ankerns, der nur benutzt wird, um A zu helfen, die verschiedenen Situationen mit der gleichen Kinästhetik zu finden. Dann werden — entsprechend dem

hier demonstrierten Vorgehen bei einem Erlebnis — alle Situationen mit Hilfe von geeigneten Ressourcen verändert, bis hin zur ältesten.
Daniel: Was ist der Vorteil, wenn man mehrere Situationen nimmt?
Es lassen sich verschiedene Facetten der Problemsituation beim Aussuchen der notwendigen Ressourcen berücksichtigen. Das gleiche gilt für den möglichen sekundären Gewinn, für den sich manchmal leichter die geeigneten Ressourcen finden lassen, die seiner lebensgeschichtlichen Besonderheit gerecht werden können.
Urs: Ist es nicht ziemlich manipulativ, mit Ankern zu arbeiten?
Ich komme noch einmal auf die Lenkrad–Metapher zurück: Wenn man gut fährt und sozusagen mit dem Lenkrad, dem Auto und der Kurve eins geworden ist, wer ist dann aktiv? Bewege ich das Lenkrad und bewirke damit eine Veränderung in der Wahrnehmung der Krümmungsstruktur der Kurve? Oder ist die Kurve aktiv, indem sie, vermittelt über meine visuelle (und natürlich auch auditive und kinästhetische) Wahrnehmung ihres Krümmungsablaufes, die von mir auszuführenden Lenkradbewegungen diktiert? Oder ist, in dem Augenblick, in dem ich entschieden habe, durch diese Kurve zu fahren, bereits entschieden, daß nicht mehr unterscheidbar ist, wer dabei aktiv ist und wer passiv? Wer bestimmt hier, die Kurve oder ich. Wir haben also nur willkürliche Interpunktionsmöglichkeiten in einem sehr komplexen kybernetischen Feedback–System. Und wenn diese Dinge schon beim Autofahren philosophisch so schwierig sind, wie ist es dann erst, wenn es um zwei Menschen geht, von denen einer eventuell aktiv und einer eventuell passiv ist.
Eine andere Antwort auf deine Frage ist die Prämisse im NLP, daß man nicht nicht manipulieren kann. Also lernen wir, so gut wir es können, bewußt zu manipulieren. Dann haben wir wenigstens eine kleine Chance, ethisch zu handeln.
Richard: Ich denke gerade noch über Worte nach. Eigentlich ist ja jedes Wort ein Anker, oder?
Alle Worte, die eine Bedeutung für euch haben, nennen wir auditiv–digitale Anker für Erlebnisse und Zustände. Nämlich für die, an die ihr denkt, wenn ihr die entsprechenden Worte hört.
Richard: Ach so, wie bei dem „Denk nicht an blau!"–Beispiel, wo der Wort–Anker „blau" wirkt.
Ja. Wie zu jeder Regel gibt es jedoch auch hier die Ausnahme. Normalerweise sollte man Instruktionen zum Beispiel lieber so geben, daß das gewünschte angestrebte Verhalten sprachlich positiv benannt wird. Das gilt auch für Instruktionen an sich selbst: Statt „denk nicht an all die schönen Sachen, die im Kühlschrank liegen" sollte es heißen, „denk an das tolle Gefühl in deinem Körper, wenn

du so schlank bist, wie du es gerne möchtest." Andererseits kann es auch sehr spannend sein, mit der Hierarchie von Ankern zu experimentieren. (Er geht zu Richard, streicht ihm übers Haar und sagt mit sanfter Stimme:) „Hab' keine Angst. Du brauchst keine Angst zu haben." (Richard entspannt sich, sichtlich regrediert mit einem gelösten Gesichtsausdruck). Dabei kann man herauszufinden, wie kongruent man in seinem *nonverbalen* Verhalten ist. (Er wendet sich wieder Richard zu, diesmal mit zusammengebissenen Zähnen, flachem, hektischem Atem und zitternder Stimme:) „Ganz ruhig, los ganz ruhig." (Richard verspannt sich, wie in einer Schreckreaktion, bevor er lacht.) Hier haben wir ein ähnliches Phänomen wie zum Beispiel, wenn eine Mutter im Flugzeug kurz vor dem Start ihren schreienden Säugling oder ihr Kleinkind zu beruhigen versucht und dabei selbst noch unter totalem Streß ist. Bei der Induktion von Zuständen hat das nonverbale Verhalten wohl meist den größeren Effekt auf die Physiologie des anderen als die verbalen Anker. Wenn die Mutter im Flugzeug — die Väter sind wie so oft entweder nicht da, oder sie überlassen solche Dinge den Müttern — sich selbst entspannen kann, merkt es das Kind sofort und entspannt sich auch.

Leo: Stören Geräusche von außerhalb der Trance?

Mein Glaubenssystem ist zunächst, daß Geräusche unwichtig gemacht werden bei dem, was innerlich erlebt wird. An der Physiologie siehst du ja, ob ein Geräusch stört oder nicht: Wenn ja, siehst du kleine oder größere Orientierungsreaktionen auf die Schallquelle — ähnlich wie bei der Übung „Stuck State — Separator-State" vorhin. Dann kannst du sagen: „O.K., was müßte gegeben sein, damit du diese Geräusche egal sein lassen kannst und dich innerlich auf das einstellen, was du wichtiger findest?" Dann hat A wahrscheinlich eine Idee, die weiterhilft. Etwas fortgeschrittener wäre es, die Geräusche zu inkorporieren, das heißt, A Prozeßinstruktion zu geben, um ihm zu helfen, „ihnen eine Bedeutung zu geben, die das fördert, was immer er in der Trance macht" — das war schon eine in der einfachsten Form.

Ilse: Was ist alles als Inkonkruenz zu bewerten?

Zögernde Antworten, auch übertriebene Antworten wie zum Beispiel (völlig ekstatisch): „Na klar!"; oder Situationen, in denen A zwar sagt, „ich bin zufrieden", euch aber weiterhin anguckt, als erwartete er oder sie noch etwas von euch. Außerdem kann es passieren, daß während der Integrationsphase irgendein neues Symptom auftritt, wie zum Beispiel Kopfschmerzen oder ähnliches. Solche Symptome und andere Inkongruenzen deuten darauf hin, daß euer Klient innerlich etwas getan hat, was noch nicht ökologisch ist, und daß es einen Einwand dagegen gibt. Wenn ihr mit dieser Inkongruenz umgeht, und so den Einwand in die Arbeit mit einbezieht, wird die Veränderung viel umfassender.

Ihr geht mit Inkongruenzen um, indem ihr sagt: „O. K. laß uns mal so tun, als ob du nicht ganz zufrieden bist, als ob ein kleiner Zweifel noch da ist." Meistens bekommt ihr daraufhin ein ideomotorisches, unbewußtes Nicken. Ihr fragt weiter: „Und angenommen, dieser kleine Zweifel wäre da, wie könntest du innerlich erkennen, daß er da *ist?*" Ich fange also im Konjunktiv zu formulieren an und beende den Satz im Indikativ.

Dieses Vorgehen ist vor allem dann bezüglich eines möglichen Rapportverlustes sehr sicher, wenn schon im Konjunktivteil ein unbewußtes Ja, ein ideomotorisches Nicken vorhanden ist. Ihr könnt dem Klienten helfen, innerlich den Einwand wahrzunehmen, indem ihr fragt: „Drängt sich ein Bild auf, oder hörst du etwas, oder gibt es ein Körpergefühl, einen Geruch oder einen Geschmack, die du nicht in die Szene einordnen kannst?" In aller Regel gibt es dann nach so einem V.A.K.O.-Putz ein Phänomen, das nicht ganz zu dem vorgestellten Entwurf paßt. Der kürzeste Weg ist dann zu sagen: „Hier in diesem Phänomen, das du wahrnimmst, hast du innerlich einen Berater für alle Vorhaben, die mit der neuen Weise zu tun haben, wie du mit dieser Situation umgehen willst. Von dem solltest du dir, bevor du beginnst, tatsächlich etwas zu verändern, innerlich das O. K. geben lassen."

Wenn ein Symptom vorhanden ist, zum Beispiel Kopfschmerzen, sagt ihr erstmal: „Zum Glück ist das da. Denn dadurch weiß ich, daß es innerlich einen Teil von dir gibt, der an dieser Veränderung, die du dir vorgenommen hast, mithelfen will, und der dazu etwas sehr Wichtiges beizutragen hat. Und diesen Teil kannst du als inneren Berater nutzen." In aller Regel verschwindet dann das Symptom und euer Klient zeigt wahrscheinlich eine Versöhnungs-Physiologie, weil er beginnt zu ahnen, warum es zur Zeit noch sinnvoll ist, das Problemverhalten vorerst so zu lassen, wie es ist — bevor irgend etwas anderes geklärt und reorganisiert ist. Das heißt er wird sich womöglich einer notwendigen Modifikation der Veränderung bewußt, die erforderlich ist, um bestimmten Konsequenzen vorzubeugen.

So etwas nennen wir ein Kurz-Reframing. Es ist immer dann wichtig, wenn bei einer Veränderungstechnik erster Ordnung, wie Change History, eine Inkongruenz oder ein Symptom auftritt. Jede Inkongruenz bedeutet, daß es noch einen Teil des Unbewußten gibt, der nicht grundsätzlich gegen die angestrebten Veränderungen ist, sondern nur darauf hinweist, daß zusätzlich noch etwas Bestimmtes sichergestellt sein muß, oder daß die Veränderung in einer bestimmten Weise oder Reihenfolge ablaufen muß, damit sie ökologisch ist. Das Timing ist häufig absolut zentral. Das Unbewußte ist nie gegen Neuerungen an sich, sondern sorgt immer nur dafür, daß sie in einer Weise integriert werden, in der sichergestellt ist, daß im Leben der Person nichts kaputt geht. Letztendlich ist der Test, ob eine Veränderungsarbeit ökologisch ist, die Symmetrie in der Körperhaltung von A.

Heike: Kann man Anker auch in der nicht-klinischen Praxis einsetzen?

Natürlich. Mein erstes, für meinen damaligen Anfängerstatus doch recht stattliches Honorar als NLP'ler in der Wirtschaft verdiente ich gemäß der Kurzgeschichte im Vorwort von „Neue Wege der Kurzzeit-Therapie" mit einem fünfmaligen, für die meisten Beteiligten kaum hörbaren Pfeifen — so ähnlich wie wenn man einer Frau hinterherpfeift ... und es leise macht, weil sie sich gerade mit ihrem Freund unterhält.

Mein Klient, Chef einer Software-Firma, hatte eine für ihn schwierige Prüfung zu bestehen. Er mußte zu einer Konferenz mit einem Kunden, zu der auch der Vertreter einer großen Hardware-Firma geladen war, der wie mein Klient auch noch keinen Vertrag mit ihrem gemeinsamen Kunden hatte. Die Entscheidungsunfreudigkeit des Kunden, die nach Meinung meines Klienten ans Pathologische grenzte, war für meinen Klienten ebensowenig ein Thema, wie das sich in Elementen gegenseitig bedingende, komplizierte Vertragswerk. Sein Problem war der beratende Anwalt seines Kunden und der Vertreter der Hardware-Firma, beide vom Typus „ernster Geschäftsmann", wie er sagte, mit dem er nun überhaupt nicht konnte — ein Problem, das sich später als schlichte Vaterübertragung erwies. Auf der Fahrt zur Konferenz induzierte ich eine Ressource nach der anderen, indem ich mit ihm darüber sprach, was wohl alles gut wäre, wenn er es diesen Männern gegenüber zur Verfügung hätte, und ankerte alles mit dem gleichen kleinen Pfeifen, daß er bewußt nicht wahrzunehmen schien. Diesen Vorgang bezeichnet man übrigens als „stacking anchors", oder auch „Anker Stapeln". Nach zwanzig Minuten bei seinem potentiellen Kunden angekommen, trafen wir vor dem Haus eine Mitarbeiterin, die das sogenannte Pflichtenbuch erstellt hatte, das heißt vor Ort erarbeitet hatte, welche Aufgaben die dann von meinem Klienten herzustellenden Programme zu erfüllen hatten. Er stellte mich ihr vor und wir legten als meine Rolle in der Konferenz fest, daß ich Kommunikations- und

Teambildungsseminare in seiner Firma abgehalten hätte und jetzt auch mal „die Praxis kennenlernen" wollte. Diese etwas dümmliche Selbstdarstellung bot mir den Rahmen, den ich für meine Tätigkeit hauptsächlich brauchte, nämlich die Interaktionen meines Klienten beobachten zu können. Außerdem stellte sich dieses Cover als sehr rapportbildend heraus; ich kam sofort in den Genuß des zwar etwas jovialen, aber doch herzlichen Wohlwollens der durchschnittlich wohl zehn Jahre älteren „alten Hasen" der Runde. Meine eigentliche Arbeit in der Konferenz bestand aus dem schon erwähnten fünfmaligem Pfiff, den ich immer dann einsetzte, wenn mein Klient nach einer bestimmten Tonalitätsveränderung der besagten älteren Herren (auditiver Anker) blasser wurde und weniger tief und frequent atmete (Problem–Physiologie). Die gleiche Intervention werden wir im ersten Ausbildungswochenende unter dem Titel „Reanchoring Couples" lernen. Sie führt, wie auch damals bei meinem Klienten, typischerweise zu einer völlig veränderten Kommunikation. In unserem Falle genügten fünf Ereignisse gleichzeitigen Auftretens beider Anker und damit der Problem– und Ressource–Physiologie, um zu einer stabilen Integration zu kommen, die dann das Verhalten meines Klienten in der Interaktion soweit veränderte, daß sich auch die Interaktionspartner anders verhielten. Mit anderen Worten, er war dann so ressourcevoll, flexibel und humorvoll im Kontakt zu den beiden Männern, daß diese aufhörten, den Anker in ihrem Verhalten zu zeigen, und ihn viel respektvoller und wärmer ansprachen.

Heike: Und keiner in der Konferenz hat das Pfeifen gehört?

Nein. Das heißt doch, die Mitarbeiterin meines Klienten, die auf der anderen Seite von mir saß. Sie hielt manchmal in ihren Bewegungen inne oder stoppte für einen Moment ihren Atem. Sie wußte, daß ich irgend etwas vor hatte, aber nicht was, und hat ihr Erstaunen über dieses unpassende Geräusch für sich behalten.

Heike: Und jetzt hat er mit deiner Hilfe ein absolutes Schrottprogramm verkauft?

Gut, daß du mich daran erinnerst. Bevor ich auf der Fahrt die Ressourcen induzierte, habe ich ihn gefragt, ob er überzeugt davon ist, daß der Kunde mit seinen Programmen sehr gut bedient wäre. Seine verbale und nonverbale Antwort habe ich auf Kongruenz überprüft.

Daniel: Hat er den Anker später bemerkt?

Nein. Selbst als ich ihn nach dem Abschluß fragte, ob er wisse, was ich gemacht hatte, wußte er es nicht. Erst als ich den immer noch gut wirkenden Pfiff lauter werden ließ, kam ihm der Anker ins Bewußtsein; und er krümmte sich vor Lachen.

5.2.3 Kurzform der Schritte

CHANGE HISTORY
(Veränderung der persönlichen Geschichte)

1. Rapportcheck
Ihr überprüft die Berührungspunkte für eure kinästhetischen Anker. Wichtig ist ein neutraler physiologischer Zustand eures Klienten, wenn ihr ihn oder sie berührt.

2. Induktion der Problem–Physiologie
a) Identifikation einer Problemsituation:
   Gehe bitte innerlich in eine Situation, wo die Dinge nicht so optimal gelaufen sind.
b) V.A.K.O.–Hypnose:
   Dann hypnotisiert ihr euren Klienten über alle Sinnessysteme in diese Situation hinein (wenn überhaupt noch nötig). Und vergegenwärtige dir, was gibt es dort zu sehen, ... zu hören, ... zu fühlen, ... zu riechen ... und zu schmecken?
In a und b ankert ihr fortwährend synchron zur Zu- und Abnahme der Physiologie.

3. Separator–State

4. Induktion der Ressource–Physiologie
a) Identifikation einer Ressource:
   Du als reifer, erwachsener Mann / reife erwachsene Frau, hast enorm viel gelernt in deinem Leben. Welche von allen diesen Fähigkeiten und Erfahrungen wäre gut gewesen, wenn du sie in der Situation, an die du vorhin gedacht hast, zur Verfügung gehabt hättest? Benenne sie mit einem Phantasienamen.
b) Identifikation einer Situation:
   Identifiziere bitte eine Situation, die repräsentativ für dich mit dieser Ressource ist.
c) V.A.K.O.–Hypnose:
   Dann hypnotisiert ihr euren Klienten mit V.A.K.O. in diese Situation (wenn nötig).

In a, b und c ankert ihr die Ressource–Physiologie fortlaufend; ebenso zusätzlich alle spontan auftretenden Ressourcen und die Humor–Physiologie.

5. Separator–State und Test der Anker

6. Integration
a) Instruktion/Vorankündigung:
Ich möchte, daß du noch einmal in die (Problem–)Situation ... (Zitat des Klienten) ... **gehst und sie neu erlebst; und nimm dabei deine Fähigkeit** ... (Zitat des Klienten) ... **mit. Tu das jetzt.**
b) Anker benutzen:
Auf „jetzt" benutzt ihr zunächst den Problem– und dann mit kurzer Verzögerung den Ressourceanker, noch bevor der Problemanker vollständig gedrückt ist — so, als wollte der Ressourceanker den Problemanker einholen. Ihr benutzt die Anker balancierend zur jeweils dominierenden Physiologie des Klienten, um eine Integration zu erreichen.
c) Rückgabe der Ressourcen
Wenn die Integration „unterwegs" ist, das heißt, wenn Anteile der Problem– und der Ressource–Physiologie zu sehen sind, laßt ihr die Anker los. Falls ihr an den Knöcheln einer Hand geankert habt, legt ihr die Hand in den Schoß zurück. Ihr könnt dann sagen, **nimm dir Zeit, *deine* Ressourcen so einzusetzen und die Situation innerlich so zu gestalten, daß du maximal zufrieden bist, und komm dann zurück hierher.**

7. Kongruenzcheck
Wenn euer Klient aus der Trance zurückkommt, fragt ihr: **Bist du zufrieden mit deiner neuen Vergangenheit?** Dabei achtet ihr darauf, ob die Antwort kongruent und die Haltung symmetrisch ist.
Wenn nein, macht ihr ein Kurz–Reframing über das Finden von Kontexten oder Konsequenzen oder über eines der Berater–Modelle.

8. FuturePace
Ihr fragt den Klienten: **So eine Situation wird in der Zukunft ähnlich wieder auftreten, oder?** Dann sagt ihr, wenn die Problem–Physiologie bzw. die schon integrierte Physiologie kommt: **Innerlich, durchlebe sie jetzt, mit deiner Ressource ...** (Benennung des Klienten) ...! Dabei benutzt ihr nur den Ressourceanker — der Problemanker ist internal generiert.

9. Kongruenzcheck für den Zukunftsentwurf, wie Schritt 7.

5.3 Integration antagonistischer Zukunftsentwürfe

In der NLP-Gemeinde kursiert seit langer Zeit — ich kann mich nicht erinnern, wo ich die Geschichte gehört habe und von wem — eine Anekdote über einen sehr bekannten Therapeuten, der von sich selbst als erster behauptete, nicht-direktiv zu arbeiten. Ich erzähle euch erst das Gerücht und später die Wahrheit. (Viele lachen.) Interessante Reihenfolge, nicht wahr? Auf jeden Fall eine nützliche Reihenfolge, da die Geschichte, wenn auch in der Form nicht wahr, doch sehr lehrreich ist.

Der Therapeut arbeitete mit einer Frau, die ein Entscheidungsproblem hatte. Auf der einen Seite wollte sie sich von ihrem Mann scheiden lassen und „mehr Freiheit" haben. Bei der Beschreibung dieser Alternative redete sie sich in eine bestimmte Physiologie hinein (er spielt einen tänzerischen Bewegungsablauf vor). Auf der anderen Seite wollte sie gerne in der Beziehung bleiben und Kontinuität und Geborgenheit erfahren. Dabei zeigte sie natürlich eine andere Physiologie. (Er zeigt die Sitzhaltung von jemandem, der sich etwa gerade an den Blumen seines gepflegten Kleingartens erfreut.) Sie hatte also ihren beiden Zukunftsentwürfen zwei völlig getrennte Physiologien zugeordnet.

Der Therapeut machte im wesentlichen folgendes: Er paraphrasierte noch einmal beide Entwürfe. Er sagte: „Auf der einen Seite (on the one hand) würden Sie sich gerne trennen und tanzen gehen etc. ... ." Dabei reinduzierte er die zugehörige Physiologie, während er mit einer Geste der linken Hand einen visuellen Anker etablierte. „Und auf der anderen Seite (on the other hand) würden Sie gerne Kontinuität, Geborgenheit etc...." Beim Zuhören ging sie in die andere Physiologie und gleichzeitig etablierte er mit einer entsprechenden Geste der rechten Hand einen zweiten visuellen Anker. Er beendete diese therapeutische Intervention mit den Worten: „Aber ich bin sicher, Sie werden die richtige Entscheidung treffen (but I'm sure, you'll do the right decision)." Dabei wiederholte er mit der rechten Hand die Geste von vorher. Auf diese Art und Weise hatte er sehr deutlich gemacht, welche Alternative er bevorzugen würde.

Diese Geschichte ist nicht wahr! Ich erzähle sie hier aber trotzdem, denn sie hätte sehr leicht wahr sein können, da das Unbewußte von uns allen oft dafür sorgt, das wir etwas anderes nach außen signalisieren als das, was unsere Bewußtsein will. Diejenigen, die sich noch nicht beim Arbeiten auf Video aufgenommen haben, sollten das dringend nachholen! Da gibt es dann sehr interessante kleine Phänomene zu sehen, wie etwa (macht mit der Hand und mit ausgestrecktem Arm eine Geste, um jemand auf Distanz zu halten): „Ah ja, erzählen Sie mir mehr davon!" Im NLP gehen wir davon aus, daß man nicht nicht ankern kann und daß es von daher besser ist, zu lernen, möglichst bewußt zu ankern.

Der zweite Grund, weshalb ich diese unwahre Geschichte doch erzähle, ist ein geschichtlicher: Ich habe sie zum Anlaß genommen, ein kleines Interventionsmuster zu erfinden, in dem es auf eine sehr bewußte Nutzung ähnlicher, aber bewußt etablierter Anker ankommt.

Kann ich mal eure volle Aufmerksamkeit hier haben? Stellt euch vor, ihr wärt in der A– und ich in der B–Position. Ihr könnt euch darauf verlassen, daß euer Unbewußtes auf einer Ebene alles mitbekommt, was nötig ist, um dieses Modell zu einem anderen Zeitpunkt auch als Therapeuten mit anderen Menschen machen zu können. So könnt ihr den Prozeß jetzt für euch selbst nutzen, für irgendeine „Entscheidungsschwierigkeit".

Wahrscheinlich finden alle von euch etwas, wo ihr euch zwischen zwei (nimmt beide Hände bis auf Schulterhöhe hoch, Handflächen nach oben, wie eine Waage) Zukunftsentwürfen nur schwer entscheiden könnt: Mache ich das jetzt so (hält dabei die linke Hand mit der Innenfläche höher und spricht und sieht dabei in Richtung auf diese Hand), oder mache ich das jetzt so (wiederholt das gleiche, diesmal mit der rechten Hand)? Und ihr denkt vom Bewußtsein her, daß diese Zukunftsentwürfe ... das so zu machen ... oder das so zu machen (reetabliert jeweils bei „so" die Anker — indem er die imaginären Waageschalen mal auf der einen, mal auf der anderen Seite höher als die jeweils andere kommen läßt), inkompatibel sind; sie passen nicht zusammen: Es gibt entweder das eine ... oder es gibt das andere ... (wiederholt die Anker).

Ihr sagt: „Ich stelle mir also genau vor, wie es sein wird, wenn ich das eine mache (linke Hand). Hier bin ich in meiner Zukunft, wenn ich den einen Entwurf mache." (Er zeigt auf den Daumen seiner linken Hand.) „Und ich habe es mit bestimmten Menschen um mich herum zu tun (zeigt auf die Finger der linken Hand, die er mit dem Daumen zusammen hochhält, als seien sie kleine Puppen), mit bestimmten Bereichen, oder wie immer. Ich werde in bestimmten Situationen sein, mache bestimmte Dinge so und so. Ich bin dann also in einer bestimmten Weise in der Welt, in bestimmten Interaktionen mit bestimmten Menschen (zeigt auf den Daumen und jeweils einen anderen Finger), ich bin häufiger in bestimmten Zuständen als in bestimmten anderen, oder ich mache bestimmte Tätigkeiten öfter als bestimmte andere." Ich gebe Prozeßinstruktionen für die Vergegenwärtigung der zu dem Entwurf gehörenden Phantasie und induziere damit die Physiologie der einen Seite des Konfliktes.

„Und wenn ich dann plötzlich überlege" (zeigt auf seine andere Hand), „wenn ich mich dafür entschieden hätte, wie wäre es dann. Da wäre ich auch in einer bestimmten Weise in der Welt; und ich tue bestimmte Dinge in bestimmten Aktionen bezogen auf bestimmte Leute (spielt entsprechend mit den „Puppen" der rechten Hand). „Das können die gleichen Leute sein wie in dem Entwurf" (zeigt wieder auf die erste Hand), „es können aber auch unterschiedliche Leute und andere Häufigkeiten in der Interaktion sein — mit Leuten genau wie mit der gegenständlichen Welt."

Und interessant ist, wenn ihr sagt, „ich habe hier den Entwurf" (zeigt auf eine Hand) „und da den Entwurf" (zeigt auf die andere Hand), kann plötzlich die Idee kommen, daß ich das Wort „entscheiden" auch anders verstehen kann, als daß ich entweder nur das eine oder nur das andere kann. ... Ich kann mir auch vorstellen, daß „entscheiden" heißt, daß irgend etwas, was vorher geschieden war — wenn es ent–schieden ist — zusammenkommt (er führt langsam seine beiden Hände zusammen); was immer das für eine Zukunft ist!

Und es kann sein, daß der eine oder andere von euch oder die eine oder andere für einen Moment sich nochmal deutlich macht, was alles da drin ist (rechte Hand) oder was alles da drin ist (linke Hand), und nochmal hin und her geht, ein paarmal; und plötzlich eine Ahnung kriegt, bewußt oder unbewußt, was möglich ist, wenn diese Entwürfe und Zukunftsphantasien auf eine neue Weise „ent–schieden" werden. Es kann sein, daß ihr ahnt, was dann passiert und was euch dann möglich ist, und welche Fähigkeiten ihr in eurem Verhalten zeigen werdet, die ihr schon kennt oder neu bildet aus Elementen, die vorher in den beiden Entwürfen getrennt enthalten waren.

Es kann auch sein, daß sich bei einigen von euch ein Einwand regt oder deutlich wird, so daß ihr innerlich mit einem Teil von euch verhandeln müßt, wie er am günstigsten in diesem Integrationsprozeß mitarbeiten kann. Vielleicht ist es auch ein Teil, der das Oszillieren zwischen den beiden Entwürfen in der Vergangenheit genutzt hat, um bestimmte Dinge effektiv in eurem Leben sicherzustellen und jetzt befürchtet, es nicht mehr so gut tun zu können. Vereinbart mit diesem Teil, daß er neue Wege finden wird, sinnvoll für euch weiterzuarbeiten. Und wenn ihr das innerlich gemacht habt, kommt wieder hierher.

Vielleicht macht ihr den Übergang von der inneren Arbeit, die ihr eben gemacht habt, so, daß ihr auf dem Weg, wieder voll und ganz in diesen Raum zurückzukommen, Ideen kriegt, wie es wäre, wenn ihr dies in meiner Position tun würdet. Mit welchen Klienten würdet ihr es machen, oder mit welchen Menschen, die ihr kennt?

Wie wäre es, die Hände so zu halten und einen Anker für die Physiologie des einen Entwurfes zu etablieren, und eine kleine hypnotische Induktion zu machen, daß der Klient auf euren Daumen guckt, während ihr sagt: „Da bist du, und du hast verschiedene Bezüge zur Welt." Wie ist es wohl, das zu machen und wahrzunehmen, daß der Klient in Trance geht und eine bestimmte Physiologie zeigt, die zu dem Entwurf dazugehört. Und wie es wohl ist, wenn ihr die andere Seite induziert, die Physiologie des anderen Entwurfes, wenn ihr wieder sagt: „Da bist du, wenn du dich für die andere Seite entschieden hast und auch bestimmte Dinge tust, etc. ..." Und wie wird es sein, wenn ihr ihn oder sie anguckt und Prozeßinstruktionen gebt, die er oder sie nutzen kann, um die Physiologien der Entwürfe zusammenzubringen und daher neu über die anstehende Entscheidung nachzudenken; und wie wird es sein, wenn ihr mit den Ankern so lange hin und her spielt, bis ihr euch mit euren eigenen Augen davon überzeugen könnt, daß Elemente beider Physiologien jetzt gemeinsam auftreten und eine neue Arbeits-Physiologie für diese Entscheidung bilden? Und wie ihr dann wahrnehmen würdet, ob innerlich ein Einwand kommt oder nicht, und wenn ja, was ihr dann als Prozeßinstruktion sagen könntet um den Einwand zu begrüßen und eurem Klienten zu helfen, ihn einzubeziehen.

Und worüber ihr jetzt auch immer nachdenkt, stellt sicher, daß ihr in euer Denken einbeziehet, gleich diesen Raum zu verlassen und eine schöne Mittagspause zu haben. Stellt sicher, daß ihr in einem Zustand seid, in dem ihr eine rote von einer grünen Ampel unterscheiden könnt. Bis nachher.

5.3.1 Fragen

Erwin: Ich habe noch eine Frage zu den Zukunftsentwürfen. Es gibt doch auch Entscheidungen, wo sich die Sachen ausschließen; zum Beispiel wenn ich denke, kaufe ich mir jetzt ein rotes oder ein schwarzes Auto?

Oder soll ich Klebestreifen darüber kleben? Und dann ist noch die Frage, kaufe ich ein schwarzes Auto und klebe rote Klebestreifen darüber, oder kaufe ich ein rotes Auto und klebe schwarze Streifen darüber. Fest steht, wenn du das mit jemandem machst, und die Entscheidung ist, soll ich das Auto kaufen oder das, und es gibt keine Kombination auf dem Markt von den beiden Autotypen, dann hast du von außen keine Ahnung, was die Person innerlich tut, wenn du ihr mit deinen beiden Ankern hilfst, die beiden Physiologien zusammen zu bringen. Es kann sein, daß sie innerlich ein völlig anderes Thema behandelt und die Autos nur Metaphern dafür sind. Es kann auch sein, daß sie sich entscheidet, erst ein rotes Auto zu kaufen und das ein halbes Jahr zu fahren, und dann ein schwarzes. Die Lösung liegt dann im Timing: Wann, was, in welcher Reihenfolge? Was die Person innerlich macht, weißt du nicht. Das einzige, was du weißt, ist, daß sie in einer neuen Physiologie über ihr Entscheidungs-problem nachdenkt.

Ich habe diese Geschichte mal mit einer Frau im Seminar gemacht, die Schwierigkeiten hatte, sich zu entscheiden, ob sie Prüfung machen wollte; das bedeutete, ein halbes oder ein dreiviertel Jahr voll durchzuarbeiten, sehr konzentriert, mit wenig Bewegung und allem, was zu der disziplinierten Schreibtisch-Physiologie noch so dazugehört. Oder ob sie das Examen noch verschieben sollte, um zuerst das Leben noch etwas zu genießen, einen Tanzkurs zu machen und verschiedene Dinge mehr. Ich machte diese kleine Integration mit ihr, und es gab eine sehr schöne integrierte Physiologie und keine einwanderhebenden Teile. Als ich sie nach drei Monaten im Seminar das nächste Mal sah, sagte sie mir, sie hätte beides gemacht. Bei der Lösung, zu der sie gekommen war, konnte sie aufgrund eines guten Timings beides tun. In dem kleinen Trance-Zustand der Integrationsphase der Demonstration ist sie zu einer sogenannten Kontextmarkierung gekommen: Dabei sind Dinge wichtig, die sie im Kontext wahrnehmen kann, um zu wissen, jetzt ist das eine dran und jetzt das andere. Die Lösung war ganz einfach und wie so oft im Leben nur eine Frage des Timings. Wenn sie am Schreibtisch saß und im Blickwinkel sah, daß es anfing dunkel zu werden — eine visuelle Kontextmarkierung —, wechselte sie von der disziplinierten Schreibtisch-Physiologie in die Feierabend-Physiologie, vom Schreibtisch weg zu der Haltung: „Was hat die Nacht zu bieten?" Wenn es wieder hell wurde, oder beim Aufwachen, wie immer sie das genau organisiert hatte, war sie wieder voll in der Schreibtisch-Physiologie. Das heißt, die Zusammenarbeit zwischen den beiden Seiten bestand darin, daß sie genau wußten, wann wer dran ist, und nicht beide gleichzeitig tätig waren, wie vorher in ihrem Leben, wo sie beides nicht richtig konnte. In dieser kleinen Integration hat sie einen Weg gefunden, wie und wann sie flüssig von einer Physiologie in die andere kommt. Ein elaborierteres Modell für solche Konflikte werden wir im nächsten Seminar (Band II) im sogenannten Verhandlungsmodell des Reframings kennenlernen.

Thilo: Kannst du meinem Bewußtsein nochmal klarmachen, wie du die beiden Physiologien integriert hast.

Ich habe nur zwei Anker benutzt. Einen für den einen Zukunftsentwurf: „Stell dir vor, du bist in der Zukunft und hast dich entschieden für das. Und du wirst so und so leben." Damit helfe ich, die Phantasie zu stabilisieren — das ist die eigentliche Funktion jedes Ankers. Und dann induziere und ankere ich die Physiologie des anderen Entwurfes: „Stell dir vor, du bist in der Zukunft und hättest dich so entschieden." Ich helfe, die Phantasie–Realitäten beider Entwürfe zu verdichten, während ich sie ankere. Dann spiele ich mit meinen beiden Ankern und bringe sie zusammen — solange, bis die Physiologien beide gleichzeitig vorhanden sind. Dabei gebrauche ich Verbalisierungen, die es mir möglich machen, ausgiebig mit meinen Ankern zu spielen.

Thilo: Mich würden diese Verbalisierungen interessieren. Kannst du da noch ein bißchen was dazu sagen?

Im wesentlichen geht es so, wie ich es vorhin mit euch gemacht habe. Wenn ich sehe, daß die Integration noch nicht passiert, weil ich zu schnell war, muß ich beide Physiologien noch stärker involvieren. Je nachdem, welche Physiologie stärker kommt, sage ich: „Es kann sein, daß du noch einen Moment bedenken möchtest, wie es wäre, wenn du dich so (Anker der in dem Moment schwächeren Physiologie) entschieden hättest. Gehe nochmal hin und her und nimm von dem anderen Entwurf noch einmal etwas heraus, was wichtig ist, mit in den zu nehmen." Und wenn er oder sie daran denkt, kommt die andere Physiologie wieder deutlicher. „Oder vielleicht möchtest du es umgekehrt machen, daß du erstmal den Entwurf nimmst, und dich nochmals in der (zeigt auf eine seiner Hände) Zukunft aufhältst und überprüfst, was in der Phantasie alles drin ist — wie du dich verhältst und in der Lage bist, deine Welt wahrzunehmen —, und von dem Entwurf noch Dinge mitnimmst in den anderen." Falls du durcheinander gekommen bist, das macht nichts, denn wie oft die eine oder die andere Seite angesprochen wird, hängt natürlich hauptsächlich von der Physiologie meines Klienten ab und weniger von der Logik oder inhaltlichen Nachvollziehbarkeit der Satzkonstruktionen. Ich habe also auch noch verbale Anker für die beiden Zustände. Ich rede so lange und variiere die Intensität meiner Anker, bis ich eine stabile integrierte Physiologie sehen kann.

5.3.2 Kurzform der Schritte

Integration der Physiologie antagonistischer Zukunftsentwürfe

1. Identifikation zweier antagonistischer Zukunftsentwürfen

Du kennst sicher Situationen, wo du dich zwischen zwei Zukunftsentwürfen nur schwer entscheiden kannst und dir überlegst, mache ich das so, oder mache ich das so. Schon wenn A die Entwürfe identifiziert, fangt ihr an, die dazugehörigen Physiologien, (auditiv und/oder visuell; gestische Darstellung einer Waage). Wo du denkst, daß diese Zukunftsentwürfe, das so zu machen oder das so zu machen (beide Anker nacheinander), inkompatibel sind, daß die nicht zusammenpassen; es gibt entweder das oder das (wieder beide Anker nacheinander).

2. Anker etablieren und stabilisieren
 a) Gesprächsweise Induktion der Physiologie des einen Entwurfs:
Hier bist du in deiner Zukunft, wenn du dich entschieden hast, den einen Entwurf Wirklichkeit werden zu lassen. Dabei zeigt ihr auf die eine Hand und utilisiert und stabilisiert so den einen Anker. Und du hast es mit bestimmten Menschen um dich herum zu tun, mit bestimmten Sachbereichen oder gegenständlichen Bereichen, oder wie immer. Du hast bestimmte Situationen, wenn du dich dafür entschieden hast, und du bist in der Zukunft und machst das so. Du bist dann in einer bestimmten Weise in der Welt, in bestimmten Interaktionen mit bestimmten Menschen, du bist in bestimmten Zuständen, in denen du häufig bist, oder in bestimmten Tätigkeiten.
 b) Gesprächsweise Induktion der Physiologie des anderen Entwurfs:
Und wenn du dann plötzlich überlegst — dabei zeigt ihr auf die andere Hand und reetabliert und stabilisiert so den anderen Anker — wenn du das tätest, wenn du in der Zukunft bist, und du hättest dich für das entschieden; da bist du auch in der Welt; und du tust bestimmte Dinge in bestimmten Aktionen mit bestimmten Leuten in deinem Leben.

In den Schritten a und b etabliert ihr die Anker entsprechend der Zu- und Abnahme der Physiologien und des Wechsels zwischen beiden.

3. Integration
Und interessant ist, wenn du sagst, ich habe hier den Entwurf — dabei zeigt ihr auf die eine Hand — und da den Entwurf — dabei zeigt ihr auf die andere Hand —, wenn ich mir überlege, das Wort „entscheiden" kann ich auch so wahrnehmen .... ich muß nicht unbedingt denken das oder das, sondern ich kann mir auch vorstellen, daß „entscheiden" heißt, daß irgend etwas, was vorher geschieden war, wenn es e n t - s c h i e d e n ist, zusammenkommt; was immer das für eine Zukunft ist. Dabei bringt ihr beide Anker zusammen; wenn ihr mit euren Händen gearbeitet habt, dann führt ihr sie von beiden Seiten zusammen — im dem Tempo, in dem A euch mit einer Integration der beiden Physiologien folgt.

Und es kann sein, daß du dir für einen Moment nochmal deutlich machst, was alles da drin ist — dabei setzt ihr wieder den einen Anker — oder was alles da drin ist — dabei setzt ihr den anderen Anker — und nochmal hin und her gehst, ein paarmal; und plötzlich eine Ahnung kriegst, bewußt oder unbewußt, was möglich ist, wenn diese Entwürfe und Zukunftsphantasien ent–schieden werden. Es kann sein, daß du ahnst, was dann passiert und was dir dann möglich ist, und welche Fähigkeiten du zeigen willst, in deinem Verhalten haben willst, die du schon kennst, oder die neu synthetisiert sind. Und wieder bringt ihr die Anker zusammen.

Es ist wichtig, daß ihr Fluff zur Verfügung stellt, den der Klient für diese Entwürfe nutzen kann, um sie physiologisch zusammen zu bringen; am Ende solltet ihr wahrnehmen können, daß beide Physiologien von jeder Seite enthalten sind in einer neuen Physiologie, während ihr die Integration macht.

4. Test
Fragt möglichst beiläufig irgend etwas, was mit der Entscheidung zusammenhängt, und schaut dabei auf die Physiologie.

5. Umgang mit Einwänden (Kurz–Reframing)
Es kann auch sein, daß sich in dir ein Widerspruch regt, so daß du innerlich mit einem Teil von dir verhandeln mußt, auf welche Weise und ob er dich beraten kann bei dem, was du zusätzlich lernen mußt, wenn die Entscheidung passiert ist und wenn es dieses Oszillieren nicht mehr gibt, dieses Hin und Her, sondern einen klaren Entwurf, der die Vorteile von den beiden einzelnen Entwürfen in sich enthält.

6 Integration zweier dissoziierter Physiologien

Das Interventionsmuster „Change–History", mit dem wir uns eben befaßt haben, ist nur eine Spezialform eines Vorgehens, das man „Integration zweier dissoziierter Physiologien" nennen kann. Dissoziiert bedeutet, daß die Person in jeweils einem Kontext nur die eine Physiologie zur Verfügung hat und keinen Zugang zur anderen. Daher kann sie dann meist auch nicht das Wissen und die Fähigkeiten einsetzen, die sie in dem anderen Zustand gelernt hat. Dasselbe gilt umgekehrt für den anderen Kontext: Dort hat sie nur Zugang zur zweiten Physiologie und keinen zu den Erfahrungen des ersten Zustandes. Die Integration beider Physiologien ermöglicht es meiner Ansicht nach A, auf die Fähigkeiten aus beiden Physiologien und Kontexten zurückzugreifen, da sie beide Physiologien verfügbar macht und die Physiologien im NLP immer als die Grundlage für bestimmte Verhaltensoptionen gedacht werden. Sie kann dann nicht nur die Fähigkeiten beider Physiologien und Kontexte nutzen, sondern auch alle möglichen Kombinationen aus den Elementen beider Klassen von Fähigkeiten.

Diese Grundannahme, daß die Physiologie das Verhalten determiniert, muß man allerdings bereit sein zu glauben, um dieses eigenartige Ritual des Ankerns kongruent machen zu können. Ich habe die Überzeugung, daß man in einer bestimmten Physiologie ganz andere Dinge tun kann als in einer unterscheidbar anderen, daher kann ich es nicht nur kongruent machen, sondern es auch kongruent weitervermitteln.

Bisher sind wir noch ein bißchen wertend mit den Physiologien umgegangen; insofern, als wir eine Physiologie die Problem–Physiologie genannt haben und die andere die Ressource–Physiologie. Das geschah als Pacing, um den Klienten da abzuholen, wo er gerade ist: Um den Rapport zu seinem Bewußtsein nicht zu verlieren, schließe ich mich ihm oder ihr in der Terminologie erst einmal an.

Der Zustand und das dazugehörige Verhalten jedoch ist an sich kein Problem. Die Problematik besteht zum einen darin, daß der

Klient in ihm dissoziiert von den Fähigkeiten anderer Zustände ist und zum anderen, daß er dieses Verhalten in einem bestimmten Kontext zeigt und nicht in einem anderen. Es gibt keinen Zustand und kein Verhalten, welches per se problematisch oder schlecht ist. Ein Verhalten, das in einem Kontext problematisch ist, kann in irgendeinem anderen Kontext genau das richtige sein. Dort stellt es eine Fähigkeit dar — die es schon immer war, nur daß der Klient sie bisher in ungeeigneten Kontexten angewandt hat.

Zum Beispiel kann es für jemand ein Problem sein, sehr gehemmt zu sein, meistens zu schweigen, sich auf die Lippen zu beißen und sich daran zu hindern, etwas Bestimmtes zu fühlen, wahrzunehmen oder etwas Bestimmtes zu sagen. Das ist jedoch eine absolute Fähigkeit, wenn man den passenden Kontext findet. In einer bestimmten Situation die Fähigkeit zu haben, etwas nicht zu sagen, kann einem unter Umständen das Leben retten. Stellt euch vor, ihr werdet von einer Rockerbande überfallen. Und ihr wißt genau, wenn ihr jetzt das sagt, was ihr ihnen am liebsten an den Kopf knallen würdet, wird es lebensgefährlich. In so einem Moment kann es angebracht sein, zu schweigen und die Typen nicht noch mehr zu provozieren.

Umgekehrt geht dieses Gedankenexperiment aber auch: Womöglich ist es bei einem Überfall auch gut, genau die richtigen Sachen richtig laut sagen zu können. Es kann sein, daß jemand, der in dieser Situation in der Lage ist, im passenden Moment die richtigen Sachen in der richtigen Lautstärke zu produzieren, in Therapie kommt und sagt: „Ich bin zu jähzornig, das ist mein Problem. Dadurch bekomme ich immer wieder Schwierigkeiten mit meiner Familie." Das Problem besteht darin, daß er in einem Kontext jähzornig ist, wo er es eigentlich nicht möchte. Aber in einer anderen Situation könnte diese Haltung nach Einschätzung der Dinge eventuell die lebensrettende Ressource sein.

Wir können als Berater und Therapeuten nie wissen, in welche Kontexte ein Klient kommen wird. Deshalb ist es auch nicht ausgeschlossen, daß sein Problemverhalten in irgendeiner Situation bestimmte Vorteile bietet. Wichtig ist, die Fähigkeiten zu erkennen, die in der Handlungsweise des Klienten enthalten sind. Dazu genügt es, genau nachzufragen, was er oder sie innerlich macht, und auf welche Weise die Fähigkeiten zustandekommen, die er oder sie problematisch nennt. Je mehr wir zum Beispiel minutiös nachvollziehen, mit welcher Abfolge innerer Prozesse er in der Lage ist, meinetwegen ganz starke Gefühlszustände zu unterdrücken und bestimmte Dinge, die explosiv aus ihm heraus wollen, nicht zu sagen, je mehr wir das erforschen würden, desto mehr würden wir anerkennen und gar nicht anders können als anzuerkennen, daß das eine ganz exquisite Fähigkeit ist, die wahrscheinlich kein anderer Mensch auf der großen weiten Welt genau so machen kann wie mein Klient, der da sitzt und sagt: „Das ist mein Problem."

Damit soll nicht bezweifelt werden, daß ein Verhalten für einen Klienten eine schwerwiegende Beeinträchtigung darstellen kann — wenn es schlecht kontextualisiert ist, wie wir im NLP sagen. Es geht in der Therapie und Beratung darum, ihm oder ihr zu helfen, es in den richtigen Kontexten einzusetzen und dann im zweiten Schritt neue alternative Verhaltensweisen zu generieren.

Eine bestimmte Dissoziation von Zuständen kann man oft auf Parties beobachten: „Betrunken sein und nüchtern sein". Je nach Lerngeschichte ist für unterschiedliche Leute das Riechen, Schmecken oder Schlucken der gleichen chemischen Substanz Alkohol zu einem Anker für ganz unterschiedliche Zustände geworden. Manche Leute werden ruhiger und melancholischer unter Alkohol, manche aufgedrehter, manche kontaktfreudiger. Welche Fähigkeiten im einzelnen es auch immer sind, die dann nur in der alkoholisierten Physiologie zugänglich sind, eines ist den Beispielen gemeinsam: Die alkoholisierte und die nüchterne Physiologie sind für die meisten Leute dissoziierte Physiologien. Es sei denn, sie sind hervorragende Schauspieler und haben sich schon ganz intensiv mit der Darstellung dieses Zustandes beschäftigt. Hat jemand ein Alkoholproblem, ist der Unterschied der Physiologien meist so groß, daß man glaubt, einen anderen Menschen vor sich zu haben. Auch für Nicht-Alkoholiker sind Rausch- oder Nicht-Rausch-Zustände sehr unterschiedlich. Wenn jemand jedoch wirklich große Alkoholprobleme hat, ist der Unterschied riesig: Der nüchterne Zustand kann zum Beispiel durch eine ganz hohe Brustatmung, einen hohen Muskeltonus und sehr viel Gesichtsfarbe charakterisiert sein, während der Klient beispielsweise in der alkoholisierten Physiologie eine tiefe Bauchatmung hat, einen schwachen Muskeltonus zeigt und sehr blaß ist.

Wichtig ist dabei, sich zu vergegenwärtigen, daß der Alkohol selbst im wesentlichen nur ein Anker für die alkoholisierte Physiologie ist, die an sich vom Alkoholiker nicht angestrebt wird. Sie ist nur ihrerseits wieder ein Anker für viele Fähigkeiten, die ausschließlich in der alkoholisierten Physiologie zugänglich sind, weil sie in diesem Zustand gelernt wurden, oder weil der betreffende Mensch gelernt hat, sie in diesem Zustand zu zeigen und zu pflegen. Wenn wir mit jemandem an diesem Problem arbeiten, werden wir also nicht die Rausch-Physiologie zu unserem Feind erklären, denn dann würden wir uns mit dem Unbewußten der Person verfeinden, das das Beste tut, was es kann, um die meist lebenswichtigen, auf jeden Fall aber zu einem menschenwürdigen Leben unverzichtbaren Fähigkeiten zugänglich zu haben.

Wir werden hier im Seminar also üben, beide Physiologien zu induzieren — ohne was zu trinken natürlich — und zu integrieren, denn wie sonst sollten wir würdigen können, was unser individueller Klient in der alkoholisierten Physiologie im einzelnen zu tun in der Lage ist. Denn eine erfolgreiche Therapie setzt voraus, daß er für jede einzelne Fähigkeit lernt, sie sich auf andere Weise zugänglich zu machen.

Die Physiologien sind meist so stark separiert, daß beim Zusammenkommen in der Integration tausend Dinge passieren — schließlich hat mein A es noch nie erlebt, daß die nüchterne und die alkoholisierte Physiologie gleichzeitig in seinem Körper aufgetreten sind.

Diesen Glaubenssatz habe ich zunächst von der „NLP-Gemeinde" in den USA übernommen, denn er erklärt scheinbar, weshalb das Integrationserlebnis für die meisten Klienten sehr intensiv ist. Dann habe ich mir gedacht, daß mein A die integrierte Physiologie sehr wohl schon einmal erlebt haben kann — entsprechend der manchmal sehr sinnvollen Arbeitshypothese, daß die meisten Dinge schon einmal da waren und nur das Verlernen wieder rückgängig gemacht werden muß. Ich probierte aus, was ich tun konnte, wenn ich diese Arbeitshypothese glauben würde und habe auf diese Weise eine Prozeßinstruktion für solche Integrationen entwickelt, in der ich sehr kongruent behaupte, daß in dem Integrationserlebnis Fähigkeiten wiedergefunden werden, an die A lange nicht gedacht hat — ich komme später noch darauf zurück. Außerdem fand ich entsprechend dieses „Wahrnehmungsfilters", daß die Integrationen dissoziierter Physiologien nicht nur sehr intensive Erlebnisse, sondern meist auch mit einer spontanen Altersregression verbunden sind. Wenn wir uns die Differenzierung der Physiologien und des Verhaltens im Verlaufe des Lebens als Baum vorstellen, dann symbolisieren die Verzweigungen des Stammes die lerngeschichtliche Ausdifferenzierung der Physiologien und des durch diese Physiologien möglich werdenden Verhaltens.

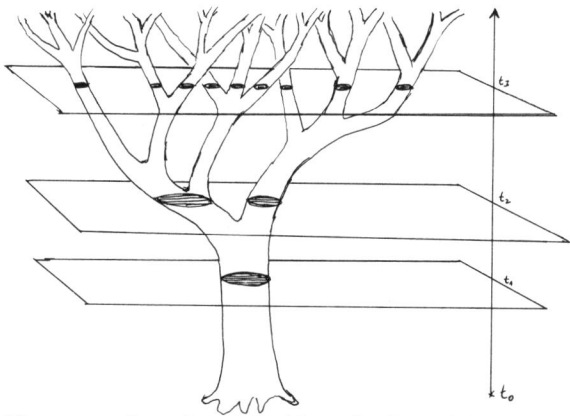

Eine Ebene repräsentiert dabei jeweils die gelebten unterschiedlichen Physiologien und Verhaltensweisen in den unterschiedlichen Lebensbereichen zu einem bestimmten Zeitpunkt.

Wenn wir uns vorstellen, daß unser A zum Zeitpunkt t_2 zum Beispiel angefangen hat, die durch den rechten Stamm repräsentierte Physiologie und das dazugehörige Verhalten nur im Zusammenhang mit Alkohol zu erleben, und die durch den linken Stamm repräsentierten Verhaltensweisen in den entsprechenden Kontexten nur ohne denselben, dann können wir uns vorstellen, daß diese Aufteilung der Kontexte und Physiologien mit zunehmender Ausdifferenzierung im Reifungs- und Individuationsprozeß immer mehr einzelne Kontexte und Verhaltensweisen umfassen wird (etwa zum Zeitpunkt t_3).

Die Zeichnung zeigt dabei recht deutlich, was meiner Erfahrung nach sehr häufig vorkommt: Der Anker Alkohol wird ein Anker für eine schon bestehende Dissoziation. Ein Beispiel wäre etwa, wenn ein Jugendlicher nach der Scheidung der Eltern gelernt hat, sich im Umfeld des Vaters ganz anders zu verhalten und zu fühlen, als in dem der Mutter — und somit zwei nicht integrierte Grundhaltungen (-physiologien) entwickelt hat, in der Welt zu sein.

Die Intensität der Regression beim Integrieren der Alkohol- und der Nicht-Alkohol-Physiologie würde in diesem Fall dadurch bedingt sein, daß A im Integrationserlebnis die separaten Daseinsformen, Lernkontexte, Zukunftsentwürfe etc. des eventuell seit Jahren oder Jahrzehnten als getrennte Welten erfahrenen innerlichen oder tatsächlichen Zusammenseins mit jeweils einem der Eltern zusammenbringt (und damit etwa nach t_1 regrediert). Nach meiner Erfahrung ist die Dissoziation „nüchtern–alkoholisiert" im Leben eines

Alkoholikers oft die Nachfolgerin einer meist schon früher gebildeten Dissoziation, die oft mit einer tiefen Spaltung in zwei konfligierende Identitäten korrespondiert. In einem späteren Seminar werden wir uns mit den von *Robert Dilts* entwickelten Interventionsmustern zur Lösung tiefliegender Identitätskonflikte beschäftigen, die eine sehr viel umfassendere Integration bewirken als das Vorgehen der Integration dissoziierter Physiologien, um das es im folgenden gehen soll — das aber eine unerläßliche Vorbedingung für das sehr wirkungsvolle Six–Step–Reframing ist, mit dem wir uns dann beschäftigen werden.

In meiner ersten Arbeit mit einem Alkoholiker habe ich zuerst Dinge gemacht, die wenig Wirkung hatten — und dem Alkoholproblem auch nur wenig Aufmerksamkeit geschenkt. Zur vierten Sitzung kam er betrunken; sein Unbewußtes hatte diesen sinnvollen Weg gewählt, mich wissen zu lassen: „Hier geht's lang; du hast bestimmte Dinge nicht berücksichtigt, die sehr ernst zu nehmen sind." Er erschien also in gut angetrunkenem Zustand, und ich dachte mir: „Wer ist das denn, der kommt mir irgendwie bekannt vor?" In diesem Zustand war er total verändert. Während er im nüchternen Zustand eher aufrecht saß und sich wenig bewegte, hatte er als Betrunkener einen völlig anderen Muskeltonus, machte viele Bewegungen, guckte sich in meiner Praxis um und hatte eine starke visuelle Vorstellungskraft. In dem Zustand hat er auch die Tatsache, daß er so viel sah, zum Anlaß genommen, mit mir völlig anders Kontakt aufzunehmen als es der Nüchterne konnte, der eher damit beschäftigt war, mit sich selbst über die schlechten Gefühle zu reden, die er sich machte — und sie damit zu stabilisieren.

In einer gewissen Weise konnte ich mit dem Klienten mehr anfangen, wenn er im betrunkenen Zustand war. Denn so forderte er mich mehr. Er guckte sich in meiner Praxis um und machte Kommentare, sowohl zu bestimmten Gegenständen als auch zu meinem Aussehen. Auf diese Weise konnte er das, was er sah, für sein Verhalten relevant machen, das dadurch flexibler und einfach interessanter wurde. Diese Möglichkeit hatte er in der nüchternen Physiologie nicht. Beruflich war er Kameramann, also hoch visuell spezialisiert. Und im Privatbereich mußte er viel trinken, um Zugang zu seinen visuellen Fähigkeiten zu haben. In seiner Lerngeschichte war das motorische Programm für Alkohol ein Anker für den Zugang zu visuellen Fähigkeiten im Privatleben geworden. Im Beruf hatte er die Kamera als Anker — und auch die Sicherheit der dissoziierten Wahrnehmungsposition.

Viel konnten wir in der Sitzung damals nicht machen, dazu war er zu betrunken. Ich habe die Zeit aber genutzt, um seine Physiologie zu studieren. Als er das nächste Mal wieder nüchtern kam, setzte er sich spontan wieder auf den Sessel, auf dem er in den nüchternen Stunden vorher auch gesessen hatte. Bei der Integration half ich ihm, indem ich ihn bat, wieder auf dem Sessel Platz zu nehmen, auf dem er in betrunkenem Zustand saß, und mir durch Nicken zu zeigen, wenn er voll und ganz halluzinieren könnte, er würde nicht auf dem Sessel, sondern auf dem anderen sitzen. In dieser Trance blieb er sehr lange, und physiologisch passierte sehr viel. Dann habe ich ihn das Ganze nochmal umgekehrt auf dem anderen Sessel halluzinieren lassen: wie das alles aussehen würde, wie er mich sehen und meine Stimme hören würde, wenn er voll halluzinieren könnte, er würde nicht auf dem, sondern wieder auf dem anderen Sessel sitzen.

Dieses Erlebnis machte mir deutlich, daß es tatsächlich sehr wichtig ist, die Dissoziation der beiden Physiologien wahrzunehmen und sie therapeutisch zu berücksichtigen, denn nach der Integration machten wir in der Therapie große Fortschritte.

Ohne diese Integration hätte ich nur mit ihm als nüchterner Person arbeiten können. Der Zugang zu ihm in betrunkenem Zustand hätte gefehlt, und damit auch zu seinem unbewußten Wissen um Ursachen und Funktionen des Trinkens. Wir hätten keine Information über diese Dinge erhalten, da er vor der Integration in nüchternem Zustand keine Ahnung davon hatte. Das ist so, wie wenn Mr. Hyde etwas von Mr. Jeckyll wissen will — wenn der eine wach ist, schläft der andere! Die Integration der zwei dissoziierten Physiologien war also wichtig, damit der Klient vollen Kontakt zu seinen beiden Seiten bekam. Sie ist eine wichtige Vorbereitung für ein Reframing, mit dem wir uns nachher befassen.

Bei der Arbeit mit einer Frau, die an Neurodermatitis litt, ging es mir ähnlich wie mit dem Alkoholiker — ich kam nicht recht voran. Mit der Zeit wurde mir klar, daß sie innerlich keinen Kontakt zu dem Teil bekam, der für das Kratzen zuständig war, wenn sie in der Nicht-Kratz-Physiologie war. Als ich sie in den Moment des Kratzens hineinhypnotisierte, gab es eine drastische physiologische Veränderung. Natürlich mußte ich aufpassen und Sicherungen einbauen, damit sie nicht in der Tat dasaß und sich wundkratzte. Sie konnte einfach halluzinieren, sich zu kratzen, ohne es tatsächlich zu tun. Das war ein Weg, die Physiologie zu induzieren. Die beiden Zustände waren in dem Fall „kratzen" und „nicht-kratzen". In der „Kratz-Physiologie" war sie sehr lebendig und beweglich und hatte eine gute Durchblutung. Ich habe dann ein Programm mit ihr erarbeitet, daß sie immer, wenn sie mit dem Teil ihres Unbewußten in Kontakt kommen wollte, der für das Kratzen zuständig war, innerlich erst die Empfindungen durchhalluzinierte, sich zu kratzen. Die Integration passierte also durch die Vorstellung, sich zu kratzen bei dem gleichzeitigem Wissen, daß sie es nicht tat. Diese Integration war die Grundlage für einen sehr erfolgreichen Abschluß der Therapie. Was kein Wunder ist, denn bei längerem Nachdenken kam ich dahinter, daß die Integration der beiden dissoziierten Physiologien natürlich nur eine Ebene dessen ist, was bei dieser Intervention passiert. Die andere Ebene ist die der Interaktion: Die mit der Induktion der „Symptom"-Physiologie verbundene Meta-Botschaft war natürlich, „du bist auch und gerade mit diesem Symptom liebens- und achtenswert."

Ihr werdet nachher miteinander die Integration dissoziierter Physiologien üben. Damit ihr wißt, was ihr suchen sollt, wenn ihr nachher A seid, möchte ich jetzt noch ein paar typische Dissoziationen mit euch durchsprechen. In der therapeutischen Praxis ist zum Beispiel der Wechsel zwischen manischen und depressiven Zuständen sehr häufig. Ihr könnt auch mit der vielleicht eher alltäglichen Version dieser Dissoziation spielen, die man gute versus schlechte Laune nennen könnte!

Für die Raucher unter uns dürfte diejenige Physiologie sehr interessant sein, die jemand zeigt, wenn er anfängt zu rauchen, also die „Rauchen-Physiologie" und die „Nicht-Rauchen-Physiologie".

Dasselbe gilt für die Brillenträger unter uns: Sie wissen, in welchen unterschiedlichen Zuständen sie sind, wenn sie ihre Brille auf- bzw. absetzen.

Den Zweisprachigen unter uns, die in zwei Sprachen flüssig sind, ist es womöglich gar nicht bewußt, wie drastisch sie ihre Physiologie beim Wechsel von einer Sprache in die andere in aller Regel ändern.

„Erregt — nicht erregt" kennt ihr ebenfalls aus dem täglichen Leben.

Und wie ist es zum Beispiel, wenn die Lohnsteuererklärung fällig ist oder andere stringente Schreibtischarbeit, ihr jedoch unbedingt gerade noch eben dieses oder jenes machen wollt. Das ist auch eine interessante Dissoziation — besonders, wenn man sie nicht überwinden kann.

Oder wie wäre es mit „Jeckyll und Hyde", für diejenigen unter euch, die abwechselnd „Jeckyll" und „Hyde" heißen; ihr kennt sicher die kleinen Verwandlungen, die ihr durchlauft, wenn es hell oder dunkel wird.

Gisela: Oder bei Vollmond und bei Neumond.

Ja, es gibt viele Dissoziationen, die in Zyklen stattfinden. Viele haben zum Beispiel morgens eine ganz andere Physiologie als abends; und die Nachtmenschen sind wieder ganz besondere Dissoziationsspezialisten. Man könnte bei den Nachtmenschen ihren Zustand nachts zwischen 10 und 4 Uhr mit dem morgens zwischen 8 und 12 integrieren — guckt mich nur genau an, ich bin gerade dabei.

Leute, die wetterabhängig sind, haben eine Schönwetter–Physiologie, wenn die Sonne scheint, und eine Regenwetter–Physiologie bei bewölktem Himmel.

Beate: Wie ist es mit einem „ausgeschlafenen" Zustand und einem „vorm Einschlafen"?

Unbedingt. Habt ihr noch mehr gute Ideen?

Katharina: „Hungrig und satt"?

Ja, wenn man diese Zustände mischt, bekommt man sehr viel Spielraum, wann man wie hungrig und wie satt ist; natürlich nur in ökologischen Grenzen.

Silke: Wenn ich in eine Streßsituation komme und meine Kinder dabei habe, fühle ich mich stark, weil ich sie beschützen muß. Ganz alleine in einer Streßsituation fühle ich mich dagegen unwohl.

Aha, das ist vielleicht ähnlich wie die Dissoziation „professionell — privat". Mit Klienten ist das ja auch wie mit Kindern! Manchmal heißt diese Dissoziation auch „on stage — off stage" — wie es bei mir lange der Fall war.

Viktor: Jetzt nicht mehr?

Doch, aber anders. Vielleicht kann ich es so sagen, ich bin immer noch verschieden auf der Bühne und privat, aber es ist nicht mehr eine Dissoziation, die auch in die Kategorie „Problem– und Ressource–Physiologie" geht.

Dissoziationen kann man also integrieren und dann wieder absichtlich neu erzeugen und anders aufbauen. So könnte man therapeutische Arbeit definieren. Die neuen Dissoziationen sind weniger rigide als die alten und haben weniger unangenehme Nebenwirkungen. Erinnert ihr euch an die Kontextmarkierung, die ihr euch selbst schaffen sollt, um zu wissen, wann ihr NLP macht und wann das, was ihr schon jetzt gut und automatisch könnt — eine absichtlich erzeugte Dissoziation, die ihr solange pflegen solltet, bis euer Unbewußtes euch mit ihrer Aufhebung überrascht. Oder denkt an die Frau, die sich auf ihr Examen vorbereitet und trotzdem abends Dinge getan hat, die ihr Spaß machten. Sie hat ähnliche Kontextmarkierungen genommen wie Jeckyll und Hyde — die Dämmerung abends und morgens. Dissoziationen sind also nicht etwas Schlechtes; es kommt nur darauf an, welche Dissoziation wann passiert, und ob man weiß, daß es sie gibt und in der Lage ist, ihnen einen vorläufigen Charakter zu geben.

Denkt auch an die Dissoziation „Therapeut — Klient", die ihr hier erlebt, wenn ihr mal A, mal B seid. Das ist eine Dissoziation, die hier im Seminar und auch außen in der anderen Wirklichkeit problematisch sein kann, zum Beispiel, wenn man nur „im Traum" mal die Rolle wechselt.

6.1 Klimmzüge im Unterholz

Gudrun: Bei mir ist es die Diskrepanz zwischen der Arbeit im Gefängnis und der in der Praxis.
Thies: Hast du Lust, hier vorne eine kleine Demonstration zu machen und dabei etwas Interessantes über deine Dissoziation zu erfahren?
Gudrun: Ja, gerne.
Thies: Es geht also um den Unterschied, wenn du als Therapeutin im Gefängnis oder in deiner Praxis arbeitest?
Gudrun: Ja, das sind zwei verschiedene Physiologien.
Thies: Wie weißt du, daß du im Gefängnis und in der Privatpraxis in unterschiedlichen Zuständen bist?
Gudrun: Das ist der Raum, also was ich sehe ... (plötzlich beteiligter:) Die Luft ist anders: gesiebte Luft.
Thies: Das ist spannend. Es scheinen olfaktorische ...
Gudrun (noch in der Freude, das entdeckt zu haben): Ja.
Thies: ... Kontextmarkierungen zu sein, mit denen du die beiden Zustände auseinanderhälst. Wie riecht es im Gefängnis?
Gudrun (bewegt die Nasenflügel, die Lippen und die Zunge beim Nachdenken): nach Schweiß.
Thies: Nach Schweiß, und das kann man beinahe auch schmecken?
Gudrun: Ja. Ich habe eine Zeitlang auf der Psychiatrie gearbeitet, und da ist mir das richtig aufgefallen. Das war allerdings ein anderer Schweißgeruch als im Gefängnis ... Und in der privaten Praxis ist die Luft einfach viel reiner.
Thies: Wie würdest du sagen, riecht die Luft in der privaten Praxis? Kannst du es in einem Vergleich sagen, oder in einer Metapher?

Gudrun: Kühler, frischer. (Die entsprechende Physiologie intensiviert sich. Thies ankert visuell mit einem Anheben seiner rechten Hand.)
Thies: Ah ja, ... Gibt es einen Vergleich? Kannst du einen Satz etwa so anfangen: In der privaten Praxis riecht es wie... ; oder: In der privaten Praxis riecht es, als wenn ...
Gudrun: ... man nach einem Sommerregen durch den Wald geht (die Physiologie erreicht ihre deutlichste Ausprägung).
Thies (in der Stimmlage vom Anfang): Wie spät ist es? Ach so, Entschuldigung, ich habe ja selbst eine Uhr, neuerdings. Dieses Manöver war der Separator–State; das habt ihr mitgekriegt, oder?
Thies: Und wie riecht es im Gefängnis?
Gudrun: Muffig ...
Thies: ... wie ...?
Gudrun: ... in einer Turnhalle.
Thies: ... (Stimme langsamer) in einer ganz bestimmten Weise zu einem ganz bestimmten Zeitpunkt ... (ankert, indem er seine linke Hand anhebt; dann wieder mit normaler Stimme:) Wie zum Beispiel gleich nach dem Alt–Herren–Turnen. (Allgemeines Lachen, das als Separator wirkt.)

Interessant ist bei Dissoziationen wie schon gesagt, daß beide Physiologien jeweils die Grundlage für spezielle Fähigkeiten sind, die für die Person nur in dieser einen Physiologie verfügbar sind.
Thies: Wärst du neugierig, wie es wäre, diese Fähigkeiten zu kombinieren? Und zwar so, daß das Ganze mehr ist als die Summe seiner Teile? *Milton Erickson* hat eine Reihe ganz interessanter Experimente mit Wahrnehmungsverzerrungen gemacht. (Gudrun runzelt die Stirn.) Das ist eigentlich nicht das richtige Wort für „sensory distortion". Man könnte auch sagen, Experimente zum kreativen Umgang mit der bewußten und unbewußten Gestaltungsfähigkeit des Geistes für Wahrnehmungen (Gudrun reagiert mit einer kurzen Trance). Wärst du mit einem kleinen Experiment einverstanden? (Gudrun nickt.) Ich möchte (mit langsamerer Stimme, trancemäßig; benutzt dabei wie beiläufig und beidseitig die vorher als Anker etablierten Gesten der beiden Hände), daß du dir vorstellst, wie es wäre, wenn du im Gefängnis kühlere, frischere Luft riechen könntest und in der Praxis muffigere. ... Über welche Gedankengänge, durch welches gedankliche Unterholz würde der Weg gehen, welche Verzweigungen müßten deine Assoziationen haben und wie müßte sich deine Phantasie entblättern, um zu so einer kreativen olfaktorischen Desorientierung zu kommen? Zu welchen Bestleistungen müßten sich die Ge-

danken aufschwingen, welche kühnen Sprünge und welche Klimmzüge müßte dein Geist machen, welches Durchhaltevermögen dein Wille, um die Nase dazu anzuregen, einen innerlich hervorgebrachten Geruch nach außen zu projizieren ..., in einer überaus angenehmen und überraschenden Form .... Was immer du auch im Moment innerlich machst, welche Experimente mit der Wahrnehmung der Welt und deiner eigenen Identität, welche Erfahrungen im Empfinden und Wollen: In dem, was du jetzt tust, sind Fähigkeiten erkennbar, die du neu synthetisiert hast, vielleicht aus kühler Muffigkeit oder Alt-Herren-Frische, oder an die du lange Zeit nicht gedacht hast, die du aber gut kennst ... (Gudrun sieht plötzlich viel jünger aus, zeigt das hypnotische Phänomen einer Altersregression), genau, von früher ... und die plötzlich wieder da sind, und verfügbar — jetzt. Und vielleicht kannst du einen Moment darüber sinnieren, darüber nachdenken, was passieren könnte, wenn du die Fähigkeiten aus beiden Kontexten zusammenbringen würdest zu irgend etwas neuem Alten oder altem Neuen. Und für diese Fähigkeit oder Fähigkeiten, an die du jetzt denkst, an die du lange nicht oder sogar noch nie dachtest, finde mal drei Situationen in deiner Zukunft, wo du sie einsetzen willst. Es kann sein, in dem einen professionellen Kontext oder in dem anderen ... oder in einem völlig anderen. Und komm dann zurück hierher zu uns in diesen Raum, wenn du mindestens drei Kontexte gefunden hast, in denen diese Fähigkeiten ihren Platz in deinem Leben haben sollen.

Habt ihr gesehen, was ich gemacht habe? Dasselbe sollt ihr tun, wenn ihr nachher auch mit dissoziierten Physiologien spielt: Ihr ankert zuerst den einen und dann den anderen Zustand. Dazu müßt ihr sie natürlich induzieren. Ihr braucht das diesmal nicht mit der offiziellen V.A.K.O.-Hypnose zu machen, in der ihr den Klienten über alle Sinnessysteme in die entsprechende Szene hineinführt. Ihr seid ja schon fortgeschritten und deshalb können jetzt auch die Induktionen einfacher werden. Vielleicht ist es für einige von euch nicht einfacher, die Physiologie beiläufig während der Unterhaltung zu induzieren, weil es möglicherweise sehr ungewohnt ist, das plötzlich bewußt zu tun, was ihr sonst in jedem Gespräch tut. In diesem Fall habe ich sie gebeten, die Gerüche zu beschreiben, da signifikante Elemente aus der Situation nicht detailreich beschrieben werden können, ohne innerlich auf sie fokussiert zu sein. Und das wiederum geht nicht, ohne nicht auch die entsprechende Physiologie hervorzubringen, da diese Elemente ein Anker für sie sind, sonst wären sie nicht signifikant.

Viktor: Was meinst du mit „signifikant"?

Thies: Signifikant sind die Elemente einerseits in ihrem subjektiven Urteil. Sie sind sozusagen Vordergrund ihrer Wahrnehmung in der betreffenden Szene. Andererseits — meist aber nicht immer, kommen beide Definitionen zusammen — sind Elemente der Wahrnehmung in einer Situation dann signifikant, wenn sie A's Physiologie verändern und intensivieren.

Während sie sich innerlich abwechselnd die Gerüche vergegenwärtigte und versuchte, Beschreibungen und Metaphern für sie zu finden, habe ich die eine Physiologie mit diesem und die andere mit diesem visuellen Anker geankert (hebt erst die linke und dann die rechte Hand). Das heißt, ich habe sie eingeladen, zu dem vorhandenen olfaktorischen Anker für die Physiologien einen visuellen aus diesem Kontext hier hinzu zu komponieren. Und dann habe ich ausgiebig Prozeßinstruktionen produziert, mit denen ich drei Ziele verfolgte: Erstens wollte ich, daß sie für das, was sie zu bewerkstelligen suchte, die günstigste Arbeits–Physiologie nimmt, nämlich die Trance–Physiologie. So habe ich zum Beispiel gesagt: „Tu mal so, als wenn in diesem Sinnieren und Nachdenken ..." Das ist natürlich eine Trance–Induktion: Sinnieren und Nachdenken ist Trance. Zweitens habe ich ihr natürlich mit meinen Ankern geholfen, innerhalb der Trance–Physiologie die beiden vormals dissoziierten Physiologien zu mischen. Und drittens wollte ich, daß sie in diesem Trance–Zustand neue Fähigkeiten findet bzw. wiederfindet. Ich habe eine Menge Präsuppositions–Formulierungen benutzt, also Formulierungen, die implizieren, daß einerseits beide Zustände Fähigkeiten enthalten und andererseits Gudrun sich überraschen lassen kann, zu welcher Fähigkeit sie Zugang bekommt, wenn sie beide mischen wird (er bringt beide Hände von den Seiten in der Mitte vor seinem Körper zusammen, so daß sich die Finger ineinander verschränken).
Gudrun (hat sich reorientiert, während er redete, in der integrierten Physiologie): Ich habe gemerkt, daß ich sie eigentlich nicht mischen will.

Manchmal passiert es, daß das neue Verhalten sofort und auf der Stelle demonstriert wird. Es könnte zum Beispiel sein, daß die neue oder wiedergefundene Fähigkeit darin besteht, sehr souverän und respektvoll, aber nicht weniger deutlich zu sagen, daß man etwas Bestimmtes nicht will. (Gudrun nickt nachdenklich.) Wichtig ist, in jedem Moment genau zu beobachten; und wir sehen etwas (er nickt und zeigt dabei auf seinen Kopf), das sie uns in der gleichen Physiologie zeigt, die wir aus der Integration vorhin kennen.
Thies: Und trotzdem hast du für eine bestimmte Fähigkeit drei Kontexte gesucht?

Gudrun: Nein, ich weiß nicht genau, was ich gemacht habe.
Thies: Das ist interessant. Darf ich zwischendurch noch einmal zur Gruppe sprechen? (Gudrun nickt, wieder etwas versunken und nachdenklich.)
   Ihr konntet sehen, daß sie die beiden Physiologien integriert hat? Und sie war in Trance und hat meine Prozeßinstruktionen innerlich irgendwie umgesetzt — zumindest hat sie sich nicht reorientiert und etwa gesagt: „Was soll der Blödsinn?" Also weiß ich, daß sie etwas Sinnvolles gemacht hat.
Thies: Die Fähigkeit, an die du denkst, wenn du sagst, du willst sie nicht mischen, ...
Gudrun (etwas entnervt, aber zugewandt): Ja, ja.
Thies: ... langsam, langsam, keine Angst, es wird schon keine Veränderung geben in deinem Leben (sie macht für einen Moment ein Gesicht, als wolle sie sagen: „Oh wie schade!"), ... die du mit Recht nicht willst, weil sie unökologisch wäre. Ich habe dir auf diese Weise geholfen (er wiederholt die Bewegung mit den Armen, reinduziert noch einmal den Prozeß der Integration), die Integration zu bewerkstelligen. Das sind übrigens Anker, damit du sofort weißt, welche Fähigkeiten ich meine, wenn ich sage, sie seien die Grundlage für eine ganz neue alte Fähigkeit ... (wartet, bis sie ideomotorisch nickt). Danach bat ich dich, für diese Fähigkeit drei Situationen in deiner Zukunft zu suchen, wo du sie gut anwenden kannst. Und das hast du gemacht?
Gudrun: Nein, das habe ich nicht gemacht. Ich bin nur bis zu der Fähigkeit gekommen.
Thies: Fein. Wo in deinem Leben, außer hier mir gegenüber wäre es noch gut, sehr klar zu Dingen Nein sagen zu können? Ohne es laut auszusprechen, denk doch innerlich an zwei, drei Situationen, wo du diese Fähigkeit einsetzen möchtest.
Gudrun: O. K. Ah ja, das ist überhaupt gut.
   Ich denke, das war der wichtigste Teil. Holt euch noch einmal ihr Zitat vor das geistige Ohr: „Ich bin nur bis zu der Fähigkeit gekommen." Sie hatte also schon die Wirklichkeitsauffassung akzeptiert, daß in dem, was sie erlebt hatte, eine Fähigkeit enthalten war. Ich kann mit Präsuppostionen und Implikat–Formulierungen sehr kongruent sein, weil ich daran glaube, daß in der Integrationsphase dieses Prozesses Fähigkeiten neu synthetisiert oder wiederentdeckt werden.
   Ist vom Bewußtsein her erst einmal akzeptiert, daß eine Fähigkeit gefunden oder wiedergefunden wurde, dann ist das so wie im Lotto zu gewinnen: Der schwierigere Teil ist meist das Gewinnen. Für das

Geld wird sich später schon ein ökologischer Weg finden, es in das Leben des Gewinners einzubauen (allgemeines Lachen), auch wenn es Zeit braucht, ...
Thies (wieder mit Trance-Stimme): ... die verschiedenen Möglichkeiten zu durchdenken, die schon da sind und die sich anbieten, genutzt zu werden, und die, die neu geschaffen werden müssen ... Manchmal ist es sehr sinnvoll, nicht mit vorhandenen Kontexten zu spielen und auf die Weise das ganze Leben durcheinander zu bringen, sondern sich ganz neue Lernkontexte einzurichten und in ihnen neue Dinge auszuprobieren. Laß dir alle Zeit, die du brauchst, diese Fähigkeit so zu kontextualisieren, daß du innerlich das O. K. deines Unbewußten bekommst. Wenn du sagst, da möchte ich es können, in der und der wiederkehrenden Situation oder in der und der Situation, die ich mir extra für diese neu wiedergefundene Fähigkeit schaffe, ... und du spielst es innerlich durch, dann achte innerlich darauf, ob du einen Einwand kriegst, ein Gefühl meinetwegen, oder ein Bild, das nicht zu dem paßt, was du gerade durchträumst; vielleicht gibt es irgend etwas zu fühlen, hören, riechen oder schmecken, das dich ablenkt, den Traum von dem neuen Verhalten in der Zukunft voll und ganz zu Ende zu träumen... Dann nimm diesen Einwand als Information darüber, daß der Traum solange weitergehen kann, bis du dich in einer Situation in der Zukunft wiederfindest, in die diese neue Fähigkeit haargenau hineinpaßt ... und du auf einer anderen, parallelen Ebene des Traumes gleichzeitig die Gewißheit hast, daß es in der Situation sicher ist, die Fähigkeit anzuwenden und auch zu üben, bis es später eventuell an der Zeit ist, sie auch in anderen Kontexten anzuwenden. (Gudrun nickt ideomotorisch und reorientiert sich.)
Thies: Mit dem ersten waren das ingesamt drei Kontexte?
Gudrun: Mindestens.
Thies: O. K., danke dir. (Er gibt ihr die Hand.)
Stefan: Sie sagte, sie ist schon sehr früh eigentlich nicht mehr mitgegangen ...?
  Sie hat gesagt, daß sie eine Fähigkeit gefunden hat.
Stefan: Stimmt, aber sie hat auch gesagt, daß sie die Physiologien nicht mischen will.
  Interessant ist aber, daß sie sie gemischt hat. Außerdem sagte sie, „eigentlich" wollte sie sie nicht mischen. Für jedes „eigentlich" gibt es ein „aber". Ich habe zusätzlich gesehen, daß bei der Integration der Physiologien etwas Neues dazukam, nämlich ein Lächeln und dann ein leichtes Nicken, als ich auf die Fähigkeit zu sprechen kam.
  Ich hatte guten Rapport — zumindest war meine Wahrnehmung

so (Gudrun nickt) —, als sie sagte, sie wolle das nicht. Daher habe ich als erstes angenommen, dies könnte die Demonstration des neuen Verhaltens sein. Das tue ich oft, wenn mich etwas überrascht! Manchmal besteht der Therapieerfolg darin, daß die Klienten unbequemer werden.

Wenn die Fähigkeit aus beiden Physiologien synthetisiert oder wiedergefunden wird, kann es natürlich sein, daß das Bewußtsein das ganz toll findet, und sie in ganz bestimmten Kontexten einsetzen will. Dann gibt es oft innere Einwände — wegen der Ökologie. Es genügt in dieser Übung, wenn ihr dazu sagt: „Laß dir viel Zeit und ein paar Traumphasen in den kommenden Nächten, so daß du nochmal darüber schlafen kannst. Und in der Zeit, die du dir Zeit läßt, suche drei Kontexte, wo du die Fähigkeit haben willst. Und verspreche dir selbst, daß du, bevor sie nicht gefunden sind, nichts aus dieser kleinen Arbeit umsetzt." Das stellt die Ökologie der Situation sicher.

Hier hatte ich natürlich in der Integrationsphase noch zusätzlich auditive Anker in Form der Beschreibung, die sie mir für die Gerüche geliefert hat und in der Auswahl der Anspielungen in den Prozeßinstruktionen. Ich habe ihre Worte wiederholt, indem ich die Beschreibungen zusammengemischt habe. Außerdem habe ich die visuellen Anker mit den verbalen gemischt: Zu dieser Bewegung (hebt die rechte Hand) sollte sie sich den Geruch im Gefängnis vorstellen, und umgekehrt.

Ihr könnt in den Kleingruppen ruhig erst kinästhetisch ankern. Wenn ihr euch dabei schon sicher fühlt, probiert auch noch aus, wie es mit visuellen und auditiven Ankern geht. Das bringt viel Spaß.

Irene: Kinästhetisch geht es einfacher?

Es ist in dem Moment vielleicht einfacher, wenn du berühren kannst und berühren darfst. Manchmal ist dies schwierig. Zum einen, wenn der Klient etwas gegen Berührung an sich hat; zum anderen in Gruppen. Speziell in Management–Trainings kann Berührung ein Tabu sein. Dann ist es von Vorteil, zu den einzelnen Gruppenteilnehmern sozusagen eine Privatsprache zu haben: bestimmte Gesten oder Methapern als verbale Anker. Außerdem gibt es Situationen, in denen Anker wichtig sind, die auf Entfernung wirken. In der Arbeit mit schwierigen oder gefährlichen Klienten, wie zum Beispiel im Gefängnis, kann es sehr nützlich sein, wenn du gute visuelle oder auditive Anker etabliert hast. Diese Anker sollten auf einige Meter Entfernung wirken, um eingreifen zu können, wenn solche Klienten ausflippen. In solchen Situationen kann es unter Umständen lebensgefährlich sein, kinästhetisch zu ankern.

Dich bei dem Glauben zu ertappen, etwas gehe nur so und so, oder da und da nicht, solltest du zum Anlaß nehmen, sowohl die Chancen auszuschöpfen, die dieser Glauben bietet, als auch die Möglichkeiten, die dir der gegenteilige Glauben eröffnen würde, wenn du ihn akzeptieren würdest. Im Klartext heißt das, tu so, als ob es stimmt, daß man Manager nicht berühren darf und lerne tausend andere Arten zu ankern; und dann tu so, als ob man es doch darf und sogar muß, wenn man absolut erfolgreich in dem Bereich arbeiten will. Dieser Glaube dient dir dann als Grundlage, tausend neue Wege für kinästhetische Anker zu finden und zu üben.

Joachim: Muß es sein, daß mir der Klient die Kontexte und die Art der Dissoziation benennt? Oder war das bei Gudrun nur deshalb, weil sie eh schon angesprochen waren?

Um euch zu trainieren, könnt ihr das gut ohne Inhalt oder nur mit den verbalen Etiketten oder Code-Bezeichnungen machen. Wenn ihr zum Beispiel wüßtet, daß es sich um „Unsicherheit" und „Sicherheit" handelt, dann ist das auch nicht viel mehr, als wenn ihr die Bezeichnung X und Y bekommen hättet. In der Praxis kennt ihr ja meistens die Bezeichnung zumindest einer Verhaltensweise, weil der Klient in Therapie kommt, um sie zu verändern. Dann könnt ihr euch genau die Physiologie ansehen, die der- oder diejenige während der Beschreibung des Problemverhaltens hat. Und dann laßt ihr einfach einen gegenteiligen Zustand benennen. Wenn die beiden Physiologien sehr unterschiedlich sind, könnt ihr sie integrieren.

Diese Übung ist, wie gesagt, vor allem eine wichtige Vorbereitung für das Reframing-Modell — einem Interventionsmuster, in dem ihr als Anfänger routinemäßig am Anfang eine Integration zwischen der vom Klienten als Problem bezeichneten Verhaltensweise und der von ihm subjektiv als Gegenteil erlebten Verhaltensweise machen sollt. Doch dazu kommen wir später.

6.2 Angetrunken nüchtern oder nüchtern angetrunken

Wer will denn mal die „Alkohol-" und die „Nicht-Alkohol-Physiologie" zusammenbringen, als kleines Experiment? (Otto kommt vor.)
Thies: Wie nennst du die Situation, in der du (bekommt unvermittelt eine kaum merklich lallende Stimme) in an...(kurze Pause)...genehmer Weise ... (beide lachen.)
Otto (mit mehr Farbe im Gesicht und tieferer Atmung): Ich habe jetzt weitergedacht „in angetrunkener Weise".
Thies: Ich sehe es und höre es. Wenn das so weiter geht, kommen wir

billig davon heute, oder? (Er reinduziert mit der gleichen Stimmveränderung die Physiologie des scheinbar Alkoholisiertseins und ankert sie mit einem leisen Schnalzen der Zunge.) Dieses Geheimnis sollten wir nicht die Alkoholindustrie und auch nicht die Gastwirte wissen lassen.

Ihr seht die kleine physiologische Veränderung, oder? Er denkt nur (langgezogen, mit leicht lallender Stimme) „an..." — und schon verändert er radikal die Physiologie. Das ist sicher billiger als der bekanntere Weg. Man braucht nur jemand, der einen in die entsprechende Physiologie hineinhypnotisieren kann; oder man macht das über Selbsthypnose. Aber das wird bei einem Alkohol–Problem zum Beispiel nur gehen, wenn gelernt wurde, die positiven Dinge, die der Alkoholabusus im Leben der Person möglich gemacht hat, auf andere Weisen zu erreichen.

Interessant ist, finde ich, immer wieder das Phänomen des Kontextes als Anker: Wer hier nach vorne kommt, erwartet etwas Bestimmtes und weiß innerhalb eines bestimmten Rahmens, was passieren wird. In diesem Fall wußte Otto, bei etwas Vertrauen in meine hypnotischen Fähigkeiten, daß das Risiko besteht, in kürzester Zeit blau zu sein, wenn er nach vorne kommt und sich auf den Tisch hier setzt. Selbst wenn jemand in einer Polaritätsreaktion gekommen wäre, um sich und allen anderen zu beweisen, daß er nicht hypnotisch beeinflußbar ist, wäre sein Geist so auf das Phänomen fixiert, das er nicht will, daß es wahrscheinlich leicht wäre, ihm zu helfen, „nicht an blau zu denken".

Thies: Also, du nennst es „angetrunken" (ankert wieder die sich auf diesen digital–auditiven Anker hin intensivierende Physiologie mit leisem Schnalzen), wenn du in angenehmer Weise alkoholisiert bist. Oder welche Bezeichnung würdest du vorziehen?
Otto: Ja.
Thies: Denk doch mal an eine Situation, in der du in der angenehmsten Weise angetrunken warst. Was gibt es da zu sehen und zu fühlen und zu hören .... (Otto lacht.) Wie waren die sozialen Kontakte da, mit wem hast du dich über was gefreut, ... und welche Körpergefühle hast du ..., gibt es einen bestimmten Geruch oder Geschmack, der zu der Situation sehr typisch paßt .... Genieß den Zustand einen Moment noch ... und wenn du es genug genossen hast, was immer das ist, was am Schönsten ist, dann kommst du hierher zurück.

An dieser Stelle hätte ich nicht unbedingt noch die V.A.K.O.-Hypnose machen müssen, da ich die Physiologie schon verhaltensmäßig induziert und geankert hatte. Ich wollte ihm aber den Gefallen tun, diesen Zustand noch eine Weile zu genießen. (Er schaut Otto zwischendurch an.) Außerdem will ich den Anker so stark wie irgend möglich haben und dabei nicht ein Teil der Szene bleiben, in die er regrediert war, um die alkoholisierte Physiologie zu finden — obwohl das sicherlich eine günstige Übertragung ist.

Thies (laut und forsch in einem Kasernenhofton): Nehmen Sie erst mal Haltung an, Mann, wenn ich mit Ihnen rede! (Otto wechselt schnell in eine Problem–Physiologie.) Halt! (Stimme und Habitus wieder normal:) Das wollte ich nicht. Entschuldige, ich wollte nur einen schnellen Weg zum Separator–State. (Er lächelt ihn an:) Damit warten wir bis zur Phobie–Technik. (Otto muß ebenfalls grinsen.) Nun denke bitte an eine gegenteilige Situation. Wie möchtest du die bezeichnen?

Otto: Ernst.

Thies: Suche mal eine Situation, die typisch ist für „ernst". Und versetze dich in die hinein ...

Und ihr außen seht einen kleinen Unterschied in der Physiologie.

Thies (spricht in Ottos Trance hinein, leise und langsam): Und du weißt, wo du da bist, in der typischen Situation. Du weißt, in welcher Körperhaltung du dort ... jetzt .... hier bist, wie sich bestimmte Bewegungen anfühlen, oder was sie dir sagen, ... und was gibt es dort zu sehen und zu hören ..., was das Ernste daran ist, weshalb du diese Situation so nennst, ... vielleicht ist das ernstmäßige ja auch im Riechen oder Schmecken ... . (Stimme wieder normal:) O. K., geschafft! Komm wieder zurück hierher.

Ich will mit dir ein kleines Experiment machen, einverstanden? (Otto nickt.) Du wirst dir jetzt vorstellen, du seist ... (Otto war in die Kasernenhof–Physiologie gegangen; als Separator–Manöver verändert Thies seine Haltung, seine Stimme wird melodiöser:) Ich sage dir einfach die Instruktion, und du fängst an, dir das Entsprechende vorzustellen, auch schon, während ich rede. (Otto nickt. Thies spricht geheimnisvoll:) Du bist an einem bestimmten Ort, wo du bestimmte Wahrnehmungen machen kannst, vielleicht ist es dort hell oder vielleicht auch dunkel ..., und in dieser bestimmten Realität kann es sein, daß du sehr entspannt bist ... oder sehr angespannt oder auch irgend etwas dazwischen ... . Und es kann sein, daß du bestimmte Gerüche wahrnimmst ... . Es kann auch sein, daß dich bestimmte Sachen sehr interessieren in dieser Realität, in der du jetzt bist, in einer Art Traumrealität, oder vielleicht sind es nur Gedankengänge, assoziative Ketten, ... und es kann sein, daß du in bestimmten Ebenen deines Erlebens dir gewahr wirst, daß das, was du da jetzt machst, ein Ausdruck von bestimmten Fähigkeiten ist, die du in dieser speziellen Realität so wiederfindest, wie du sie früher kanntest ... . (Die

Tür geht auf und eine Teilnehmerin kommt herein.) ... Und vielleicht wird dir dort gerade klar, daß sich Türen neu öffnen und du bereit bist für bestimmte Möglichkeiten in der Welt, die vielleicht jetzt erst, mit dieser Fähigkeit erfahrbar werden ..., die wiedergefundenen sein können oder auch neu synthetisiert, ... kombiniert aus ernsten und „an..."deren Elementen, die du aus bestimmten Situationen gut kannst und kennst ..., die sich auf geheimnisvolle Weise ... oder auch unter bewußter Verfügungsgewalt ... neu bilden, dort, was auch immer du dort jetzt hier tust ...; vielleicht erfährst du auch ein interessantes Gemisch aus bewußtem Wollen, Tun und Gelingen auf der einen Seite und Geschenken des Unbewußten auf der anderen, der Schicksalsfügung oder von IHM dort oben, ... die dem Bewußtsein nichts anderes zu tun übriglassen, als dafür zu sorgen, daß das Genießen bewußt genossen werden kann ... . So kann es leicht passieren, daß du mit plötzlichen Veränderungen konfrontiert bist, in bestimmten Situationen, wo du ziemlich ernst angetrunken bist oder dich auf eine angetrunkene Weise ernst verhältst ... . Wo auch immer du dich im Moment aufhältst, in der angestrebten Vergangenheit oder in der Erinnerung an die Zukunft ..., laß dich dabei wissen, was diese Fähigkeit ist, ... und woran du erkennst, daß sie da ist, ... und wo in deinem Leben du sie zur Verfügung haben möchtest. Und komme zurück, hierher zu uns, wenn du drei Kontexte für diese Fähigkeit ge- oder erfunden hast, mit denen du optimal zufrieden bist.

Wer hat meine akustischen Anker gehört? Das Schnalzen mit der Zunge? Wenn ihr mit auditiven Ankern spielt, laßt euch überraschen, welche ihr nehmt. Laßt euch von eurem A anmuten und vertraut auf eure Intuition, den richtigen, zur Szene passenden auditiven Anker zu finden. Als ich am Anfang anfing, mit auditiven Ankern zu arbeiten, dachte ich neben „oh Gott, hoffentlich merkt der das nicht" usw.: „Welchen Anker soll ich bloß nehmen? Nachher hört mich einer!" Inzwischen verlasse ich mich darauf, daß mir, wenn ich mich dafür öffne, mein A schon helfen wird, den passenden Anker zu finden. Wenn wir einen guten Rapport haben, bietet mir mein A manchmal regelrecht einen an. Einmal in einer Demonstration vor der Gruppe ging mein A in eine bestimmte Physiologie und machte jedesmal, wenn sie intensiver wurde, ganz unbewußt einen Wonnelaut, in sehr eigenwilliger Tonalität und Melodie (macht ein diskretes Grunzen vor). Den habe ich schlicht übernommen, als sehr effektiven auditiven Rapport-Anker.

Thies (wendet sich mit dem Schnalzen von vorher zu Otto, der sofort in die alkoholisierte Physiologie wechselt): Kannst du das eigentlich auch, mal ganz nebenbei?

Otto: Was?
Thies (schnalzt wieder, Otto antwortet wieder mit einer Intensivierung der Physiologie): Das!
Otto (lacht): Ich habe vorhin einmal ganz kurz und beiläufig gedacht: „Will der dich anmachen? Oder verarschen?" Aber dann habe ich es unwichtig gefunden ...
Thies: ... darüber noch weiter nachzudenken, wo andere Dinge wichtiger waren? (Otto nickt.)

Die nüchterne Physiologie hatte ich auch auditiv geankert; ebenfalls so, wie er es mir unbewußt angeboten hatte (er verkrampft sich, beißt die Zähne aufeinander und stöhnt ganz leise beim Ausatmen mit zusammengepreßten Lippen): Es war die Auf–ein–Amt–müssen–Physiologie. Für die Integrationsphase hatte ich seine Erlaubnis, ihm eine Geschichte zu erzählen. Diese Erlaubnis, oder die, ein Experiment mit A machen zu dürfen, ist absolut wichtig für dieses Vorgehen. Ihr braucht es, um dem Bewußtsein gegenüber respektvoll zu sein.

6.2.1 Der Fluff

Daniel: Was hast du bei der Integration vorhin gesagt, ich habe das nicht richtig mitbekommen?

Die Prozeßinstruktionen in der Integration sind sehr wichtig. Als äußeren Rahmen für die Trance und die Integration könnt ihr Worte wählen wie „denke nach", „sinniere", „mach eine kleine Meditation", „mach eine kleine Gedankenreise" oder „laß deine Gedanken wandern". Das müßt ihr nicht unbedingt so machen, aber es eignet sich gut für verdeckte Arbeit, zum Beispiel in Trainingsseminaren. Da paßt es vielleicht nicht zu sagen: „Gehe in Trance und wenn du soweit bist, laß dich überraschen." Viel eleganter kann der Satz sein: „Denke einen Moment nach, während ich noch zwei, drei Sachen zu dir sage." Das ist eine perfekte Trance–Induktion; nachzudenken, das heißt nach innen orientiert zu sein, und gleichzeitig jemand zuzuhören ist Trance–Verhalten.

Das Bauprinzip hierbei ist ähnlich wie bei der Erickson'schen Trance–Induktion, wenn er sagte (zeigt auf einen leeren Platz im Raum): „Ich muß nicht wissen, wie dieser Hund hier heißt, ich will nur wissen, welche Rasse hat er?" Wenn ich jemand zum halluzinieren veranlassen kann, habe ich einen Trance–Zustand, denn eine positive Halluzination ist Trance–Verhalten. Eine verhaltensmäßige Präsupposition für diejenigen, die sich im Milton–Sprach–Modell schon auskennen.

Ich habe zu Otto etwas Ähnliches gesagt wie: „Und während du nachdenkst, kann es sein, daß dir Ideen kommen von Fähigkeiten, an die du lange nicht gedacht hast, die du von früher kennst, oder die du neu synthetisieren kannst, neu zusammensetzen aus Fähigkeiten, die du vormals da (schnalzt) und da (atmet hörbar aus) getrennt erlebt hast."

Das ist eine Prozeßinstruktion, die weitgehend inhaltsfrei ist; er sollte nur die Situation, in der er sich befand, nach dem absuchen, was er Fähigkeiten nennt.

Als ich physiologisch ein Signal bekam (ein leichtes ideomotorisches Nicken), daß er in der Tat innerlich etwas gefunden hat, sagte ich: „Denk noch solange nach, bis dir drei Situationen in deiner unmittelbaren, näheren oder ferneren Zukunft eingefallen sind, wo du genau diese Fähigkeit am liebsten zur Verfügung hättest. Und komme erst dann voll zurück, oder schließ das Nachdenken erst dann voll ab, wenn du diese drei Kontexte gefunden hast." So habe ich das Wiederwachwerden davon abhängig gemacht, daß er drei Kontexte weiß. An dieser Stelle kann es sein, daß jemand zehn Minuten dasitzt und nachdenkt, das heißt in Trance ist. Das sind sehr sinnvolle zehn Minuten.

Um während der Integration genügend Zeit zu haben, die Anker zu benützen, könnt ihr auch einfach eine Geschichte erzählen. Ihr sagt: „Stell dir vor, du bist ein Kind und ich erzähle dir eine Geschichte." Wenn euer A euch daraufhin mit einem kleinen Nicken oder auch sehr explizit anzeigt, daß er oder sie einverstanden und vielleicht schon gespannt ist und alle Systeme auf Empfang gestellt hat, könnt ihr loslegen.

Ich habe zum Beispiel einmal erzählt, daß jemand nachts durch den Wald geht. Das ist sehr spannend, manchmal kann man ein bißchen was sehen, Mondschein zum Beispiel, und manchmal weniger; und dieses Kind, das durch den Wald geht, findet das absolut spannend, und ist absolut in einer Haltung, etwas zu lernen und aufzunehmen; es ist keine Spur von ängstlich oder irgend etwas, sondern hauptsächlich neugierig, was es alles zu sehen gibt, zu hören, zu fühlen, zu riechen, zu schmecken. Diese Formulierungen werden im NLP „Fluff" genannt, da sie dem Klienten viel Raum für seine eigenen Vorstellungen geben.

Ich habe dann beim Erzählen von der dritten in die zweite Person gewechselt: „Plötzlich denkst du, „was ist denn das", und hörst genau hin, da ganz hinten in der Ferne, wo es dunkel ist, ist das ein Tier oder was immer; an was dich das wohl erinnert, wenn du genau hinhörst? Als einen verbalen Anker hatte ich das (macht einen dunklen Ton) und als anderen Anker das (schnalzt mit der Zunge). Mit denen habe ich währenddessen gespielt, zuerst jedes Geräusch allein, dann abwechselnd und anschließend zusammen.

Die Worte in der Integrationsphase sollen so sein, daß A innerlich alles machen kann. Sie dürfen mit nichts kollidieren, was A innerlich tun könnte. Das gibt mir für einige Zeit die Chance, meine Anker in der Intensität solange zu variieren, bis wirklich eine physiologische Integration zu erkennen ist. Ich kann das solange ausdehnen, bis ich ein befriedigendes Ergebnis sehe.

Ohne Inhalt ist auch eine spezielle Prozeßinstruktion, die ich als eine mögliche Standard-Prozeßinstruktion entwickelt habe. Man kündigt einfach an: „Wir machen jetzt ein Experiment, ja?" Wenn der Klient daraufhin nicht kongruent Ja sagt, fragt man: „Gibt es Bedingungen, unter denen es dir Spaß machen würde, dieses Experiment mit mir zu machen?" Es kann sein, daß es eine Bedingung gibt, die durch eine Zusage von außen schnell erfüllt werden kann. Ihr braucht ein kongruentes Ja zu allen Trance-Induktionen, sonst integriert ihr sonst was, nur nicht die beiden dissoziierten Physiologien. Ich denke, ich werde die Integration am besten gleich nochmal demonstrieren.

Vorher nochmal zu den Ankern. Am Anfang dachte ich lange nach, wenn ich zum Beispiel in der Gruppe einen auditiven Anker induzieren wollte. Ich konnte mich nur schwer entscheiden, welchen ich nehmen sollte, damit er nicht zu eindringlich und aufdringlich wäre und den Rapport zerstört. Aber mittlerweile verlasse ich mich darauf, daß ich in dem Moment, wo die induzierte Physiologie kommt, eine Intuition kriege, welcher Anker am besten ist. Ich lasse mich anmuten, gehe einfach mit der Anmutung, und achte darauf, was alles zu dem physiologischen Zustand dazugehört. Dabei finde ich Anker, die ich gut verwenden kann. So kann ich auch laute auditive Anker setzen, weil A sie gar nicht merkt, wenn sie organisch gut zu der Szene passen.

Dagmar: Was ist eigentlich der Unterschied zwischen „Change History" und der „Integration zweier dissoziierter Zustände"?

„Change History" ist eine Spezialform, wo eine sogenannte Problem-Physiologie mit einer sogenannten Ressource-Physiologie integriert wird. Es ist eine Spezialform der Integration zweier dissoziierter Zustände und daher sind die Verbalisierungen natürlich auch sehr speziell. In der Phase der Vorankündigung, in der der Rahmen für das Bewußtsein gesetzt wird, und während der Integration sind die Prozeßinstruktionen anders. In dem Interventionsmuster „Veränderung der persönlichen Geschichte" lautet die Ankündigung: „Gehe nochmal in die alte Situation und durchlebe sie mit deinen Ressourcen." In der Integrationsphase kann B eventuell noch Prozeßinstruktionen geben, daß sich Ressourcen so und so an die Situation anpassen.

Bei der „Integration zweier dissoziierter Zustände" biete ich dem Bewußtsein der Person für die Integrationsphase einen anderen Wahrnehmungsrahmen. Ich muß ja irgendwie erklären können, was wir machen werden und was in der Integration passiert. Bei einem guten Rapport nehme ich den Experiment-Rahmen; bei sehr gutem Rapport, und wenn mein A es schon gewohnt ist, daß in den Stunden mit mir immer ungewöhnliche Sachen passieren und ich sehr sensibel kalibriert bin auf seine Weise, etwaige Einwände zu signalisieren, brauche ich keinen Extra-Rahmen zu etablieren, dann genügen die Prozeßinstruktionen, die mir einfallen, während ich mit meinen Ankern spiele. Beim „Change-History" heißt der Rahmen: „Gehe nochmal zurück in die alte Situation und durchlebe sie mit deinen Ressourcen."

Wenn ich im normalen Gespräch Anker etabliere und mit ihnen spiele, brauche ich meiner Überzeugung nach keine extra Ankündigung an das Bewußtsein, solange ich sicher bin, daß der Rapport das trägt und ich die Integrität der Person wahre. Außerdem sollte es etwas sein, was ich nicht zu meinem Vorteil tue, sondern um A zu helfen. Dann kann ich mit beiden Ankern arbeiten und die Integration bewerkstelligen, während wir über Gott und die Welt reden — und das Unbewußte von A wird mir dabei helfen.

Dahinter steht die Annahme, daß A in dem Gespräch nachdenkt und dabei innerlich etwa Signifikantes erlebt, während ich mit den Ankern helfe, daß er oder sie die Physiologien integriert. Wenn wir zum Beispiel über das Wetter reden und A sagt, „es ist wirklich erstaunlich, daß es im April noch so schneien kann", bin ich sicher, daß er oder sie in den begleitenden kurzen Trance-Zuständen, während, nachdem oder bevor er diesen Satz sagt, etwas Ähnliches tut wie innerhalb des Fluff-Rahmens „Veränderung der persönlichen Geschichte". Immer wenn ich Sprache gebrauche, erlebe ich zum großen Teil das, über was ich rede. A kann sich im Gespräch mit mir zum Beispiel vergegenwärtigen, daß es draußen schneit, und eine Erinnerung haben, wie das früher war, anno so und so, als es auch geschneit hat und etwas Bestimmtes passierte, bevor er plötzlich eine Idee kriegt, daß sich da nicht nur das ereignete, sondern zusätzlich ganz spontan noch etwas anderes. In jedem Gespräch läuft so viel auf so vielen verschiedenen Metapher-Ebenen, daß es nur noch einer kleinen Unterstützung durch Anker und geeigneter Prozeßinstruktionen bedarf, um Veränderungen zu erzielen.

Eine wichtige Frage ist nur, ob der Rapport so etwas trägt. Wenn das der Fall ist, brauche ich keine Extra-Ankündigungen für das Bewußtsein. Ansonsten muß ich A's Bewußtsein irgendeinen Rahmen liefern, in den es die Geschehnisse einordnen kann, einfach aus Respekt vor den Fähigkeiten und Aufgaben seines Bewußtseins. Wie ich diesen Rahmen definiere, ist ziemlich egal. Hauptsache er ist akzeptabel für das Bewußtsein. Der therapeutischen Flexibilität hinsichtlich der Konstruktion des Rahmens sind keine Grenzen gesetzt — mit ihm sind noch therapeutische Extraschritte möglich und zum Beispiel bestimmte Informationen aus der Biographie von A sinnvoll utilisierbar.

Eine weitere Funktion dieser Etikettierung ist der Schutz der spontan entstehenden Trance-Zustände. A sagt sich: „Aha, ich kann mir erlauben, hier zu sitzen und meinen Gedanken nachzuhängen, hier habe ich genügend Zeit und die äußere Sicherheit dafür." Darauf zu achten ist eine der wichtigsten Aufgaben des Bewußtseins zum Beispiel in Selbst-Trance-Zuständen.

Wenn ihr euch dies vergegenwärtigt, kommen euch sicher viele Ideen, was alles als respektvoller Rahmen für das Bewußtsein dienen könnte, und was ihr alles innerhalb dieses Rahmens tun könnt, mit verschiedenen Worten in verschiedenen wichtigen Situationen — (lacht) das war einer, der zum Beispiel im Seminar-Kontext immer wieder gerne genommen wird.

Der einfachste Rahmen, den ihr bestimmt schon alle kennt, ist folgender: Jemand kommt zu euch und sagt, „Mein Problem ist so und so, das und das ist schiefgelaufen usw." Ihr redet darüber und sagt an einer bestimmten Stelle: „Denk doch noch mal darüber nach, wie wäre es denn, wenn du es so und so machen würdest." Und während die Person nachdenkt, sprich in Trance ist, benutzt ihr intuitiv verbale und wahrscheinlich auch nonverbale Anker sowohl aus dem Problemfeld, über das ihr Informationen gesammelt habt, als auch aus Ressourcefeldern, die die Person vielleicht schon erwähnt oder die ihr explizit erfragt habt. Angenommen, ihr kennt die Person aus Kontexten, wo sie voll flexibel in der Wahrnehmung und im Verhalten war, so kann es sein, daß ihr Äußerungen aus diesen Erlebnissen mit ihr zusammen in die Vergegenwärtigung der problematischen Situation einbaut. Das ist die gleiche Struktur wie „Change History" — ein Integrationsmodell. Als Rahmen für das Bewußtsein von A habt ihr in dem Fall „nachdenken" angeboten. Was ein respektvoller Rahmen für den Einzelnen ist, zeigt euch immer das physiologische Feedback von A.

Die gleiche Struktur werdet ihr kennenlernen, wenn wir uns später der Arbeit mit Systemen zuwenden. Wenn ich mit zwei Partnern arbeite, mir ihre Interaktion angucke und anhöre, kann ich vielleicht feststellen, daß es bestimmte wiederkehrende Bewegungen, Blicke, Worte etc. bei einem gibt, die beim anderen jeweils eine Problem–Physiologie auslösen. Diesen Zustand kann ich ankern und nach einem Separator–State eine Ressource induzieren. Ich kann dann die Physiologien integrieren, ohne irgend etwas weiter darüber zu reden. Der Rahmen könnte dabei vielleicht lauten: „Ich habe also Ihrer beider Erlaubnis, auch ungewöhnliche Fragen zu stellen und Kommentare zu machen?" Vom Vorgehen her handelt es sich aber immer um die gleiche Struktur — die Integration zweier vormals dissoziierter Physiologien.

6.3 Wie hart muß Hartmut sein?

Gibt es jemanden, der zwei Sprachen fließend spricht? Eines trifft sicher auf jeden zu: Dialekt und Hochdeutsch. (Hartmut kommt vor.)

Thies: Wie war nochmal dein Name?

Hartmut: Hart–mut (spricht die erste Silbe mit gepreßter, harter Stimme).

Thies: Hartmut ist aber etwas anderes als knall–hart? (Er intoniert die zweite Silbe genau wie Hartmut vorher die erste.)

Hartmut: Hartmut (spricht den Namen etwas sanfter aus, nachdenklich) ... Ja, das hat auch etwas zu sagen.

Thies: Und was ist das Gegenteil von knallhart?

Hartmut: Sanft.

Thies: Kannst du Hartmut sanft sagen?

Hartmut: Hartmut. (Es klingt runder und fließender als vorher).

Thies: Thies (gibt ihm die Hand, als wenn sie sich gerade vorstellen). Wir nennen die eine Sprache — (Hartmut macht im Ansatz einen Bewegungsimpuls, als wolle er italienische Gesten machen) welche auch immer es ist, bleibt dein Geheimnis — Sprache 1. Und die andere nennen wir, dreimal dürft ihr raten (Hartmut spannt sich etwas an, als stehe er in einer deutschen Amtsstube), Sprache 2.

Schon haben wir uns kalibriert. Wenn er an die Sprachen denkt,

sehen wir jeweils deutlich unterscheidbare Physiologien. A legt selbst fest, welcher Zustand die Nummer 1 bekommt und welcher die Nummer 2.
Thies: Dann möchte ich, daß du eine Situation innerlich aussuchst, ohne darüber zu reden, die ... Das war jetzt eben Sprache 2, ja?
Hartmut: Bei mir? Die Situation eben gehörte zur Sprache 2, ja.
Erinnert euch an die Kalibrierungsübung, wo ihr raten solltet, an wen euer A dachte. Und eben war ich in der Lage, aufgrund der Physiologie zu erraten, an welche Sprache er zuerst dachte.
Leo: Das nennt man auch Wahrnehmungsgenauigkeit.
Danke für das Kompliment. Ich nenne es manchmal lieber „raten", aber das ist ein privater Anker für meine günstigste Wahrnehmungs–Physiologie. „Mal sehen, ob ich richtig rate" macht mich neugierig und gibt mir die Gewißheit, nicht größenwahnsinnig oder vermessen zu werden. Und vor allem schützt mich dieser Anker mit seinen — für mich — privaten Konnotationen und Assoziationen davor, mit Gewalt unter Leistungsdruck richtig wahrnehmen zu wollen. Findet eine Bezeichnung für euch selbst, die euch in die beste Wahrnehmungs–Physiologie bringt.
Thies: Wenn du einverstanden bist, fangen wir mit der Sprache 1 an (Hartmut nickt). Denk an eine Situation, die repräsentativ ist für dich in der Sprachwelt der Sprache 1. (Hartmut zeigt wieder den kleinen Bewegungsimpuls.) O. K. und gehe innerlich gleich in die Situation hinein, durchleb' sie in der integrierten Position, guck dich dort um, ... hör dich um, ... und vielleicht gehört ein bestimmter Geruch oder ein bestimmter Geschmack dazu, ... oder ein bestimmtes Körpergefühl. Und wenn du es genug genossen hast, dort zu sein, ... hier jetzt, und wenn die Situation ganz gegenwärtig ist, dann komm zurück hierher.
(Hartmut wendet sich halb reorientiert wieder Thies zu.)
Thies: Vielleicht gehst du nochmal kurz dorthin zurück, genießt es noch für einen Moment, um dann wieder *ganz* hierher zurückzukommen ...
Hartmut: ... Ich war nicht zurück.
Thies: Genau, und (lauter und mit den Fingern schnippend) komm dann ganz zurück.
Hartmut (wendet sich Thies voll zu, ist sehr beweglich und schnippt ebenfalls mit den Fingern): In meinem Tempo.
Was immer diese Sprachwelt wohl für Fähigkeiten enthält, (lächelt Hartmut an) wir können es nur vermuten.
Thies: Nun zur Sprache 2. Such zunächst eine Situation, die typisch ist für dich in der Welt der Sprache 2. ... Wie immer du entscheidest,

was typisch ist. Selbst wenn es die ist, in der wir gerade sind, vielleicht gibt es noch eine andere, die nach deiner subjektiven Einschätzung noch repräsentativer ist für dich in der Sprachwelt 2 als eventuell die, in der wir hier gerade sind (Hartmut nickt) ... Und geh für einen Moment in die Situation hinein und mach dir deutlich, was du dort siehst und hörst, ... wie dein Körpergefühl ist ... und ob es einen Geruch oder ...
Hartmut (läßt sich visuell duch Bewegung in der Gruppe ablenken): ... ich glaube nicht ...
Thies: Ist das noch die gleiche Situation?
Hartmut: Ja.
Thies: Dann geh nochmal in die hinein, jetzt vielleicht mal mit geschlossenen Augen. Sind dort in der Situation die Augen offen?
Hartmut: Ja. (Er geht jetzt deutlicher in die Physiologie der Sprache 2, die derjenigen sehr ähnelt, die er ganz am Anfang zeigte, als er seinen Namen sehr hart aussprach.)
Thies: O. K. Und guck dich dort um. Laß dich wissen, was das ist, was du dort siehst, um dich herum, und was du hörst, was dich dazu bringt zu sagen, das ist typisch für mich in der Sprachwelt der Sprache 2. Es kann auch sein, daß das ein bestimmtes Körpergefühl ist, oder ein bestimmter Geruch oder Geschmack, der dazugehört. Und wenn du dich dort umgehört, umgefühlt und „umgeschmeckt" hast, möchte ich, daß du hierher zurückkommst.
(Hartmut kommt zurück, angestrengt, als müßte er sich antreiben.)
Thies: Wieder nach meinem Tempo. (Er schnippt wieder mit den Fingern.)
Hartmut (kommt aus der angestrengten Physiologie heraus): Daran mußte ich in dem Moment denken.
Thies: Der Versuch, mein Tempo dein Tempo sein zu lassen. Vielleicht haben wir einen anderen Rhythmus?
Hartmut: Ich schwitze und kann nicht (versucht vergeblich, mit den Fingern zu schnippen).
Thies (schnippt wieder): Vielleicht kannst du es mit links.
Wer kann das mit links? Das war als Separator-State gedacht. Also: Induktion der ersten Physiologie, Separator-State, Induktion der zweiten Physiologie, Separator-State.
Thies: Und jetzt kommt ein interessantes Experiment. Noch nicht anfangen! Du ahnst schon, wie das gehen könnte? Habe ich die Erlaubnis, daß wir einfach ein Experiment machen und du dich überraschen läßt, wie das geht? (Hartmut nickt.) Und wenn du mir die Erlaubnis entziehen wolltest, würdest du es mich wissen lassen? (Er

macht dabei eine große, raumfüllende Geste mit der rechten Hand; Hartmut sieht zu und nickt nachdenklich.)

Das Experiment geht so, daß ich dich dann, wenn es anfängt, einlade — noch nicht! —, dich überraschen zu lassen, ob deine Gedanken in die Zukunft gehen, in die Vergangenheit oder ob sie im Hier und Jetzt bleiben. Und du erlaubst mir einfach, währenddessen etwas dazu zu sagen? (Hartmut nickt.) Jetzt. (Stimme trancemäßig) Und laß dich überraschen, ob du zuerst in die Zukunft gehst, vielleicht in eine bestimmte Zukunft, oder in die Vergangenheit, vielleicht in eine bestimmte Erinnerung, oder vielleicht auch generell in eine bestimmte Zeitspanne, an bestimmte Orte ... vielleicht auch in Phasen bestimmter Themen oder besonderer Beschäftigungen ... .

Es kann aber auch sein, daß du im Hier und Jetzt bleibst und sich die Art und Weise ändert, wie du deine Umwelt und dich selbst im Hier und Jetzt wahrnimmst. Es kann sein, daß sich die Art ändert, wie du hörst oder fühlst, oder empfindest, ... oder daß du deine Wahrnehmungen einfach nach anderen Prinzipien selegierst, ... einen anderen Wahrnehmungsfilter benutzt ... Es kann auch sein, daß vor deinem geistigen Auge Gedankentätigkeit stattfindet, die deine Aufmerksamkeit erregt, und in die Zukunft weist, ... oder in die Vergangenheit. Vielleicht gehst du auch meta dazu und denkst nach über die Dialektik ... von Zukunft und Vergangenheit ... oder von Vergangenheit und Zukunft. Wie kann man versuchen, an die Zukunft zu denken, ohne nicht gleichzeitig an die Vergangenheit zu denken. Oder man will vielleicht an die Vergangenheit denken und merkt plötzlich, daß die Art und Weise, wie man versucht, an eine bestimmte Erinnerung in der Vergangenheit zu denken, das Denken an die Zukunft abbildet, ... oder sogar beinhaltet. Was immer du jetzt machst und ob du das, was du jetzt tust, eine Gedankenreise nennen würdest, ... oder eine Phantasietätigkeit ... oder einen Tagtraum oder einen richtigen Traum am Tage, ... du kannst darüber — und das ist das Schöne an jedem Traum — noch während du ihn erlebst und in ihm lebst, so nachdenken: In jedem Traum tun wir etwas Bestimmtes neu, in jedem Traum lernen wir etwas bestimmtes Neues. In jedem Traum ist eine neue Fähigkeit enthalten, neu oder wiedergefunden. Und manchmal brauchen wir nur den Kontext zu ändern und können dann diese Fähigkeit sofort optimal und ökologisch einsetzen (Hartmut nickt ideomotorisch im Trance-Zustand). Und ich möchte, daß du für diese Fähigkeit oder die Fähigkeiten, die du findest, drei Kontexte in deiner Zukunft suchst, und zwar die, die heute abend oder nachher oder morgen (geheimnisvoll) schon angefangen hat, (wieder normal) ... daß du drei Kontexte findest, wo du genau diese Fähigkeit zur Verfügung haben möchtest, ... und daß du dann hierher zurückkommst, in diesen Raum, zu uns, zu mir. ... Und während du noch damit beschäftigt bist, erlaubst du mir, hier nach außen zu sprechen.(Hartmut nickt kaum wahrnehmbar.)

Ihr habt die Anker mitbekommen, die ich hatte? Tonale Anker, weil er ja die Augen zu hatte. Sein Bewußtsein wußte vielleicht und sein Unbewußtes auf jeden Fall genau, was es bedeutet, wenn ich aus der Richtung (beugt sich nach links) oder aus der Richtung rede (beugt sich nach rechts; Hartmut reorientiert sich, sieht Thies an) ..., jetzt auch sein Bewußtsein. Habt ihr euch auf beide Physiologien kalibrieren können? (Einige nicken.)

Thies: Wieviele Fähigkeiten hast du?
Hartmut (etwas großspurig): Mehr als drei.
Thies: Und wieviele Kontexte?
Hartmut: Unendlich viele (wieder großspurig).
Thies: Heißt das innerhalb einer Klasse oder Kategorie unendlich viele?
Hartmut: Mindestens ... (denkt nach und durchläuft dabei zuerst eine längere Phase in asymmetrischer Sitzhaltung und dann eine kürzere in symmetrischer) zwei unterschiedliche Klassen.
Thies: Mindestens zwei Klassen von Kontexten. „Kontext", das bist du und eine bestimmte andere Person oder auch mehrere, richtig? (Hartmut nickt.) Und so ein Kontext ist in unendlich vielen Variationen denkbar?
Hartmut: Und es sind konkret zwei neue Fähigkeiten herausgekommen.
Thies: Darf ich mal nach da (weist zur Gruppe) kommentieren? (Hartmut nickt.)

Was ich jetzt gemacht habe, ist eine Form des Ökochecks. Meine Frage entsprach der Formulierung „Bist du zufrieden damit?" im „Change History" und bietet eine zusätzliche Möglichkeit, festzustellen, ob es in der Antwort eine spontane Symmetrie gibt. Zusätzlich war ich natürlich auch ganz einfach interessiert daran, wieviele Fähigkeiten und Kontexte er gefunden hat.

Thies: Der eine Kontext, Nummer 2, ist ökologisch?
Hartmut (lacht): Was ist denn Nummer 2?
Thies: Die zweite von den beiden Klassen.
Hartmut (jetzt wieder forsch zur Gruppe): Die habe ich noch nicht numeriert. (Wirft einen kurzen Blick auf Thies und die Gruppe, hält dabei den Kopf schräg und den rechten Fuß auf dem linken).
Thies: Tu mal so, als hättest du eine Klasse von Vorhaben für die Zukunft, bei denen du von allen Teilen deines Unbewußten das O. K.

bekommst und kongruent darauf zugehst. ... (Hartmut geht in eine symmetrische Haltung.) O. K., das ist *die* Klasse von Situationen. Und nun tu mal so, als wenn es noch welche gibt, wo es innerlich noch Einwände gibt und wo du weißt, daß du das gerne tun würdest, aber irgendwie noch nicht ganz sicher bist, ob das auch richtig und angemessen ist, das zu tun ...

Ich bitte Hartmut damit im wesentlichen, mir zu zeigen, wie er aussieht, wenn es einen Einwand gibt ... (zeigt mit Blick und Daumen auf Hartmut, für diesen unsichtbar: Hartmut nimmt wieder den Kopf zur Seite, und hält den rechten Fuß über den linken); im Unterschied zu der Situation, wo es keine Einwände gibt und er das O. K. seines Unbewußten bekommt (Hartmut zeigt eine kurze Symmetriezunahme beim Zuhören). Interessant könnte es ja sein, wenn diejenige, in der wir gerade sind, auch dazu gehören würde (Hartmut nickt). Und ich denke, es gibt einen ganz bestimmten Einwand, ...
Thies (mit veränderter Stimme, geheimnisvoll, trancemäßig): ... der sich auf den Teil der neuen Fähigkeit bezieht, den du wohl eher aus der Welt der Sprache 2 kennst und der vielleicht noch neu in das (macht eine kleine Geste mit der Hand auf sich selbst und die Gruppe) gegenwärtige Leben eingepaßt werden muß.
Hartmut: Wie, was? (folgt mit seinem Blick kurz der Handgeste von Thies) Ah ja, kann sein (nachdenklich).
Thies: Angenommen, es wäre so, und es gäbe einen Einwand gegen etwas, was eher mit Sprache 2 zu tun hat, wüßtest du, wie du ihn erkennen und einbeziehen könntest?
Hartmut (nickt nachdenklich, weniger aufgedreht): Ich würde ein Ziehen im Bauch merken und für einen Moment innehalten und mir vergegenwärtigen, wo ich bin und was ich will.
Thies: Das ist, soweit ich das (guckt abwechselnd Hartmut und die Gruppe an) aus meiner Perspektive übersehen kann, eine gute Idee. Und weißt du auch, was du in deinem Leben noch zusätzlich tun solltest, damit du von deinem Unbewußten das volle O.K. bekommst, das zu tun, was du dir für (zeigt mit dem Kopf kaum merklich zur Gruppe) solche und ähnliche Kontexte mit deiner neuen Fähigkeit vorgenommen hast?
Hartmut (etwas verwirrt): Nein, bis jetzt noch nicht.
Thies: Aber du weißt, daß es einen Teil von dir auf der unbewußten Ebene gibt, der einen Einwand gegen eine bestimme Art hat, eine der beiden Fähigkeiten einzusetzen?
Hartmut: Ja.
Thies: Und du weißt auch, wie er sich meldet (zeigt mit Kopf und Blick kurz auf Hartmuts Bauch)? Vielleicht kannst du mit diesem Teil

einen Beratervertrag machen, daß er dich wissen läßt, was du wo im Leben noch zusätzlich tun mußt, ... vorbeugend, ... parallel oder ... hinterher, damit das, was du vorhast, rundherum gut wird. (Hartmut ist in leichter Trance und zeigt dabei die Versöhnungs–Physiologie.)

Das ist ein Kurz-Reframing wie beim „Change History", erinnert ihr euch? Ihr definiert die innere Inkongruenz, so wie er sie subjektiv wahrnimmt, als Instanz, als einen Teil auf der unbewußten Ebene, der ein wichtiges Bedürfnis, eine wichtige Funktion im Leben von A erfüllt und jetzt nach der Ankündigung einer Veränderung befürchtet, seine Funktion nicht mehr so gut erfüllen zu können wie vorher. Ob das wirklich so ist oder nicht, werden wir wohl nie erfahren, aber dieser Wahrnehmungs-Rahmen für Inkongruenzen scheint für B und für A mehr Optionen im Umgang mit ihnen zu eröffnen, als wenn A und B sie einfach als „Lärm" oder „weißes Rauschen" definieren würden. Eine dieser Optionen besteht darin, die Inkongruenz im Zukunftsentwurf als Kommunikationsmöglichkeit mit einem inneren Berater zu nutzen, der als der Teil, der den Einwand geltend machte, ein willkommener Experte bei einer Ökologisierung des Entwurfes ist.

Hartmut: Er verrät mir zwar nicht, was es ist, aber er hat den Vertrag angenommen.
Thies: Das bedeutet, daß er dich im Moment nicht wissen läßt, was du zusätzlich in deinem Leben verändern mußt, damit der eine dieser Wege O. K. ist, die gefundene Fähigkeit in die Zukunft zu bringen. Aber du hast die Sicherheit, daß du, bevor du anfängst, Dinge in deinem Leben zu verändern, wieder Kontakt zu dem Berater-Teil bekommst? (Hartmut nickt in der Versöhnungs-Physiologie.)

Das ist das FuturePace für die hier im Kontext der Behandlung gezeigte und eventuell auch erworbene Fähigkeit, neu mit innerlich wahrnehmbaren Inkongruenzen umzugehen. Das ist natürlich dann besonders wichtig, wenn im Bewußtsein noch keine Ideen vorhanden sind, welche zusätzlichen Veränderungen nötig sind: Die angefangene Kommunikation mit dem Unbewußten kann fortgeführt werden. Wir kommen später im Zusammenhang mit den Reframing-Modellen noch ausgiebig darauf zu sprechen.
Hartmut (läßt nachdenklich die Füße hin und her baumeln): Ich glaube, ich habe doch eine Idee bekommen. Sehr interessant übrigens im Zusammenhang mit der Situation hier ...
Thies (unterbricht ihn): Gut, dann suche dir für diese Idee mal eine

Situation in deiner nächsten Zukunft, in der du sie umsetzen bzw. die ersten Schritte dazu tun wirst.
Hartmut (reorientiert sich nach einer Weile in der Nachdenktrance mit einer Zunahme an Symmetrie): O. K.
Thies: O. K.?
Ihr kennt ja mittlerweile meinen Zwang in bezug auf möglichst symmetrische Abschlüsse von Arbeiten. (Allgemeines Lachen.) Ich denke, es gibt noch einen kleinen Einwand gegen die Art, wie er die Dinge, die er in der Integrationsphase innerlich vorbereitet hat, in die Zukunft bringen will. Ich tu so, als wenn der kleine Einwand so wichtig wäre, daß, wenn wir ihn nicht einbeziehen, er aus gutem Grunde alles sabotieren könnte, was wir hier gemacht haben.
Hartmut: Ich wollte noch etwas erzählen (sieht Thies etwas schwärmerisch an) ...
Thies: Moment noch. Tu mal so, als ob das, was du mir erzählen wolltest, einerseits eine wichtige Information ist, die du mir — als willkommenes Feedback — hinterher erzählst, und andererseits, daß die Art und Weise, wie du es mir erzählen willst, auch ein Weg ist, wie ein Teil von dir auf der unbewußten Ebene dich innerlich wissen läßt, daß er noch einen wichtigen Beitrag zu dem Veränderungsprozeß hat, der jetzt hier angefangen hat,
Hartmut: Das ist aber nur ein Joke.
Thies: Trotzdem, tu mal so für einen Moment. (Hartmut geht für einen Moment in die Art Trance–Zustand, in der er beim vorhergehenden Mal auch war) ... O. K., konntest du würdigen, was dieser Berater anzubieten hatte? (Hartmut nickt.) Gut, dann sag mir jetzt den Teil, der für mich bestimmt ist.
Hartmut (mit sanfter Stimme): Zeitleise, äh ... (Stimme wieder härter) zeitweise habe ich dich synchron übersetzt.
Thies: Zeitleise? Interessanter Versprecher.
Hartmut (spricht es langsam und probierend aus): Zeitleise ... habe ich dich synchron übersetzt.
Wir kennen diese Physiologie vom Anfang unserer kleinen Arbeit, oder?
Thies: Wie hart muß Hartmut sein?
Hartmut (lacht, Stimme sanft und locker): Zeitleise, aber nicht immer. Nur wenn ich jemand synchron übersetzen will.
Thies: Und ist das eine der Fähigkeiten, die du entdeckt hast?
Hartmut: Ja.
Thies: Und die Weise, (spiegelt in seinem eigenen nonverbalen Verhalten die Art, in der Hartmut ihn vorher angesprochen hatte) wie du mir davon erzählen wolltest, (Hartmut wechselt in eine sponta-

ne Trance; Thies mit Trance–Stimme) ... kannst du noch einmal überprüfen, ob darin noch ein Tip deines Unbewußten enthalten ist, wie du mit dieser gefundenen Fähigkeit umgehen willst, so daß sie sich wirklich ökologisch in das Gesamt deiner Lebensbereiche einpaßt, ... in deiner Zukunft ... und außerhalb dieser Situation mit mir hier. Tu mal so, als ob da noch ein Tip drin ist. ... Und erlaube mir nochmal für einen Moment, hier nach außen zu kommentieren.

Das ist mein Konzept der interaktiven oder auch interaktionell einwanderhebenden Teile. Ich meine damit Teile, die sich zunächst nicht im Bewußtsein von A in Form subjektiv wahrgenommener Inkongruenzen, sondern in der Interaktion melden. Und das meistens sehr plötzlich und unvermittelt: Ich kann eine Stunde mit meinem A gearbeitet haben und plötzlich bekommt die Interaktion völlig unerwartet eine ganz neue Qualität. Ich könnte auch sagen, ich bekomme ein ganz neues Übertragung–Gegenübertragungsangebot. Ganz egal, ob jemand unvermittelt sauer auf mich wird oder mich plötzlich abgöttisch verehrt, ob es ein Kompliment ist oder auf einmal ein absolut verführerisches Verhalten, ich gehe davon aus, daß ein solches überraschendes Kommunikationsangebot beides ist: Eine wichtige Mitteilung von Mensch zu Mensch, manchmal absolut passend zu der Art von Beziehung, die wir aufgenommen haben; und ein unbewußter Kommentar zum Inhalt des therapeutischen Prozesses, den A gerade durchlaufen hat. Ein Teil hat einen Einwand gegen die Veränderungen und deren eingeschlagene Richtung oder bietet einfach noch seine Mithilfe an, indem er B (Kopf zu Hartmut, eine Nuance nachdrücklicher:) und auch A (normal weiter) auf eine noch nicht mit einbezogene Ressource hinweist. (Hartmut kommt aus der Trance zurück und nickt.) Ich validiere beide Ebenen. Wir kommen später bei den Reframing–Modellen noch darauf zurück.
Thies.: O. K., danke dir.
Hartmut: Ich danke dir auch.

Das Wichtigste am Aufbau dieser Prozeßinstruktion ist, daß sie Raum läßt für alles, was A auch immer erleben wird. „Das Experiment besteht im wesentlichen darin, daß du dich überraschen läßt, ob du mit deinen Gedanken in die Zukunft gehst, ob du im Hier und Jetzt bleibst oder ob du in die Vergangenheit gehst" — was soll man da falsch machen? Wenn ich dann das nonverbale oder auch verbale O. K. von A bekomme, sage ich , „Das Experiment fängt an, jetzt" und gebe alle möglichen und notwendigen vagen Prozeßinstruktionen. Es kann sein, daß mir A daraufhin ohne zu reden solange Zeit gibt, bis ich beide Anker ausgiebig benutzt habe und die Integration stattgefunden hat. Sollte A mir aber signalisieren, daß er oder sie noch mehr Instruktionen braucht, um die Integration zu bewerkstelligen, kann ich mit Prozeßinstruktionen fortfahren : „Es kann sein, daß du jetzt in die Zukunft gehst, oder in die Vergangenheit, oder im Hier und Jetzt bleibst, auf eine bestimmte Weise, und in einer bestimmten Weise die Art, wie du im Hier und Jetzt bleibst, veränderst ..." Da geht ihr alle weg (lacht, da die meisten in der Gruppe in die Trance–Physiologie wechselten), da könnt ihr gar nicht wach bleiben. „In denen du vielleicht andere Dinge wahrnimmst, visuell, auditiv oder kinästhetisch, oder es eine andere Dimension von der Wahrnehmung gibt, die das Jetzt konstituiert."

Wenn ich einen Menschen vor mir habe, von dem ich annehme, daß er Freude am kreativen Umgang mit dem Geist hat, mit anderen Worten, daß er gerne denkt — einen „Computer", wie *Virginia Satir* etwas abwertend sagt —, mit denen ich übrigens sehr gerne arbeite, kann ich schöne Sachen einbauen, mit denen man jeden denkfreudigen Menschen „kriegt": Bestimmte Äußerungen stellen für jeden Denker eine Einladung zur Trance dar, der er nicht widerstehen kann — *Aldous Huxley* spricht von „deep reflection". Ich sage etwa: „Es kann sein, daß du in die Zukunft denkst, im Licht der Vergangenheit; oder es kann sein, daß es dir unmöglich ist, in die Zukunft zu gehen und nicht in die Vergangenheit gleichzeitig; so daß du vielleicht anfängst, über die Dialektik von Vergangenheit und Zukunft nachzudenken oder auch darüber, wie es wohl möglich ist, über das Hier und Jetzt nachzudenken, ohne dabei nicht in einer bestimmten Weise auch in die Zukunft oder in die Vergangenheit zu gehen ...; wie kannst du zum Beispiel wissen, daß das hier ein Tisch ist, wenn in dem Erlebnis, hier und jetzt auf einem zu sitzen nicht die ganze Vergangenheit tischmäßig akkumuliert wäre?"

Solche Formulierungen nennt man, wie gesagt, im NLP „Fluff". Wörtlich übersetzt heißt das „warme Luft". Genaugenommen war es strukturierte warme Luft — Prozeßinstruktionen, die mir einerseits den Rahmen geben, mit meinen Ankern zu spielen, andererseits allgemein genug formuliert sind, damit sie die individuellen Prozesse unterstützen, die A in der Integrationsphase durchläuft.

Während die Integration stattfindet, führe ich mit meinen Prozeßinstruktionen A dahin, wahrzunehmen, daß in dem Erlebnis irgend etwas enthalten ist, was er eine Fähigkeit nennen kann; eine synthetisierte oder eine wiedergefundene. Ich sage einfach: „Wo immer du in dieser Gedankenreise, im Nachdenken, jetzt im Moment auch bist, es ist möglich, daß du, auf einer zweiten Ebene des Erlebens, dir gegenwärtig machst, daß das, was du jetzt tust, ein Ausdruck von bestimmten Fähigkeiten ist. Es kann sein, daß es eine bestimmte Fähigkeit ist, an die du eventuell lange nicht gedacht hast oder die du aus anderen Kontexten kennst." Ich setze damit voraus, daß in der Veränderung zumindest eine Fähigkeit enthalten ist. Wenn ich dafür eine Bestätigung bekomme, zum Beispiel ein kleines ideomotorisches Nicken, mache ich für die Fähigkeiten ein FuturePace, indem ich ihn bitte, Kontexte in der Zukunft zu finden, wo genau diese Fähigkeiten ihren Platz haben sollen: „Such dir drei Kontexte in der Zukunft, wo du genau das gut brauchen kannst; und komm zurück, wenn du sie hast und mit der Auswahl maximal zufrieden bist."

Typisch für eine ökologische Veränderungsarbeit, die in dem Trance–Zustand gemacht wird, ist ein symmetrisches Reorientieren. Wenn jemand unsymmetrisch zurückkommt, wiederholt ihr die Instruktion: „Gehe nochmal zurück und komm erst dann zurück, wenn du nicht nur drei Kontexte gefunden hast, wo du das brauchen kannst, sondern wenn du drei gefunden hast, mit denen du auch maximal zufrieden bist. Und such solange, bis du sie hast."

Es kann sein, daß A dann lange in Trance ist. In einem Seminar saß mal jemand eine Stunde im Trance–Zustand; das Plenum hatte schon angefangen, alles ging drunter und drüber, und er saß eine Stunde in diesem Tieftrance–Zustand.

In Hartmuts Antwort gab es kleine Asymmetrien, die ich als kleine Einwände bei einem bestimmten Weg gedeutet habe. Ich habe das Asymmetriephänomen als Einwand dagegen interpretiert, wie er die gefundene Fähigkeit in der Zukunft kontextualisiert. Ich habe ihm dann geholfen, den Einwand als subjektiv wahrnehmbares Inkongruenzphänomen innerlich zu fokussieren und als Signalsystem und Berater zu benutzen, um herauszufinden, was noch zusätzlich zu tun ist.

Hypnosetechnisch habe ich in der Demonstration vorher beim Ankern auch das inkorporiert, was hier außen passiert ist. Als Otto anfing, die alkoholisierte Physiologie zu zeigen, mußte er plötzlich lachen und hat sich in dem Moment aus der Realität herausorientiert und mich angeguckt. Weil ich viel Erfahrung mit Hypnose habe, war meine Vermutung, daß ich als Hypnotiseur als Geist in die Szene mitgenommen wurde und eine Rolle zugewiesen bekam, die in der Szene potentiell enthalten ist. Deshalb habe ich gesagt: „Es kann sein, daß du dich amüsierst und mit bestimmten Leuten lachst." Das nennt man Inkorporieren; in die Verbalisierungen wird das mit eingebaut, was gerade passiert, in dem Fall im Kontakt zu mir.

6.4 Satt vor Hunger

Cordula: Das ist ja alles ganz schön, aber ich kann mir keine Mischung zwischen Hunger–haben und satt–sein vorstellen und weiß auch nicht, wozu das gut sein soll.
Thies: Das glaube ich dir sofort. Die meisten Fische zum Beispiel können sich unter Luft auch nichts vorstellen. Die Natur von Dissoziationen ist gerade, daß man sich die Integration schwer vorstellen kann — solange man dissoziiert ist. Wie in der Dissoziation „Problem–Physiologie" und „Ressource–Physiologie": Wenn der Betreffende sich detailliert genug vorstellen könnte, wie die Integration ist, wäre es kein Problem mehr, weil es dann auch keine Dissoziation mehr wäre. Andererseits erinnert mich das, was du sagst, an ein kleines Schild, das mir ein Freund einmal zur Einweihungsfeier unserer Wohnung schenkte: „Das Entlegenste, was Sie sich in Ihrer Phantasie ausmalen können — hinter dieser Tür passiert es!" Wie zum Beispiel, wenn man so richtig satt vor Hunger ist. (Cordula lacht verwirrt.) Wichtig ist, wie es induziert wird. Wollen wir einen Moment damit experimentieren?
Cordula: Ja.
Thies: Womit sollen wir anfangen, mit „satt–sein"?
Cordula: Nein, mit „Hunger–haben".

Von ihrer Physiologie her hatte ich gedacht, sie würde mit dem Zustand „satt–sein" anfangen wollen — entsprechend meiner Vorstellung, was das wohl für eine Physiologie sein müßte. Das ist interessant. Holt den Film von dem nonverbalen Verhalten, mit dem sie anfangs „Hunger–haben" gesagt hat, nochmals vor euer geistiges Auge und Ohr. Und halluziniert, was das wohl für eine Physiologie ist, als Grundlage für welche Ressourcen; zu welchen Situationen sie wohl gehört und was sie damit wohl alles tun kann. Diese kleine Halluzinationsübung könnt ihr benutzen, um zu würdigen, was für eine Menge Ressourcen in dieser Physiologie sozusagen symbolisiert sind. Und natürlich auch in dem, was sie „satt–sein" nennt.
Thies: Andere, bestimmte andere Ressourcen.

Jetzt habe ich beide induziert und geankert. Am einfachsten und spannendsten finde ich es wie gesagt meistens, mich im Rapport von meinem Unbewußten und dem der Person, mit der ich arbeitete, überraschen zu lassen, wie ich intuitiv ankere. Das ist natürlich nur dann sinnvoll, wenn ich meine Anker und die Reaktionen von A wahrnehme. Deshalb lernt ihr hier im Seminar, mit vorher festgelegten Ankern zu arbeiten, damit ihr, während ihr zum Beispiel an Knöcheln herumdrückt, eine Chance habt, wahrzunehmen, auf wieviele

Weisen ihr sonst noch ankert — mit eurem Stimmklang, mit ideomotorischen Gesten etc. .
 Diejenigen von euch, die die Anker, die Cordula und ich ausgebildet haben, noch nicht mitbekommen haben ... müssen noch genauer hingucken und hinhören. „Hunger–haben" und „satt–sein" sind für mich jetzt wieder nur zwei Wortetiketten, von denen ich nicht weiß, was sie bedeuten. Ich habe jedoch eine Ahnung, eine Anmutung, nonverbal vermittelt über die Physiologien, die ich meist erst hinterher beschreiben könnte. (Während er redet, wirft er ab und zu einen kurzen Blick zu Cordula, die spontan in Trance gegangen ist.) Aber jetzt, mitten im Prozeß, könnten die Physiologien genauso gut Nummern haben: die Physiologie 1867 und die Physiologie 1949. (Er lacht.) Und ich dachte, zumindest bei „satt–sein" und „Hunger–haben" würde ich mich auskennen und wüßte, wovon sie redet. Nicht zu fassen! Ich bin wirklich überrascht, für mich wäre das umgekehrt: Ich würde die Physiologie, die sie „Hunger–haben" nennt, als „satt–sein" bezeichnen und umgekehrt. Ein schönes Beispiel dafür, wie gefährlich und trügerisch Worte sind und wie wichtig es ist, genau hinzusehen und jederzeit davon auszugehen, daß der Mensch, mit dem ich gerade arbeite, seine Ressourcen auf eine Art und Weise in Worte einpackt, auf die ich im Traum nicht kommen würde.
Cordula: Das war einfach zu entscheiden ... Ich habe „Hunger–haben" zuerst genommen, weil ich jetzt hungrig bin.
Thies: Der Zustand ist dir näher? (Er studiert noch einmal ihre Physiologie.)
Cordula: Ja.
 Angenommen, ihr macht das mit Zahnschmerzen und sagt euch: „Powervolle Technik, alles unter Kontrolle! Die Zahnschmerz–Physiologie werden wir mal kurz mischen mit der Nicht–Zahnschmerz–Physiologie. Mal ausprobieren, ob wir sie nicht wegkriegen oder zumindest so weit reduzieren, daß wir die Chance haben, sie zu vergessen." Was passiert dann? Krieg natürlich — mit dem Teil, der auf der unbewußten Ebene die Zahnschmerzen einsetzt, zum Beispiel damit ihr zum Zahnarzt geht. Mit diesem Teil müßtet ihr vorher eine Verabredung treffen und ihn fragen: „Erlaubst du mir für fünf Minuten, daß wir das mal ausprobieren?" Oder: „Gibst du mir fünf Minuten Freiheit von diesen Zahnschmerzen, wenn ich dir verspreche, daß ich morgen zum Zahnarzt gehe? Gibst du mir heute frei und erinnerst mich morgen mit doppelt so großen Zahnschmerzen daran, daß ich auch tatsächlich gehe?"
Thies: Kannst du so eine Verabredung für „Hunger–haben" innerlich

mal machen? Es könnte ja sein, daß es absolut wichtig ist, daß du jetzt Hunger hast, vom Zuckerspiegel her etc. Das Unbewußte macht ja nicht aus reinem Jux Hunger oder Zahnschmerzen. Es ist für etwas gut, wenn man Hunger hat.
Cordula: Mhm. (Sie nickt nachdenklich.)
Vielleicht klingt das wie ein Widerspruch zu dem vorigen Postulat, daß ich keine Ahnung habe, wovon sie spricht. Aber das ist es nicht, da ich diesen Wahrnehmungsfilter trotzdem weiter aufrechterhalte — als Vorsichtsmaßnahme, um offen für die Wahrnehmung all der Ressourcen zu sein, die in dem betreffenden Verhalten enthalten sind. Menschen organisieren ihre Ressourcen manchmal auf die erstaunlichste Art und Weise. Gleichzeitig kann ich aber auch die „normale" Verständigungsebene utilisieren — die Ebene, auf der alle, die dieselbe Sprache sprechen, zu einem ähnlichen Verständnis darüber kommen, was sie wohl damit gemeint hat. (Er lacht plötzlich:) Wie das normale Sprachverständnis allerdings kognitiv mit dem glücklichen Gesichtsausdruck fertig wird, den Cordula bei „Hunger–haben" hat, ist mir nicht so ganz klar.
Thies: Auch wenn völlig klar ist, daß es so etwas wie Hunger weiterhin geben muß, weil es bestimmte physiologische Notwendigkeiten im Leben gibt, könnte es trotzdem für dich sehr interessant sein, herauszufinden, wie es wäre, wenn „Hunger haben" als Zustand und „satt–sein" als Zustand gemeinsam in deinem Körper und als Bewußtseins–Zustand in deinem Geist auftreten würden. Es könnte sein, daß der Zustand, den du „satt–sein" nennst, bestimmte Fähigkeiten enthält, und der, den du „Hunger–haben" nennst, bestimmte andere (Cordula nickt), für dein Leben genau so wichtige. Aus welchen Gründen das wichtig sein könnte, weiß dein Unbewußtes sicher am besten, denn es kennt die Besonderheiten deiner Lerngeschichte; es weiß genau, für was „satt–sein" immer ein Anker war, und für was „Hunger–haben".
Cordula (nickt in Trance): Mhm.
Thies: Was ist das für eine Physiologie, in der du jetzt bist? „Hunger–haben"?
Cordula: Ein bißchen noch. (Die Integration hat schon angefangen.)
Thies: Machst du mal eine Sitzhaltung für „Hunger–haben"? Eine Haltung, die repräsentativ, typisch, aussagekräftig oder symbolisch für den Gesamtzustand, die Befindlichkeit oder die Art des In–der–Welt–Seins ist, die du „Hunger haben" nennst? Und du weißt, woran du erkennst, wenn du in diesen Zustand gehst? ... Und spannend ist es, sich überraschen zu lassen, wie dein Unbewußtes dir hilft, diese Körperhaltung zu finden ... und dann über diese Haltung den

Zustand zu intensivieren. Und was immer dieser Zustand für Fähigkeiten enthält, die jetzt in dieser Körperhaltung symbolisiert oder kinästhetisch abgebildet sind, denke im Moment nicht weiter an diese bestimmten Fähigkeiten, denn jetzt möchte ich, daß du nur spürst ... und dann diese Körpergefühle speicherst, dir sozusagen ein neues körperliches Gedächtnis für diesen Zustand zulegst bzw. das vorhandene ausgeprägter gestaltest oder auch in seiner Qualität veränderst: ... Es kann sein, daß du ein bestimmtes Körpergefühl in ein anderes übersetzt ... oder auch, daß du es von einem Ort zum anderen bewegst oder schiebst ... . Laß dich einfach innerlich selbst wissen, was das Typische an dieser Sitzhaltung und dieser Kinästhetik ist? In welchem Körperbereich gibt es welchen Impuls oder welche Spannungs–, Druck– oder Wärmemuster? Behalte es für dich, ... registriere es einfach. Was immer das ist, was du gut kannst in diesem Zustand, du weißt es, bewußt und/oder unbewußt ... und wir hier außen können nur üben, zu halluzinieren, welche Fähigkeiten das wohl sind ... O. K.? (Mit lauter Stimme) Separator–State. (Er trommelt auf den Tisch und lacht sie an) ...

Jetzt machen wir das entsprechende für „satt–sein". (Cordula nickt.) Und laß dich wissen, woran du *das* fühlst und was das Besondere an *dem* Zustand ist, den du „satt–sein" nennst, im Körpergefühl, ... in der Gesamtbefindlichkeit, ... während du eine Sitzhaltung findest oder erfindest, die das optimal ausdrückt ... Laß dir Zeit und check es durch, geh durch den ganzen Körper. Es kann sein, daß es tiefer im Körper drin ist, ... oder mehr zur Haut hin, ... oben oder unten, ... vorne oder hinten, ... pulsierend oder gleichbleibend ...; wie auch immer es kommt, daß genau *das* typisch ist für den Zustand, den du „satt–sein" nennst, und für die in ihm enthaltenen Fähigkeiten ..., welche auch immer das sind und in welchen Situationen mit welchen Zielen sie gut angewendet werden können, ... unabhängig davon, ob dein Bewußtsein den Prozeß würdigen und verstehen kann, der dazu geführt hat, daß „satt–sein" für diese Fähigkeiten ein sprachliches Etikett geworden ist ..., ein Zeichen, und wie es kommt, daß sich in dem Körpergefühl, das dich jetzt zu der gesuchten Sitzhaltung führt, diese Fähigkeiten abbilden ...

Schön ist, wenn man es in dieser Weise über das Körpergefühl macht, daß sie zwei kinästhetische Anker „an die Hand" bekommt, über die sie selbst verfügen kann ...,

Thies: ... so daß du vielleicht später selbst bestimmen kannst, wie „satt" du im „Hunger" sein willst, oder wieviel „Hunger" du zum „satt–sein" brauchst. (Er markiert tonal die Etiketten–Zitate. Cordula schaut verwirrt, zeigt jedoch Elemente beiden Physiologien.) Ist dir

klar, daß du jetzt zwei Anker hast, die du selbst benutzen kannst?
Cordula: Mhm (reorientiert sich).
    Das war der Separator-State nach der Induktion der zweiten Physiologie und der angefangenen Integration.
Thies: Oder nicht so ganz? Man kann ja viel halluzinieren. Wollen wir mal üben, auf eine neue Art zu halluzinieren?
Cordula (zögernd): Ja.
    Das ist so ähnlich wie der Check „Wollen wir ein Experiment machen?"
Thies: Angenommen, es gibt noch einen Einwand gegen das Experiment, könntest du den benennen? Einer könnte sein, daß du sagst: „O. K., wir machen das Experiment, aber ich habe an jeder Stelle das Recht abzubrechen und dann nicht mehr darüber zu reden. Es kann sein, daß du wissen mußt, daß ich dir dieses Recht zugestehe.
Cordula (leise): Das habe ich immer.
Thies: Ja, ich habe es auch immer; manchmal vergesse ich es allerdings. (Cordula nickt.) O. K., das Recht hast du also. Das macht die Experimente des Lebens spannender, wenn man weiß, daß man jederzeit abbrechen und ein anderes Experiment machen kann. (Er sieht sie an und wartet ein leichtes Nicken ab.) Wollen wir ein Experiment mit Halluzinationen machen?
Cordula: Ja (noch nicht ganz kongruent).
Thies: Mit bestimmten Halluzinationen, nämlich mit kinästhetischen?
    Ich tu mal so, als wenn keine Bedingungen mehr da wären. Es gibt noch einen kleinen Einwand oder Vorbehalt ...
Thies: ... aber ich tu mal einfach so, als gäbe es ihn nicht, und wenn es ihn gäbe, daß du mit ihm schon umgehen könntest. (Er studiert ihre Physiologie: Sie geht kurz in Trance und setzt sich dann symmetrischer hin.) Ich möchte, daß du kinästhetisch halluzinierst, die beiden Körpergefühle gleichzeitig zu erleben; das spezielle Körpergefühl vom Zustand „Hunger-haben" und das spezielle Körpergefühl vom Zustand „satt-sein"; und daß du jetzt damit anfängst ..., (Stimme trancemäßig) wobei der Weg, wie du dahinkommst, ziemlich egal ist, ... genau so egal, wie die Frage, über welche und über wieviele Stationen deiner persönlichen Geschichte du gehen mußt, ... und woher, aus welchen Situationen du welche Ressourcen nimmst ...; auch, wie du sie organisierst, um beide Körpergefühle gleichzeitig zu fühlen, ist egal oder bleibt dein Geheimnis ... es sei denn, du willst es irgend jemandem mitteilen, ... zum geeigneten Zeitpunkt, in einer geeigneten Weise ... Welche Fähigkeiten damit verbunden sind, beide Körpergefühle gleichzeitig zu erleben, bleibt

ebenfalls dein Geheimnis. Vielleicht teilst du es mal jemand mit, in einem bestimmten Kontext mit einem bestimmten Ziel, vielleicht auch nicht ... vielleicht kann sich die andere Person auch einfach überraschen lassen, ... wie du dich neu verhältst in bestimmten Situationen in der Zukunft, von denen du jetzt drei finden sollst, hups (lacht) ..., wo du genau diese Fähigkeit oder Fähigkeiten gut anwenden kannst ..., wo sie ihren Platz in deinem Leben haben werden ..., auf eine ökologische Weise.
Cordula: Das ist im Moment gar nichts wert, das ist ziemlich unsinnig (lacht) ...
Thies: Zum Beispiel was?
Cordula: Also, was ich jetzt selber mitgekriegt habe ... Ich habe versucht, so eine Mittelstellung einzunehmen. Am Anfang habe ich noch meinen Magen ziemlich gespürt, ich merke oft so ein Gefühl, so in der Speiseröhre und im Magen, und das ist jetzt mehr weg.
Thies: Interessant! Nur, wenn etwas jetzt weg ist, was ist dann stattdessen da?

Und wir sehen auch, was das ist. Das ist etwas bestimmtes Neues. *Thies*: Es ist die Frage, ob du das weißt, (Cordula nickt ideomotorisch) und ob du weißt, in welchen Kontexten du das, was jetzt neu ist, zeigen möchtest; wo die Fähigkeit in deiner Zukunft hin soll; nachher, morgen, nächste Woche. Denke einfach an das, was weg ist, und das, was dafür da ist. Und wo soll das hin, was dafür da ist? Such drei Kontexte in deiner Zukunft. Zusätzlich zu dem hier. Wenn du mir in der Zwischenzeit erlaubst, hier (gesprochen zur Gruppe) nach außen einen Kommentar zu machen? (Sie nickt.)

Sie hat mir gezeigt, daß sie die neue Fähigkeit gleich hier zur Verfügung hat; was immer das auch ist, was sie mit dieser beweglichen Ressource–Physiologie in der Welt tun kann ... Als B tue ich immer gut daran, meine Wahrnehmung dafür offen zu halten, daß manchmal der therapeutische Gewinn gleich auf der Stelle demonstriert wird: Sie bezog sich auf mich in einer neuen Art, die ich die Minuten vorher nicht gesehen habe. Sie guckte mich anders an. (Sie schaut ihn wieder an und reorientiert sich.)
Thies: Hups, genau die Fähigkeit meinte ich. Und hast du drei Kontexte?
Cordula: Nein, ich hatte so einen Anflug einer Idee, aber das ...
Thies: Kannst du diesen Anflug von der Idee auf dem Weg dahin (zeigt zu ihrem Stuhl in der Gruppe) so konkretisieren, daß du sicher bist, drei Kontexte in deiner Zukunft festlegen zu können, wo das genau hinpaßt, zusätzlich zu diesem hier, in den das auch hervorragend paßt. (Mit Trance–Stimme) Dazu mußt du dich erst einmal

darauf vorbereiten, hier vom Tisch herunter zu kommen, den Weg zum Stuhl zu gehen und dich auf den Stuhl zu setzen, ... und das alles auf eine bestimmte Weise, die sicherstellt ..., daß du alles von hier vorne, was du neu gelernt oder wiedergefunden hast, in deine Zukunft mitnimmst — die mit dem ersten Schritt beginnt. (Cordula nickt im Reorientieren und fängt an loszugehen.) ... Und genieß die Art, wie du es machst, denn du gestaltest gerade deine eigene und daher höchst effektive Metapher ...
Thies: Kann ich morgen zu dir hinkommen und überprüfen, ob du drei Kontexte in deiner Zukunft hast, wo das, was du hier neu entwickelt und neu gelernt hast, seinen Platz haben soll?
Cordula (kongruent): Ja. (Sie sitzt wieder auf ihrem Platz in der Gruppe, voll reorientiert und in sehr ressourcevoller Physiologie).

Ich nehme an, ihr seid jetzt gespannt darauf, das endlich selbst auszuprobieren. Ihr habt sicherlich schon viele Ideen, welche dissoziativen Physiologien ihr nehmen könnt. In der Übung schlägt A vor: „Die und die dissoziierten Zustände möchte ich gerne mal zusammenbringen und erleben, was ich dann finde." Es kann aber auch sein, daß er oder sie erstmal ein „Change History" erleben möchte. Es war nämlich in den Kleingruppen noch nicht jeder einmal in der A- und B-Position bei der vorhergehenden Übung. Wenn „Change History" von A und B schon gemacht wurde, könnt ihr alles nehmen, was ihr interessant findet: Zwei Sprachen, alle Räusche oder alle Süchte, zum Beispiel Rauchen — Nicht-Rauchen, Kaffeetrinken — Nicht-Kaffeetrinken.

6.4.1 Kurzform der Schritte

INTEGRATION ZWEIER DISSOZIIERTER PHYSIOLOGIEN

1. Rapportcheck

2. Induktion der Physiologie I
a) Identifikation der ersten Situation:
   Gehe bitte innerlich in eine Situation, dir typisch ist für dich in dem einen Zustand bzw. der einen Befindlichkeit.
b) V.A.K.O.–Hypnose:
   Dann hypnotisiert ihr euren Klienten über alle Sinnessysteme in diese Situation hinein. **Was gibt es dort zu sehen, ... zu hören, ... zu fühlen, ... zu riechen ... und zu schmecken?**
In a und b ankert ihr fortwährend synchron zur Zu- und Abnahme der Physiologie.

3. Separator–State

4. Induktion der Physiologie II
Ihr induziert und ankert die zweite Physiologie wie in Schritt 2.

5. Separator–State und Test der Anker

6. Integration
a) Instruktion/Vorankündigung/Erlaubnis:
   Wollen wir ein Experiment machen? Oder alternative Formulierungen. Wichtig ist ein vom Bewußtsein von A akzeptierter Rahmen, der Prozeßinstruktionen akzeptabel macht, die euch erlauben, mit beiden Ankern zu spielen.
b) Anker benutzen:
   Ihr benutzt beide Anker, um dem Klienten zu helfen, beide Physiologien zu integrieren.
c) FuturePace:
   Ihr bindet das Reorientieren an das Finden von drei Kontexten für die in dem Integrationserlebnis deutlich gewordene Fähigkeit.
d) Öko-Check:
   Ihr achtet auf eine symmetrische Reorientierung. Wenn asymmetrisch: Kurzreframing oder andere Kontexte suchen lassen.

6.4.2 Fragen

Sigrid: Wenn A aus der Trance nicht kongruent zurückkommt, und ich sage, „gehe nochmal in die Situation zurück", setze ich in dem Moment nochmal die beiden Anker ein oder bleibe ich als B in meiner Integrationshaltung? Ich hatte mich bei dem einen Anker nach vorne gebeugt und beim anderen nach hinten und mich dann in der Mitte eingependelt. Beuge ich mich, wenn ich A nochmal in Trance schicke, wieder vor und zurück oder bleibe ich besser in meiner Integrationshaltung sitzen?

Das wären zwei Möglichkeiten, die du ausprobieren kannst. Wenn sich die Trance auf dein Manöver hin vertieft, wenn also die Physiologien nochmal getrennt kommen und sich dann anfangen zu mischen, dann ist es sinnvoll, noch einmal zu integrieren. Wenn du damit nur die Asymmetrie im Körper verstärkst, ist es besser, es bleiben zu lassen und zu überprüfen, ob es einen Einwand dagegen gibt, entweder dir gegenüber die integrierte Physiologie zu Verfügung zu haben oder dort, wo das Bewußtsein ihren Einsatz schon plant.

Du überprüfst am besten auch, ob sich in der Situation dir gegenüber irgend etwas verändert hat. Vielleicht hast du einen negativen Anker in deiner Anweisung gehabt, ohne es gleich zu merken. Oder dein Unbewußtes will aus guten Gründen nicht, daß dein A diese Integration erlebt; das soll in der Therapie auch vorkommen. (Er tut empört:) „Was, der lernt das, und ich?" Es gibt tausend Möglichkeiten. Vielleicht ist während der Integrationsphase die Nähe oder Intimität zwischen euch beiden zu groß geworden. Dann ist eine plötzliche Asymmetrie ein Einwand, ein Kommentar bezüglich der Interaktionssituation. Du müßtest in dem Fall erstmal dein Verhalten variieren, um den Grund für die Asymmetrie herauszufinden. (Sigrid hat während der letzten Sätze nachdenklich genickt.)

Sigrid: Aber wenn ich das überprüft habe, reicht es, wenn ich als B zu A einfach sage: „Gehe nochmal in die Situation zurück und schau." Ich lasse ihn einfach nochmal alleine machen, weil es sein kann, daß er zu früh zurückgekommen ist?

Ja, und zwar indem du sagst: „Gehe nochmal zurück in die Situation oder was immer du eben gemacht hast, und komme erst dann zurück, wenn das fertig ist, wenn du innerlich weißt, daß das fertig ist." Dann lehnst du dich zurück und guckst, was er macht. Wenn er nochmal in Trance geht, mit der integrierten Physiologie, dann weißt du, daß ihm einfach nur Zeit fehlte. Du hast bewußt oder unbewußt irgend etwas gemacht, was für ihn als A ein Signal war, unter Leistungsdruck zu kommen. Es kann zum Beispiel sein, daß du mit deinem Stuhl gerutscht bist, dich in einer bestimmten Weise geräuspert hast oder eine Bewegung gemacht hast, die zufällig für A ein Anker zum Zurückkommen war.

Wenn du vorher das Feedback durch Nicken bekommen hast, daß in der Tat eine neue Fähigkeit vorhanden ist, die auch annähernd bewußtseinsfähig ist, und wenn A dann unvermittelt zurückkommt, kannst du unterstellen, daß diese Fähigkeit die Wirkung von Dynamit hat, und daß A in ihrer Vorstellung versucht hat, sie unökologisch einzusetzen. Das kann irgendeine Fähigkeit sein, bei der A gleich eine Situation einfiel, wo er sie einsetzen will. Und dagegen hat ein anderer Teil des Unbewußten etwas, weil das Bewußtsein vielleicht die Konsequenzen dieses Einsatzes der gedachten Fähigkeit in genau dem gedachten Kontext noch nicht weiß. Du könntest ganz beiläufig sagen: „Das ist eine tolle Fähigkeit." Wenn als Antwort ein Nicken kommt, weißt du, daß die Fähigkeit da ist. Dann kannst du als nächstes sagen: „Aber Vorsicht beim Einsatz dieser Fähigkeit; die kannst du nicht einfach dort anwenden, wo du willst, du mußt dir erst noch bestimmte Gedanken machen, wann du sie wo einsetzt, damit nicht irgendwo in deinem Leben an einer anderen Stelle dabei irgend etwas kaputt geht." Wenn du dann noch ein Nicken bekommst, ähnlich wie du gerade nickst, weißt du, daß die Fähigkeit vom Bewußtsein gleich in einen Kontext gebracht worden ist, in den sie noch nicht oder überhaupt nicht hinpaßt, oder in dem noch flankierende Maßnahmen im Leben der Person gesichert sein müssen, damit es sinnvoll ist, die Fähigkeit da zur Verfügung zu haben.

Dann gibt es ein paar Prozeßinstruktionen dafür, daß die Kontexte in einer ökologischen Weise ausgesucht werden. Wenn du einen guten Rapport hast, ist es am einfachsten, sehr kongruent zu sagen: „Gehe nochmal zurück in diesen Trance–Zustand oder gehe zurück in dieses Nachdenken, und denke solange nach, bis du drei Situationen gefunden hast, wo du absolut überzeugt bist, daß es gut und sicher und vernünftig ist, die Fähigkeit einzusetzen." Und du läßt A dann in dem Trance–Zustand.

Das ist das Gute an Trance–Zuständen. Wenn ich sie induzieren und halten kann mit dem, was ich als B dazu beitrage, so ist das, was gefunden wird, immer ökologisch. Dann sitzt A vielleicht eine Stunde lang da, bevor er die Kontexte findet oder erfindet, wo es paßt. Oder er findet — und die Möglichkeit kann ich in meine Prozeßinstruktion noch einbauen — die richtige Reihenfolge von Kontexten: „Hier bin ich und habe diese powervolle Fähigkeit und überlege jetzt, wo es angemessen ist und hinpaßt, daß ich sie habe." Und das ist nicht unbedingt nur eine Frage der Kontexte (soll ich die Fähigkeit da oder da einsetzen), sondern es kann auch eine Frage der Sequenz sein (wo zuerst und wo dann und wo dann usw.).

Wohlgemerkt, das trifft nur dann zu, wenn ich wirklich gesehen habe, daß eine Integration da war. Wenn die Integration nicht da war, weiß ich, daß ich entweder nicht sauber geankert habe — was meistens mit der Notwendigkeit einhergeht, einen Rapport–Check zu machen — oder daß es einen Einwand gegen die integrierte Physiologie mir gegenüber gibt. Wenn die Integration da ist und A asymmetrisch zurückkommt, weiß ich, daß A irgend etwas Unökologisches konzeptualisiert hat.

Burkhard: Wenn ich falsch geankert habe, muß ich dann unbedingt wieder von vorne anfangen? Und muß ich A dazu aber erst wieder um Genehmigung fragen?

Das kannst du machen. Je nachdem, ob du es explizit machen willst oder implizit. Explizit würde heißen, du teilst mit, daß du schlampig gearbeitet hast und eventuell auch den Grund dafür in der Gegenübertragung. Es kann aber auch sein, daß du dich entscheidest, wenn dir die Gegenübertragung klargeworden ist, daß es genügt, wenn du jetzt klar weiterarbeitest und deinen A nicht darüber aufklärst. In diesem Fall, was ich, wenn es so bewußt entschieden wird, sehr in Ordnung finde, oder in dem Fall, daß es „einfache" Schlampigkeit war, kannst du etwa sagen: „O. K. ich habe eine Idee, wie wir diesen Lernprozeß, der jetzt angefangen hat, noch konsolidieren können. Bist du bereit, noch einen Schritt weiterzugehen mit mir?" Wenn du da ein kongruentes Ja bekommst, gehst du als erstes aus der Physiologie heraus, in der du den „Mist" gemacht hast, dissoziierst dich also von dir selbst, und sorgst dafür, daß auch A aus der Physiologie rauskommt — indem ihr zum Beispiel die Plätze wechselt. Separator–State für alle, das ist wichtig — auch für C, wenn es eine Kleingruppensituation ist. So kannst du mit einer völlig anderen Physiologie neu anfangen und ganz neue Anker etablieren. Natürlich wurde beim ersten Mal auch irgend etwas gelernt. Nur ist etwas dazwischen gekommen, was du als B nicht wolltest und nicht wahrgenommen hast. Du hast irgend etwas getan, was ein Anker für irgend etwas war, und hast eine Zeitlang übersehen, daß es so war. Du hast ein Wort benutzt oder einen Klang oder eine Geste, die irgend etwas ausgelöst hat, was dazwischen gekommen und eventuell unwichtig ist. Oder du hast eine Gegenübertragung aufgelöst. Aber obwohl du neu anfängst, wurde trotzdem etwas gelernt, denn A war noch nie in dem Kontext mit mir und dem anderen, in diesem

Fall C, zusammen und hat so getan, als wenn man zehn Minuten oder eine Viertelstunde lang etwas Sinnvolles tut: Da muß etwas gelernt worden sein! Das geht nicht anders. Und deswegen kannst du auch kongruent sagen: „Bist du bereit, noch einen *weiteren* Schritt zu machen, um das, was jetzt gelernt worden ist, noch ein Stück weiterzubringen und zu konsolidieren?"
Lothar: Erstaunlich fand ich ja, daß A die Anker nicht merken muß. Ich war A und habe die Anker nicht gemerkt.

Es sind zwei Kommentare möglich: Erstens Kompliment für B, und zweitens eine Aussage darüber, daß möglicherweise der entsprechende Bewußtseinszustand primär durch ein anderes Sinnessystem definiert ist. Vielleicht war bei einem sehr visuellen Bewußtseinszustand der Anker kinästhetisch. Aber du hättest es bemerkt, wenn der Anker zeitlich schlecht gesetzt wäre, wenn zum Beispiel der Druck an der Hand nicht ganz synchron mit der Veränderung der Physiologie zu- und abnehmen würde: Also ist das in beiden Fällen ein Kompliment an B.
Lydia: Wenn A in so einer schönen Integrations-Physiologie ist und sich richtig wohlfühlt, ist es dann sinnvoll, ihn darin zu begleiten und das einfach so ausklingen zu lassen, oder ist es besser, ihn so zu wecken (klatscht furchtbar laut in die Hände, viele zucken zusammen): „Und jetzt bist du hellwach". Es wäre vielleicht besser, damit er hinterher keinen Autounfall baut.

Zwischen dem Reorientieren und der Verabschiedung an der Tür gibt es noch so viele Möglichkeiten, ihn ganz aus der Trance zurückzuholen. Du solltest besser den Weg nehmen, den ich euch vorgeschlagen habe, das heißt, das Zurückkommen aus der Trance an das Zufriedensein mit der Auswahl der Kontexte zu binden. Es sei denn, du weißt genau, das das Klatschen ein natürlicher Anker in seinem Leben ist und, anders als bei mir, ressourcevolle und angenehme Physiologien nach sich zieht.

Ich habe einmal sehr mit jemand geschimpft, der einfach nur, um es auszuprobieren, jemand aus einem schönen Trance-Zustand geholt hat, indem er ganz sanft gesagt hat, „ich werde jetzt von eins bis zehn zählen, so daß du zurückkommen kannst auf eine dir gemäße, besonders angenehme Weise" — und plötzlich hat er mit einer Wahnsinns-Lautstärke ganz schnell bis zehn gezählt. Der andere kam hoch wie von der Tarantel gestochen, war absolut bleich und zitterte.

Dieser B hatte natürlich keine Information von seinem A, daß das in irgendeiner Weise eine ressourcevolle Situation für ihn sei — er hatte nur seine Entdeckerlust. Es hätte ja sein können, daß A ihm

erzählt hat: „Ich fahre gern Achterbahn, und beim Runterfahren habe ich als Kind gern ganz laut und schnell bis zehn gezählt." Dann hätte er sich wahrscheinlich bei B bedankt, daß das Wecken so schnell ging, weil es ihn über diese Situation an ganz bestimmte, lange vergessene Ressourcen erinnert hätte. Pech, solche Erfahrungen hatte er in dem Fall natürlich nicht, sonst wäre er nicht so blaß geworden.
Wichtig ist es hinzuschauen, welche Reaktion ich bekomme. Alles, was ich als B tue, ist ein Anker für irgend etwas; ich kann als B nichts tun, was nicht ein Anker für irgend etwas wäre; und ich kann höchstens viel dafür tun, zu erkennen, ob ich unabsichtlich ungünstige Anker benutzt habe bzw. ein ungünstiger Anker *war*.
Du kannst es also durchaus ausprobieren, jemand so zu wecken, wenn du dich bereit hältst, sofort hinzufassen und ihn festzuhalten. Der, von dem ich eben erzählt habe, sprang wie ein Männchen aus einer Federkiste hoch und war völlig desorientiert und blaß und hätte mir fast einen Kreislaufkollaps gekriegt. Wenn du so etwas tust, halte dich bereit, wirklich im Bruchteil einer Sekunde deine Hände dort zu haben und zu sagen: „Nein, Fehlalarm! Geh noch mal zurück!"

Heike: Beim FuturePace haben wir doch vorhin erstmal negative Konsequenzen abgeklärt. Ist es nicht wichtig, diesen Schritt hier auch zu machen?

Das könnte man tun. Aber es passiert sowieso im Trance–Zustand, wenn ich sage: „Suche die Kontexte, wo das optimal ist oder wo du weißt, daß es genau paßt". Der Trance–Zustand dauert eben entsprechend länger und die Ökologie ist auf diese Weise gesichert. Wenn er wirklich die Kontexte so umbauen muß, daß er zum Beispiel eine Stunde braucht, gehe ich davon aus, daß die Kontexte, die dann letztlich gefunden und festgelegt worden sind, auch ökologisch sind; zumal wenn ich in der Reorientierung aus dem Trance–Zustand das Feedback der Symmetrie im Körper habe. Wären die Kontexte nicht ökologisch, würde A sehr schief oder mißmutig oder mit irgendeinem „Symptom" aus dem Trance–Zustand zurückkommen. Das ist natürlich nur ein Glaube, den ich habe — den ich aber haben muß, um als B kongruent zu sein. Denn das letztendlich wichtige Geheimrezept in der Veränderungsarbeit ist Kongruenz — schon gewußt?

Teil III

Veränderungstechniken zweiter Ordnung

7 Reframing

Ihr habt in den bisher vorgestellten Modellen schon verschiedene Kurzformen des Reframings kennengelernt. Beim PeneTRANCE–Modell zum Beispiel heißt es im Schritt 3: „Suche Kontexte, wo du das alte Verhalten behalten willst." Das ist eine Aufforderung, die meistens zu einem Reframing führt, vor allem, wenn man sehr penetrant darauf besteht, daß solche Situationen wirklich gefunden werden. Der einzige Weg, diese Instruktion umzusetzen, ist nämlich der, das alte Verhalten neu wahrzunehmen und zu würdigen. Diese Aufforderung zwingt A sanft, einen neuen Rahmen für die Wahrnehmung zu benutzen: Was vorher für ihn ein Problem darstellte, nimmt er jetzt als Fähigkeit wahr. Die meisten Leute wollen ihr Problemverhalten am liebsten abschneiden, herausschneiden, weg tun, vernichten oder auf den Müll werfen. Wenn ihnen bewußt wird, daß dieses Verhalten sehr wohl einen Sinn hatte, noch hat oder haben kann, passiert meistens das Reframing. In seiner allgemeinsten Definition ist ein Reframing der Prozeß, irgend etwas in einer neuen Bedeutung wahrzunehmen. Meist wird im NLP aber mit einem Reframing etwas spezifischer der Prozeß gemeint, den jemand durchläuft, wenn er oder sie ein vorher abgelehntes „Problem"-Verhalten oder eine abgelehnte problematische Seite von sich selbst neu wahrnehmen und annehmen kann.

Jeder Witz reframt etwas. Einem bestimmtem Konzept oder Begriff wird in Witzen meist ein anscheinend genau festgelegter Kontext zugeordnet. In der Pointe wird dann plötzlich und unerwartet ein ganz anderer Kontext wichtig, oder er wird zu einem neuem Hintergrund, der dem Begriff als Vordergrund eine völlig neue Bedeutung gibt. Von der Wahrnehmungsumorganisation her entspricht dieser Aufbau einem Reframing. Als Zuhörer stelle ich ein bestimmtes Wahrnehmungselement in einen bestimmten Wahrnehmungsrahmen (Kontext). Nur in dieser Situation hat das Element eine bestimmte Bedeutung, die häufig mit einem bestimmten Gefühl verbunden ist. Wenn dasselbe Element in einem völlig anderen

Kontext auftaucht, habe ich natürlich auch einen anderen gefühlsmäßigen Zugang dazu.

Die NLP-Reframing-Modelle folgen in bezug auf die Veränderung der Selbstwahrnehmung einem gleichen Prinzip: Ich bin gewohnt, ein bestimmtes Verhalten in einem bestimmten Kontext wahrzunehmen, mit einer bestimmten Bedeutung; und wenn das Reframing im NLP-Sinn passiert ist, kann ich das gleiche Verhalten in einem anderen oder größeren Kontext sehen oder hören oder fühlen und habe eine völlig veränderte emotionale Haltung dazu.

Der typische Wechsel ist folgender: Jemand nimmt sich selbst wahr mit einem bestimmten Verhalten und sieht aus, als ob er sagen wollte: „So ein Mist, immer ich ..." *Richard Bandler* und *John Grinder* nennen das eine sympathikusaktivierte Physiologie, eine Kampf-Physiologie — ein bißchen verkrampft, angespannt und blaß, häufig mit selbstdestruktiven, auf den eigenen Körper gerichteten aggressiven Gesten. Auf die therapeutische Reframing-Intervention hin wechselt die Physiologie. Zu sehen ist nun jemand, der zu sich selbst sagt: „Ah ja, ist ja toll, daß ich das kann ...". Er sieht dann eher mit sich selbst versöhnt aus — entspannt und manchmal auch sehr berührt.

Zur Terminologie: im allgemeinen wird das amerikanische Wort verwendet. Bei dem Buch „Reframing" habe ich bei dem Lektor darauf hingewirkt, daß wir das Wort im Deutschen übernehmen. Häufig wird Reframing mit „Umdeutung" oder auch „Redefinition" übersetzt. Im NLP-Sinne, oder zumindest in meinem NLP-Sinne, ist eine Umdeutung oder eine Redefinition eine manchmal sinnvolle Vorarbeit für ein Reframing. Ich überlege mir, wieviele Möglichkeiten es gibt, einen Begriff anders zu definieren, als A das tut. Angenommen, der Klient meint, er sei zu jähzornig, und ordnet das unter „unerwünschtem Sozialverhalten" ein. Dann kann ich im inneren Dialog innerhalb der logischen Begriffspyramide mit verschiedenen Oberbegriffen herumspielen, um so zu verschiedenen Möglichkeiten zu gelangen, die ich meinem Klienten für ein Reframing anbieten kann: „Das ist eine Möglichkeit der Definition von jähzornig — und eine andere ist zum Beispiel, daß jähzornig ein Ausdruck von Lebendigkeit ist, von Durchsetzungsfähigkeit, oder von der Fähigkeit, sich selbst treu zu bleiben oder sich selbst nicht zu verraten. In dieser Phase der inneren Vorbereitung für ein Reframing muß der Oberbegriff nicht notwendigerweise etwas erklären: Die gefundenen Oberbegriffe für mögliche neue Definitionen helfen mir als B nur offen zu bleiben für viele Wahrnehmungen von A's Problemverhalten. Welche Wahrnehmungsmöglichkeit, welche der Redefinitionen A dann auswählt, bzw. welche für A „die Richtige" ist, wird mir er oder sie physiologisch zeigen. Zuerst redefiniere ich also das Problemverhalten für mich selbst, bevor ich es als Umdeutung, als verbale Äußerung meinem Klienten anbiete. Ob das dann ein Reframing wird oder nicht, entscheidet die Reaktion des Klienten: Zeigt er oder sie den typischen Wechsel von der Sympathikus– zur Parasympathikus–Physiologie, versöhnt sich also mit sich selbst als ein mit diesem Problem behafteter Mensch, weiß ich, daß er oder sie den angebotenen neuen Wahrnehmungsrahmen angenommen hat; und zwar nicht nur als intellektuelle Spielerei, sondern als subjektiv zumindest genauso valide empfunden wie den alten und deshalb emotional und bezüglich der eigenen Identität zu eigen gemacht. Von den tausend anderen Redefinitionen, die ich theoretisch finden und als Umdeutung/Redefinition anbieten kann, gibt es meistens nur eine einzige, die für meinen Klienten ganz optimal paßt. Es gibt viele, die einen mehr oder weniger starken Wechsel von der Sympathikus– zur Parasympathikus–Physiologie beim Klienten hervorrufen, wenn er die angebotene Reframing–Äußerung hört und innerlich verarbeitet. Aber es gibt nur eine, die optimal paßt, die für A den günstigsten Wahrnehmungsrahmen zur Verfügung stellt, in dem Sinne, daß der Klient voll würdigen kann, daß es um eine Fähigkeit geht, die in bestimmten Kontexten gelernt wurde und deshalb in bestimmten Kontexten auch sehr sinnvoll ist. Je mehr ich mich in der Struktur der Szene, die ich in meiner Verbalisierung anbiete, diesen Kontexten annähere, desto physiologisch wirksamer ist meine Reframing–Verbalisierung. Optimal ist sie nach meinem Glaubenssystem natürlich dann, wenn die Strukturen beider Szenen isomorph sind.

Wir werden gleich in einer dafür konzipierten Übung ausprobieren, wie man physiologisch erkennen kann, ob eine Umdeutung wirksam ist oder nicht. Wenn man das kann, hat man die Freiheit, umdeutende Äußerungen anzubieten, die absolut an der Grenze von allen ethischen oder logischen Überlegungen liegen; wo man auch mit absolut verrückten Intuitionen und denjenigen aus dem unermeßlichen Reservoire eigener neurotischer Entwicklungen herumspielen und sogar Erfolg haben kann. Wenn ich weiß, an welchen physiologischen Faktoren ich erkennen kann, ob eine umdeutende Verbalisierung sinnvoll war oder nicht, kann ich nicht nur mutiger sein in meinen Angeboten — die sogar aus bewußt eingesetzter purer Projektion bestehen dürfen –, sondern ich kann mich sofort von einer nicht passenden Idee wieder distanzieren und gleich eine neue anbieten. Diese finde ich meistens am besten dadurch, daß ich mich selbst aus dem Stuck-State herausbringe, aus dem heraus ich die „unpassende Projektion" gefördert habe.

Wir werden jetzt zunächst das sogenannte inhaltliche Reframing üben, um flexibel im Redefinieren zu werden und um die notwendigen Unterscheidungen in der Physiologie zu üben. Danach werdet ihr das erste der Reframing-Modelle kennenlernen, bei denen wir keinen Inhalt brauchen.

8 Inhaltliches Reframing

Typische Klientenäußerungen 1

Es gibt typische Äußerungen von Klienten, für die ein inhaltliches Reframing gut geeignet ist. Die Technik des inhaltlichen Reframings besteht im wesentlichen darin, daß ich meinem Klienten eine günstige Metapher anbiete, die auf einer der möglichen Redefinitionen aufbaut und die A für sich als Kontext nutzen kann, um das als Problem definierte Verhalten zu würdigen.

Richard Bandler und *John Grinder* gehen von zwei Formen von typischen Äußerungen aus. Bei der ersten lautet die Klageäußerung des Klienten:"Ich bin zu ... (Z)", zum Beispiel: „Ich bin zu jähzornig." Die zweite Form ist: „Immer wenn ... (X) passiert, reagiere ich mit ... (Y)", also etwa: „Immer wenn ich Streit habe, fühle ich mich so hilflos."

Zunächst einmal zur ersten Äußerung: Ihr kennt das wahrscheinlich von euch selbst, daß ihr in Versuchung kommt, Sätze zu gebrauchen, bei denen die Hälfte des Vergleiches fehlt. Die vollständige Information würde lauten: „Ich bin zu Z im Vergleich wozu, in bezug auf was und in welcher Weise." Deswegen nennt man das auch eine komparative Generalisierung. Das soll heißen: es ist über viele Kontexte verallgemeinert, und die Hälfte des Vergleichs ist getilgt. Durch die Generalisierung ist nicht angegeben, in welchem Kontext der Klient zu jähzornig im Vergleich zu wem ist.

Bei der Klageäußerung sehe ich im nonverbalen Verhalten etwas, was darauf hindeutet, daß der Klient sein Verhalten nicht gerade hoch schätzt. Bevor ich ihm einen alternativen — zudem still mitgedachten — Kontext für sein Verhalten anbiete, frage ich mich, in welchen Situationen — der Kontext fehlt in der Verbalisierung ja völlig — würde mein Klient wissen und anerkennen, daß seine Fähigkeit, zu jähzornig sein zu können, etwas sehr Sinnvolles ist. Ich frage mich also, welcher Kontext müßte gegeben sein, in dem es absolut angemessen und wertvoll ist, diese Fähigkeit zu haben. In welchem Kontext würde mein Klient die Tatsache anerkennen, daß „zu jähzornig zu sein" eine Fähigkeit konstituiert, über die er sich freuen kann.

Katharina: Wenn es sich aber zum Beispiel darum handelt, daß A meinetwegen sagt, „ich prügel meine Kinder immer", dann hat es doch eigentlich keinen Sinn, wenn ich mir dann vorstelle ...

8.1 Haut das hin?

Thies: Angenommen, das wäre eine Klientenäußerung, dann würde ich dich bitten, Katharina, ...

... und das werdet ihr nachher in der Kleingruppe auch tun, wenn die Äußerung nicht genau einzuordnen ist in eine der beiden Formen, „ich bin zu Z" oder „immer wenn X passiert, reagiere ich mit Y" ...

Thies: ... dann würde ich dich fragen: „Du prügelst deine Kinder immer, würdest du sagen, daß du zu das und das bist?"
Katharina: Ich bin viel zu wild und zu schnell erregbar.
Thies: Dürfen wir das hier mal als Material nehmen?
Katharina: Ja.

Ich zeige euch mal die Struktur der Kleingruppenübung: Ihr sitzt zu dritt und einer sagt eine Klage. Dabei ist es ziemlich egal, ob das eine Klage aus dem eigenen Leben ist, eine von Freunden, Bekannten oder Verwandten oder die eines Klienten. Von wem sie auch immer ist, ihr tut in jedem Fall kongruent so, als wäre es eure eigene Klage, damit ihr in der Übungsgruppe keine Zeit damit verliert zu begründen, warum ihr euch mit einer Klage besser identifizieren könnt als mit einer anderen.

Sobald einer das Übungs–Material gestiftet hat, so wie Katharina jetzt hier für uns, definiert er oder sie sich damit in die A–Position. Wir anderen hier in der Großgruppe sind im Moment B und C: Wir achten darauf, daß A, nachdem sie die Klage geäußert hat, möglichst wieder in eine neutrale Physiologie geht — Separator! Das ist wichtig, damit wir besser nachdenken können. Manche Klagen sind mit einem radikalen Wechsel in eine Problem–Physiologie verbunden, wenn A sie äußert oder auch nur an sie denkt. Natürlich, denn über eine Ressource–Physiologie beklagt sich meistens keiner. Ihr hört euch die Klage von A an und speichert sie so, wie sie ist: Vor eurem geistigen Ohr macht ihr erstmal eine Tonbandaufnahme. Dann stellt ihr sicher, daß A im Separator–State ist. Wie auch immer ihr das macht: Aufstehen lassen, schütteln, wachküssen — was euch einfällt und was für die Situation und den Rapport paßt.

Wenn A im Separator-State ist, können die meisten von euch wahrscheinlich besser nachdenken. Schließlich ist das hier eine Trainingssituation und ihr könnt es euch leisten, auch minutenlang nachzudenken, wenn es sein muß. Dabei stellt ihr euch die Frage: Welcher Kontext müßte gegeben sein, in dem die Klientin, die A hier spielt oder ist, sagen würde: „Ah ja, Gott sei dank, daß ich das zur Verfügung habe, daß ich das kann." Zu Z zu sein bedeutet natürlich immer auch, in bestimmten Kontexten etwas Bestimmtes zu tun, und vor allem *tun zu können*. Doch in der Klage des Typs „Ich bin zu Z" ist der Kontext getilgt; er wird nicht mit angegeben: Der in der Klage benannte Sachverhalt scheint für alle Situationen zu gelten. Getilgt bzw. nicht mit angegeben ist auch die andere Hälfte des Vergleiches: In bezug auf wen, worauf? Verglichen mit wem oder was? Gemessen wie? Eine komparative Generalisierung. Wie müßte der Kontext sein, damit A wüßte: „Zu Z sein zu können ist Gold wert?"

Ihr könnt euch diese Frage visuell beantworten und eine kleine Filmszene vor eurem geistigen Auge erzeugen, wie ein solcher Kontext aussehen müßte. Es ginge auch eine kleine Theaterinszenierung. Ihr könnt euch aber auch ein kleines Hörspiel machen, das heißt die Frage eher auditiv beantworten: Welche Leute müßten in dem Hörspiel mitspielen und wie müßte die Handlung sein? In welcher Szene müßten sich die Dinge wie entwickeln und wie müßte sich das Drama zuspitzen, bis plötzlich die Klientin merken würde: „Ah ja, zu Z sein ist das Größte überhaupt. Mensch, Gott sei Dank kann ich das!" Oder ihr macht es primär kinästhetisch und vergegenwärtigt euch, wie das Körpergefühl in den verschiedenen Rollen ist, in irgendeiner erdachten Szene. Die Szene, die ihr sucht, kann absolut abstrus, verworren, bizarr oder auch trivial, einfach und naheliegend sein. Sie darf und soll sogar aus den privaten, neurotischen Ecken eurer Psyche, eurer Lebensgeschichte, eurer Phantasie kommen oder, synonym dazu, aus der Abteilung eures Unbewußten, die für die Bildung von Intuitionen zuständig ist. Ihr könnt euch alle Freiheit geben und nehmen, die wildesten und die zahmsten Interpretationen loszulassen — wenn sie die folgende Form haben: Stell dir vor, du kommst da und da hin ..., beteiligt sind die und die Personen ..., und der Ablauf ist so und so ..., und dann ist der Gang der Handlung so und so ..., und plötzlich passiert noch das und das ..., und auf einmal wird dir klar: Gott sei Dank, ich kann ja zu Z sein!

Wenn ihr Katharina jetzt anguckt, wißt ihr, was passiert ist. Ihr kennt schon diese Physiologie. Ganz egal, ob ich es beabsichtigt habe oder nicht: Wenn A in der Interaktion mit mir und dem gemeinsamen Kontext eine Versöhnungs–Physiologie zeigt, war das ein erfolgreiches Reframing. Eben kam die Wirkung im wesentlichen durch eine indirekte Prozeßinstruktion. Die einfachste Version wäre es, zu A direkt zu sagen: „Zu Z sein zu können ist in bestimmten Kontexten sinnvoll bis lebensrettend, nun finde diese Kontexte." Durch meine Erklärung, wie inhaltliche Reframings aufgebaut werden, konnte Katharina selbst die Kontexte finden, in denen ihre Fähigkeit sinnvoll ist. (Katharina nickt.) Mit solchen indirekten Prozeßinstruktionen hat Erickson gerne gearbeitet, indem er eine zweite Person so hypnotisierte, daß die Suggestionen an sie die günstigsten Prozeßinstruktionen für die erste Person waren. In dieser Tranceinduktion hat ihr Unbewußtes diese Dreier–Kommunikationssituation gleich genutzt, und ihr eine Idee für Kontexte ins Bewußtsein geschickt, die ihr helfen können, das ungeliebte zu–Z–Sein besser würdigen zu können. Das ist eine Voraussetzung, es verändern zu können.

Kurt: Heißt das, du glaubst nicht daran, daß sich jemand verändern kann, ohne daß er das, was er verändern will, würdigt?

Doch, ich glaube schon, daß das jemand kann. Aber ich glaube auch, daß man die NLP–Prämisse, „jedes Verhalten ist in bestimmten Kontexten sinnvolles, funktionales Verhalten", in der therapeutischen Arbeit am besten umsetzt, wenn man auf das verlorene Performativ achtet: Wer sagt das über wessen Verhalten? Ich glaube, daß ich A als B dann am besten helfen kann, die von ihr angestrebten Veränderungen zu erreichen, wenn ich ihr helfen kann, das eigene Problemverhalten zu akzeptieren und sich mit der Seite der eigenen Person zu versöhnen, die dieses Problemverhalten zeigt. Ich komme im Zusammenhang mit dem Six–Step–Reframing mit Sicherheit noch ausführlicher darauf zurück.

Bei Katharina habt ihr die Physiologie vorhin gesehen: die Schultern entspannen sich und sinken ein Stück weiter runter, im Gesicht ist mehr Durchblutung; vom Gesamtausdruck her sieht das so aus wie jemand, der oder die gerade dabei ist, sich zu versöhnen oder zu vertöchtern, wie jemand, der sehr berührt ist von etwas.

Die Versöhnungs–Physiologie — wie ich sie *Virginia Satir* zu Ehren genannt habe — ist meiner Meinung nach deshalb so wichtig, weil die Versöhnung mit sich selbst bzw. mit dem eigenen Symptom oder Symptomverhalten natürlich eine Zunahme an Frieden mit anderen Menschen bewirkt, bzw. sie als Metapher vorbereitet.

Natürlich geschehen auch Veränderungen im Kontext unversöhnlicher Beziehungen, aber das läuft dann eher nach folgendem Muster: „Nur um mich an dem zu rächen oder besser zu sein als der, werde ich jetzt mit diesem Problemverhalten einfach aufhören." Kinder probieren häufig etwas Ähnliches: „Ich atme nicht mehr (spielt ein Kind, daß die Luft anhält), damit du dich ärgerst. So, das hast du nun davon".

Zeigt euer A die Versöhnungs–Physiologie so wie Katharina eben, seid ihr eigentlich mit dem Durchgang fertig und jemand anderes ist A. Wenn ihr weitermacht, könntet ihr allerdings noch etwas Spannendes erleben:

Thies: Ganz nebenbei, wie war nochmal deine Klage? Sag sie bitte nochmal; ich glaube, ich habe sie nicht mehr ganz gegenwärtig.

Katharina: Ich suche die ganze Zeit die genaue Formulierung, die ich vorhin gebraucht habe, (unsicher) „zu wild und zu explosiv" oder so ähnlich. (Sie wirkt dabei nur oberflächlich verwirrt, ist sehr locker und entspannt.)

Wir tun einfach mal so, als wenn da noch nichts passiert wäre. Ihr habt Katharinas physiologische Veränderungen vorhin alle studieren können: Es muß etwas passiert sein in ihrer Selbstwahrnehmung. Das beiläufige Nachfragen hat zwei Funktionen. Einmal gibt es mir noch einmal die Chance, wahrzunehmen, wie sich die Physiologie der Klageäußerung verändert hat. Allerdings nur, wenn sie A noch einfällt. Oft kommt es vor, daß A nach einer genau passenden reframenden Verbalisierung völlig amnestisch für die Klage ist. Zum anderen gibt es mir die Möglichkeit, noch einmal zu überprüfen, ob mein inhaltliches Reframing wirklich so gut war, wie ich es in einem ersten Anfall von künstlereigenem Narzißmus vielleicht geglaubt habe: Tolle Interpretation, der Klient hat zwar einen Therapeutenwechsel bevorzugt, aber meine Interpretationen waren einfach gekonnt.

Bei dieser Übung vergleicht ihr immer das nonverbale Verhalten einer Klageäußerung im Verhältnis zur nächsten. Oft wird die gleiche Klage gesagt, aber mit einer anderen Wortwahl und/oder mit einem völlig anderen Set von nonverbalen Verhaltensweisen. Es könnte zum Beispiel sein, daß jemand die Klage noch einmal sagt und dabei lacht oder in einer völlig anderen Körperhaltung ist. Wenn ihr als B und C nacheinander verschiedene Angebote macht, studiert ihr genau, wie die Physiologie der jeweils neuen Klageäußerung ist. Das ist hochinteressant, selbst wenn die angebotenen Reframings alle nicht richtig passen. Es lohnt sich, den Blick für diese Veränderungen zu schärfen, weil in therapeutischen Situationen häufig etwas Ähnliches passiert, wie eben mit Katharina. Der größte Fehler wäre, das nicht wahrzunehmen; zu übersehen, wenn das Problem so gut wie keines mehr ist. Sondern statt dessen zu sagen: „Nächste

Woche arbeiten wir daran weiter, ich denke, wir kommen mit hundert Stunden aus." (Allgemeines Lachen.)
Katharina: Wenn ich aber als schlagende Mutter nach Hause gehe und ein anderes Verhältnis zu meinen Schlägen gewonnen habe, die ich vielleicht auch als positiv empfinden kann, werde ich sie denn dann in den unerwünschten Situationen nicht mehr anwenden?
Thies: Ein anderes Verhältnis zu dir als schlagende Mutter! Dich selbst in dem Problem, etwas zu tun, was du in keinem Fall tun wolltest und tun willst, zu akzeptieren, ist etwas anderes als Schläge positiv zu finden! (Katharina zeigt wieder die Versöhnungs–Physiologie.)

Kannst du für einen Moment halluzinieren, du wärst die Frau und würdest nach Hause gehen und in diese schwierige Situation kommen, wie wäre das jetzt anders?
Katharina (nach einer Zeit des Nachdenkens in einer resourcevollen und versöhnlichen Physiologie): Ich glaube, ich würde mir in der entsprechenden Situation sagen: „Nein, ich brauche die Schläge für da, wo es positiv ist."
Thies: Das heißt du würdest diese Fähigkeit, „zu wild" sein zu können, intakt lassen, aber sagen, „in dem Kontext nicht, ich hau lieber meinem Mann eine an die Ohren"?
Katharina (lacht): Naja, vielleicht lieber nicht. Bei dem Reframing habe ich mir folgende Situation vorgestellt: Wenn ich ein Kind sehe, das geschlagen wird, und wenn ich sehr wütend werde, weil jemand anderes ein Kind ungerecht behandelt, ginge ich auf den los ... Und wenn ich mir jetzt wieder vorstelle, meine Kinder bedrängen mich und die Versuchung wird immer größer, ihnen eine zu schmieren, dann würde ich sagen: „Nein, nein! Die Kraft brauche ich, wenn sie bedroht werden, um sie zu verteidigen." Aber ich weiß nicht, ob das dann so hinhaut in der Praxis.
Thies (lacht): Ob das so hinhaut?

Angenommen, sie wäre meine Klientin in der Praxis. Dann würde ich diesen Zweifel zum Anlaß nehmen, noch die Ökologie der Situation zu überprüfen. Zum Beispiel durch die Frage, wer die Kinder bedrohen könnte, und was passieren würde, wenn sie den ihrerseits bedroht. (Er studiert Katharinas Physiologie. Sie nickt ideomotorisch.)

Im Moment möchte ich, daß ihr euch jeweils nach einer Reframing–Äußerung nur um die Veränderung in der Physiologie kümmert. Ob nach einem guten Reframing schon alles getan ist, was therapeutisch notwendig ist, soll euch erst später interessieren. Vielleicht ist es für einige von euch wichtig zu wissen, daß in der Übung nichts anderes passieren kann, als daß eine innerlich schon vorbereitete Veränderung doch nicht eintritt, wenn es, so wie eben bei Katharina, noch Einwände gibt. (Blick auf Katharina.) Wenn Katharina meine Klientin wäre, könnte ich mir schon vorstellen, sie mit dem Wissen gehen zu lassen, daß die ökologische Situation noch nicht überprüft ist und ich beim nächsten Termin bezüglich der Ökologie sehr genau nachfragen muß. Ich kann mir gut vorstellen, daß die Frau, die sie gespielt hat, in den Kontext geht und vor dem Schlagen kurz zögert und zu sich selbst sagt: „Nein, hier eigentlich nicht, lieber woanders." Dieses Zögern und vor allem ihre Physiologie kann die Interaktionsstruktur im Familiensystem drastisch verändern. Wenn sie sich in einer neuen Weise verhält, werden auch die anderen im System sich nicht mehr genauso verhalten wie vorher. Sie werden etwas tun, was wieder auf sie zurückwirkt und eine Grundlage für neue Ideen und Ressourcen liefert. (Katharina hat beim Zuhören einen Trance-Zustand entwickelt, nickt ideomotorisch und fängt an, sich zu reorientieren.) Ich hätte eine gute Chance, mit diesem kleinen Input das System, das Mutter, Kinder und Vater bilden, und wer noch alles dazugehört, so zu beeinflussen, daß es sich reorganisiert. Ich würde zumindest erstmal von dieser Annahme ausgehen, und es dann beim nächsten Termin überprüfen.

Nehmt die Situation hier als Übungskontext, als eine Gelegenheit, genau hinzugucken und dafür sehr sensibel zu werden, wenn das meiste schon passiert ist. So wie es hier mit Katharina war. Das passiert in der Therapie sehr häufig.

8.2 Das denkt der Gegner sicher auch!

Wer kann ein Material zur Verfügung stellen nach dem Modell, „ich bin zu Z"?
Armin: Ich bin zu ehrgeizig.
   Habt ihr das nonverbale Verhalten während der Klageäußerung gespeichert? Wohl eher nicht.
Thies: Deswegen sag es bitte nochmal.
Armin: Ich bin viel zu ehrgeizig. (Er wird blasser, verspannt sich und beißt die Zähne aufeinander.)
Thies (pfeift): Separator-State. (Er wirft ihm ein Stück Kreide zu, um ihn in eine andere Haltung zu bringen.)
   Jetzt seid ihr auf die Physiologie der Klageäußerung kalibriert. Wenn A in die Problem-Physiologie geht, hole ich ihn da heraus.

(Armin geht wieder in die Problem–Physiologie, als er Thies das sagen hört.)

Thies: Kannst du nochmal fühlen, wie es ist, die Kreide zu fangen?

In der Kleingruppe könntet ihr A auch eine Aufgabe geben, die ihm hilft, nicht in die Problem–Physiologie zurückzugehen, während ihr nachdenkt. Ihr fragt euch, welcher Kontext gegeben sein müßte, in den ich ihn hinein hypnotisieren könnte, so wie ich einem Kind ein Märchen erzähle: „Stell dir mal vor ...". Welcher Kontext müßte gegeben sein, damit er sagt: „Es ist gut, daß ich das kann."

Thies (lacht Armin an): Und du denkst jetzt bitte nicht darüber nach, sondern über irgend etwas anderes, was immer du willst, welcher Tag heute ist, oder wie dein Konto–Stand bei deiner Bank ist. Ich würde nämlich gerne mal ein verbales Reframing hören.

Wer hat eine Idee? Wenn ihr eine habt, sagt bitte noch nichts, nur zeigen. (Einige heben die Hand, zu einer von ihnen:) In dem Moment, wo du als erste zeigst, daß du eine Idee hast, definierst du dich als B, jetzt hier und nachher in der Kleingruppe. Dann sprichst du Armin an, läßt dir die Klage nochmal sagen und holst dir damit den Rapport zu ihm. Noch während die Äußerung ausklingt, bietest du ihm deine Verbalisierung an. B und C studieren dann A's Physiologie. Magst du das als B tun?

Katharina: O. K., sag mir doch nochmal die Klage.

Armin: Ich bin zu ehrgeizig.

Katharina: Kannst du dir vorstellen, daß ein ganz ungeduldiger Oberlehrer dich antreibt, dich bedroht und will, daß du ganz hervorragende Leistungen bringst; und dir wird plötzlich klar, daß er dir nichts kann, daß du es ohne ihn schaffst, daß du autonom bist?

Armin (für einen kurzen Moment nachdenklich): Ja, ...

Und A reagiert einfach so, wie es kommt.

Armin: ... für das Selbstwertgefühl kann das ganz gut sein, aber es nervt trotzdem, weil ...

Katharina: Ich meinte, insofern ...

Thies: Stop! (zu Armin, der sich wieder in die Problem–Physiologie geredet hatte:) Kreide gefällig?

In der Kleingruppe, wenn B und A das nicht aus sich selbst heraus können, sorgt C dafür, daß unterbrochen wird. (Er geht zwischen Armin und Katharina.) O. K., das war es, danke. Klappe, die erste. B oder C, einer von beiden übernimmt die Verantwortung dafür, daß A im Falle eines „Ja, aber ..." gleich nach der Erwiderung unterbrochen wird. Wir brauchen wieder einen Separator–State; einerseits, damit B und C besser nachdenken können; andererseits, damit wir den Unterschied in der Physiologie bei der nächsten Klageäußerung besser erkennen können.

Wer möchte noch eine Idee ausprobieren?
Georg: Stell dir ...
Thies: Laß dir zuerst die Klage nochmal sagen.
Georg: Gut, sag mir deine Klage noch einmal.
Armin (etwas weniger angespannt): Ich bin oft zu ehrgeizig.
Georg: Stell dir mal vor, in ein paar Jahren nerven dich die Leute in deiner Bank, du sollst dein Geld anlegen und du denkst: „So ein Mist, warum war ich bloß so ehrgeizig?"
Armin (lacht und entspannt sich; eine Versöhnungs–Physiologie fängt an) Stimmt, ich sollte Volleyball–Profi werden!
Burkhard: Sag mir deine Klage nochmal.
Armin: Ich glaube, ich bin zu ehrgeizig. (Er lächelt leicht dabei.)

Ich hoffe, ihr habt vorhin den kleinen Unterschied zur vorherigen Klage wahrgenommen, verbal und nonverbal. Und auch den der vorletzten Klage zu der davor. „Ich glaube ..." ist sehr viel anders als „Ich bin oft ...". (zu *Burkhard*:) Entschuldige.
Burkhard: Sag sie mir halt nochmal.
Armin: Also, (lacht) ich bin wohl zu ehrgeizig.
Burkhard: Das denkt der Gegner im Volleyball–Spiel sicher auch.

(Armin schüttelt sich vor Lachen, durchläuft den vollen Wechsel in die Versöhnungs–Physiologie, will etwas sagen, geht statt dessen in Trance und muß abermals lachen.)

Das war ein inhaltliches Kontext–Reframing. Ein Kontext–Reframing ohne Inhalt wäre es, wenn ich nur sagen würde: „Dein Verhalten ist absolut sinnvoll. Du denkst im Moment nur zu beschränkt, um zu wissen, wo und auf welche Weise das sinnvoll ist." Der Inhalt besteht aus einer Vorgabe, in diesem Fall eines Wechsels in der Perspektive und einigen speziellen Situationen, die als kleine Geschichte bzw. Metapher dargeboten werden.

8.2.1 Gütekriterien

Lukas: Woran erkennst du genau, ob ein Reframing erfolgreich war?

Es gibt verschiedene Anzeichen. Ein Gütekriterium für ein erfolgreiches Reframing ist die Dauer des spontanen Trance–Zustandes. Je passender eine Reframing–Äußerung von der Struktur der angebotenen Szene her ist, d. h. je genauer die Struktur mit der Lerngeschichte des Verhaltens übereinstimmt, desto tiefer ist der spontan entstehende Trance–Zustand; je mehr die Metapher zutrifft, desto mehr muß der Klient innerlich arbeiten, um die Geschichte mit dem „zu Z sein" noch einmal mit dem neuem Wahrnehmungsrahmen durchzuhalluzinieren. Die Äußerung war also um so besser, je länger der Trance–Zustand dauert. Gemeint ist die Dauer des Trance–Zustandes in Sekunden; manchmal kann es allerdings auch sein, daß jemand eine Minute oder noch länger dasitzt und ihm erstmal „nichts mehr einfällt"!

Ein weiteres Kriterium ist der Wechsel von der sympathikusaktivierten zur Parasympathikus–Physiologie, während die Reframing–Äußerung bedacht wird. Dieser Wechsel muß möglichst deutlich vorhanden sein, möglichst mit deutlichen nonverbalen Charakteristika eines Versöhnungserlebnisses. Manchmal weint jemand still vor sich hin oder sieht einfach sehr berührt aus, weil er plötzlich mit einem Teil von sich selbst versöhnt ist, den er manchmal zwanzig oder mehr Jahre nur bekämpft hat.

Dazu kommt als weiteres Kriterium eine Zunahme an Symmetrie. Während A im Trance–Zustand über die Verbalisierung nachdenkt und/oder sich reorientiert, sollte die Symmetrie zunehmen. Das ist ein guter Indikator, daß passendes szenisches Material angeboten wurde.

Nora: Die Parasympathikus–Physiologie ist eine Ressource–Physiologie?

Für viele Veränderungen sicher — wie wir nachher beim Six–Step–Reframing sehen werden. Für viele Dinge im Leben ist vielleicht die sympathikusaktivierte Physiologie als Kampf–Physiologie die günstigere Ressource. Nur wenn ich sie für einen Kampf gegen mich selbst einsetze — und das tun die meisten Menschen, wenn sie sich verändern wollen —, ist sie weniger geeignet.

8.3 Das nennst du Problem!

Thilo: Ich verstehe noch nicht, wie das mit dem Sympathikus funktioniert. Wenn das Problem lautet ...

Schön, neues Material kommt. Da können wir gleich weitermachen. Sag es mal in der Form, „ich bin zu ..."?

Thilo: Wenn das Problem ..., wenn jemand sagt: „Ich muß immer kämpfen"?

Thies: Wenn du voll und ganz dieser Mensch wärest, könntest du dann sagen: „Ich bin zu das und das"?

Thilo: Ich bin zu angespannt.

Und interessant ist, daß schon bei der Reformulierung eine Menge passiert. Was nicht zu übersehen ist: er lächelt, wenn er es in der Form sagt.

Wer hat für eine Reframing–Äußerung Ideen? In welchen Kontext würde das Verhalten passen, von dem ich dieses eine Wort „zu angespannt" und einige nonverbale Elemente weiß. Als er die Klage äußerte, konntet ihr euch anmuten lassen, um jetzt eine Intuition darüber zu bilden, was „zu angespannt sein" wohl für ein Verhalten ist. Wenn ihr diese Intuition habt, fragt euch, wie muß ein Kontext sein, in dem das Verhalten absolut angemessen und genau richtig wäre.

Stefan: Mir fällt etwas ein.

Thies: O. K., du bist jetzt B. Hol du dir den Rapport, indem du dich an ihn wendest und sagst: „Sag mir die Klage nochmal. Und wir, in der C–Position, gucken einfach zu und achten auf die Physiologie. Und du als A reagierst einfach, wie es dir kommt.

Stefan: Kannst du mir die (zögert kurz und lächelt ihn an) Klage nochmal sagen?

Thilo (mit einer Versöhnungs–Physiologie nach kurzer Nachdenk–Trance): Ich bin oft zu angespannt.

Ihr seht es und hört es, unter anderem an dem neuen Wort, das er für die Klage benutzt: Die Physiologie der zweiten Klageäußerung ist anders als die der ersten. Das kann an dem impliziten Reframing des Kontextes hier und meiner Instruktionen an euch liegen, aber es ist noch etwas anderes passiert. Habt ihr gehört, wie Stefan als B in seiner Äußerung das Wort Klage intoniert hat? Durch die nonverbale zusätzliche Bestimmung des Wortes Klage war das eben schon ein Reframing.

Thilo: Das war eine Frage.

Thies: Richtig. Aber es war eben noch mehr. Es hatte alle nonverbalen Charakteristika eines gelungenen Reframings — auf die du auch voll reagiert hast.

Nebenbei, wenn ihr Leute beim Reframing beobachtet, werdet ihr sehen, daß die Versöhnungs–Physiologie immer sowohl bei A als auch bei B auftritt: Es ist ein sehr reziprokes Phänomen. Du, Stefan, hattest plötzlich den gleichen berührten Gesichtsausdruck wie Thilo und ein ganz ähnliches Lächeln.

Was wir eben gesehen haben, ist ein Spezialfall des Reframings. Da fängt die Kunst an. Andererseits kann man solche kunstvollen Kommunikationsprozesse täglich beobachten, wenn man darauf achtet. In der Erziehung, im Unterricht, in sozialen Begegnungen allgemein; immer wenn jemand mit einem anderen kongruent zuge-

wandt und überzeugend kommuniziert, bezüglich dessen freiwilliger Einschränkung in der Wahrnehmung und im Verhalten. (Er spricht in eine Richtung, wo niemand sitzt oder steht, einen Vogel zeigend:) „Hier, Klage, du spinnst wohl! Ich muß mich heute noch um meine Klienten kümmern." In diesem Beispiel habe ich nonverbal über das Vogelzeigen und mit verschiedenen Worten und deren Implikationen deutlich gemacht, daß ich nicht der Meinung bin, daß es sich um ein Problem handelt. Ob dieses Manöver ein Reframing ist oder nicht, kann uns nur die Physiologie des Adressaten zeigen. Dabei kommt es auch sicherlich darauf an, wer in welchem Kontext dieses Reframing anbieten würde. Es müßte schon die richtige Übertragung–Gegenübertragungskonstellation sein. (Thilo nickt ideomotorisch.)
Thies: Nur aus Spaß, hol dir die Klage nochmal und biete ihm noch einmal das an, was du ursprünglich im Sinn hattest.
Stefan: Sag mir doch die (nonverbal wie oben) Klage bitte nochmal. (Er lacht.) Ich kann nicht.
Thies (lacht auch): Du kannst nicht ... anders als schon verhaltensmäßig kongruent deutlich zu machen, daß du der Meinung bist, daß das keine Klage bzw. daß das kein Grund zur Klage ist.
Stefan: Aber das wollte ich gar nicht!
Thies: Ja, ich glaube es dir. Die Bedeutung deiner Kommunikation ist die Reaktion, die du erhältst, nicht deine Absicht. Diese NLP–Präsupposition gilt auch hier. Manchmal allerdings ist es doch die Absicht, nämlich dann, wenn sie unbewußt war. Wenn das stimmt, hat dein Bewußtsein jetzt die Arbeit und muß herausbekommen, wieso es nicht informiert worden ist. Ob etwas ein Reframing war oder nicht, sehen wir da (zeigt auf Thilo). Wenn ich eine so tolle Physiologie bekomme wie eben, mit spontanen Trance–Zuständen, dem Wechsel von der sympathikus– zur parasympathikusaktivierten Physiologie, weiß ich, daß das gut war. Bleibt mein A in der Sympathikus–Physiologie, und überträgt sie sich vielleicht auf mich als B, so weiß ich, daß das nicht ging. Das Feedback sitzt da (deutet auf Thilo). Powervoll.
Thies: Aber laß noch einmal versuchen, welche Idee du inhaltlich hast.
Stefan: Kannst du die Klage nochmal wiederholen? Mir zuliebe.
Thilo: Äh, (etwas verwirrt mit einer Versöhnungs–Physiologie) ...
Thies: O. K., fertig, Klappe, die letzte.

Die zweite Form des inhaltlichen Reframings ...
Thilo: Ich bin nicht einverstanden.
Thies: O. K., was fehlt dir?

Thilo: Ich hatte eine Frage gestellt und ....
Thies: Ah ja, Entschuldigung. Sag sie nochmal.
Thilo: Es kann auch sein, daß sie sich schon erübrigt hat: Wenn das Problem lautet „angespannt sein", dann ist damit normalerweise eine ganz starke Sympathikus–Aktivierung verbunden. Wenn ich das „Angespannte" auch als etwas Gutes betrachte, und darum geht es ja, müßte in der Versöhnungs–Physiologie eine ganz starke Sympathikus–Aktivierung vorhanden sein. Denn „angespannt" heißt ja, daß er in einen bestimmten Erregungszustand geht, und das will ich ihm ja nicht wegnehmen. Das wäre aber das Risiko, wenn er in der parasympathikusaktivierten Physiologie, an „angespannt sein" denken soll.
Thies (nachdenklich): „Angespannt" im Sinne von Sympathikus–Physiologie, wie das Angespanntsein dann übergeht in die Parasympathikus–Physiologie, auch wenn „angespannt" gleichzeitig auf der Inhaltsebene das Thema ist ... Dann ist „angespannt" als Synonym zu sympathikusaktivierter Physiologie eher ein Meta–Gefühl, im *Satir'*schen Sinne. Wenn der Klient zum Beispiel mit der entsprechenden Physiologie sagt, „ich werde dann immer total sauer", geht *Virginia* zu ihm hin (er geht zu Thilo und macht das, was er erzählt) und faßt ihn an seinen Bauch und sagt etwa: „And how do you feel about being sauer", „Wie fühlst du dich darüber, sauer oder auch angespannt zu sein?" Dann kann er daran denken, daß er dort und dann angespannt ist, und darüber jetzt und hier zum Beispiel traurig oder auch sehr stolz sein. Er kann sich auch sehr darüber freuen, daß er „angespannt" sein kann. So kann er in der Parasympathikus–Physiologie an seine Fähigkeit, „angespannt zu sein" denken.
Thilo: Genau das hatte ich gemeint. Alles klar.
Thies: Vielen Dank für den Tip.
Je besser der Kontakt zum Unbewußten der Leute wird, mit denen man arbeitet, desto wichtiger ist es, daß das Bewußtsein in seinem Bedürfnis respektiert wird, Dinge zu verstehen. Das war wieder ein Beispiel dafür.

Typische Klientenäußerungen 2

Die zweite typische Klageform ist: „Immer wenn ... (X) passiert, fühle ich mich ... (Y), oder reagiere ich mit ... (Y)."
Immer wenn außen ein Ablauf passiert, in den ich in irgendeiner Weise involviert bin, den ich X nenne, fühle ich mich Y, im Sinne von zwangsläufig und automatisch. Zum Beispiel war mal eine Klage

von einer Frau, die in einer Wohngemeinschaft lebte: „Immer wenn ich mitkriege oder höre, daß dieser eine bestimmte Mann in der Wohngemeinschaft wieder im Stehen pinkelt und nicht im Sitzen, werde ich wahnsinnig wütend." Das wäre eine Form, die absolut gut darauf paßt. Also, immer wenn das und das passiert, muß ich gefühlsmäßig so und so reagieren.

Wer hat Material, das in diese Form paßt? Sagt nicht, daß ihr nichts findet. Wer das hier oder auch in den Kleingruppen macht, braucht nicht legitimieren, wo seine Klage herkommt. Ihr könnt euch die Freiheit nehmen, irgend etwas aus eurem eigenem Leben zu nehmen, oder eine typische Klage von einem Klienten, über die ihr im Gespräch nur schwer hinauskommt; also eine Klage, die sehr redundant immer wiederkommt. Ihr sagt nicht, woher das Material kommt. Das ist ganz egal. Ihr tut einfach so, als wärt ihr die Person, um die therapeutisch wirksame Kreativität von der ganzen Gruppe zu haben.

(Zwei Teilnehmer melden sich, einer tritt zurück.)

Rainer: Immer wenn ich in der Öffentlichkeit angesprochen werde, fühle ich mich unsicher und gedrängt.

Thies: Stop. Die Kreide kommt geflogen (tut so, als ob er wirft).

Einer übernimmt in der Kleingruppe die Verantwortung, die Situation abzubrechen, das heißt eine Separator–Intervention zu machen. B und C haben sich einen kleinen Film mit Tonspur von den verbalen und nonverbalen Charakteristika der Klageäußerung gemacht. Nun heißt die Überlegung: Welcher andere oder größere Kontext müßte gegeben sein, damit das Verhalten für A eine völlig andere Bedeutung hätte als die, die es jetzt hat? Welcher andere Aspekt im Kontext, den er mehr oder weniger detailliert benannt hat, oder welcher andere oder auch größere Zusammenhang müßte als Kontext in der Selbstwahrnehmung von A da sein, so daß das Verhalten in ihm für A eine völlig andere Bedeutung bekäme, und zwar die Bedeutung von etwas Wertvollem, die Bedeutung einer Fähigkeit? Ich kann mich auch fragen, welche anderen Aspekte in dem Kontext, den er implizit und explizit definiert, könnte ich ihm aufzeigen, der andere Zusammenhänge zu dem herstellt, was er an sich selbst wahrnimmt, und an die er jetzt im Moment nicht denkt oder denken kann, die aber genauso valide in dem Sinne sind, daß sie sein Welt–, Menschen– und Selbstbild nicht völlig über den Haufen werfen, und die, wenn er an sie denkt, seine Handlungen und Möglichkeiten in der Welt nicht verschlechtern, sondern möglichst verbessern? Gesucht ist die Variation des Kontextes bzw. die Variation im Kontext, die A über einen veränderten Wahrnehmungsrahmen seines eigenen Verhaltens dazu bringt zu sagen: „Ah ja, es ist gut, daß ich die Fähigkeit habe, wenn X passiert, mit Y zu reagieren." Oder: „Gut, daß ich das noch kann, solange bis ...". Wie muß der Kontext sein, oder was muß für A im Kontext wahrnehmbar sein, damit für ihn oder sie die Tatsache, daß Y auf X folgt, eine völlig neue Bedeutung hat?

Richard Bandler und *John Grinder* haben diese Version des inhaltlichen Reframings Bedeutungs–Reframing genannt. Die Version „Ich bin zu Z" ist im Gegensatz dazu Kontext–Reframing. Diese Bezeichnungen sind willkürlich. Ein Bedeutungs–Reframing verändert den Kontext des ungeliebten eigenen Verhaltens oder Zustandes, so wie A ihn erfährt und definiert, und ein Kontext–Reframing verändert die Bedeutung des ungeliebten Verhaltens oder Zustandes, indem es überhaupt einen benennbaren Kontext bereitstellt. Eine veränderte Bedeutung ist das Resultat beider Versionen des inhaltlichen Reframings, weshalb in der Literatur auch von Umdeutung gesprochen wird.

Ein Reframing ist eine *erfolgreiche* Umdeutung — gemessen an den physiologischen Gütekriterien, die darauf hinweisen, daß A den neuen Bezugsrahmen als genauso valide anerkannt und adoptiert hat.

Habt ihr die Klage noch präsent? Ihr fragt euch also: Welcher andere oder größere Kontext muß gegeben sein, so daß das Verhalten für ihn eine völlig andere Bedeutung hat? Wer hat eine Idee?

(Rainer lacht.)

Thies: Einer. Das ist das Schwierige in der Seminarsituation. Du kannst ja nicht weghören.

Rainer: Das ist ja interessant. Da sind zwei Prozesse schon gelaufen. Und jetzt habe ich auch wieder eine Idee.

Thies: Das geht aber wirklich nicht! Du kannst hier doch nicht einfach solche Zustände durchlaufen. (Er grinst.)

Das Schöne an der Versöhnungs–Physiologie ist, daß sie manchmal sehr an der Grenze zur Scham und zur Verlegenheit ist. Es gibt häufig Momente in sozialen Situationen, wo über einen gelacht wird oder irgend jemand einen Witz über einen macht; und der Inhalt dieses Witzes hat durchaus erkenntnisfördernden Charakter über mich selbst — was ich tue oder wie ich es anders tun könnte, oder daß es eigentlich ganz sinnvoll war, es so gemacht zu haben. Es können zusätzlich natürlich auch verletzende Komponenten enthalten sein. So liegt das häufig an der Grenze und kann sehr leicht kippen.

Das war eine schöne Versöhnungs–Physiologie, auch wenn keiner

von uns nachvollziehen kann, was er eben innerlich gemacht hat. Ihr könnt vielleicht eine Intuition haben.
Thies: Nur für uns hier zum Üben, sag doch die Klage nochmal.
Rainer: Immer wenn ich in der Öffentlichkeit angesprochen werde, fühle ich mich ... (lacht).
Nur aus Spaß: Wer sagt noch mal seine Idee dazu, damit wir noch ein Beispiel für eine inhaltlich-verbale Idee haben?
Burkhard: Du schaust unheimlich charmant aus, wenn du dich so gedrängt fühlst. (Er lacht ihn an. Rainer zeigt noch einmal eine sehr intensive Versöhnungs-Physiologie.)
Das ist zwar nicht die Form, die ich wollte, sondern eine der sehr powervollen Reframing-Formen, die täglich passieren. Du hast als B dich und die Situation, in der du mit A bist, durch die verbalen und nonverbalen Hinweise und Anspielungen zu einem Kontext für A's Selbstwahrnehmung gemacht, der die Bedeutung ändern kann. Das ist im wesentlichen keine erzählte Metapher, sondern eine, die durch Tun wirkt, eine lebende Metapher.
Ich wollte eigentlich nochmal ein inhaltlich-verbales Reframing zeigen, aber anscheinend hat euch die Demonstration mit Armin schon genügend Ideen zu dieser Form geliefert. Das verdeutlicht nochmal, daß Reframing-Prozesse sehr schnell ablaufen können; um sie im Einzelnen wahrnehmen zu können, müßt ihr als Therapeuten genau beobachten.

8.4 Power-Reframing — Der perfekte Ehemann

Da ihr so schnell seid, kommen wir jetzt schon zur nächsten Form des Reframing. Andeutungsweise war sie in der Demonstration eben in Burkhards Intervention schon enthalten. Ich demonstriere sie euch noch einmal ausführlich. Wichtig dabei ist, daß ihr als B genügend Ideen habt, was ihr A anbieten könnt; entweder aufgrund des guten Rapports zu A oder, was meist synonym damit ist, weil ihr nicht mit der Klage identifiziert seid. Unter dieser Voraussetzung könnt ihr gleich, wenn die Klage ausgesprochen ist, etwas Bestimmtes sagen ...
Kann mal jemand irgendeine Klage sagen, in irgendeiner Form?
Richard: Ich bin zu dick. (Er ist tatsächlich nicht gerade schlank.)
Thies: Toll!
(Richard schaut verwirrt aus und durchläuft eine Versöhnungs-Physiologie mit einer längeren Trance; er lacht, geht in die Trance zurück, kommt wieder heraus und geht wieder hinein.)
Im amerikanischen NLP nennt man diese Kurzform ein Refra-

Junfermann

Die aktuellen Bücher zum Neurolinguistischen Programmieren

**Richard Bandler
John Grinder
NEUE WEGE DER
KURZZEIT-THERAPIE
Neurolinguistische
Programme**
(Originaltitel: Frogs into Princes)
Vorwort von John O. Stevens
7. Aufl. 1988, 234 S., DM 34,—
ISBN 3-87387-193-9

Dieses Modell therapeutischer Veränderung wurde von Bandler und Grinder auf der Grundlage einer systematischen Beobachtung der therapeutisch-kommunikativen Fertigkeiten von Virginia Satir, Milton Erickson und Fritz Perls entwickelt. Das Buch ist eine dichte und praxisnahe Einführung in das Neurolinguistische Programmieren.

„Wirklich neu ist beim NLP das exakte Wissen, was zu tun ist und wie es zu tun ist. Dies ist ein aufregendes Buch — und eine aufregende Zeit." —
John O. Stevens

**Richard Bandler
John Grinder
METASPRACHE UND
PSYCHOTHERAPIE**
Die Struktur der Magie I
(Originaltitel: The Structure of Magic, Vol. I)
Vorwort von Virginia Satir
4. Aufl. 1988, 220 S., DM 34,80
ISBN 3-87387-186-6

Das Buch ist das Ergebnis der Anstrengungen zweier Männer, die daran interessiert sind herauszufinden, wie sich Veränderung vollzieht. Bandler und Grinder haben eine Beschreibung der vorhersagbaren Elemente gefunden, die in der Transaktion zwischen zwei Menschen eine Veränderung geschehen lassen. Wenn man diese Elemente kennt, kann man sie bewußt anwenden.

„In diesem ersten Band haben Grinder und Bandler die Syntax expliziert, wie Menschen Veränderung vermeiden, und damit zugleich, wie man ihnen helfen kann, sich zu ändern." — Gregory Bateson

**John Grinder
Richard Bandler
KOMMUNIKATION UND VERÄNDERUNG**
Die Struktur der Magie II
4. Aufl. 1987, 210 S., DM 34,80
ISBN 3-87387-187-4

Zur Ergänzung von „Metasprache und Psychotherapie" werden in diesem Band einige wichtige Kommunikationsmuster aufgezeigt, z. T. mit Rückgriff auf Virginia Satir und Gregory Bateson, und es werden verschiedene Anwendungsbereiche des NLP dargestellt. Das Buch enthält eine Vielzahl wichtiger und nützlicher Hinweise zum Erkennen und Verändern von zwischenmenschlichen Einstellungen und Kommunikationsmustern.

„Beim Lesen dieses Buches habe ich sehr viele Dinge gelernt, die ich getan habe, ohne von ihnen zu wissen." —
Milton H. Erickson

**Richard Bandler
John Grinder
REFRAMING
Ein ökologischer Ansatz in der Psychotherapie (NLP)**
Einführung von Connirae und Steve Andreas
3. Aufl. 1988, 240 S., DM 34,80
ISBN 3–87387–228–5

Das „Reframing" (Umdeutung) ist eine zentrale Methode des NLP: Eine problematische Verhaltensweise wird in einen anderen Zusammenhang gestellt und erfährt dadurch für die betreffende Person eine neue Bedeutung, einen neuen Sinn und wird damit zu einem wesentlichen Bestandteil des Veränderungsprozesses des Klienten.

„Reframing ist ein sehr effektives Werkzeug in der Kommunikation. Dieses Buch löst es aus dem Bereich von Zufallstreffern und ordnet es in ein Set voraussagbarer und systematischer Interventionen, um Verhaltensänderungen zu erreichen." — Connirae und Steve Andreas

**David Gordon
THERAPEUTISCHE METAPHERN**
(Originaltitel: Therapeutic Metaphers)
Vorwort von Richard Bandler
2. Aufl. 1987, 208 S., DM 34,80
ISBN 3–87387–240–4

Gordon zeigt, daß alle psychotherapeutische Kommunikation metaphorisch ist, und bietet dem Leser genaueste, schrittweise erlernbare Wege für die Konstruktion und die systematische Anwendung therapeutischer Metaphern.

„Dieses Buch von David Gordon stellt einen der ersten Schritte dar, den intuitiven Einsatz von Metaphern explizit und damit als Werkzeug für viele Menschen, die professionell als Kommunikatoren tätig sind, verfügbar zu machen." — Richard Bandler

**Richard Bandler
VERÄNDERUNG DES SUBJEKTIVEN ERLEBENS
Fortgeschrittene Methoden des NLP**
(Originaltitel: Using your brain — for a change)
Einführung von Connirae und Steve Andreas
2. Aufl. 1988, 188 S., mit zahlr. Cartoons, DM 32,80
ISBN 3–87387–271–4

Mit einer für das NLP charakteristischen Leichtigkeit und Nachvollziehbarkeit wird der psychotherapeutische Umgang mit Submodalitäten, den Feinunterscheidungen der Sinneswahrnehmung, systematisch und exemplarisch vorgeführt. Die rasche und manchmal drastische Veränderung des Erlebens wird den Leser vom ersten Moment an faszinieren.

„Genial einfach ..." — Thies Stahl

**Thies Stahl
TRIFFST DU 'NEN FROSCH UNTERWEGS ...
NLP für die Praxis**
Herausgegeben und bearbeitet von Isolde Kirchner und Josef Weiß
1988, ca. 400 S., DM 39,80
ISBN 3–87387–284–6

Einen wesentlichen Anteil an der Verbreitung des NLP im deutschen Sprachraum hat der Autor dieses Buches, Thies Stahl. Aus Seminaraufzeichnungen entstand eine informative und kritische Positionsbestimmung des deutschen Ansatzes im NLP.

Dabei wird deutlich, wie sich die über 10jährige Erfahrung des Autors als ausgebildeter Gestalt-, Gesprächs-, Familien- und Hypnosetherapeut in seinem NLP-Verständnis widerspiegelt.
Mit vielen Live-Demonstrationen, Übungshinweisen und ausführlichen Anleitungen zum methodischen Vorgehen, bietet dieses Buch eine gute Grundlage für die Anwendung von NLP in den verschiedenen Heilberufen und in der Wirtschaft.

**Connirae und Steve Andreas
GEWUSST WIE
Arbeit mit Submodalitäten und weitere NLP–Interventionen nach *Maß***
(Originaltitel: Change your mind and keep the change)
Einführung von Richard Bandler
Vorwort von Isolde Kirchner und Josef Weiß
1988, ca. 230 S., ca. DM 34,—
ISBN 3–87387–291–9

In vieler Hinsicht ist dieses Buch eine Fortsetzung des 1987 bei Junfermann erschienenen Titels von Richard Bandler: „Veränderung des subjektiven Erlebens". Es gibt einen alten Scherz in Amerika, daß das menschliche Gehirn „der einzige sich selbst steuernde Allround–Computer ist, der durch ungelernte Arbeit erschaffen werden kann". Aber es ist auch ein Computer ohne ein Handbuch für den Besitzer. Die im NLP entwickelten Muster sind wichtige, unentbehrliche menschliche „Software" — Wege, die Sie lernen können, um Ihre Erfahrung zu organisieren; eine kulturelle und soziale Energiequelle, wie all die anderen Produkte menschlicher Kreativität und Erfindungsgabe. Und NLP steht erst am Anfang ...

„NLP ist ein großartiges Werkzeug" — Virginia Satir
(Dieser Titel erscheint Oktober 1988)

Leslie Cameron-Bandler
WIEDER ZUSAMMENFINDEN
NLP — neue Wege der Paartherapie
(Originaltitel: They lived happily ever after)
Vorwort von Richard Bandler
3. Aufl. 1987, 179 S., DM 30,—
ISBN 3-87387-205-6

Leslie Cameron-Bandler gibt einen umfassenden Einblick in die Anwendungsmöglichkeiten der effektiven therapeutischen Veränderungstechniken des NLP im Bereich der Sexual- und Paartherapie. Mit Hilfe zahlreicher Fallbeispiele und Sitzungstranskripte verdeutlicht die Autorin als Mitbegründerin des NLP die Wirkungsweise des Verfahrens. Explizite Handlungsanweisungen und Interventionsstrategien erleichtern dem Praktiker den Transfer des Gelesenen in den therapeutischen Alltag.

„Sexual-, Paar- und Familientherapeuten werden dieses Buch mit Freude und Gewinn lesen — und mit Freude auf den nächsten Arbeitstag." — Thies Stahl

Robert Dilts
Richard Bandler
John Grinder u. a.
STRUKTUREN SUBJEKTIVER ERFAHRUNG
Ihre Erforschung und Veränderung durch NLP
(Originaltitel: Neuro-linguistic Programming: Vol. I)
2. Aufl. 1987, 291 S., DM 39,80

Neben einer gründlichen Einführung in das NLP-Strategiemodell finden sich in diesem Buch eine Fülle von praxisrelevanten Beispielen strategieverändernder Interventionsmuster, die nicht nur Psychotherapeuten neue Wege in der Behandlung symptomatischer Verhaltensweisen aufzeigen, sondern auch Medizinern, Lehrern, Rechtsanwälten und anderen professionellen Kommunikatoren einen völlig neuen Zugang zu den Fähigkeiten und dem inneren Reichtum der Menschen bieten, mit denen sie arbeiten.

„Wenn die Werkzeuge, die mit NLP entwickelt wurden, in anderen Gebieten angewendet werden und die Zahl der ‚NLPler' zunimmt, werden wir noch zu Lebzeiten Wunder bestaunen können, die ebenso großartig sind wie die Landung auf dem Mond und die Ausrottung der Pocken." — Robert Dilts

Friedrich S. Perls und Virginia Satir — zwei geniale Therapeuten, die für die Entwicklung des NLP maßgebend waren!

Friedrich S. Perls
GESTALT · WACHSTUM · INTEGRATION
Aufsätze, Vorträge, Therapiesitzungen
Herausgegeben von Hilarion Petzold
3. Aufl. 1987, 267 S., DM 29,80
ISBN 3-87387-185-8

In diesem Buch finden sich die wichtigsten Aufsätze, Vorträge und Sitzungstranskripte von Fritz Perls aus einem Zeitraum von 30 Jahren. Das z. T. schwer zugängliche oder unveröffentlichte Material gibt einen lebendigen Eindruck von Theorie, Methodik und Praxis der Gestalttherapie und von dem Menschen Fritz Perls. Dieses Buch ist einer der wichtigsten Basistexte der Gestalttherapie.

„Präziser als in den eigentlichen theoretischen Werken werden die Grundthemen der Gestalt-Philosophie exakt und bündig dargestellt." — FAZ

Virginia Satir
Michele Baldwin
FAMILIENTHERAPIE IN AKTION
Die Konzepte von Virginia Satir in Theorie und Praxis
(Originaltitel: Step by step)
1988, 216 S., DM 32,80
ISBN 3-87387-274-9

Die Konzepte und Methoden von Virginia Satir werden hier zum ersten Mal umfassend und leicht verständlich dargestellt und „von innen her" beschrieben.: Anhand eines ausführlichen Transkripts einer Familientherapie-Sitzung kann der Leser miterleben, wie Virginia Satir denkt, arbeitet und Veränderungen in Familien möglich macht. Ein unentbehrliches Handbuch für den Praktiker.

Stand Juli 1988

Änderungen vorbehalten

Junfermann-Verlag
Postfach 1840 · D-4790 Paderborn

ming durch „personal power". Im Deutschen nenne ich es eher ein Reframing durch „persönliche Kongruenz". Wenn ich ganz sicher bin, daß ich schon eine Reframing-Möglichkeit oder eine Verbalisierung im Sinn habe, daß der Rapport gut genug ist und daß „Zu-dick-Sein" immer eine sinnvolle Kommunikation des Unbewußten ist, auf die sich A's Bewußtsein nur noch nicht angemessen beziehen kann, kann ich auch sehr kongruent sagen: „Mensch, Gott sei dank, daß das so ist. Toll!"

Dann schaue ich A sehr bedeutungsvoll an und sage ihm nonverbal: „Such und finde, wie ich das gemeint haben könnte, und bevor du es nicht gefunden hast, rede ich nicht nur nicht mehr mit dir, sondern werde sogar ausgesprochen zornig, wenn du es versuchen solltest, bevor du die Antwort gefunden hast. Aber ich bleibe hier und erwarte dich, wenn du aus deiner Such-Trance zurückkommst."

Wenn ihr das übt, werdet ihr merken, daß die Zeit der Verwirrungstrance zwischen dem Ende eures „Mensch, toll!" und der Notwendigkeit, es durch eine umdeutende Verbalisierung zu legitimieren, meistens länger ist, als ihr denkt. Ihr habt also ein paar Sekunden lang die Gelegenheit, eine halbwegs sinnvolle und vollständig respektvolle Erklärung zu finden. Je unerwarteter das „Toll" für A kommt, desto mehr Zeit habt ihr in der Regel.

Konrad: Welche Variante hättest du denn auf Lager gehabt?
Thies (an Richard gewandt): Wie war die Klage?
Richard: Ich denke, ich habe echt ein paar Pfunde zuviel. (Nicht nur der Satz, auch die Physiologie ist entspannter.)
Thies: Na, dann bist du wenigstens glaubwürdig, wenn du für deine Liebste das Lied singen solltest (singt es vor): „All of me, mhm, take all of me!"

(Richard durchläuft alle Charakteristika eines guten Reframings: spontane Trance, Physiologie-Wechsel, anschließend symmetrische Sitzhaltung.)

Auf den Familientherapeuten *Carl Whitaker*, den die Amerikaner liebevoll Papa Carl nennen, geht folgender Kongruenz-Kurz-Reframe zurück. Der Vater einer Familie sagte: „Ich glaube, ich bin alles andere als ein perfekter Ehemann und Familienvater." „Gott sei Dank", sagte Papa Carl, gefolgt von einer längeren Pause. In dieser Pause hat er vielleicht das gemacht, was ich euch empfehle: nachgedacht, was er wohl sagen würde, wenn der Vater der Familie aus seiner Verblüffung zurückkommt und ihn mit einem Gesichtsausdruck oder mit einem „Wie kommen Sie denn darauf?" auffordert, dieses unvermittelte „Gott sei Dank" zu rechtfertigen. Papa Carl fuhr fort: „Gott sei Dank, denn perfekte Ehemänner hatte ich in dieser

Woche schon drei — und die sind so entsetzlich langweilig!" Was Carl dann weiter gemacht hat, um den Veränderungswunsch des Vaters zu validieren und zu pacen, der in der Klage zum Ausdruck kommt, ist nicht überliefert.

Manchmal ist so ein Kongruenz-Kurz-Reframing sehr effektiv. Voraussetzung ist, daß A einen für die Versöhnungs-Physiologie günstigen Kontext zur Veränderung hat. Ein etwas komplexerer Kontext dieser Art ist das Six-Step-Reframing, wie wir nachher sehen werden: Es gibt dem Bewußtsein den zu seiner Sicherheit notwendigen Halt und dem Unbewußten ein für die Entfaltung von Kreativität und Intuition notwendigen Freiraum. In der einfachsten Form ist B dieser Kontext, indem er zu A kongruent sagt ...

Thies (wendet sich an Richard): Innerhalb der Situation, in der wir uns befinden, hast du Zeit, Ideen für neue Wege zu finden, wie du dieses Lied glaubwürdig singen und dabei so schlank sein kannst, wie du willst. Du hast die Zeit dafür und das die Heilung fördernde Interesse von mir an dir.

Denkt daran, die Versöhnungs-Physiologie ist in aller Regel ein reziprokes Phänomen und die Ressource-Physiologie der Kreativität ebenfalls. Im Moment genügt es, wenn ihr durch die Beobachtung der Versöhnungs-Physiologie mit den spontan resultierenden Trance-Zuständen und der symmetrischen Reorientierung den Eindruck gewinnen könnt, daß das die Arbeits-Physiologie für Veränderungen ist.

8.4.1 Was passiert beim Reframing?

Ihr habt wahrscheinlich schon gemerkt, daß man nicht *nicht* reframen kann. Jede Interaktion produziert Reframings; kein Mensch kann aus irgendeiner Interaktion kommen, ohne nicht auf irgendeine Art und Weise ein Reframing durchlaufen zu haben, also irgend etwas Bestimmtes anders wahrzunehmen als vorher. Man kann nicht *nicht* reframen. Man kann auch nicht *nicht* ankern. Das ist zumindest eine interessante Arbeitshypothese, die einen ermutigen kann, sich im Reframing zu üben und mit Intuitionen und Phantasien in dieser Weise zu arbeiten. Ich sehe ja genau, ob die Interventionen respektvoll und angemessen für den Klienten sind, da ich gute Überprüfungskriterien habe. Wenn auf meine Arbeit hin die Parasympathikus-Physiologie nicht zunimmt, weiß ich, daß ich in eine andere Richtung gehen muß.

Ein Reframing ist eine zusätzliche Gelegenheit, etwas über mich selbst als Therapeut zu lernen. In der Identifikation erfahre ich, mit welchem Teil von mir selbst ich nicht versöhnt bin; nämlich mit dem, der mit dem Teil auf der unbewußten Ebene von A korrespondiert, der das Verhalten oder den Zustand behalten will, den A's Bewußtsein problematisch findet. Und das um so mehr, je mehr Schwierigkeiten ich habe, eine geeignete Reframing-Äußerung zu finden.

Alle Klagen drücken letzten Endes aus, daß A sich als dissoziiert erlebt. A sagt im Prinzip: „Ich will das nicht, ich will nicht zu ... (X) sein." Das ist die Klage. A will das nicht vom Bewußtsein her und trotzdem passiert es. Das gilt auch für die zweite Klageform: „Ich will nicht immer so und so reagieren, wenn ... (Z) passiert". Und doch passiert es. A drückt mit der Klage eigentlich aus, daß unbewußt etwas passiert, was er oder sie vom Bewußtsein her nicht will. Insofern kann man sagen, daß es einen Teil des Unbewußten von A gibt, der das Problemverhalten sehr zuverlässig und automatisch sicherstellt, auch wenn das Bewußtsein sonst was tut. Wenn jemand sagt: „ich bin zu jähzornig", so heißt das: „Ein Teil meines Unbewußten sorgt dafür, daß ich in den und den Kontexten zu jähzornig bin; und er macht es sehr sicher und vergißt es auch nicht. Ich kann vom Bewußtsein her sonst was machen, mir alles mögliche vornehmen und an irgend etwas anderes denken; trotzdem wird der Teil das sehr zuverlässig machen."

Einige von euch haben gerade, wenn sie an ein spezielles eigenes Verhalten denken, den ersten Weg gemacht, an diesem Teil etwas Positives zu entdecken: Er ist absolut zuverlässig!

Mit dieser Dissoziation bewußt – unbewußt, die hinter den meisten Klagen steht, arbeitet man in allen Formen des Reframing. Grundlegend ist immer die Erfahrung des Bewußtseins, daß die Fähigkeit, das Problemverhalten oder den entsprechenden Zustand zu produzieren, sehr sinnvoll ist. Das heißt, es ist eminent wichtig, daß A zu sich selbst sagen kann: „Es ist einerseits gut, daß ich diese Fähigkeit als ganze Person habe, und andererseits, daß es einen Teil auf der unbewußten Ebene gibt, der das macht, weil sonst bestimmte negative Konsequenzen passieren."

Ich möchte, daß ihr das jetzt in den Kleingruppen selbst übt. Habt ihr vorher noch Fragen dazu?
Moritz: Wenn jemand meine Vorstellungen zu seinem Problem zuerst schön findet, dann aber noch einen Einwand hat, was mache ich dann.

Dann unterbricht C. Eine kurze Interaktion, hin und zurück, ist erlaubt, also ein Satz von A als Antwort auf ein Reframing. Dann stoppt ihr sofort. Sonst habt ihr viel zu viel Material. C macht ein lautes Geräusch oder holt A wie auch immer aus seinem Zustand heraus. Dann macht ihr einen neuen Durchlauf; A sagt die Klage einfach nochmal, und B und C nehmen das zum Anlaß, neue Ideen zu finden.

Wenn ihr immer wieder nur sehr ähnliche Ideen findet, die aber alle nicht zur Erfüllung der Gütekriterien führen, achtet darauf, daß ihr als B und C eure Physiologie ändert. Wenn ihr euch „festgefahren habt", könnt ihr alles mögliche tun, um in einen anderen Zustand zu kommen. Es empfiehlt sich zum Beispiel, einen Kopfstand zu machen, wenn ihr das könnt. Wenn ihr fünf- oder sechsmal eine Äußerung angeboten habt, die einfach nicht paßt, könnt ihr davon ausgehen, daß ihr an die falsche Szene denkt. Sucht dann eine andere, um daraus eine geeignete „Projektion" zu basteln.

Neue Ideen findet ihr am einfachsten, indem ihr euch völlig anders hinsetzt oder stellt; ihr könnt auch die nächste passende Äußerung im Gehen oder eben im Kopfstand suchen. Ich habe das oft mit Leuten gemacht, und es hat immer nur ein paar Sekunden gedauert, bis eine ganz neue Idee mit einer anderen szenischen Grundkonstellation da war, aus einer völlig anderen Physiologie heraus.

Alice: Ist es wichtig, immer darauf hinzuarbeiten, daß der Klient sagt: „Ich bin zu ...?"

In einer der beiden Formen sollte er oder sie die Klage vorbringen. Wenn ihr eine Mischform hört, bittet ihr euren A einfach, die Klage in der folgenden Form zu sagen: „ich bin zu das und das", oder „immer wenn das und das passiert, fühle ich mich oder reagiere ich so und so". Bietet das so an und laßt den Klienten entscheiden, in welche Form er es sortiert. Arbeitet nicht mit Mischformen, die ihr nicht zuordnen könnt. Eine Form geht immer; ich habe es noch nie anders erlebt.

Julia: Man könnte das ganze Reframing doch auch in die einfachen Worte fassen: „Was ist gut daran?" Und ich sehe nicht ein, warum man das unbedingt so paraphrasieren muß; man kann doch einfach wirklich mit dem Klienten ...

Das ist ähnlich wie das, was ich gemacht habe, als ich sagte, „O. K., toll!", oder wenn ich sagen würde, „Stell dir mal vor, das wäre anders", oder direkt, „Was ist gut daran?"; und dabei mache ich ganz kongruent deutlich: „Ich rede nicht eher mit dir weiter, ehe du mir nicht die erste Idee lieferst."

Bruno: Ich habe es oft erlebt, daß gesagt wird, „ach eigentlich ist das doch gar nicht wahr", daß der Klient sich nicht mehr dazu stellt, wenn das zu sehr kontrastiert wird. Aber wenn jemand sagt, „ich bin zu dick", und ich sage, „Klasse" — das läuft nicht, weder vom

Rapport noch sonstwie, das ist einfach zu schockierend; es wird nicht akzeptiert.

Wenn das passiert, dann tue ich gut daran, daß ich mich sofort dissoziiere und sage: „Manchmal hat er schlechte Ideen." (Er geht einen Schritt zur Seite und deutet auf die Stelle, wo er vorher stand. Er lacht.) „Er hat selber seine Probleme damit." (Bruno muß auch lachen.) Ich muß mich wirklich körperlich von der Position wegbewegen, und eine kleine Bemerkung machen: „Das war keine gute Idee." (Er zeigt auf die Stelle, wo er vorher stand.) Ich kann auch als B eine kurze Metapher anbieten, daß Menschen, die sagen, „ich bin zu dick", womöglich zwei verschiedene Sorten von Problemen haben: Ein Problem kann sein, daß sie wirklich zu dick sind, und das andere Problem, daß es für irgend etwas in ihrem Leben wichtig ist, die Meinung zu haben, zu dick zu sein.

Wenn jemand sagt, „ich rauche zu viel", kann ich antworten: „Mensch, das ist toll, daß du wenigstens überhaupt einen Weg entwickelt hast, dir etwas Gutes zu tun!" Ich kann damit experimentieren, wenn ich mich nicht entscheide, ein Six–Step– oder ein Trance–Reframing zu machen, also mit einer der elaborierteren inhaltsfreien Reframing–Formen zu arbeiten.

Obwohl es diese anderen sehr effektiven Reframing–Modelle gibt, empfehle ich euch sehr, das inhaltliche Reframing immer wieder zu üben, denn nur, wenn ihr die Sicherheit habt, in bezug auf ein bestimmtes Symptom oder Problem auch ein inhaltliches Reframing machen zu können, könnt ihr das Six–Step–Reframing–Modell kongruent anwenden. Ihr werdet merken, daß es so viel Spaß macht, auf der inhaltlichen Ebene Reframings zu machen, daß ihr es gar nicht mehr sein lassen könnt. Zu eurer Sicherheit habt ihr die physiologischen Gütekriterien, die euch sofort zeigen, wenn etwas für den Klienten nicht in Ordnung ist. Ihr könnt ganze Therapiesitzungen damit ausfüllen — wenn ihr den Mut dazu habt. *Frank Farelly* macht es in seiner provokativen Therapie sehr ausgiebig und kunstvoll–implizit.

Lydia: Wenn ein Klient klagt, „ich rauche zu viel", und ich finde es eigentlich auch nicht gut, daß er so viel raucht, sage ich doch nicht ...

Ihr werdet jetzt, wenn ihr in die Übung geht, herausfinden, wie ihr Verbalisierungen für etwas findet, wo korrespondierende Teile in euch ein ähnliches Verhalten erzeugen wie das Problemverhalten, bzw. wo ihr bestimmte Züge an euch selbst emotional in ähnlicher Weise ablehnt, wie ihr es bei eurem A wahrnehmt. Es könnte sein, daß dieses ganze Übungssetting dazu dient, daß ihr Teile von euch

selbst, stellvertretend bei anderen Leuten, neu annehmen könnt? Das könnte passieren.
Lydia: Aber ich denke mir, man muß doch hinterher mit dem Klienten weiterarbeiten; er soll doch weniger rauchen.
Mach das im Moment einfach mal so. Geh in die Übung und lege erstmal alle Gedanken zur Seite, wie das in der konkreten Therapie- oder Beratungssituation wäre. Denke einfach, daß dein A mit dem Wechsel in der Physiologie auch neue Ideen bekommt, wie er mit seinem Problemverhalten neu umgehen kann.

Am besten geht ihr wieder in Dreiergruppen. Jeder übernimmt für sich selbst die Verantwortung, mindestens zwei Klagen aus jeder Kategorie zur Verfügung zu stellen, damit ihr genügend Material für eure Intuitionen und eure Kreativität zur Verfügung habt — falls es überhaupt noch notwendig ist, euch dazu anzuhalten, und ihr nicht sowieso schon bemerkt habt, daß ihr auf diese Weise eine sehr effektive Gratis–Therapie bekommt.

8.5 Standard–Reframings

Ich möchte gerne, daß ihr jetzt nach der Übung still für euch überprüft, welche verbalen Äußerungen die schönsten Wirkungen gezeigt haben, und ob ihr sie hier erzählen könnt; vor dem Hintergrund, daß die betreffende Klage eventuell eine der sehr universellen ist, die in professionellen Situationen immer wieder vorkommen. Dann könnten wir vielleicht daraus eine Liste von Standards entwickeln, die sehr nützlich sein kann. Viele Klagen haben tatsächlich häufig eine ähnliche Struktur.
Heike: Bei mir war das eine sehr massive Klage. Als mein A die Klage geäußert hat, habe ich gespürt, daß das schon eine ganz starke Problem–Physiologie ist.
Thies: Und du weißt genau, woran du es spürst?
Heike: Ja, an den Gesichtszügen.
Thies: An dir selbst?
Heike: Ja, und daß es mich betrifft.
Thies: Und du tust gut daran, das Gefühl bzw. den Teil von dir auf der unbewußten Ebene, der das Gefühl in der Situation gemacht hat, zu bitten, dir das vielleicht in einer etwas angenehmeren Form als Signal zu schicken, in einer anderen kinästhetischen Form, in einem anderen Körpergefühl oder als ein Bild oder wie immer; so daß du weißt: „Ah ja, diese Situation ist ein Geschenk. Hier kann ich lernen,

mich mit einem Teil von mir selbst neu zu versöhnen, der mir im Moment als Teil eines anderen Menschen begegnet."
Heike: Ja, und da ist bei mir etwas Interessantes passiert. Ich habe gedacht: „Mensch nein, jetzt so direkt alternative Situationen finden lassen, das ist zu dicht." Und offensichtlich wäre es mir wahrscheinlich auch zu dicht gewesen. Und dann sind mir einfach Bilder eingefallen.
Thies: Dann ist das schon passiert. Statt dieses Gefühls waren dir dann Bilder im Kopf.
Heike: Ja (zeigt die Versöhnungs–Physiologie). Mir sind einfach Bilder gekommen, und ich habe A einfach Dinge angeboten, die das Wort bildhaft umgesetzt haben.
Thies: Und wir alle, die dich außen sehen, wissen, daß du in bezug auf irgendeinen Teil von dir selbst, auf irgendeine Fähigkeit oder ein Verhalten, mit dem du vorher im Clinch warst, einen neuen Schritt gemacht hast.

Als Voraussetzung für Standard–Reframings ist es immer wichtig, daß der Rapport hergestellt ist. Ich muß über Augen, Ohren und vielleicht Körperkontakt abschätzen können, ob der Rapport das trägt, was ich sagen will. Das hängt auch von dem Kontext ab, in dem die Interaktion stattfindet.

Deshalb ist es auch schwierig, über Reframing zu schreiben. Wenn ihr in *Watzlawick*'s „Möglichkeiten des Andersseins" Beispiele lest, habt ihr nicht die ganze Würze der unmittelbaren Interaktionssituation, des Rapports und der Reaktionen, sondern nur den verbalen Teil. Ihr könntet euch dann Kommunikationssituationen halluzinieren, in denen manche der Äußerungen absolut verletzend und gemein wären.
Joachim: In vielen Situationen hier sind einige deiner Äußerungen sehr flapsig. Ich muß sie in der Kleingruppensituation umdefinieren. Was du manchmal darstellst oder sagst, würde mich in einer Zweiersituation mit dir sehr verletzen. Wenn ich etwas sagen würde, was mich wirklich sehr betrifft, und du würdest so eine flapsige Bemerkung machen, wäre ich sehr verletzt.

Genau das habe ich eben gemeint. Wenn du zum Beispiel die Interaktion mit Richard nur gehört und nicht gesehen hast, weil du dir vielleicht gerade vorgestellt hast, wie es wäre, wenn ich das zu dir gesagt hätte (Joachim nickt in der Doppelbedeutung von „Ja, ich höre" und als ideomotorisches Nicken), kann es gut sein, daß es in dem Fall für dich verletzend gewesen wäre. Dann hast du aber den kleinen Tanz der Physiologien zwischen uns nicht gesehen, der den Rapport ausmacht: Meine Äußerungen bekommen ihre Bedeutung durch mein nonverbales Verhalten und im Kontext unseres Rapports. Das sind zusammenwirkende Phänomene.

Deswegen ist es so schwierig, hier für ein Power–Reframing bzw. ein Kongruenz–Reframing Beispiele zu erzählen. Wenn ich das „trocken" vormache, müßtet ihr euch einen Interaktionskontext halluzinieren, wo zwei Menschen sich angucken und eine augenzwinkernde Basis zwischen ihnen besteht. Wenn diese Grundlage fehlt, ist das natürlich schlecht.

Und deswegen gilt für diese inhaltlichen Kongruenz–Reframings dasselbe wie für die provokative Therapie oder auch für paradoxe Interventionen: Wenn die Therapeuten bezüglich ihrer Flexibilität und Wahrnehmung nicht gut geschult sind, können üble Sachen damit passieren. Wenn ihr losgeht und Power–Reframings oder Kongruenz–Reframings macht, ohne wirklich zu überprüfen, ob ihr einen Rapport habt, der das trägt, kann es sein, daß ihr Dinge tut, mit denen ihr euch dann letztendlich selbst schadet. Es kann passieren, daß die Klienten euch buchstäblich eins „reinhauen", oder eben einfach weggehen und nicht wiederkommen und allen Leuten erzählen, daß ihr schlechte Arbeit macht. Das Schlimmste ist aber die verpaßte Gelegenheit, in einer bedeutungsvollen zwischenmenschlichen Situation etwas Neues über euch selbst zu lernen.

Ich brauche eine gute Wahrnehmung, sehr viel Rapport und sehr viel Flexibilität, um mich — wenn ich Mist gemacht habe — davon zu dissoziieren und etwas Neues tun zu können. Ich muß die Sicherheit haben, daß der Rapport gut genug ist und ich die Flexibilität habe, zu sagen, „manchmal habe ich blöde Ideen", und dabei auf die Stelle zu zeigen, wo ich gerade stand, als ich den „Mist" gemacht habe, und mich wirklich wieder frisch und neu einzustellen. Wenn ich merke, daß ich den Rapport zu der Person nicht habe, lasse ich die Finger von provokativen Power–Reframes.

Kurt: Und woran merke ich, wenn ich es nicht machen sollte?

Wenn du nur den leisen Verdacht hast, daß du mit der Äußerung, die du schon auf der Zunge hast, nur dir selbst einen Gefallen tun wirst, laß' sie lieber bleiben. Dann wird es kein Kongruenz–, sondern ein Konkurrenz–Reframing.

Gisela: Der beste Garant bin doch eigentlich ich selber, also der Rapport zu mir. Mein Unbewußtes wird mir ziemlich schnell spiegeln, welche Möglichkeiten, welche Standards ich habe, die ich bringen kann oder nicht. Ich kann zwar ganz viele nehmen, aber ich weiß, hier passen die und die anderen nicht; und bei einem anderen Problem passen vielleicht die anderen.

Ich würde das gerne so ausdrücken, daß Teile von mir externalisiert sind. Das ist meine Arbeitshypothese, mit der ich in Gruppen oder in Therapie gut zurechtkomme. Wenn ich einem anderen Menschen gegenüber sehr respektlos bin, weiß ich, daß er mir nachts in Alpträumen wiederbegegnet oder in Körpersymptomen oder wie immer. Ich und du sind auf einer tieferen Ebene ungeschieden.

Katharina: Ich denke, man könnte als Hilfsmittel für die Entscheidung, welche Reframing-Methoden man anwendet, sich klarmachen, daß narzißtische Störungen und Symptome oder Persönlichkeitssymptome eher mit großer Vorsicht anzugehen sind, wo man das Verhalten oder Symptom nicht einfach so locker nehmen darf. Im Gegensatz dazu kann ich Objektgeschichten oder simple neurotische Störungen dann so auffangen.

Wenn das für dich ein günstiger Weg ist, weil du einen Hintergrund hast, dir irgend etwas in der Weise zu denken, würde ich sagen, es ist O. K., *solange* du dir die Fähigkeit erhältst, systematisch das Gegenteil von dem zu tun, was deine diagnostischen Kriterien dir nahelegen (Katharina geht in eine leichte Trance); einfach um auszuprobieren, was in dem direkten Tanz der Physiologien passiert, ... wo man tanzt und wer die Musik macht, ... ob sie rhythmisch ist oder eher melodiös ... Was passiert in dem Tanz? Und kann ich diese diagnostischen Kriterien nutzen, um zu wissen, ob wir Tango oder Cha-Cha-Cha tanzen, um damit unseren Tanz kreativer werden zu lassen? Aber wenn die diagnostischen Kriterien dazu führen, daß ich andauernd nur immer einen einzigen Tanz tanzen muß, der mir eigentlich nicht gefällt, ... dann tu es nicht.

Der Tanz der Physiologien ist das A und O, nonverbale Anspielungen, Fragen und Antworten. Deswegen gibt es auch so viele Reframings, die von unseren physiologischen Kriterien her so erfolgreich sind, bei denen man therapiediagnostisch und therapietheoretisch lange überlegen kann, was eigentlich passiert ist. Oft ist es nur eine kleine nonverbale Geste, die von einem Wort oder irgend etwas begleitet wird, was insgesamt schon ein Anker für irgend etwas anderes vorher war — und schon ist die Situation und damit die Klage von A umdefiniert. Manche solcher nonverbalen Prozesse sind sicher genauso schnell und komplex wie diejenigen, die im Rollenspiel zum Beispiel in Sekunden aus sich nicht kennenden Menschen ein Familiensystem zaubern, das einem „echten" bezüglich der Symptome und der Intensität von kalibrierten Schleifen um nichts nachsteht.

Ich habe in einigen Kleingruppen auch gesagt: Schützt den Trance-Zustand. Wenn ein Trance-Zustand in der Form passiert, daß die Person abwechselnd hinein- und herausgeht, haltet ihr am besten solange den Mund und genießt, daß ihr dazu etwas beitragen konntet. Trance-Zustände, die ihr selbst induziert, oder die in der Interaktion mit euch als B passieren, sind nach meiner Überzeugung heilig. Die wollen geschützt sein. Und darin, ob ein Trance-Zustand passiert und ich bereit bin, ihn zu schützen, habe ich auch noch eine Möglichkeit, zu überprüfen, ob ich respektvoll mit meinem Klienten umgehe oder nicht.

Erwin: Mein A ist immer wieder reingefallen. Und dann kam er so heraus, wie du es gerade gesagt hast ...

Thies: Woher weißt du, daß er reingefallen ist und nicht hineingegangen?

Das ist von der Sprache her recht doppeldeutig.

Thies: Es kann durchaus sein, daß du einen Wahrnehmungsrahmen hast, daß der andere reingefallen ist im Sinne von auf einen Trick hereingefallen. Und damit würdest du dir die Arbeit unnötig schwer machen.

Erwin: Nein, das nicht. Ich dachte, da ist mir noch zuviel von der Sympathikus-Physiologie da. Dann ging er aber wieder zurück, als ich ihn herausholen und draußen halten wollte, damit er nicht wieder hineingeht.

Thies: Ohne das selbst gesehen zu haben, würde ich dir erstmal empfehlen, in denjenigen Situationen noch einmal abzuwarten, was passiert. In der A-Position aus der Problem-Physiologie in die Trance hinein- und herausgehen zu können, ist an sich ein therapeutischer Gewinn; A hat sozusagen ein Mittel, sich selbst aus dem Stuck-State herauszuziehen und wieder hineinzugehen.

Erwin: Hätte ich das ansprechen sollen?

Thies: Eventuell wäre eine gute Reframing-Äußerung draus geworden, je nachdem, ob aus dieser Tatsache zusammen mit den anderen Informationen, die du schon hattest, eine neue Idee geworden wäre. Als FuturePace wäre es auch angemessen, das Bewußtsein von A davon zu unterrichten, daß er gerade eben die Fähigkeit demonstriert hat, in die Problem-Physiologie der Klageäußerung hinein- und wieder herauszugehen. Es kann auch sein, daß du dich entscheidest, das auf einer unbewußten Ebene zu lassen und ihm mit Ankern zu helfen, es in einem bestimmtem Kontext zur Verfügung zu haben.

Aber an der Stelle, an der wir jetzt sind, ist es grundsätzlich erstmal wichtig, den Trance-Zustand und das Hinein- und Herausgehen zu schützen — denn das ist ja gerade eines unserer Gütekriterien. B sollte sich zurückhalten, bis in der Interaktion eine vollständige Reorientierung vorhanden ist; bis A sich wieder vollständig mit irgendeiner verbalen oder nonverbalen Äußerung auf B bezieht. Tempelschlaf ist übrigens die älteste Form der Therapie, wußtet ihr das?

Habt ihr Ideen für Standards? Darunter verstehe ich Interventionen, die ich bei bestimmten Klagen parat habe. Wenn der Klient zum Beispiel sagt, „ich bin zu aggressiv", könnte eine Standardantwort lauten: „Gut, da brauchst du nicht über Jahre in Therapiegruppen zu gehen, um mit deiner Wut in Kontakt zu kommen." Was könnt ihr anbieten, wenn ein Klient beispielsweise sagt: „Ich bin immer so schnell so konfus."

Viktor: Das hängt vom Rapport ab. Aber wenn ich einen guten Rapport habe, sage ich oft: „Ich habe dasselbe Problem, und für mich ist es insofern einsichtig, ..." Das fasse ich in möglichst generelle Formulierungen, so daß er selbst damit etwas anzufangen weiß.

Das ist ein Reframing über eine Metapher, die in der sprachlich elaborierteren Form heißen würde: „Es war einmal ein großer, starker, erfolgreicher Therapeut. Er war weise und erfahren und wurde von allen Menschen, die ihn kannten, geachtet und verehrt. *Selbst er* hatte dieses Problem ..." (Viktor lacht) Na klar, man muß doch die Übertragungen utilisieren wie sie kommen.

Ihr könnt A auch an das weitverbreitete Wissen erinnern, daß Konfusion immer vor der Klarheit kommt, und zwar meistens kurz vorher. Anders gesagt: ohne konfus zu sein kann ich nichts Neues lernen. Wenn ich nicht, bevor ich etwas Neues gelernt habe, konfus bin, ist es nichts Neues! Und je konfuser ich bin, desto umfassender ist das, was ich danach gelernt haben werde.

Dietmar: Ich habe folgendes schon ein paarmal ausprobiert und jedesmal ist das Resultat erstaunlich. Ich erzähle eine Geschichte, die nicht real ist, zum Beispiel in einen Märchenwald zu gehen, mit einem spontanen Wechsel in eine reale Situation, die eventuell kontraindiziert zu diesem Problem ist ...

Thies: Kannst du daraus mal einen Standard konstruieren, wie beim Beispiel vorhin?

Dietmar: Ich würde ihn eventuell durch den Urwald führen ...

Thies (lacht): Ihn konfus machen, so wie mich jetzt. Das nennt man rekursive Unterweisung: Man tut das, wovon man spricht!

Dietmar: Ihn noch konfuser machen, genau, die Situation darstellen, um danach eventuell wie nach einem Gewitter in völliger Klarheit zu schweben und alles vor ihm auszubreiten.

Thies: Von der Logik her verwendest du den gleichen Standard in Metapher–Form. Toll. Die Metapher „Gewitter" paßt sehr gut für den krisenhaften Verlauf *vor* der Klarheit.

Wenn jemand sagt, „ich bin zu trotzig", und dabei leicht mit dem Fuß aufstampft, kann man antworten: „Gut, das ist der erste Schritt zur Standfestigkeit."

Ich habe noch einen Standard anzubieten. Clinch-Situationen sind immer gute Gelegenheiten, die eigene Flexibilität zu üben. Ein Paar kommt in die Ehetherapie und ist absolut im Clinch. Sie können nicht einen Satz hin- und herwechseln, ohne sich nicht gleich voll und ganz „aufeinander zu beziehen" (stößt beide Fäuste gegeneinander). Oder jemand kommt in eine Einzeltherapie, Mann oder Frau, und das Thema ist Partnerclinch. Ein Reframe, der dafür immer geht, ist folgende Äußerung: „Stell' dir mal vor, wie lange du mit jemand anderem zusammen sein müßtest, um genauso viel Intimität und Vertrauen und Nähe zu entwickeln, um mit dem Menschen dann auch die Gelegenheit zu haben, wie jetzt, etwas Bestimmtes zu lernen, was du nur hier lernen kannst." Eine andere Variante für den Fall, daß Leute absolut verclincht sind und gegenseitig sehr schnell die „richtigen" Anker gefunden haben: „Wie sehr müßt ihr euch lieben, wie groß muß euer Vertrauen zueinander sein und wieviel Energie und Verbindlichkeit müßt ihr in diese Beziehung investiert haben, um soviel Nähe zulassen zu können, daß es euch möglich ist, in diesen Clinch-Regressionen in dem Partner Vater oder eure Mutter wahrnehmen zu können. Und was ist es wohl, das es für euch nur hier und jetzt zu lernen gibt und mit keinem anderen Menschen auf der Welt? Es sei denn, ihr würdet wieder Jahre und Jahrzehnte investieren, um mit einem neuen Partner wieder dahin zu kommen."

Wer hat noch Ideen für solche Standards?

Markus: Wenn jemand sagt, „dauernd passiert mir das, immer wieder", neige ich spontan dazu, seine Aussage zu übertreiben, indem ich sage: „Das ist ja toll, wenn du es immer dann machst." Aber ich weiß von vornherein nie, welche Effekte das hat.

Ein möglicher Standard könnte sein: „Wie schön, daß es Dinge gibt im Leben, auf die man sich verlassen kann."

Markus: Manchmal ist der Effekt, daß der Klient es selbst abschwächt: „Nein, dauernd mache ich das ja auch nicht, so ist das auch wieder nicht." Dann setze ich da an, daß er doch auch die Fähigkeit hat, das nicht zu tun.

Ilse: Auf die Aussage „ich fühle mich immer so schwach", reagiere ich manchmal mit dem Hinweis: „Wieviel von dir muß verfügbar sein, um aufrechtzuerhalten, daß du dich in konkreten Situationen immer so schwach fühlst."

Oder auch: „Wie stark mußt du sein, um das in dein Leben integrieren zu können."

Simon: Ich habe einen ganz kurzen Standard: „Wie schaffst du das eigentlich?" Das funktioniert, weil als Implikat zum einen enthalten ist, daß man es selber macht, und zum zweiten, daß es eine Fähigkeit ist.
Ilse: „Was muß dir dafür eigentlich alles verfügbar sein, was dir noch gar nicht bewußt ist?"
Lutz: Wir haben das einmal bei einer Patientin gemacht, die fast alle Kliniken in der näheren und weiteren Umgebung mit ihren Kopfschmerzen terrorisiert hat. Wir haben das einfach umgedreht, indem wir gesagt haben, wir seien sicher, da bisher nichts an Therapien und Medikamenten geholfen habe, daß wir es ganz wichtig finden, daß sie sich dafür entscheidet, ihre Kopfschmerzen zu behalten, indem sie ...
 Der ganze Bereich der paradoxen Intervention. Wenn ihr die paradoxen Interventionen, die ihr kennt, überprüft, werdet ihr feststellen, daß sie absolute Reframings sind, und zwar Prozeßinstruktionen. Was immer diese spezielle Klientin für einen Sinn daraus gemacht hat, zumindest hieß das: „Du kannst es aktiv machen; es ist etwas, was du aktiv machen kannst." Aber ich möchte dich davor warnen, einen *möglichen* sekundären Gewinn ihres Symptom so disrespektvoll zu benennen oder auch nur zu konzeptualisieren. Vielleicht hat dein Unbewußtes auch dafür gesorgt, daß du es machst, damit ich zu dir sagen kann, du sollst die Gelegenheit nutzen, dich mit einem eigenen korrespondierenden Symptom neu zu beschäftigen ...
Nora: Wir haben mal einen Drogenabhängigen mit so etwas zum Reden gebracht, indem wir gesagt haben, er soll aufpassen, daß ihm ja kein Wort entkommt, auch nicht im Schlaf.
 Erickson machte etwas Ähnliches, als er sagte: „Ich möchte, daß Sie einen bestimmten Teil dessen, was Sie meinen, was wichtig wäre zu erzählen, für sich behalten, als privaten Bereich."
Beate: Bei der paradoxen Intervention fiel mir der Fall ein, wenn jemand sich nichts traut. Da kann man einfach eine Situation konstruieren, wo Anforderungen an ihn oder sie gestellt werden, mit der Aufforderung: „Und jetzt probiere es mal, und ich garantiere dir, du fällst nicht tot um." Das kann ungeheuerlich wirken.
 In diesem Beispiel muß ich mir einen sehr intensiven Rapport dazu halluzinieren. Damit das ganz klar ist: Die ganze Hitparade von möglichen Standards, die wir hier genannt haben, sind nur Ideen, die letzten Endes nur dann gute inhaltliche Reframings sind, wenn sie in der Interaktion durch das physiologische Feedback validiert werden. Es ist unmöglich zu beurteilen, welche Reframings generell

gut oder optimal sind. Die, die bei den meisten von uns zu einem entspannten Lachen führen, haben sicher die beste Chance.
Irene: Zu dem Problem, „immer wenn ... (X) passiert, fühle ich mich ... (Y)", gibt es die Frage: „Wozu kannst du das noch verwenden?"

Was impliziert, daß er oder sie das im Moment auch für etwas verwendet und daß das sinnvoll ist. Wenn ihr Ideen habt, inhaltlich oder von eurer nonverbalen Wahrnehmung her, wozu das Problemverhalten im Leben der Person gut ist, welchen sekundären Gewinn das hat, könnt ihr ihr diese Ideen in der Form zurückgeben: „Und wie schön wäre es, wenn du noch *zusätzliche* Wege hättest, das und das in deinem Leben sicherzustellen oder zu gewährleisten." Ich denke zum Beispiel an die Frau aus der Wohngemeinschaft: Ihre Kleingruppe fand nichts, und ich hatte zuerst auch keinen Einfall, bis ich plötzlich auf folgende Idee kam: „Wie schön wäre das, wenn ihr beide noch andere Wege hättet, euch wissen zu lassen, daß ihr Mann und Frau seid." Ihr könnt alle Ideen verbraten, die aufgrund eurer Lebensweisheiten oder eurer Intuition oder wie immer zustande kommen — solange ihr hinguckt und hinhört, welche Reaktionen ihr bekommt.

9 Six-Step-Reframing

Nun kommen wir zu einem Reframing-Modell, mit dem man arbeiten kann, ohne das Problem des Klienten inhaltlich zu kennen. Im NLP ist es unter der Bezeichnung Six-Step-Reframing bekannt. Ich habe dieses Modell erweitert. Meine Fassung enthält daher mehr als sechs Schritte, wie ihr gleich merken werdet.

9.1 Zauberei?

Wie schon erwähnt ist ein wichtiger Bestandteil vieler Probleme eine Dissoziation von Physiologien. Wenn ihr zum Beispiel mit einem Alkoholiker ein Six-Step-Reframing machen wollt, ist es unerläßlich, am Anfang die beiden Zustände zu integrieren, wenn er betrunken bzw. nüchtern ist. Aber auch bei kleineren Problemen, zum Beispiel Nägelbeißen, integriert ihr am besten zunächst routinemäßig die Physiologie des Problemverhaltens — nennen wir es mal X — und die des Gegenteils. Häufig wird sich der Klient in der Integrations-Trance plötzlich der sekundären Gewinne bewußt, die das Problemverhalten hat. Er oder sie versteht dann die Schutz- oder Ermöglichungsfunktionen seiner sogenannten problematischen Verhaltensweise und kann sie auf andere Weise gewährleisten. In dem Moment erübrigt sich das Six-Step-Reframing. Ihr könnt euch also viel Arbeit sparen, wenn ihr vor einem Six-Step-Reframing zuerst eine Integration der X- und Nicht-X-Physiologie macht. Für diesen Schritt spricht außerdem noch die schon bekannte Tatsache, daß der Klient vor der Integration in der einen Physiologie nur die entsprechenden Erfahrungen zur Verfügung hat und nicht die des anderen Zustands. Nur so könnt ihr also sicherstellen, daß ihr mit dem ganzen Menschen arbeitet, und daß auch die Seite berücksichtigt wird, die für das Problemverhalten zuständig ist.

Wer von euch hat jetzt zufällig an Verhaltensweisen in eurem

Leben gedacht, die ihr vom Bewußtsein her nicht wollt und die trotzdem immer wieder passieren?

Angenommen, ihr wärt meine Klienten, und ich wäre in der Vorbereitungsphase für das Six–Step–Reframing, so könnte ich sagen: „Ihr wißt, daß ihr das vom Bewußtsein her nicht wollt?" Eure Antwort wäre wahrscheinlich: „Ja stimmt" oder „Nein, das will ich nicht." Ich würde euch entgegnen: „Trotzdem passiert das. Wenn das euer Bewußtsein nicht macht, und wenn ihr es nicht im Bewußtsein macht, wer macht es dann, wenn ihr es doch als ganze Person tut?" Dann helfe ich euch aus der Zwickmühle: „Das ist euer Unbewußtes."

Für die meisten Menschen ist der Begriff „Unbewußtes" akzeptabel. Manche werden sagen: „Nein, ein Unbewußtes gibt es nicht." Es kann sein, daß jemand einen ausgeprägten verhaltenstherapeutischen Hintergrund hat und das für Quatsch hält. Ich kann ihm nochmal verdeutlichen: „O. K., du willst das im Bewußtsein nicht und trotzdem passiert es. Aber das Unbewußte gibt es nicht?" Wahrscheinlich muß ich mit ihm zusammen eine andere Metapher oder Bezeichnung erarbeiten, vielleicht „deine organismischen Funktionsprinzipien".

Wenn der Begriff „Unbewußtes" besetzt oder ein negativer Anker ist, nehme ich halt einen anderen. Es ist egal, ob ich sage, „dein Unbewußtes" oder „die göttliche Abteilung in dir". Das Interessanteste, was ich diesbezüglich mal erlebt habe, war, mit einer Frau zu arbeiten, die den Begriff „Unbewußtes" überhaupt nicht akzeptieren wollte; sie kannte ihn nur im analytischen Sinn, und da war das für sie die Abteilung, wo der ganze Müll abgeladen wird. Mit diesem Konzept kommt man im Six–Step–Reframing nicht weit. Es unterscheidet sich zu sehr von dem, das der NLP–Therapeut mit dem Klienten zusammen aufbauen will. Genaugenommen induziere ich als B im Six–Step–Reframing eine metaphorische Welt mit der Aussage: „Es gibt dich, dein Bewußtsein und zusätzlich Instanzen, die dein Verhalten wesentlich bestimmen." Und meistens nenne ich diese Instanzen „unbewußte Teile". Wenn der Begriff „Unbewußtes" nicht akzeptiert wird und ich es zu mühselig finde, mit den Glaubenssystemen des Bewußtseins zu kämpfen, um A zu überzeugen, und statt dessen lieber ein zügiges Six–Step–Reframing machen will, nehme ich eben einfach eine andere Bezeichnung.

Die Frau mit dem analytischen Begriff des Unbewußten war hoch religiös. Und ihr Sohn war Pastor. Sie hatte eine Sohn–Übertragung auf mich, die ich sehr gut utilisieren konnte. Ich erklärte ihr, was Pantheismus ist, daß Gott in allem ist, daß er sich auch in den Teilen ihres Verhaltens äußert, die sie vom Bewußtsein her nicht will, so wie er in jeder Pflanze und in jedem Tier ist. Sie hat dann eben nicht den Teil angesprochen, der auf der unbewußten Ebene für das Verhalten zuständig war, sondern eine neue, spezielle Art des Betens gelernt und praktiziert. Das war in ihre Welt und in ihre Glaubenssysteme integrierbar und erfüllte den gleichen Zweck: Sie konnte in tieferwerdenden Trance-Zuständen und in der Versöhnungs-Physiologie über ihr Problem X nachdenken. Und genau dies soll in einem Six-Step-Reframing passieren.

Für Computerexperten wie zum Beispiel Systemanalytiker braucht man womöglich andere Konzepte; für Gärtner oder auch für Leute aus der alternativen Subkultur ebenfalls. Für die meisten Menschen sind die Formulierungen jedoch angemessen, die ich im folgenden benutzen werde. Es kommt nur sehr selten vor, daß jemand nicht in der Weise zustimmt: „Ah ja, mein Bewußtsein macht das nicht, also macht das eine andere Instanz ...; das kann ja eigentlich nur das Unbewußte sein." Aber es ist gut, innerlich darauf vorbereitet zu sein, daß einer sagt: „Nein, so etwas gibt es nicht." Und wenn ein Analytiker antwortet, „ja, das ist schon O. K. mit dem Unbewußten", aber dabei eine Abwehrhaltung zeigt, als wenn er sich vor etwas ekelt, was er aus dem Müll gezogen hat, versteht er darunter etwas völlig anderes als das, was für A im Reframing das Unbewußte sein soll. Im NLP ist das Unbewußte eher sehr weise, im Erickson'schen Sinn.

Mit dieser allgemeinen Übereinkunft wäre ich soweit mit euch, daß ihr zustimmen würdet: „Ja, dieses X macht nicht mein Bewußtsein, das passiert unbewußt." Und wir hätten uns darauf geeinigt, daß es einen bestimmten Teil des Unbewußten gibt, der genau dafür zuständig ist, dieses Verhalten X in den Kontexten einzusetzen, in denen ihr es vom Bewußtsein her nicht haben wollt.

Dann könnte ich das Konzept der unbewußten Teile erklären; eine Metapher erzählen wie zum Beispiel folgende: Denkt mal einfach daran, daß ihr unbewußte Teile habt, die dadurch charakterisiert sind, daß sie ein bestimmtes Verhaltensrepertoire haben, das sie einsetzen können, und das unbewußt — ohne daß ihr darüber nachdenken müßt — sequenziert oder aufgebaut ist. Es gibt beispielsweise einen unbewußten Teil, der dafür sorgt, daß ihr durch eine geschlossene Tür kommt, ohne euch den Kopf anzustoßen und ohne je darüber nachgedacht zu haben, wie das passiert sein kann, daß ihr jetzt da durchgegangen seid. Ihr könnt ja über tausend Sachen im Bewußtsein nachdenken und trotzdem durch zehn Türen gehen, ohne euch den Kopf einzurennen. Das ist für viele Leute ein Aha–Erlebnis. Ich muß nicht bewußt entscheiden, wie dicht ich an der Tür sein muß, und aus welcher Richtung ich die Klinke sehen muß, und wie die Instruktionen an die Muskelgruppen im gesamten Körper gehen, jetzt erst die Muskeln, dann schnell die hinterher, dann zupacken, dann gehen, umdrehen — verrückt, stellt euch mal vor, das alles bewußt zu machen. Ihr würdet Jahre brauchen, um aus diesem Raum hier zu kommen.

Ich kann zu A auch sagen: „Es gibt einen unbewußten Teil, der dafür zuständig ist, daß du Fahrrad oder Auto fahren kannst, oder dafür, daß du nicht überfahren wirst, wenn du dich im Straßenverkehr bewegst und innerlich gleichzeitig eine Theorie über irgend etwas völlig anderes entwirfst. Hinterher weißt du nicht mehr, wie du von da nach da gekommen bist und wieviele Ampeln rot waren.

So weit wären wir mit unserem Klienten, daß er oder sie weiß, daß ein unbewußter Teil im inneren und äußeren Verhalten eine sehr komplexe Abfolge von Dingen tut, um die sich das Bewußtsein nicht mehr kümmern muß. Es gibt Teile, bei denen es sehr evident ist, welche Funktion sie haben. Der Teil, der dafür sorgt, daß man sicher durch Türen kommt, macht im wesentlichen nur das — wenn wir ihn so definieren, wohlgemerkt. Bezüglich dieser Teile ist es dem Bewußtsein sehr schnell klar, was sie wie tun, und daß die Art und Weise, wie sie es tun, damit zusammenhängt, wozu sie da sind: Ihre Verantwortlichkeit und Funktion ergibt sich gewissermaßen von selbst aus ihrem Verhaltensrepertoire. Man braucht darüber nicht lange nachzudenken.

Hier würde die erste positive Konnotation fallen. Es gibt unbewußte Teile, die das Problemverhalten organisieren, und diese sind auch für etwas verantwortlich.

Urs: Das ist ja Zauberei.

Thies: Spielen wir mal ein bißchen damit? (Urs nickt als Einverständnis. Thies spricht zu ihm, aber auch weiter zur Gruppe.) Denkst du mal kurz an dein X oder suchst mal eines aus? Du weißt, es soll etwas sein, was du nicht vom Bewußtsein her machst. Es kann sein, daß du dich im Bewußtsein dagegen entscheidest, daß es passiert; und trotzdem passiert es. Wenn es einen Konflikt zwischen diesem Teil und dem Bewußtsein gibt, ist völlig klar, wer gewinnt. Wenn der Teil sagt, „es ist an der Zeit zu x–en", und du sagst vom Bewußtsein, „nein, ich will jetzt nicht, ich will lieber, wenn überhaupt, erst in zwei Stunden", ist es klar, wer da gewinnt. Dieser Teil deines Unbewußten ist also mächtiger als dein Bewußtsein. (Urs nickt.)

Guckt Urs' Physiologie an. Jetzt wird euch vielleicht erklärlich, weshalb wir diese Übung mit dem inhaltlichen Reframing gemacht haben. Einmal natürlich, weil es Spaß bringt und man damit allein vollwertige Therapiestunden machen kann, zum anderen, damit ihr erkennt, ob das, was ihr in dieser Metapherwelt der unbewußten Teile tut, sinnvoll für A ist. Das ist ja eine Metapher–Welt, die wir zusammen aufbauen. Und ob es sinnvoll ist, daß wir sie aufbauen, oder wie wir sie aufbauen, erkenne ich nur daran, ob die Versöhnungs–Physiologie kommt und die anderen physiologischen Gütekriterien erfüllt sind.

Die Versöhnungs–Physiologie tritt, aus welchen Gründen auch immer, oft dann auf, wenn A innerlich realisiert, daß der Teil sehr mächtig ist. Wir wissen nicht, was das Verhalten X ist, wo er es gelernt hat, und welche positiven Funktionen es in seinem Leben hat. Aber wir wissen, daß er versöhnlicher an sich selbst als x–enden Menschen denken kann, wenn er sich vergegenwärtigt, daß der Teil mächtiger ist als sein Bewußtsein. Oftmals ist es schon eine große Erleichterung zu wissen, daß es keine Frage einer bewußten Willensstärke ist.

Urs: Ganz genau.

Thies: Und meinst du, vom Bewußtsein her, du weißt alle positiven Funktionen des X–Verhaltens, das du ausgesucht hast?

Urs: Schwer zu sagen.

Wenn ich im Six–Step–Prozeß soweit bin, kann es durchaus sein, daß X für A kein Problem mehr darstellt. Um das zu überprüfen, sage ich zu A, ...

Thies: Gehe mal nach innen und frage den Teil, der die ganze Zeit über zuständig für das X war: „Weiß ich jetzt alles, was du für mich getan hast?"

(Urs ist längere Zeit internal orientiert.)

Thies: Die Frage ist, sagt er Ja oder Nein, oder kannst du die Antwort nicht herauskriegen, weil du nicht weißt, wie er Ja oder Nein sagen will?

Urs: Wohl eher letzteres.

Jetzt habe ich einfach versucht, einen Schritt zu überspringen, den man vorher machen würde, nämlich zu sagen: „Gehe nach innen und frage, ob er bereit ist, mit dir zu kommunizieren." A muß wissen, wie der Teil überhaupt mit ihm kommuniziert; ob er das visuell oder auditiv macht, ein verändertes Körpergefühl, einen Geruch oder einen Geschmack schickt. Wenn ich, wie vorhin bei Urs, den Eindruck habe, daß jemand in der Integrationsphase schon sehr versöhnt mit dem Teil ist, der für das X zuständig war, glaube ich manchmal, daß mein A mit dem Teil schon kommunizieren kann. Ich habe einfach mal getestet, ob die Kommunikationsmöglichkeit innerlich schon so weit ausgearbeitet ist, daß ich diesen Schritt machen kann, ohne offiziell ein Signal etablieren zu lassen, indem ich es in einer Präsuppositionsformulierung voraussetzte: „Geh nach innen und frage etwas" impliziert, daß schon eine Kommunikationsmöglichkeit existiert. Urs hatte dieser Annahme nicht widersprochen und damit verhaltensmäßig seine Bereitschaft demonstriert, diese Kommunikationsmöglichkeit als existent anzunehmen. Aber es gab noch eine Unsicherheit in der Kommunikation mit dem Teil. Da meine Aufgabe als B ist, die Kommunikation zwischen Bewußtsein und Unbewußtem zu verbessern, gehe ich im Six-Step-Reframing-Modell einen Schritt zurück:

Thies: Gehe nach innen und bitte den Teil, mit dir im Bewußtsein zu kommunizieren. Frage ihn einfach: „Bist du bereit, hier und jetzt, mit mir im Bewußtsein zu kommunizieren." (Urs fängt an, sich nach innen zu orientieren.) Moment, bevor du es tust, möchte ich, daß du innerlich sicherstellst, daß du genau den Teil ansprichst und die Frage stellst. Wenn du das gemacht hast, machst du vom Bewußtsein her Sendepause. Es gibt dann nichts mehr, was du richtig oder falsch machen kannst, du brauchst dich nur noch überraschen zu lassen, *wie* der Teil kommunizieren wird. ... Wird er dir was vor das innere Auge schicken ... oder vors innere Ohr ..., vor die innere Nase oder auf die innere Zunge, ins innere Schmecken ..., oder eine Veränderung des Körpergefühls ...

Thies: Ist es O. K., wenn ich ab und zu kommentiere?

Was jetzt passiert ist, ist sehr typisch: Wenn ich jemand gut vorbereitet habe, so daß er die Möglichkeit zumindest in betracht zieht, daß der Teil etwas ausgesprochen Positives tut, (Urs runzelt die Stirn) ... auch wenn das „Wie" nicht akzeptabel ist (Urs nickt), ist das erste Signal meistens mit einer sehr intensiven Versöhnungs-Physiologie verbunden, und oftmals mit einem nonverbalen Ausdruck, als hätte er gerade etwas geschenkt bekommen. In diesem Fall passierte die Vorbereitung in der Gruppentrance bzw. der Gruppeninstruktion vorhin, natürlich zusätzlich vermittelt durch den Kontext dieses Seminares; die „richtige" Wirklichkeitsauffassung war weitgehend schon vermittelt.

Thies: Ein schönes Geschenk?

Urs (lacht und wird etwas verlegen): Ja.

An dieser Stelle muß ich sehr aufpassen, nicht inhaltlich zu werden und meine Neugierde mit mir durchgehen zu lassen. Ich frage nur, ...

Thies: ... wie hat er es gemacht? Im Sehen, Hören, Fühlen, Riechen, Schmecken? Wie hat er dir geantwortet?

Er geht nochmal in Trance, um diese Frage zu beantworten. Das Six–Step–Modell ist im Grunde ein Trance–Modell, mit Instruktionsphasen (Wach–Physiologie) und Ausführungsphasen (Trance–Physiologie) im Wechsel.

Thies: Geruch, Geschmack? Wie hat er es gemacht?

(Urs war noch nicht reorientiert.) Die Trance–Zustände dauern häufig länger an, als ich es erwartet habe. Er geht hinein und tut innerlich eine Menge. Ich empfehle euch, noch länger zu warten, bevor ihr A ansprecht. Am besten laßt ihr A in Trance sein, bis er von alleine zurückkommt. Laßt ihn einfach den Trance–Zustand noch länger nutzen. Wie ich schon sagte, Trance–Zustände sind heilig — zumindest diejenigen, die A mit mir als B zusammen entwickelt hat. Im Gegensatz zu denen zum Beispiel, in denen A in die Praxis kommt. Die können auch irgend jemandem heilig sein, aber mir als B sollten nur solche heilig sein, die zu erreichen ich ihm geholfen habe. (Urs reorientiert sich.)

Thies: Wie hat er es gemacht? Im Sehen, innerlich, Hören, Riechen, Fühlen, Schmecken?

Urs (immer noch berührt): Im Sehen.

Thies: Er hat dir ein Bild geschickt?

Urs: Ja.

Thies: Gehe bitte noch mal nach innen und bedanke dich bei dem Teil für diese neue Art der Kooperation. Bitte ihn dann, das Bild nochmal zu schicken oder es intensiver zu machen, farbiger, plastischer oder irgendwie verändert, als Ja–Signal. (Urs runzelt die Stirn.) Bitte ihn, dir einfach blanko ein Ja–Signal zu schicken, indem er es intensiver macht, farbiger etc., so daß du später genau weißt, wie er dir Ja und wie er dir Nein kommuniziert. Deshalb bitte ihn um ein Ja–Signal.

Urs (nach der Trance–Phase): Mh.

Thies: Er hat es dir nochmal geschickt. Hat er es intensiviert oder verändert?

Urs: Äh? (Er ist für einen Moment verwirrt.)

Thies: O. K., das ist im Grunde nicht wichtig — für mich. Nur eine sozusagen akademische Neugier. Für dich ist es nur wichtig zu überprüfen, ob du jetzt weißt, wie er Ja sagt, im Gegensatz zu Nein?

Urs: Mh (nickt bejahend).

Das ist wichtig: Als B brauche ich ein klares, kongruentes, eindeutiges Ja, oder auch ein Nein, damit ich weiß, wie ich ihn für den nächsten Schritt beraten soll. Denn beim Six–Step–Reframing bin ich der Berater für das Bewußtsein von A, für seinen Umgang mit seinem

Unbewußten. Bei diesem Schritt ist eine kongruente Antwort besonders wichtig, denn er wird die Basis stellen, auf der wir dann weiterarbeiten werden: Die Möglichkeit einer neuen Kommunikation zwischen Bewußtsein und Unbewußten.

Urs kann jetzt den Teil fragen, was immer er will und wichtig findet — und dieser kann mit Ja oder Nein antworten.

Thies: Weil du eben noch eine zusätzliche Idee über das bekommen hast, was er immer für dich mit dem X getan hat, frage ihn nochmal: „Weiß ich jetzt alles, was du für mich getan hast? Weiß ich jetzt deine ganze Absicht?" Du könntest auch andersherum fragen: „Gibt es zusätzlich zu dem, was ich schon im Bewußtsein weiß, noch mehr, was du für mich mit dem X immer getan hast, was ich noch nicht weiß?"

Alle Fragen, die ich jetzt als Instruktionen vorgebe, sollen Ja–Nein–Fragen sein.

(Urs bewegt sich.)

Thies: Sagt er Ja? Sagt er eindeutig Ja?

Wir sind schon auf die Ja–Physiologie kalibriert. Aber diese Antwort scheint nicht eindeutig zu sein.

Urs: Hm.

Thies: Oder sagt er: „Ja (sehr zögernd), es gibt noch diesen kleinen Einwand."

Urs: Ich denke ja.

Das ist eine spannende Situation. Obwohl Ja–Nein etabliert war, hat der Teil gleichzeitig die Möglichkeit zu sagen: „Ja, das Wesentliche weißt du, aber es gibt noch einen Rest, den du nicht weißt." In diesem Fall wird B versuchen, A einen Rahmen zur Verfügung zu stellen, der sinnvoll für diesen Sachverhalt und konstruktiv für den weiteren Prozeß ist. Als kleines Reframing im Six–Step–Reframing kann ich sagen, ...

Thies: ... die unbewußten Teile tun eines immer, neben allem, was sie jeweils speziell für den Menschen tun: Sie schützen das Bewußtsein zum Beispiel vor zu viel Information oder auch vor den falschen Informationen am richtigen Ort oder auch (geheimnisvoll, hinter vorgehaltener Hand) vor den richtigen Informationen am falschen Ort bzw. zum falschen Zeitpunkt. Es kann ja durchaus sein, daß der Teil deines Unbewußten, der immer für das X zuständig war, sagt: „Nein, es gibt noch etwas, was ich für dich tue, und ich möchte zur Zeit nicht, daß du das voll weißt. Wenn du es wüßtest, wenn ich zulassen würde, daß du es voll weißt, könnte es sein, daß du durch alte Schmerzen von früher nochmal hindurch mußt. Davor schütze ich dich." (Thies studiert die Physiologie von Urs und entdeckt keine Anzeichen einer phobischen oder traumatischen Reaktion und auch kein ideomotorisches Nicken.) ... Es kann auch sein, daß er sagt: „Dein bewußtes Denken bezüglich der Kontexte, in denen das X wichtig ist, und bezüglich der Zusammenhänge mit anderen Lebensbereichen, ist so beschränkt, im Sinn von ‚eingeschränkt', daß ich nicht zulassen kann, daß du mir mit deinen eingeschränkten bewußten Denkschemata dazwischenfunkst. Ich habe dich eben etwas von dem wissen lassen, was ich für dich immer getan habe, aber da ist noch etwas, was ich mit dem X in deinem Leben bewerkstellige; und das lasse ich dich noch nicht wissen, damit ich es nach wie vor so gut machen kann. Ich weiß, wenn ich dir das ins Bewußtsein übergebe, würdest du es mir schwerer machen, für dich zu arbeiten, indem du mir dazwischenfunkst."

Was auch immer ich als B im Six–Step–Reframing tue, wie auch immer ich mir seine Effektivität erkläre, auf jeden Fall induziere ich eine Wirklichkeitsauffassung, der zufolge mein A ein Unbewußtes hat, unbewußte Teile — (er guckt an sich herunter und schaut sich um, als hätte er vor Gespenstern Angst) Uuaaah, wo sind sie denn jetzt wieder (guckt unter den Tisch, auf dem er sitzt) —, und der zufolge ein unbewußter Teil das Problemverhalten einsetzt ...

Thies: ... und daß dieser unbewußte Teil mächtiger ist als das Bewußtsein ... (sieht Urs von der Seite an), daß er enorm zuverlässig ist ..., und daß er sehr viel klüger als das Bewußtsein ist; insofern, als er besser als das Bewußtsein weiß, was ich im Kontext, in der Situation, in der X stattfindet, wahrnehmen, sehen, hören, fühlen, riechen und schmecken muß, um zu wissen, daß es jetzt Zeit für das Problemverhalten ist. Das Bewußtsein weiß meistens nicht, was die Auslöser für das Problemverhalten sind, oder? (Urs schüttelt nachdenklich den Kopf.) Da ist der unbewußte Teil ganz einfach klüger. Und er ist absolut zuverlässig und vergißt das nie, wenn die entsprechenden Hinweise und Auslöser in der Situation da sind. Außerdem ist er auch insofern sehr viel klüger, als er genau weiß, wie die verschiedenen Lebensbereiche, in denen man zum Beispiel Ehemann, Vater, Kind zu den eigenen Eltern, Liebhaber, Freund, Verwandter, Therapeut, Hobby–Koch, Hobby–Musiker oder was auch immer ist, untereinander vernetzt sind. Er weiß absolut und genau, in welchem der verschiedenen Lebensbereiche was passiert, wenn er dich in diesem oder jenem Bereich x–en läßt. Der Teil weiß, wovor er dich schützt oder was er dir in dem Lebensbereich oder in einem oder mehreren anderen ermöglicht, indem er dich x–en läßt.. Darüber wissen die unbewußten Teile in aller Regel mehr als das Bewußtsein.

Auf der einen Seite ist das auch für die Klienten ein Erklärungsmodell, die von Systemtheorie nicht viel verstehen. Man kann die verschiedenen Rollen aufzählen und A helfen, sich vorzustellen, er könne in all den Lebensbereichen gleichzeitig sein und sich handeln sehen, um klarzumachen, daß diese Lebensbereiche total untereinander vernetzt sind. Ihr könnt diese visuelle Metapher für das System, als das wir uns im NLP die Person denken, mit nachvollziehen, indem ihr euch vorstellt, ihr könntet euch in euren Leben wie aus der Vogelperspektive sehen ... vielleicht habt ihr Einblick in ein Puppenhaus, oder in eine Stadt, wie bei der Modell-Eisenbahn ... und ihr könntet das zeitliche Nacheinander als gleichzeitiges Nebeneinander sehen, ... ihr da und ihr dort, die Synchronizität von Bewegungsabläufen, ... und eine Neuerung im Bewegungsablauf in einem Kontext hat Auswirkungen auf viele andere Kontexte.

Für einige von euch ist das eventuell keine angemessene Metapher, aber drei Viertel der Gruppe konnten diese Metapher benutzen, um in Trance zu gehen. (Mit tiefer Stimme) Was immer ihr da gemacht habt. Einige von euch brauchen vielleicht gar keine Metapher für „die Person als System" und den Zusammenhang und die Vernetzung der Kontexte. Einige haben dieses Wissen vielleicht kinästhetisch gespeichert und ein Gefühl für die Ähnlichkeit von Kontexten und deren Verflochtenheit.

Ihr kennt das bestimmt: Wenn ihr etwas mit einer bestimmten Klasse von Klienten neu macht, merkt ihr plötzlich, daß ihr auch neue Dinge im Privatleben in den verschiedenen Bereichen macht, oder umgekehrt. Wenn ich mit einem bestimmten Klienten etwas neu mache, werde ich mich auch anderen Personen gegenüber anders verhalten, je nachdem welche interessante Übertragung ich laufen hatte. Ob das dann ökologisch ist, ist eine entscheidende Frage. Eine bestimmte Verhaltenserweiterung kann zum Beispiel im beruflichen Kontext sehr angemessen sein, aber im Privatbereich muß vielleicht vorher noch die eine oder andere Umstrukturierung passieren, bevor das gleiche Verhalten auch da ökologisch ist (etliche in der Gruppe nicken) — wenn überhaupt. Denkt mal an eine Zeit in eurem Leben, in der ihr euch drastisch verändert habt und von der ihr jetzt noch wißt, daß ihr euch verändert habt. So eine Veränderung fand auf allen Ebenen und in allen Bereichen statt, oder?

Das ist das einzige theoretische Konzept, das hinter dem Teile–Modell steht. Wenn etwas Bestimmtes in einem Bereich passiert, kann das positive Auswirkungen in diesem Bereich selbst und in mehreren anderen Lebensbereichen haben. Interessant ist, daß das Bewußtsein davon nichts weiß und das betreffende Verhalten nur loswerden will. Was dann in den anderen Bereichen passiert, weiß das Bewußtsein nicht.

Die verschiedenen Lebensbereiche zeige ich gerne an den einzelnen Fingern (hält eine Hand hoch, wobei alle Finger und Daumen nach oben zeigen), jeder Finger für einen Lebensbereich. Im Grunde ist das eine komplette Trance–Induktion. Ich habe ja auch gesagt, er soll sich vorstellen, das zu visualisieren. Manchmal mache ich das noch expliziter, indem ich sage: „Stell' dir vor, du würdest dich aus einer Perspektive von oben selbst sehen können, wie du nacheinander an verschiedenen Orten und zu verschiedenen Zeiten mit verschiedenen Menschen zu tun hast; und du würdest dir dann vorstellen, daß das alles gleichzeitig passiert, du da mit dem und dem und dort mit dem und dem usw. (deutet auf seine einzelnen Finger).
Thies: Kann es sein, daß du hier eben bei dieser Geschichte noch eine neue Idee gekriegt hast?
Urs: Ja.
Thies: Dann frage ihn nochmal, ob du jetzt alles weißt.
Urs (tut es, kommt zurück aus der Trance): Ja. Es genügt.
Thies: Es genügt für wen?
Urs: Für mich.
Thies: Wofür?
Urs: Ja, äh, ich bin zufrieden.
Thies: Das zu wissen?
Urs: Ja.
Thies: O. K. frage ihn mal, ob er dich noch x–en lassen will, wenn du mit all dem, was du vor diesem Seminar schon wußtest und mit dem, was heute noch an Wissen über die Sinnhaftigkeit des X dazu kam, vom Bewußtsein her folgendermaßen umgehst: Du entwickelst bewußt ein neues Verhalten bzw. organisierst verschiedene Lebensbereiche so um, daß du die positiven Funktionen des X auf eine andere Weise sicherstellst? Wenn du das konsequent für jedes Element tust, womit du zufrieden bist, es zu wissen, wird er dich dann noch x–en lassen?
Armin (hat Urs in dessen Trance–Physiologie ganz gebannt angeguckt, aus der Gruppe heraus): Ja.
Thies: Es ist gut, wenn B sich auf die Ja–Signal–Physiologie kalibriert, also darauf, wie A aussieht, wenn er ein Ja–Signal kriegt. Nur, wenn du von außen Ja sagst, kann es sein, daß es mit seinen inneren Prozessen interferiert, das Signal zu erkennen — und das ist der wichtigste Lernschritt für A im Six–Step–Reframing. Wenn B gut kalibriert ist, wird A jedesmal beim Zurückkommen aus der jeweiligen Trance nicht nur die Antwort wissen, um sie mit B zu teilen, sondern er wird zusätzlich auch an B erkennen, was die Antwort ist — und damit ist das innere und das äußere Erleben stark synchronisiert. Das

wiederum verstärkt sehr den Rapport und vertieft die nächste Trance im Prozeß. Diese Synchronizitätssteigerung ist ein Grundphänomen aller Trancearbeit. Erfreue dich also einfach deiner Beobachtungsgabe und übe, die Resultate möglichst lange für dich zu behalten. (Er nickt Armin lächelnd zu, der diese Geste erwidert.)
Thies: Der Teil hat ja eine Geschichte mit dir: Vielleicht hast du ihn immer auf die Nase gehauen oder auf die Füße getreten und gesagt: „Du blöder Teil, du bescheuerte Seite meiner Person", oder wie auch immer, „nur quälen willst du mich mit diesem X." Und jetzt hast du angefangen, vielleicht auch mit der Anregung hier, den Teil anders zu behandeln. Dann sagt er vielleicht: „Ja, wenn du mich nicht mehr so bekämpfst, kann ich mir leisten, dir zu sagen, was ich immer mit dem X für dich getan habe". Das ist so, als würde er sagen: „Du, habe dich das jetzt wissen lassen, weil ich finde, (ihm zugewandt, analog markierend) du bist jetzt erwachsen genug, diese Geschichte selbst in die Hand zu nehmen. Die ganze Zeit habe ich das für dich gemacht, jetzt brauche ich es nicht mehr, denn du bist jetzt alt genug!" Und jetzt ist die Frage, ob es noch einen Bereich gibt, wo er das noch weiterhin für dich tun kann und will; er hat ja schon deutlich gemacht, daß er nicht möchte, daß du alles weißt. Also möchte er auch, daß du zur Zeit nur bestimmte Dinge übernimmst, die er dir jetzt schon übertragen will.
Urs (lacht): Für die er mich für alt genug befindet.
Thies: Also, meinst du, es gibt noch Bereiche, in denen er mit dem X weiterhin für dich arbeiten will?
Urs: Ja.
Thies: Kannst du dann mal für jede der Erkenntnisse, was er im einzelnen immer für dich sichergestellt hat, drei Ideen fördern, was du in deinem Leben wo neu lernen wirst, um das selbst in die Hand nehmen zu können. Erwachsen werdend, meinst du, daß du das allein kannst?

(Urs nickt lachend.)

Dieser Schritt ist ein FuturePace für die Erkenntnisse der therapeutischen Interaktion. Wäre er nicht so erwachsen (blinzelt zur Seite zu Urs, der ihm freundschaftlich den Ellenbogen in die Seite stößt), würde ich ihn dazu anleiten, für jede Idee eine Situation zu suchen, in der er anfangen will und kann, von der Ökologie her, diese Ideen umzusetzen. Dieser Schritt sollte euch bekannt vorkommen.
Thies: Denk daran, jeder schlampige Schritt dabei sorgt dafür, daß er dich x–en lassen wird. Jetzt liegt es bei dir, bezüglich des X in den Kontexten, in denen du über die positive Funktion Bescheid weißt, zu sagen: „Ich will bestimmte Sachen lernen, damit ich das selbst

kann und der Teil mich nicht mehr x-en lassen muß." Je schneller und konsequenter du daran arbeitest, desto weniger häufig braucht er dich x-en zu lassen. Wenn du es auf nächstes Jahr vertagst, wird er dich halt ein Jahr länger x-en lassen. Dann kannst du aber vielleicht mit Anstand x-en.

Das gilt alles für die Bereiche des X, die bewußtseinsfähig geworden sind. Wenn das bewußt geworden ist, heißt das in etwa: „O. K. ich lasse dich das wissen, jetzt kannst du es selbst machen. Die ganze Zeit habe ich dir die Wäsche gewaschen, jetzt weißt du, wie das geht, und kannst das selbst machen." (Er hat bei diesem Zitat Urs angesehen, der zurückguckt: Eine Interaktion wie zwischen Stan Laurel und Oliver Hardy.) Äh, wenn Sie wissen, was ich meine?

Urs (lacht): Ich weiß das sehr gut. (Er will gehen.)

Thies: Moment, (hält ihn an der Hand fest) bleibe noch einen Moment hier. Er wird dich noch eine bestimmte Zeitlang x-en lassen, bis er weiß, daß dein Leben genügend für bestimmte, jetzt noch fehlende Einsichten vorbereitet ist, und daß du vom Bewußtsein her bereit bist, damit umgehen zu können. Das machen unbewußte Teile. Sie geben nur die Sachen ins Bewußtsein, von denen sie wissen, daß das Bewußtsein etwas daraus machen und damit umgehen kann. Das Unbewußte schützt das Bewußtsein vor zuviel oder zum falschen Zeitpunkt kommender Information. Es gibt die Information temperiert und gut verdaulich ans Bewußtsein.

Wer weiß, ob's stimmt! Nur, es ist ein günstiger Wahrnehmungsrahmen, den ich als B benutzen kann. Dadurch brauche ich nicht mit dem Unbewußten zu kämpfen oder zu versuchen, ihm etwas abzuringen. Es ist immer mein Partner im therapeutischen Prozeß. Und, nebenbei bemerkt, ich *glaube*, daß das so ist.

Thies: Nur, wenn dein Bewußtsein nicht weiß, was der Teil mit dem X noch zusätzlich zuwege bringt, wer soll dann auf Ideen kommen, wie die positive Absicht auf eine andere Art und Weise sichergestellt werden kann? (Er macht dabei ein Gesicht wie ein Kind, das vor dem leeren Marmeladenglas steht und mit hochgezogenen Schultern „Schade" sagt.) Du kannst es nicht, und ich kann es noch viel weniger, denn ich kenne mich in deinem Leben noch viel weniger als dein Bewußtsein aus — (lacht) und das kennt sich schon schlecht aus! (Urs muß auch mitlachen.) Es gibt noch eine Möglichkeit: Weißt du, daß du einen kreativen Teil hast?

Urs: Mh.

Auf diese Frage hin brauche ich einen spontanen Wechsel in der Physiologie; einen Zustand, der nach Kreativität ausschaut, mit mehr Bewegung und Flexibilität. Ohne diese kreative Ressource-Physiologie können wir an dieser Stelle im Reframing einpacken und statt dessen lieber ein Bier trinken gehen. Da würde mehr passieren. Wenn mein A die Physiologie, die ich meine, nicht unter dem Stichwort „kreativ" abgelegt hat, könnte ich eine kleine Geschichte erzählen, ...

Thies: Du kennst sicher Situationen, in denen du dich in einer bestimmten Weise verhalten hast, und noch während du dich so verhältst oder kurz hinterher wird dir plötzlich klar, daß du genau das Richtige getan hast, zum genau richtigen Zeitpunkt, in genau der richtigen Reihenfolge, ohne es dir vorher bewußt vorgenommen zu haben. (Urs entwickelt eine kreative Physiologie, die mit mehr Bewegung verbunden ist.) Und da hast du gewußt, der kreative Teil ist da und arbeitet für dich.

Du bittest den Teil, der für das X zuständig war, den kreativen Teil zu treffen, eine Konferenz mit ihm zu machen, spazierenzugehen, ein Bier zusammen trinken zu gehen, oder sich gegenseitig zu besuchen ... Was auch immer sie zusammen machen und wo auch immer sie es tun, sie wissen schon, wo sie günstigste Arbeitsbedingungen haben, um gute Einfälle zu kriegen und eine gute, sehr konstruktive Kommunikation miteinander zu haben. Ich habe mal mit jemandem gearbeitet, bei dem es aus irgendeinem Grund wichtig war, daß der Teil, der mit dem X gearbeitet hatte, mit dem kreativen Teil ins Cafe ging und Kakao trank.

Ihr bietet so lange alternative Beschreibungen an, bis ihr seht: Jetzt zeigt er für den ganz kurzen Trance–Moment des normalen Sprachverständnisprozesses die kreative Physiologie. Diese soll im nächsten Trance–Zustand, im nächsten Nach–innen–Gehen mit von der Partie sein — sonst kommen wir zu nichts.

Thies: Wie auch immer deine beiden das machen: Du bittest den Teil, der bisher immer mit dem X für dich gearbeitet hat, den kreativen Teil in dieser Begegnung genau zu unterrichten, was er noch zusätzlich zu dem, was du im Bewußtsein schon weißt, für dich mit Hilfe des X die ganze Zeit getan hat, so daß der kreative Teil genau Bescheid weiß. Du brauchst natürlich nicht vom Bewußtsein her am Schlüsselloch zu lauschen, weil er sich ja schon entschieden hat, daß du im Moment noch nicht wissen sollst, was er für dich mit dem X noch tut. Also wird er wahrscheinlich auch nicht zulassen, daß du durch das Schlüsselloch guckst, oder lauscht — es sei denn, er hat gute Gründe, dich den sekundären Gewinn auf diese spannende Weise erfahren zu lassen; oder dich lauschen zu lassen, wenn der kreative Teil neue Wege vorschlägt und er sie daraufhin bewertet, ob sie effektiver für das sind, was er vorher mit dem X in deinem Leben sichergestellt hat. Ich vertraue ihm da ganz, denn er hat schon bewiesen, daß er weiß, was er dein Bewußtsein wann in welcher Reihenfolge wissen lassen kann, damit es optimal mit diesen Informationen umgehen kann. Was immer du davon im Bewußtsein mitbekommst, er wird den kreativen Teil unterrichten, welche Funktion, welche Verantwortlichkeit in deinem Leben er erfüllt, welche positive Absicht er mit dem X umsetzt, die du vom Bewußtsein her noch nicht kennst. Der kreative Teil ist so ein Typ wie Troubadix in den Asterixheften. Kennst du die? (Urs nickt.) Falls er darf, ist er sehr kreativ und macht ein Lied nach dem anderen. Wenn der kreative Teil darf und wenn er weiß, wonach er suchen soll, kann er nicht anders, als Ideen zu fördern. Das ist seine Natur. Und er ist genauso ignorant wie Troubadix, ob jemand seine Produktionen mag, ob sie genehm sind oder nicht. Das zu beurteilen wird dann die Aufgabe des Teiles sein, der vorher mit X gearbeitet hat.

Ich habe einmal mit jemandem gearbeitet, der gerne Halstücher trug. Ich hatte schon dreimal mit ihm gearbeitet, und er hatte jedesmal ein anderes um. Also wußte ich, daß er auf Halstücher steht. Für ihn benutzte ich als Prozeßinstruktion folgende Metapher: Der kreative Teil ist jemand wie ein Verkäufer in einem Warenhaus, in dem es nur Halstücher gibt. In allen Stockwerken sind die Schübe voll mit Halstüchern. Und der Teil, der früher das X eingesetzt hat, wäre der Käufer. Der geht also hinein und sagt, ich hätte gerne ein Halstuch. Und das Halstuch soll die und die Kriterien erfüllen, ungefähr so groß sein, etwa so teuer, aus dem und dem Material, und möglichst die und die Farben haben. Außerdem hat er ziemlich genaue Vorstellungen darüber, wie es sich anfühlen und wie es sich beim Rascheln anhören soll. Der Verkäufer sagt, da haben wir das, und kommen sie doch mal mit in den vierten Stock, da haben wir noch das und das. Dann rennt er wieder mit ihm in den zweiten Stock usw. Er ist also absolut in seinem Element, weil er merkt, daß der Käufer seine Bemühungen sehr zu schätzen weiß und ausgesprochen genießt. (Wendet sich Urs zu und blinzelt ihm zu, wobei klar ist, daß Urs physiologisch günstig reagiert hat.) Das war für *den* die günstigste Metapher.

Thies: Ansprechpartner ist für dich der Teil, der für das X zuständig war. Den bittest du: „Gehe in die Konferenz mit dem kreativen Teil, unterrichte den kreativen Teil, was du für mich immer getan hast, so daß der das genau weiß. Und dann nimm von den vielen Ideen, die der kreative Teil fördert, diejenigen, bei denen du sicher bist, daß sie nicht nur genauso effektiv für das sind, was du mit dem X bewerkstelligt hast, sondern eventuell noch viel effektiver. Suche drei davon

aus und zeige mir jedesmal mit deinem Ja-Signal, wenn du jeweils eine ausgesucht hast.
Thies (spricht Urs an, während er in Trance ist): Das ist so schön, wenn die außen auch sehen, wenn der Teil Ja sagt. (Urs muß lachen, bleibt aber nach innen fokussiert.)

Überhaupt, schön an dieser Art von Therapie sind die Pausen, die B hat, während A innerlich die Arbeit macht. So ähnlich hatten es sicher die Priester in den Tempeln, in denen die Psychotherapie mit Namen „Tempelschlaf" praktiziert wurde: „Bitte nimm Platz, wie du in Trance gehst, weißt du ja, und wann es an der Zeit ist, wieder herauszukommen, weißt du auch ... also, ich gehe dann jetzt." Eine angenehme Art zu arbeiten. Aber ich finde, ich habe sie verdient, nach meinen verschiedenen therapeutischen Sozialisationen in den letzten vierzehn Jahren, die ich durchlaufen habe.

Und von außen sehen wir, daß in der Tat in den Trance-Zuständen die kreative Physiologie mit dabei ist, auf die wir uns vorhin während der Induktion kalibriert haben. Das ist wichtig. (Urs reorientiert sich halb.)

Thies: Bist du sicher, daß wir mit drei aufhören wollen?

Hattet ihr auch mitgezählt? Es kann auch vorkommen, je nachdem, was mein A innerlich macht, daß ganz viele Signale ganz schnell nacheinander kommen — so daß man es als B nach ein paar Sekunden aufgibt mitzuzählen. (Urs kommt wieder halb aus dem Trance-Zustand heraus.)

Thies: Überprüfe nochmal, vielleicht waren da noch mehr. (Urs geht für einen Moment zurück in Trance, nickt ideomotorisch, zeigt noch einmal die Ja-Signal-Physiologie und reorientiert sich ganz.) Wenn du gleich wieder nach innen gehst, danke dem X-Teil für die neue Form der Zusammenarbeit; das ist ja schließlich nicht selbstverständlich. Danke auch dem kreativen Teil für seine Mitarbeit. Und frage dann den Teil, der früher mit X für dich gearbeitet hat, ob er bereit ist ... Äh, was wäre vom Bewußtsein her eine gute Zeitschätzung, daß der Teil diese drei neuen Wege ausprobiert? Sage mal eine Zeitschätzung, über den Daumen; wie lange wäre es gut, wenn er diese Wege ab jetzt in deinem täglichen Leben ausprobieren könnte, um sie auf ihre Effektivität hin überprüfen zu können?

Urs: Mh, 5 Wochen.

Thies: O. K., ob du gut geschätzt hast, nämlich angemessen für die Bedürfnisse dieses Teiles, werden wir gleich wissen.

Das ist sehr verschieden. Manchmal sind die Schätzungen genau richtig und manchmal sagt das Unbewußte: „Du hast ja das und das Ereignis oder die und die Besonderheit vergessen."

Thies: Du bedankst dich bitte für die Konferenz bei beiden Teilen. Und dann — warte einen Moment, ich sage dir erst die ganze Instruktion — fragst du den Teil, der immer mit dem X für dich gearbeitet hat: „Bist du bereit, für die nächsten 5 Wochen ab jetzt, die Verantwortung dafür zu übernehmen, daß das neue Verhalten, diese drei neuen Wege, in meinem Verhalten auftreten werden, genauso automatisch und zuverlässig und unabhängig von meinem Bewußtsein wie vorher das X?"
Urs: Mh.
Thies: Macht er nicht? Macht er? Sagt er Jein?
Interessant, wir kennen schon diese Ja/Nein–Physiologie.
Thies: Und was meinst du vom Bewußtsein her: war die Zeit zu lang oder zu kurz?
Urs: Zu kurz. (Er lacht und zeigt die Versöhnungs–Physiologie.)
Thies: Was würdest du jetzt schätzen.
Urs: Drei Monate.
Thies: Frage ihn jetzt: „Bist du bereit, für die nächsten drei Monate die Verantwortung dafür zu übernehmen, daß die neuen Wege in meinem Verhalten auftreten werden, genauso automatisch, zuverlässig, sicher und unabhängig von meinem Bewußtsein wie vorher das X?"
Urs: Mh.
Thies: Frage ihn nochmal, ob das ein Ja, ein Nein oder ein Jein ist?
Urs (leicht zögernd): Ein Ja.
Thies: Angenommen, das wäre ein nicht ganz hundertprozentiges Ja, sondern wieder und aus gutem Grund ein „Sowohl–als–auch–Ja–und–Nein", und du würdest es nicht so gerne wahrhaben wollen, weil du lieber gerne ein klares Ja möchtest ... (Er studiert genau Urs' Physiologie, es gibt aber kein ideomotorisches Nicken als Zustimmung zu diesem Statement) oder angenommen, es wäre irgend etwas zusätzlich passiert, wie würdest du wahrnehmen, daß das so ist? Irgend etwas, wo du nicht ganz sicher bist, wie du es einordnen sollst?
Urs: Ja, etwas Zusätzliches.
Thies: Ist das, was zusätzlich passiert ist, innerlich zu fühlen, zu hören, zu riechen oder zu schmecken?
Urs: Zu fühlen.

Das heißt, die Inkongruenz in seiner Ja–Antwort vorhin war durch eine zusätzliche Botschaft seines Unbewußten bedingt, die als innerlich subjektiv erfahrbare Inkongruenz vom Bewußtsein nicht einbezogen und damit validiert war. Und hier haben wir die zweite sinnvolle Definition eines Reframingprozesses: Vor diesem Reframing wird ein innerlich erfahrbares Phänomen als „Störung" bezeichnet — wenn es überhaupt bewußt wahrgenommen wird. Es stellt etwas dar, was ganz und gar nicht zu dem schönen, makellosen und vor allem sehr begehrten Zukunftsentwurf paßt, den ich vielleicht gerade antizipierend genieße. Oder es wird einfach als Störung des gegenwärtigen Erlebens aufgefaßt: Daß ich etwas nicht so erleben kann, wie ich es mir in den Kopf gesetzt hatte, es zu erleben. Dieses „Reframing im Reframing" macht einen Großteil der Effektivität des Verfahrens als Trancearbeit aus. Manchmal sind diese inneren Phänomene auch durchaus außen wahrnehmbar, wie wir noch erleben werden. Als B ist es meine Aufgabe, A zu helfen, sie zu würdigen und in den Prozeß einzubeziehen: Als Alliierte und nicht wie vorher als Gegner, die man wie lästige Schmeißfliegen weg haben wollte. (Er spielt jemanden vor, der imaginäre Fliegen verjagen will, schlägt dabei in Richtung der Augenbewegungen für die jeweiligen Repräsentationssysteme:) „Weg mit diesem kleinen idiotischen Bild, diesem blöden Gefühl und dieser bescheuerten Stimme im inneren Dialog!" (Er lacht.) Nur, vielleicht waren das gerade Botschaften, etwas Bestimmtes lieber nicht zu tun. Ich will vom Sprungturm springen und diese blöde innere Stimme sagt, „Kein Wasser im Becken!" — wie lästig. Genau wie wenn mein Computer mich fragt, „Willst du wirklich, daß ich diese Datei lösche?" Und ich sage, „Na klar, du Pfeife", JA–Taste drücken, „sonst hätte ich es doch nicht gesaaaaaa...... Halt, meine schönen Texte! Du bist wohl von allen guten Geistern verlassen!" Die Computer–Phobiker unter uns, zu denen ich bis vor einem halben Jahr auch gehörte, müssen eine andere Metapher suchen, für Urs ging sie, ...

Thies: ... oder?

Urs: Ich habe gerade an ein Kapitel meiner Examensarbeit gedacht ...

Thies: ... mit den allerbesten Ideen. Es ruhe in Frieden ...

Urs: Amen (lacht).

Thies: Also, damit wir nicht eventuell eine wichtige Warnung oder ein Angebot zu sehr kompetenter Mitarbeit über–fühlen: gehe nach innen und frage den Teil deines Unbewußten, der dir dieses Gefühl schickt, und sich damit deinem Bewußtsein gegenüber artikuliert: „Hast du mitgearbeitet am X? Bist du ein Teampartner des anderen Teiles." Kannst du das mal fragen?

Urs (geht nach innen, also in Trance, und kommt nach einer ganzen Weile erst zurück): Interessant. Ja.

Thies: Er sagt Ja? Kein Wunder, daß er sagt: „Halt, ich muß auch mit in die Konferenz." Gehe gleich wieder nach innen und bedanke dich bei diesem anderen Teil. Daß er darauf bestanden hat mitzumachen, zeigt dir, wie wichtig auch er seine Verantwortlichkeit für das nimmt, was immer er in deinem Leben durch die Mitarbeit am X sichergestellt hat. Und bitte ihn, mit dem ersten Teil zusammen ... Du kannst die Teile innerlich ja anders benennen, ich hier außen nenne den, der sich gefühlsmäßig meldet, den zweiten Teil und den mit dem Bild den ersten. (Urs geht kurz in Trance, als Thies über die Benennung der Teile redet, und nickt dann ideomotorisch.) Bitte ihn also, mit dem ersten Teil zusammen zu beschließen, was sie als Team für ein Signal benutzen wollen, um mit dir im Bewußtsein zu kommunizieren. Und bitte sie, eines auszusuchen, was anders ist als die Signale, die sie vorher einzeln hatten. Und laß dich überraschen im Sehen, Hören, Fühlen, Riechen und auch Schmecken, was sie für eins aussuchen, und ob es neue Informationen an dein Bewußtsein enthält. Und sie sollen dir das Signal bitte gleich als Ja-Signal schicken.

Urs: Das mit den drei Monaten?

Thies: Nein, laß das erstmal beiseite mit den drei Monaten und den drei neuen Wegen, wir kommen nachher darauf zurück. Die drei neuen Wege, die der erste Teil ausgesucht hat, sind gut, um das X zu ersetzen — aber nur insoweit, als sie seine Aufgabe in deinem Leben betreffen. Ob sie auch für den zweiten Teil ein optimaler Ersatz für das X sind, ist noch die Frage. Wahrscheinlich nicht, denn er hat andere Funktion in deinem Leben. Wir könnten den Teil 2 fragen, ob sie es sind, oder nicht, oder ob er sich aus anderen Gründen gemeldet hat, wenn sie es sind. Das ist aber komplizierter, ...

Was nicht unbedingt verkehrt sein muß, denn wir wissen ja schon, daß das Wichtigste am Reframing die Trance-Zustände sind, die A zu nutzen lernt, um die Synchronizität zwischen bewußten und unbewußten Prozessen zu erhöhen. Es geht weniger um B's ästhetischen Genuß an besonders eleganten oder logisch besonders komplexen Fluff-Gebilden — obwohl das auch wichtig ist. Aber darauf komme ich noch.

Thies: ... gehe deshalb gleich wieder nach innen und bitte Teil 1 und 2, als Team zusammenzukommen und festzulegen, welches Signal sie verwenden wollen, um als Team mit dir im Bewußtsein zu kommunizieren. Bitte sie, das zu tun und es dir zu schicken. Und laß dich überraschen, was das für eins ist, ob du es siehst ..., hörst ...., riechst ..., fühlst ... oder schmeckst.

(Urs geht erneut in Trance, nimmt die Füße auseinander, die vorher verschränkt waren, hält aber eine Hand in der anderen.)

Macht ein kleines inneres Foto von dem, was in der Körperhaltung anders geworden ist, und was dazukommt.

Urs (reorientiert sich nach einer ganzen Weile): Hm ... (etwas ratlos).
Thies: Was ist passiert?
Urs: Ich glaube, es gibt einen dritten Teil.
Thies: Wie meldet sich der Teil, innerlich?
Urs: Auch über's Fühlen.
Thies: Und kann es zufällig sein, daß der Teil, der sich mit dem Körpergefühl meldet, einen Kommentar zu der Situation hier hat?
Urs (orientiert sich kurz nach innen, als wenn er nachfragt): Nein.
Thies: Nennen wir ihn mal den Teil Nummer 3? (Urs nickt.)
  Jetzt wird es spannend. Wenn man die Teile an den Fingern abzählt, oder besser, sie sich mit Hilfe der Finger merkt, und man hat die Hände voll und weiß nicht mehr, wo man die Teile 11 – 15 unterbringen soll, wird das aber erst richtig spannend.
  (Allgemeines Lachen.)
Thies: Aber es gibt ja auch noch die Wandtafel. (Er blinzelt Urs zu, der lächelt.)
  In einer Reframing–Version, die als Verhandlungsmodell bezeichnet wird, ist es manchmal notwendig, die Wandtafel oder eine andere Visualisierungshilfe zu benutzen. Wir kommen im nächsten Seminar (Band II) darauf zurück.
  Im Moment genügt es, wenn ihr wißt, das jeder Teil, der sich neu meldet, gleichbedeutend mit einer Ressource ist, die es im Leben von A gibt und von der nur dieser Teil weiß, wie sie für die Veränderung utilisiert werden kann. Jeder Teil, der sich im Lauf des Prozesses meldet, hilft, die Veränderung noch umfassender, ästhetischer und ökologischer zu machen. Aus diesem Grund entspricht jeder zusätzliche Teil, den ihr respektvoll mit einbezieht, einem neuen Klienten, den euch euer A aus Zufriedenheit schickt. Das ist aber nur für diejenigen unter euch interessant, die in freier Praxis arbeiten. Nebenbei bemerkt hat Urs etwas Wesentliches, was es im Reframing zu lernen gibt, schon gelernt und tut es die ganze Zeit: eine neue Art, innerlich mit sich selbst zu kommunizieren und die existierenden Phänomene zu validieren und zu würdigen.
Thies: Frage mal Teil Nummer 3: „Arbeitest du auch mit am X, gehörst du auch mit zu dem Team?"
  (Urs geht nach innen, kommt dann zurück und schüttelt den Kopf.)
Thies: Dann frage den Teil, der sich über das Gefühl gemeldet hat, nochmal direkt: „Hast du einen Kommentar zu der Gesamtsituation hier im Moment?"
  (Urs geht nach innen, kommt zurück und schüttelt wieder den Kopf.)

Thies: Dann bleibt noch die Möglichkeit, daß sich da ein Teil meldet, der sagt: „Oh, da kündigen sich Veränderungen an; und wenn das X nicht mehr in der Form wie vorher da sein wird, kann es sein, daß die Grundlagen fehlen, die ich brauche, um das sinnvoll weiter tun zu können, was ich bisher in deinem Leben sichergestellt habe." In einer Metapher ausgedrückt könnte er auch sagen: „Ich bin jemand, der dazu da ist, Lasten zu tragen; und ich bin immer auf einer bestimmten Brücke gegangen. Diese Brücke ist vom X gehalten worden, und wenn das weg ist, kann ich das nicht mehr tun, was ich tun muß. Denn die Brücke war die Grundlage dafür." Gehe deswegen zu dem Teil nach innen, und sage: „Schön, daß du dich gleich meldest, denn damit zeigst du mir, daß es dir weiterhin sehr wichtig ist, deine Funktion in meinem Leben zu erfüllen. Ich bitte dich, daß du dich erstmal zurückhältst und mich zuerst mit den anderen beiden Teilen kommunizieren läßt. Ich versichere dir, es gibt keine Veränderung in meinem Leben, ohne daß du nicht auch dein volles O. K. dazu gibst. Ich bitte dich, daß du dich mit dieser Sicherheit erstmal zurückhältst.

Urs (geht in Trance, zeigt eine Versöhnungs–Physiologie und kommt zurück): O. K.

Thies: Jetzt bitte das Team, mit dem kreativen Teil eine Konferenz zu haben. Klar?

Und zu euch außen: Freut euch über jeden zusätzlichen Teil, den wir hier in der Demonstration dazubekommen; wenn wir hier nur einen Teil hätten, und ihr dann euer erstes Reframing mit 18 Teilen macht, sagt ihr womöglich: „Dieses komische Verfahren schmeiß ich weg! So etwas wie Reframing gibt es nicht." Dann wärt ihr in der Position des Menschen, den *Watzlawick* in einem Witz mit den Worten zitiert hat: „So etwas wie Klavierspielen gibt es nicht. Ich selbst habe es mehrmals probiert."

Thies: Du bittest das Team, ebenfalls eine Konferenz mit dem kreativen Teil zu haben, und dabei als Team dem kreativen Teil zu sagen: „Das und das haben wir für ihn getan und in seinem Leben sichergestellt. Er soll es zur Zeit noch nicht im Bewußtsein wissen, also leise!" Wenn der kreative Teil das weiß, wird er natürlich wieder Ideen fördern, wie das Team das gleiche auf eine andere Art und Weise gewährleisten könnte. Du bittest das Team, von den Ideen, die er fördert, mindestens drei auszusuchen, die mindestens so effektiv sind wie das X, wenn nicht sogar noch effektiver, eleganter oder ästhetischer — was immer du und sie als eine angemessene Beschreibung empfinden. Klar? (Urs sieht sehr verwirrt aus, schweigt aber.)

Angenommen, das wäre nicht klar, wie würdest du wahrnehmen, daß es nicht klar ist?
Urs: Unruhig.
Thies: O. K., gehe nach innen und frage den Teil, der sich mit der Unruhe meldet: „Arbeitest du mit am X, bist du ein Teampartner, der unbedingt mit in die Konferenz will und muß?" Warte dann auf eine Ja/Nein–Antwort. Je nach Antwort fragst du weiter, ob er einen Kommentar zu dieser Situation hier hat, oder ob er ein einwanderhebender Teil ist, der sagt: „Veränderung ja, aber dann brauche ich auch neue Wege, um weiterhin mindestens genauso effektiv für dich arbeiten zu können wie vorher?"
Urs: Mh (nach innen orientiert).
Thies: Teampartner nicht. Er will dich etwas wissen lassen über die Situation hier und jetzt?
Urs (verwirrt): Äh, ... nein. Gleichzeitig habe ich ein sehr intensives Körpergefühl hier (er zeigt die Mittellinie seines Körpers entlang).
Thies: Ah ja, das sieht auch von außen so aus, als ob es nicht nur intensiv, sondern auch ein sehr schönes Gefühl ist. Nebenbei, ist es ein symmetrisches Körpergefühl? (Urs nickt und entwickelt noch einmal die entsprechende Ja–Signal–Physiologie.) Ich nehme an, daß dieses intensive Körpergefühl hier (zeigt bei sich selbst auf die Körper–Mittellinie) das neue Signal des Teams ist. Und das, was du als Unruhe wahrnimmst bzw. was du so bezeichnest, ist wahrscheinlich ein einwanderhebender Teil. (Urs nickt ideomotorisch.) Dann sprich den einwanderhebenden Teil an und sage etwa: „Schön, daß du dich gleich meldest und mir dadurch deutlich machst, daß du auch ein Teil von mir auf der unbewußten Ebene bist, dem es wichtig ist, weiterhin gut für mich zu sorgen — auch wenn ich im Bewußtsein nicht genau weiß, wo du was für mich sicherstellst und tust. Dadurch, daß du dich jetzt meldest, zeigst du mir ganz deutlich, daß du nach wie vor zuverlässig für mich arbeiten willst, und daß du befürchtest, jetzt, wo diese Veränderungen in meinem Leben auf dem Weg sind, nicht mehr so gut für mich arbeiten zu können. Deswegen danke ich dir erstmal, daß du dich meldest. Und ich versichere dir, es gibt keine Änderung in meinem Leben, ohne daß nicht auch du dein volles O. K. gibst. Deshalb bitte ich dich, daß du dich noch einen Moment zurückhältst."

(Urs ist längere Zeit in Trance, wird symmetrischer in der Sitzhaltung und kommt dann mit einem Lächeln in der Versöhnungs–Physiologie zurück.)
Thies: Eventuell melden sich diese einwanderhebenden Teile nachher nochmal, wenn das Team neue Wege hat, ohne X für dich

weiterzuarbeiten. Aber vielleicht sagen sie, wenn sie die Wege im einzelnen kennen, die gleich in der Konferenz auf der unbewußten Ebene gefunden werden: „Ach, so macht ihr das jetzt, das ist in Ordnung, das geht. Dagegen haben wir keinen Einwand." (Er beobachtet Urs genau, der ideomotorisch leicht nickt.)

An dieser Stelle können wir schon Voraussagen machen, ob es wohl später Einwände in der gleichen Physiologie, sprich vom gleichen Teil, geben wird.

Thies: Jetzt bitte das Team, das mit dir mit dem symmetrischen Körpergefühl kommunizieren kann: „Macht eine Konferenz mit dem kreativen Teil, laß ihn wissen, was ihr für mich tut, was ich im Bewußtsein noch nicht weiß. Und dann sucht doch bitte von den vielen Ideen, die der kreative Teil unweigerlich produziert, drei aus, die mindestens so effektiv sind oder sogar effektiver als das X selbst. Und laßt mich jedesmal mit eurem Signal wissen, wenn ihr jeweils einen neuen Weg ausgesucht habt."

(Langer Trance–Zustand von Urs.)

Das ist schön, von außen zu sehen, wenn der kreative Teil fleißig ist; und die anderen natürlich auch. Es ist gut zu wissen, daß der kreative Teil dabei ist. Als B kann ich diese Gelegenheit nutzen, die eigene Wahrnehmung zu schulen und zu verfeinern — denn wir kennen die Physiologien der beteiligten Teile. Ich finde es immer wieder spannend, sie in dieser Phase im Trance–Zustand wiederzuerkennen.

(Lange Pause. Urs reorientiert sich, macht einen halbwachen Eindruck.)

Thies: Und du bist sicher, daß sie es damit gut sein lassen wollen? (Urs geht zurück in den Trance–Zustand.) Oder wollen sie noch ein bißchen länger dieses Treffen zelebrieren?

(Urs bleibt noch ein paar Minuten länger in dem Zustand, reorientiert sich dann ganz und lächelt.)

Thies: Jetzt frage das Team, ... Nein, mach vorher eine Schätzung vom Bewußtsein, wie lange es gut wäre, wenn das Team diese neuen Wege in deinem täglichen Leben ausprobieren würde? Sechs Wochen, drei Monate, viel mehr, viel weniger?

Urs: Ein halbes Jahr.

Thies: O. K., frage das Team: „Seid ihr oder bist du bereit, je nachdem, ob du es im Singular oder Plural ansprichst, für die nächsten sechs Monate ab jetzt die Verantwortung dafür zu übernehmen, daß diese neuen Wege in meinem Verhalten auftreten werden, genauso unabhängig von meinem Bewußtsein und automatisch und sicher wie vorher das X?"

Urs (nach einem langem Trance–Zustand): Ja.

Thies: Im nächsten Schritt gehst du wieder nach innen und bedankst dich nochmal bei allen Teilen, die bis hierhin mitgemacht haben. Nimm dir einen Moment Zeit dafür, dich bei deinem Unbewußten und seinen Teilen zu bedanken, in einer Weise, die für dich und dein neues Verhältnis zu deinem Unbewußten paßt, (Urs zeigt plötzlich die gleiche Physiologie wie vorhin bei dem „Unruhe"-Phänomen) wohlwissend, daß wir noch nicht fertig sind und ein wichtiger Schritt noch kommt ... Wenn diese Teile bzw. das Team sich nach sechs Monaten entscheiden, doch lieber wieder mit Hilfe des X für dich zu arbeiten — häufig passiert es, daß nach der vereinbarten Zeit, ganz selten auch schon vorher, das X wiederkommt —, dann bedeutet das, daß die neuen Wege den Gesamtlebenskontext so drastisch verändert haben, daß diese Wege selbst für das Team nicht mehr die optimalsten sind, um das umzusetzen, wofür sie in deinem Leben die Verantwortung übernommen haben. Möglicherweise ist dann der Weg über das X erstmal wieder besser und effektiver als die neuen Wege, weil diese die Dinge so verändert haben. Wie *Eric Clapton* so schön sagt, „times have changed — we rearranged"... Also, falls sie dich in der Zukunft x-en lassen, weißt du Bescheid und würdest sofort nochmal mit ihnen arbeiten; entsprechend unserem Vorgehen hier: Du bittest sie, erneut mit dem kreativen Teil zusammenzukommen und wieder neue Weg zu finden, die dann mindestens so effektiv sind wie das X, wenn nicht effektiver. Meistens wird das nicht notwendig; aber wenn das in einem halben Jahr der Fall ist, müßtest du nach der erneut einberufenen Konferenz zusätzlich das machen, was wir jetzt auch noch tun müssen, nämlich fragen: „Gibt es irgendeinen Teil auf der unbewußten Ebene — vielleicht melden sich die beiden von vorhin nochmal, vielleicht auch nicht, vielleicht sagen sie, ‚O. K., das ist in Ordnung' —, der einen Einwand hat, daß diese neuen Wege in meinem Leben stattfinden werden? Ab jetzt."
Urs: O. K.
Thies: Heißt das, es gibt einen, oder heißt das, es gibt keinen? (Urs geht spontan in eine asymmetrische Sitzhaltung.) Also heißt „O. K.", es hat sich ein Teil gemeldet?
Urs: Es hat sich keiner gemeldet. (Er nickt dabei.)
Thies: Wie wußtest du, daß sich keiner gemeldet hat?
   (Urs deutet auf seinen Körper und macht dabei einen tiefen Atemzug.)
Thies: Ein ganzheitliches Körpergefühl?
Urs (nickt): Mh.
Thies: Ein angenehmes Körpergefühl? Zumindest sieht es so aus. Nur

zur Sicherheit, frage den Teil oder die Teile deines Unbewußten, der oder die dir das angenehme Körpergefühl gemacht haben, ...
Urs (unterbricht etwas genervt): Ein Bild hatte ich auch.
Thies: O. K., dann frage den oder die Teile, die das Körpergefühl gemacht haben: „Heißt das, daß du oder ihr einen Einwand gegen die neuen Wege in meinem Verhalten habt?" Und dann frage den Teil oder die Teile, die das Bild gemacht haben dasselbe.

Hier sind wir lieber gründlicher als einmal zu wenig gründlich. Lieber noch fünf oder zehn Minuten investieren, falls noch ein einwanderhebender Teil da sein sollte. Je mehr Teile ich einbeziehe, desto größer ist die Veränderung im gesamten Lebensbereich. Ich könnte als Therapeut denken, „oh jetzt kommen noch einwanderhebende Teile und ich habe gleich Feierabend"; aber wenn welche vorhanden sind, und ich nehme mir noch die zehn Minuten Zeit dafür, werden so drastische Veränderungen in seinem Leben passieren, daß er mir zwanzig neue Klienten schickt — wenn ich es nicht einfach ihm zuliebe tun will, weil ich einen guten Rapport habe und ihm etwas Gutes tun möchte; oder wenn ich es nicht aus meinem ästhetischen oder auch berufsethischen Empfinden heraus tue.

Studiert mal die Symmetrie-/Asymmetrieverhältnisse in seiner Haltung. Manchmal kann man von außen sehen, ob es noch einen einwanderhebenden Teil gibt oder nicht. Bei leichten Asymmetrien kann ich von außen vorhersagen, daß es noch einen gibt, der noch etwas zu der Veränderung beizutragen hat. Und wir wissen, einer ging über das Körpergefühl und einer ging über ein Bild.

(Urs reorientiert sich.)
Thies: Und der, der sich über ein Bild gemeldet hatte, hat einen Einwand, stimmt's? Der andere nicht.
Urs: Hatte, ja.
Thies: Das heißt, das ist schon alles gelaufen, der kreative Teil ...
Urs: Da war etwas, aber ...
Thies: Kann es zufällig sein, daß der kreative Teil noch nicht gegangen war, und daß die gleich eine Sitzung gemacht haben?
Urs (leicht unwirsch): Weiß ich nicht.
Thies: Von der Physiologie her hatte ich es vermutet. Um ganz sicher zu gehen, frage noch einmal den Teil, der das Bild geschickt hat: „Weißt du jetzt, wie du weiterhin genauso sinnvoll und gut für mich arbeiten kannst, auch jetzt, wo diese anderen Veränderungen in meinem Leben sein werden?"

Von der Physiologie her vermute ich, daß im Kontakt mit dem Teil, der das Bild schickte, der kreative Teil schon dabei war, und daß sie daran gearbeitet haben, wie der einwanderhebende Teil in einer

Weise neu arbeiten soll, die mit den Veränderungen im anderen Bereich zusammenpaßt.
Thies: Was sagt er? Er ist nicht ganz sicher, nicht.
Urs (spricht etwas verhärtet, wenn er über den Teil redet): Nein, er ist nicht ganz sicher. Mist!
Thies: Ich wollte dir jetzt eh folgendes vorschlagen: Du sagst ihm: „Schönen Gruß von Thies hier außen — ich selbst bin noch nicht so weit, es zu würdigen: Es ist schön, daß du so penibel und genau bist, weil du damit demonstrierst, daß du auf das, was du anzubieten hast, sehr viel Wert legst, nämlich bestimmte Dinge sehr zuverlässig auf der unbewußten Ebene tun zu können; und daß es dir sehr wichtig ist, sie weiterhin tun zu können (Urs ist in Trance gegangen) ... Von wegen Mist!"
Urs (kommt in der Versöhnungs–Physiologie aus dem Trance–Zustand zurück): Mh.
Thies: Und jetzt bitte ihn, daß er sich auch mit dem kreativen Teil trifft. Und er möge dem kreativen Teil sagen, was genau er wo für dich tut, in welchen Lebensbereichen er was gut tun kann in welchen Momenten, und inwiefern er befürchtet, das bei den neuen Wegen, die jetzt in deinem Leben sind, nicht mehr so gut tun zu können. Das soll er dem kreativen Teil genau erklären. Und der kreative Teil wird Einfälle haben, was er an der Art, wie er bisher für dich tätig war, ändern kann, so daß er weiterhin genauso gut oder sogar noch besser für dich arbeiten kann; auf jeden Fall so, daß es mit den Veränderungen zusammenpaßt, für die das Team die Verantwortung übernommen hat. Und der einwanderhebende Teil soll auch wieder möglichst drei von den vielen Ideen übernehmen, die genauso effektiv oder noch effektiver sind für das, was er tut.
(Urs geht in Trance und kommt kurz darauf zurück.)
Thies: Hat er es gemacht?
Urs: Mh.
Thies: Wie oft hat er dir signalisiert, daß er einen neuen Weg hat, das weiterhin gut zu tun, was schon immer gut ging? (Urs signalisiert mit den Fingern dreimal.) O. K., wenn du gleich wieder nach innen gehst, bedanke dich nochmal bei dem Teil für die neue Zusammenarbeit. Und dann fragst du: „Gibt es jetzt einen Teil, der einen Einwand gegen diese neuen Wege hat?" Es kann sein, daß einer etwas aus gutem Grund gegen die dadurch geschaffene Situation hat.
Vergleichen kann man das mit einer Kindergeburtstagsparty: wenn einer etwas Bestimmtes bekommt, wird auch nochmal geschaut, ob ein anderer etwas dagegen hat, daß das so gemacht wird.

Und wenn einer sagt, „ja, aber dann geht das nicht mehr", gibt es eine neue Vereinbarung; worauf wieder ein anderer etwas dagegen hat. Dies wird so oft wiederholt, bis alle zufrieden sind.

Manchmal gibt es noch einen oder mehrere Teile, die einen Einwand gegen die neuen Wege eines einwanderhebenden Teils haben. Denkt daran, wenn ihr später selbst B seid, sie willkommen zu heißen. Menschen sind sehr komplex und bewegen sich in vielen unterschiedlichen Kontexten, mit vielen Subkontexten.

Es kann auch sein, daß er innerlich den ganzen gelernten Prozeß schon anwendet und entsprechende Schritte macht, so daß der einwanderhebende Teil zufrieden ist. (Er zeigt auf Urs' Füße, die sich immer in charakteristischer Weise bewegen, wenn die kreative Physiologie da ist.) Es ist schön zu sehen, daß der kreative Teil dabei ist, während er in diesem Trance–Zustand an den einwanderhebenden Teil denkt oder mit ihm kommuniziert. Wenn ich als B sehe, daß der kreative Teil dabei ist, habe ich einen Moment Pause.

(Urs reorientiert sich und lächelt Thies an.)

Thies: Alles klar? (Urs nickt zufrieden.) O. K., dann gehe noch mal nach innen und frage: „Gibt es jetzt einen Teil, der einen Einwand gegen diese neuen Wege hat?"

Urs: Nein, es hat keiner einen Einwand mehr.

Thies: Woher weißt du das?

Urs: Das weiß ich einfach. Es hat sich keiner gemeldet ... Außerdem war dieses schöne ganzheitliche Körpergefühl wieder da. (Er macht wieder die gleiche Geste wie vorhin, nur kongruenter mit starker, gut durchbluteter, ressourcevoller Physiologie und einem tiefen Atemzug.)

Thies: Um ganz sicher zu gehen, frage mal den Teil oder die Teile, der oder die dir dieses tolle Körpergefühl schicken, ob das bedeutet hat, daß sie einen Einwand gegen die neuen Wege in deinem Verhalten haben.

Urs (kommt nach einem kurzen Trance–Zustand zurück): Nein.

Thies: Das heißt, das Gefühl ist nicht noch einmal gekommen?

Urs (beinahe etwas enttäuscht): Nein.

Thies: O. K., dann gehe noch einmal nach innen, bedanke dich bei allen Teilen, die mitgemacht haben und bitte zum Abschluß dein Unbewußtes, dir das schöne ganzheitliche Körpergefühl noch einmal zu schicken — einfach, weil es so schön ist, oder weil das ein angemessener Weg ist, euer neues Verhältnis zu zelebrieren.

Urs (geht in Trance und kommt in dem ressourcevollen Zustand von eben zurück): Danke.

Thies: Ich danke dir. (Sie verabschieden sich mit einem Händedruck.)

9.2 Metaphorische Realitäten

Angefangen hatte ich ja mit euch allen in der Vorbereitung auf das Six-Step-Reframing, bevor die Demonstration mit Urs begann. Man kann dieses Modell auch gut in Gruppen machen. Die Prozeßinstruktionen müssen dafür nur noch allgemeiner formuliert sein. Ich wollte es eigentlich erst mit euch als ganzer Gruppe machen, aber dann hat es sich ergeben, daß wir in die Demonstration eingestiegen sind. Wer hat in diesem Rahmen neue Ideen über die Sinnhaftigkeit des X bekommen, an das ihr gedacht habt? Habt ihr zusätzliche Ideen, wofür das gut sein kann und sinnvoll ist. (Etliche melden sich.)
Beate: Ich habe eine Information bekommen, wofür das mal sinnvoll war, und daß es jetzt absolut sinnlos geworden ist.
Thies: Und das Wissen, wofür das früher sinnvoll war ... Geh mal nach innen und frage den Teil, ob er jetzt, wo du das weißt, bereit ist, damit aufzuhören und dich statt dessen etwas anderes machen zu lassen oder dir die Situation freizugeben, damit du sie selber, vom Bewußtsein her gestalten kannst.
Beate (orientiert sich nach innen, kommt dann zurück): Da macht er zu. Er antwortet nicht. Ich kann ihn wahrnehmen, ich sehe etwas, aber er zieht sich zurück.
Thies: Danke ihm, daß er dir Informationen in bezug auf die Vergangenheit gegeben hat. Und für den Fall, daß du ihn mißverstanden hast und der Wunsch des Bewußtseins hier eher der Vater des Gedankens war, frage ihn, ob es sein kann, daß diese Information auch eine Metapher für eine bestimmte Konstellation und für bestimmte Beziehungsstrukturen in der Gegenwart ist.
Beate (ist länger als zuvor in Trance, reorientiert sich etwas erstaunt): Jetzt hat er gesagt, er schützt mich davor, sowas neu zu erleben.
Thies: Und hast du jetzt Einfälle, wo du das vom Bewußtsein her weißt, welche Fähigkeiten in welchen Bereichen du neu erwerben kannst, oder was du wo umorganisieren kannst, um sagen zu können: „O.K., jetzt leiste ich einen Beitrag vom Bewußtsein her, diese Schutzfunktion sicherzustellen?"
Beate (nachdenklich): Ja, einige habe ich.

Dies war wieder die Metapher: „Es gibt unbewußte Teile, und diese sind mächtiger als das Bewußtsein; sie strukturieren das Verhalten zuverlässig in absolut positiver Absicht, und sie haben eine Verantwortlichkeit im Leben der Person, auch für das Bewußtsein."
Diese Metapher-Welt läßt sich nach den Bedürfnissen der jeweiligen Situation variieren. Das ist das Schöne an den Reframing-Modellen.

Eine Variationsmöglichkeit ähnelt dem, was ich vorhin in der Demonstration sagte: Wenn unbewußte Teile das Bewußtsein über ihre Funktion informieren, weil sie aufgrund des bisherigen Geschehens vom Bewußtsein nicht mehr so bekämpft werden, verändern sie sozusagen auch ihr Verhalten. Es ist, als würden sie sagen (blickt und spricht in Richtung von Beate): „Ich habe es immer für dich sichergestellt, auch wenn du die ganze Zeit nicht würdigen konntest, was ich für dich getan habe. Jetzt, wo du mich nicht mehr so anmachst und bekämpfst, kann ich es mir leisten, dich wissen zu lassen, was ich mit dem X für dich sichergestellt habe." (Er spricht in eine andere Richtung) Das ist so, als würde der entsprechende unbewußte Teil sagen (wieder sieht er Beate an und spricht mit Nachdruck voll in ihre Richtung.): „Du bist jetzt alt genug, das selbst in die Hand zu nehmen." (Sie entwickelte einen leichten Trance–Zustand, während er normal weiterspricht.) Lange Zeit hat er das für dich sichergestellt; solange, bis du so weit bist wie jetzt ... und fähig, vom Bewußtsein her die Verantwortung dafür zu übernehmen, daß bestimmte Dinge in deinem Leben geschehen, die es dir möglich machen, auf eine andere, angemessenere Weise als mit dem X die gleiche Funktion sicherzustellen. Es kann sein, daß du eine Stunde dafür brauchst, die Dinge umzuordnen, wenn es eher etwas ist, was in dir passiert, oder fünf Minuten, oder zehn Tage oder ein Jahr, wenn es etwas ist, was sowohl in dir neu geordnet werden muß, als auch außerhalb von dir, in der Welt um dich herum — wer weiß. (Sie nickt.) Aber du hast die Richtung.

Urs: Wieso sagst du: „Du bist jetzt alt genug"? Ist das nicht gefährlich, insofern, als es Polaritätsreaktionen erzeugen kann?

Achtet bei diesem Kommunikationsmanöver darauf, daß ihr euch nach jedem Mal wieder gut von dem Verhalten, der Körperhaltung, der Stimme und dem Ort im Raum dissoziiert, aus denen heraus ihr diesen Teil gespielt habt. Wenn es dir unangenehm ist, dich als der Teil so zu äußern, oder wenn du denkst, „so kann man doch nicht mit A reden", dann laß es lieber, denn wenn du in die Rolle des Teiles schlüpfst und ihn spielst, mußt du sehr kongruent sein. In dem Fall trifft das „kann" in deiner Frage womöglich zu: Erzeugen kann man sie dann schon.

Wenn ich auf so ein Rollenspiel hin keine günstige Reaktion bekomme, das heißt keine ähnlich gute Trance–Entwicklung wie gerade eben (macht eine kleine Geste in Richtung Beate), mit einer in den Trance–Perioden intensiver werdenden Versöhnungs–Physiologie und zunehmender Symmetrie, ändere ich einfach die Metapherwelt: Dann tun die Teile eben etwas anderes. Das ist leicht möglich, denn der verbale Austausch zwischen B und A ist „Fluff", auch

„warme Luft" genannt, bestenfalls strukturierte „warme Luft". Es gibt keine unbewußten Teile, positive Funktionen und guten Absichten! Es gibt noch nicht mal ein Bewußtsein als ein vom Unbewußten, das es auch nicht gibt, abgegrenztes Phänomen. Das einzige, was es für mich als B vielleicht wenigstens halbwegs gibt, ist die Möglichkeit wahrzunehmen, ob ich etwas rede, was ich selber einigermaßen sinnvoll finde und ob mein A diesen „Fluff" als Instruktion jeweils so nutzen kann, daß er aus den nächsten Trancen von Mal zu Mal tiefer, symmetrischer, mit einer Versöhnungs–Physiologie und einer kreativen Ressource–Physiologie zurückkommt. In dem Moment kann ich mit Recht den Eindruck haben, daß ich ein Reframing mache.

Die „Wirklichkeit", die A und B im Six–Step–Reframing konstituieren, ist so etwas wie der kleinste gemeinsame Nenner zwischen den separaten, bis dahin nicht geteilten Wirklichkeiten von beiden. Es ist eine „erfundene Wirklichkeit", die allerdings nicht willkürlich und wahllos entwickelt wurde; sie hat eine Struktur, die A und B sowohl als Orientierungsrahmen aufbauen, als auch als Projektionsschirm für eigene signifikante Beziehungserfahrungen nutzen. Das ist dann eine zusammen aufgebaute metaphorische Welt und ein gemeinsam genutzter Wahrnehmungsfilter.

Wenn ich ein Reframing mit jemandem mache, wird das mit Sicherheit ein ganz anderes Reframing, als wenn es ein anderer Therapeut mit meinem A gemacht hätte: Zum gleichen Thema würden sich womöglich ganz andere Teile melden. Das glaube ich zumindest. Vorteilhaft an diesem Glauben ist meine daraus resultierende Offenheit und Neugier darauf, wie wohl die „Realität" sein wird, die ich mit diesem Klienten aufbaue, und was ich selbst für mich als Privatperson, aus der gemeinsam geschaffenen metaphorischen Welt lernen kann. So ist jedes Reframing auch so etwas wie ein Szeno–Test gleichzeitig, den ich in Kooperation mit meinem A gemacht habe und den ich mir hinterher in Ruhe noch einmal vergegenwärtigen kann.

Meine Metapher für die Aufgabe des Therapeuten in den Reframingmodellen ist, wie gesagt, die eines Regisseurs, der gleichzeitig Kulissenschieber ist: Als B helfe ich A, kongruent und mit dem ganzen Einsatz seiner Ressourcen das zu tun, was immer in seinem Leben gerade der nächste Entwicklungsschritt oder der nächste angestrebte Veränderungsschritt ist: Seine „Performance" auf der Bühne des Lebens bildet sich im Reframing ab. A kann mit meiner Unterstützung im Idealfall jede Inkongruenz in eine dann zugängliche Ressource transformieren. Für mich macht es dabei keinen Unterschied, ob es sich dabei um die Kongruenz in einem für Außenstehende in dem Moment wahrnehmbarem Verhalten handelt, oder um die Kongruenz in den innerlichen Erlebnissen von A während der Trance-Phasen des Reframing. Diejenigen von euch, die Hypnoseerfahrungen haben, werden den Eindruck kennen, irgendwie zu wissen, was der andere in seinen Trance-Zuständen gerade erlebt, auch wenn man es nicht benennen kann. Diejenigen, die das nicht kennen, werden es in Kürze kennenlernen, wenn ihr als B euren oder eure A durch diesen Prozeß begleitet.

Diese Metapher funktioniert für mich gut. Ob für euch eventuell andere besser sind, müßt ihr ausprobieren. Im nächsten Seminar (Band II) werden wir uns mit den Metaphern beschäftigen, die diejenigen benutzen, die als B im Six-Step-Reframing gut sind — in dem Sinn, daß sie es oft und gerne tun.

Mit diesem langen Anlauf kann ich dir, Urs, jetzt deine Frage beantworten. Ich sagte, „du bist jetzt alt genug", weil die Wirklichkeitsauffassung, die ich ihr anbot, bestimmte Eigengesetzmäßigkeiten hat, wenn sie erst einmal induziert ist. Sie entwickelt eine Eigendynamik und damit bestimmte Notwendigkeiten ihrer weiteren Ausgestaltung: Die Grundstruktur ist vorherbestimmt, während für die Details A, aber auch B, die Vorlagen und Vorgaben seiner eigenen Lebensgeschichte, Beziehungsgeschichte und Familiengeschichte heranzieht. Die Grundstruktur dieser metaphorischen Realität ist eine Analogie: Das Bewußtsein befindet sich in der Situation des Kindes in einer Familie, und die unbewußten Teile sind die Eltern oder die Erwachsenen. Vergegenwärtigt euch noch einmal die Ideen, die ich Urs vermittelt habe, die Elemente der neu induzierten Wirklichkeitsauffassung: „Der unbewußte Teil ist mächtiger als dein Bewußtsein". A sagt meinetwegen vom Bewußtsein her: „Nein, es paßt mir jetzt aber überhaupt nicht zu x-en, ich würde lieber in einer halben Stunde x-en." Aber wenn der unbewußte Teil aufgrund von Informationen, die er verarbeitet und die das Bewußtsein nicht so schnell verarbeiten kann oder gar nicht zur Verfügung hat, sagt, „es ist jetzt an der Zeit zu x-en", wie Eltern sagen, „es ist an der Zeit ins Bett zu gehen", dann kann A vom Bewußtsein her aufstampfen und meutern und sonst was tun, es ist klar, was passiert ... . Das nächste Element war: „Der Teil ist absolut zuverlässig, er vergißt die Sachen nicht, für die er im Leben der Person die Verantwortung übernommen hat." Eltern-Kind-Metapher. „Er tut das Beste, was er kann." Unbewußte Teile wirken mit den besten Mitteln, die sie gelernt haben, um etwas Bestimmtes sicherzustellen, wofür sie die Verantwortung übernommen haben. Das heißt nicht, daß sie wie Gott

wären, vollkommen und weise. Sie verhalten sich ähnlich wie die Eltern in der Familie ihren Kindern gegenüber; diese haben eine bestimmte Verantwortung übernommen und versuchen, ihr gerecht zu werden, verfügen aber nur über ein begrenztes Verhaltensrepertoire, um ihre positiven Absichten für das Leben des Kindes und das System als Ganzes umzusetzen. Manchmal können sie nicht anders als prügeln und brüllen, um etwas Bestimmtes, was ihnen wichtig ist, zu erreichen. Unbewußte Teile tun ebenfalls das Beste, was sie können, um ihrer übernommenen Verantwortung gerecht zu werden und die entsprechenden positiven Absichten umzusetzen. Und sie arbeiten manchmal in einer Weise, nämlich mit dem X, die unökologische Nebenwirkungen hat. Sie tun dies teilweise bis zum bitteren Ende, wie zum Beispiel bei den tödlich verlaufenden Süchten. Aber selbst in diesen Fällen gilt: Sie tun das Beste, was sie können, um etwas bestimmtes Positives im Leben der Person sicherzustellen — selbst wenn diese dabei das Leben verlieren sollte. Meinst du, deine Frage ist beantwortet?
Urs: Ja. Interessant, denn für mich hatte das ja auch gepaßt. Mal abwarten, wenn ich nachher B bin.
Nora: Stellst du dir, wenn du ein Six–Step–Reframing machst, gewissermaßen vor, du arbeitest in Wirklichkeit mit dem vergangenen Beziehungssystem deines A?

Ja. Und nicht nur das, sondern ich glaube, ich arbeite in sehr verdichteter Form mit der ganzen Beziehungsgeschichte meines A, die sich in der metaphorischen Realität des Six–Step–Reframings abbildet. Ich bin mir, während ich arbeite, der Tatsache bewußt, daß A eine lange Beziehungsgeschichte hat, eine Geschichte, in einem Beziehungssystem zu leben, in verschiedenen Neuauflagen bis hin zum Beziehungssystem der Gegenwart. Mein Fokus im Reframing ist diese Beziehungsgeschichte, die ich auf der Abbildungsebene der Teilemetapher verändere—in dem Glauben, daß diese Veränderung natürlich einen verändernden Einfluß auf seine Beziehungszukunft hat.

Die Variationsbreite dessen, was die Teile innerhalb der von A in Kooperation mit B entwickelten Metapher alles tun können, ist enorm. Ich gehe also davon aus, daß diese metaphorische Realität sich nicht zufällig gestaltet, sondern eine höchst verdichtete Abbildung der Geschichte A's als sozialem Wesen ist. Das ist ein theoretisches Glaubenssystem, wie ich es im Vorwort zum „Reframing"-Buch von *John Grinder* und *Richard Bandler* entwickelt habe.
Simon: Was meinst du eigentlich mit „Metapher" und mit „metaphorische Realität"? Und inwiefern ist das ein Unterschied?

Um deine Frage beantworten zu können, muß ich noch einmal kurz auf die Geschichte dieses Gedankenganges zurückkommen. Wie ihr wißt, haben *John Grinder* und *Richard Bandler* längere Zeit mit *Virginia Satir* zusammengearbeitet und enorm viel von ihr gelernt. Das findet sich im NLP in Konzepten wie „Ankern", „sinnessystemabhängige Prädikate im Sprachgebrauch", „inhaltliches Reframing" wieder. Interessanterweise haben beide noch mehr von *Virginia Satir* übernommen, als ihnen wohl selbst bewußt ist. So habe ich beispielsweise entdeckt, daß die innere Struktur des Six–Step–Reframings und der *Satir*'schen Familienrekonstruktion identisch sind. Um *Virginia Satir* als „geistige Mutter" des Six–Step–Reframings zu würdigen, benutze ich den Begriff Versöhnungs–Physiologie für jenes Phänomen, das *John Grinder* und *Richard Bandler* den Wechsel von sympathikus– zur parasympathikusaktivierten Physiologie nennen.

Der Zustand, in dem sich A in den Momenten der Würdigung des X–Verhaltens befindet, ist vom Ausdrucksbild und der Anmutung her für meine Wahrnehmung identisch mit dem Zustand des Protagonisten in einer Familienrekonstruktion, der sich gerade mit Personen seiner Vergangenheit versöhnt: Der Protagonist, der zum Beispiel vor dem Rollenspielvater seiner ihm eben vorgespielten Ursprungsfamilie steht und denselben, halb in der Hier–und–Jetzt–Situation als anderen Gruppenteilnehmer, halb in der Realität seiner Regression als seinen früheren oder heutigen echten Vater wahrnimmt, zeigt die gleiche Neigung in Trance zu gehen bzw. wieder herauszukommen und die gleiche Art von Berührtheit und Zunahme an Symmetrie während des gesamten Prozesses.

Das ist natürlich kein Zufall, weil die Metaphern „Das Bewußtsein und die Teile des Unbewußten" und „Der Stellvertreter meiner selbst, als ich Kind war, und die Erwachsenen um ihn/mich herum" der beiden Vorgehensweisen isomorph in ihrer Struktur sind. In der Familienrekonstruktion ist die Metapher die rollenspielmäßig vor- und ausgelebte Ursprungsfamilie mit dem Stellvertreter seiner eigenen Person, die der Protagonist — meistens in der Tieftrance des identifikatorischen Mitvollzuges — studiert. Im Six–Step–Reframing–Modell ist die Metapher sein Bewußtsein und die Teile seines Unbewußten, die A ebenfalls in Tieftrance mit Spannung verfolgt. Beide Metaphern konstituieren für die Person, die mit ihnen konfrontiert ist, im Verlauf des Prozesses eine mehr und mehr eigenständige Realität, die über den realitätsschaffenden kommunikativen Austausch zwischen A und B vermittelt wird.

In einer erfolgreichen Familienrekonstruktion wird die vorgelebte und vorgespielte Rollenspiel-Familie mehr und mehr als die wirkliche eigene Ursprungsfamilie erlebt. Das ist eine Trance-Erfahrung, zu der natürlich *Virginia Satir* mit der ganzen Power ihrer Kommunikationskunst in der Begegnung mit dem Rollenspiel-Vater maßgeblich beiträgt. Spätestens dann, wenn der Protagonist vor den „Personen seiner Vergangenheit" steht, sozusagen anstelle seines Stellvertreters, ist die ausgespielte, lebendige Metapher „Rollenspiel-Ursprungsfamilie" zur Realität geworden: Denn der Protagonist wird durch dieses Vorgehen, noch in einem Trance-Zustand und ohne offizielle Einwilligung seines Bewußtseins, aus der dissoziierten in die assoziierte Wahrnehmungs- und Erlebensposition gebracht.

Im Six-Step-Reframing wird die Metapher, nach der dissoziierten Phase im Schritt „Ideen säen", spätestens dann zur Realität, wenn der erste direkte Kontakt zu dem Teil in der assoziierten Position validiert worden ist; zum einen internal mit einer autonomen und häufig sehr intensiven Reaktion und zum anderen external mit einem sich freuenden Therapeuten beim Zurückkommen aus der Trance. Im Grunde passiert das schon ab dem Moment, wo A ernsthaft versucht, den Kontakt aufzunehmen; da wird er schon eine Repräsentation von dem Teil haben, die einen gewissen Realitätscharakter für ihn hat.

Ist es ein bißchen klarer geworden, was ich mit metaphorischen Realitäten meine? (Simon nickt.) Diejenigen, die an diesen Gedankengängen zur theoretischen Begründung des Six-Step-Reframing interessiert sind, müßten noch einmal ins „Reframing"-Vorwort in dem oben erwähnten Buch schauen und dann selbst weiterdenken.

Für mich haben diese Gedanken einen entscheidenden Vorteil, unabhängig von ihrem Wahrheitsgehalt oder ihrer Plausibilität für andere: Mir vorzustellen, ich mache bei einem Six-Step-Reframing eine „Intrapsychische Familientherapie" oder Familienrekonstruktion, ohne dafür eine Gruppe zu benötigen, macht mir sehr viel Spaß. Deshalb kann ich sehr kongruent in meinen Interventionen sein. Die Idee, daß ich mit den Beziehungsrepräsentanzen meines Klienten arbeite, während ich mit ihm zusammen diese Welt der Teile aufzubauen helfe, macht mich sehr erfinderisch bei der Produktion des notwendigen Fluffs. Dazu kommt die Sicherheit, daß ich es an der Physiologie von A erkenne, wenn eine Instruktion oder ein angebotener Wahrnehmungsrahmen für eine Situation für A nicht günstig ist.

Das Six-Step-Reframing ist eine Organisationshilfe für die Wahrnehmung und die Handlungen von B. Unter anderem hat es den entscheidenden Vorteil, daß es die Prozesse in der Kommunikation über ein Problem(verhalten) so weit verlangsamt, daß man als B eine echte Chance hat, etwas Sinnvolles in der therapeutischen Kommunikation zu tun, ohne die Erfahrung und das Genie von Milton H. Erickson oder *Virginia Satir* zu haben. Diese Verlangsamung wird dank der gemeinsam aufgebauten metaphorischen Realität möglich. Sie erlaubt es B im Idealfall, alle relevanten Informationen der internalen und externalen Inkongruenzen von A zu erfassen und so zu utilisieren, daß A die günstigsten Voraussetzungen für seine innere Arbeit bekommt. Das zeigt er mir deutlich dadurch, daß seine Trance–Zustände tiefer werden, und er in und zwischen den Trance–Phasen immer symmetrischer wird und häufig und stabil die Versöhnungs–Physiologie zeigt.

Lothar: Die Bedeutung, was X für mich tut, muß nicht bewußt sein?

Nein, das ist ja gerade das Schöne am Six–Step–Reframing. Wenn die sekundären Gewinne nicht bewußt sind, gibt es die Konferenz mit dem kreativen Teil für diejenigen Aspekte oder Elemente der positiven Funktion, die nicht bewußt waren; genau wie vorhin in der Demonstration.

Wenn mein A nicht alles weiß, was der unbewußte Teil für ihn tut, und die Sitzung zu Ende ist, kann ich ihn auch mit dem Wissen gehenlassen, daß er noch nicht alles weiß. Aber da er das Signal hat und damit innerlich neue Dinge tun kann, zum Beispiel Fragen stellen, kann es durchaus sein, daß er zum nächsten Termin alles wissen wird. Ob er es weiß, hängt von der Ökologie des Systems ab; also davon, wie umfangreich die Neuorganisationen sind, die in seinem Leben notwendig werden, damit es ökologisch ist, das Wissen ins Bewußtsein zu bekommen. Das Unbewußte gibt nur dann Informationen an das Bewußtsein frei, wenn gewährleistet ist, daß derjenige nichts verliert. Hinter dieser Erickson'schen Einsicht verbirgt sich meiner Meinung nach das ganze Geheimnis der Effektivität des Reframing–Modells: Erst wenn ein alternatives Verhalten vorhanden ist, oder zumindest die absolute Sicherheit, es zu lernen, werden den Leuten die sekundären Gewinne bewußt. Deshalb dauern orthodoxe, einsichtsförderde Therapien so lange; wenn jemand etwas bewußt gemacht werden soll, bevor neue Verhaltensoptionen da sind, gibt es Widerstand. Diesen und andere Unterschiede in den grundlegenden Prämissen für die Veränderungsarbeit zwischen den von der Psychoanalyse abgeleiteten und den auf *Erickson* zurückgehenden Therapieformen habe ich in einen Aufsatz dargestellt — für diejenigen von euch, die in dieses Thema näher einsteigen wollen. (vgl. *Stahl* 1981b).

Melanie: Wie ist das mit der Integration am Anfang, die hast du doch nicht gemacht?

Nein. Ich hatte zu Urs am Anfang gesagt, „denkst du mal kurz an dein X", und dann gesehen, daß die Physiologie des X sich nicht so sehr von seiner normalen Rapport–Physiologie unterscheidet. Deshalb habe ich die Integration nicht gemacht. Ich empfehle euch aber, sie als Anfänger routinemäßig zu machen.

Wenn man gleich am Anfang in der Integrationsphase eine volle Versöhnungs–Physiologie bekommt, kann man sich meist das ganze Six–Step–Reframing schenken. Man fragt: „Weißt du, wie du in Zukunft ohne das X leben wirst? Weißt du, durch welches andere Verhalten du es ersetzen kannst, ohne daß du etwas in deinem Leben verlierst?" Oder man sagt: „Gehe nach innen und frage den Teil, der das X als, wie du jetzt weißt, sinnvolles Verhalten eingesetzt hat: Weiß ich jetzt die ganze Wahrheit, weiß ich alles, was du immer für mich getan hast?" Im wesentlichen habe ich das in der Demonstration mit Urs gemacht. Wenn ich den Eindruck habe, die Antwort ist für A nicht ganz eindeutig, muß ich das überprüfen, indem ich ihn frage, ob er weiß, wie der Teil Ja oder Nein sagt. Wenn nicht, muß zuerst die Ja–Nein–Bedeutung etabliert werden.

Das Six–Step–Reframing ist wie ein Tanz. Man tanzt mit Worten, Musik und Schallwellen. Richtet euch auf einen Tanz ein, wenn ihr in die Kleingruppen geht und das ausprobiert; es ist gut möglich, daß ihr mit eurem A, mit dem ihr arbeitet, und mit kleinen Hinweisen von C einen neuen Tanz lernt, der typisch für euch als B und für euren A ist. Es wird sehr spannend sein, genau diesen Tanz zu lernen und nicht irgendeinen anderen, denn es wird genau der Tanz sein, den ihr mit Freude lernen werdet, weil er eine Metapher für tausend andere Dinge sein wird. ... (Er lacht.) Eine schöne Metapher für die therapeutische Interaktion, aber für viele von euch, wie ich jetzt sehe, weniger günstig dafür, den Weg in die Kleingruppe zu schaffen: Bitte herauskommen aus eurer Regressions–Physiologie aus der Zeit der Tanzschule! Bitte auffordern! Bitte aufgefordert werden! Dies ist nicht das, was ich wollte. Nehmt nur die positiven Aspekte der Metapher. Und geht in die Kleingruppen und probiert die ersten Schritte des Six–Step–Modells.

Gibt es Fragen oder Kommentare? Wie ging es euch in den Kleingruppen?

Gudrun: Mein A hat immer mitgedacht, bei allen Schritten, die ich induziert habe. Manchmal war er sogar voraus.

Herzlichen Glückwunsch. Das ist im Trainingskontext hier das Beste, was dir passieren kann. Das ist die Realität der therapeutischen Praxis. Meistens bist du als Therapeutin zwar in der strategischen Planung einen Schritt weiter, weil du das Modell kennst. Du weißt auch, wo du hin willst und welche Abfolge von Physiologien sinnvoll und konstruktiv ist. Aber in aller Regel bist du gut beraten, wenn du zum Klienten sagst: „Was willst du als nächsten Schritt machen?" Ich empfehle euch dieses Vorgehen. In diesem Modell könnt ihr euch das leisten. Ihr definiert euch eurem A gegenüber als Berater für sein Bewußtsein im Umgang mit seinen unbewußten Teilen. Und als dieser Berater könnt ihr auch sagen: „Was würdest du jetzt machen? Ich berate dich dann, ob das gut ist oder nicht." Und die Klienten arbeiten wirklich alleine!

Das meinte ich vorher mit Eigendynamik: Wenn diese Metapher-Welt, „ich habe Teile, die das für mich machen", erst einmal grundsätzlich etabliert ist, brauche ich mich nur noch überraschen zu lassen, wie mein A diese Metapher füllt und welche Notwendigkeiten und Determinationen sich im Verlauf dieser Ausgestaltung ergeben. Es ist wie in der Dramaturgie: Wenn ein Autor Charaktere festlegt, ist damit auch schon die Handlung größtenteils bestimmt; und wenn die Handlung festgelegt ist, gibt es in der Verteilung der Charaktere weniger Freiheitsgrade.

9.3 Trance — mehr drin als draußen

Lukas: Ich hatte das Gefühl, mit in einer Art Trance zu sein.

Du machst als Hypnotiseur viel Trance-Arbeit, wie du mir vorhin gesagt hast. In der Kleingruppe war dein A zuerst durchgängig in Trance. Das Six-Step-Reframing ist jedoch ein Fraktionierungsmodell mit folgendem Ablauf: Rapport, erste Instruktion, Induktion der X-Physiologie mit kleinen Trance-Zuständen, zweite Instruktion im Wach-Zustand, Induktion der gegenteiligen Physiologie mit Trance-Zuständen, usw. A ist also immer nur zeitweilig in Trance. Während der Instruktionen befindet er oder sie sich generell in der Wach-Physiologie.

Einige Leute benutzen sprachliche Metaphern in ihren Beschreibungen für Trance-Zustände, die irgendeine Art von „Hochgehen" beinhalten: „Ich erreiche höhere Ebenen der Bewußtheit." Andere haben wohl eher folgende Vorstellung: „Und du kannst tiefer und tiefer und tiefer in Trance gehen." Diejenigen, die es im normalen Wachbewußtsein eher mit Körpergefühlen zu tun haben, werden eine Trance eher als etwas Visuelles ansehen; sie werden Metaphern benutzen, wie zum Beispiel „im Schweben entrückt sein und dabei den Überblick haben", oder „beim Tiefergehen verschiedene Türen sehen und neugierig sein, was es wohl dahinter zu sehen gibt". Für manche, die im Wachbewußtsein sehr visuell sind, wird der Weg in Trance kinästhetisch sein: sie fühlen, wie es tiefer und tiefer geht oder die Leichtigkeit und andere Arten von Beweglichkeit, zum Beispiel beim Fliegen.

Angenommen, das heißt Trance: _____ .
Und das ist die Wach–Physiologie: _____ .
Wenn es ein paar Trance–Zustände bei der Induktion der beiden Physiologien (X– und das Gegenteil von X) und bei der Misch–Physiologie in der Integration gibt, kann man das so verdeutlichen:

_____ _____ _____ _____ .

Nach dieser Vorbereitung passiert die erste offizielle Trance im Six–Step–Reframing an der Stelle, wenn der Klient das erste Mal nach innen geht. Wenn er oder sie noch während der Instruktion anfängt, in Trance zu gehen, sage ich: „Halt, noch nicht, höre erst die ganze Instruktion!" Wenn er die Instruktion verstanden hat, kommt die Aufforderung: „Alles klar, gehe nach innen"; und es tritt die erste der längeren Trance–Phasen auf:

_____ _____ .

Nach der Reorientierung erzählt A von den Antworten der Teile, die sich in der Trance gemeldet haben. Ich rede mit ihm in der Wach–Physiologie und verarbeite mit ihm zusammen das, was er uns als Material mitbringt, indem wir es zusammen in die schon etablierte Metapher einflechten und so dieselbe erweitern. Eventuelle Versöhnungs–Physiologien werden dabei utilisiert, um die metaphorische Realität noch weiter zu stabilisieren und sie gezielter für ihre eigene Veränderung und damit die von A einzusetzen. Wir erreichen auf diese Weise die günstigste Arbeits–Physiologie für Veränderungen, die im wesentlichen ein immer tiefer und äußerlich symmetrischer werdender Trance–Zustand ist, in dem möglichst oft und möglichst intensiv die Versöhnungs–Physiologie und die kreative Physiologie enthalten sind.

Dann gebe ich eine neue Instruktion und A geht wieder in Trance. In Reframings mit vielen Trance–Zuständen, das heißt mit vielen Schritten, in denen A nach innen geht, kann man sehr gut beobachten, daß jede neue Trance tiefer als die vorherige ist.

Gerade, wenn man viel Hypnoseerfahrung hat, ist es wichtig und sinnvoll, sich zumindest am Anfang der Arbeit mit dem Six–Step–Reframing darin zu üben, diese Trennung von Wach– und Trance–Physiologie bei A maximal aufrecht zu erhalten. Diese Separierung von Trance– und Wach–Physiologie muß natürlich mit einer Separierung zweier unterschiedlicher Sets nonverbaler Verhaltensweisen bei B korrespondieren — zwei Arten von Ankern werden etabliert: einer für die Wach- und einer für die Trance-Physiologie. Um diese Physiologie-Trennung aufrecht zu erhalten ist es wichtig, A nicht weggehen zu lassen, bevor er oder sie nicht die ganze Instruktion gehört hat.

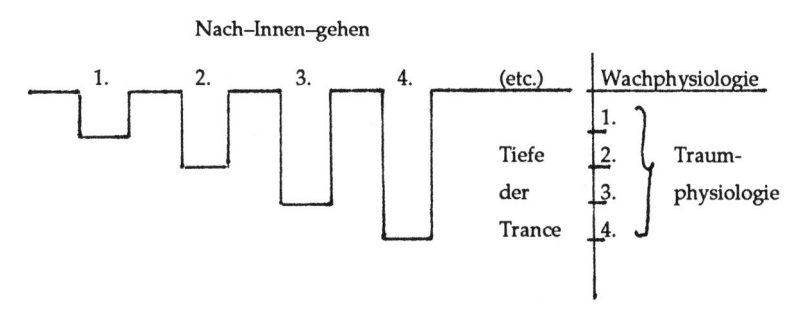

Nach-Innen-gehen

1.   2.   3.   4.   (etc.)   Wachphysiologie

Tiefe   1.
der   2.   Traum-
Trance 3.   physiologie
       4.

Zu eurer Erleichterung: Ihr werdet merken, daß es nicht sehr schwer ist, das zu lernen. Ihr werdet intuitiv ein anderes nonverbales Verhalten zeigen, wenn A in Trance geht. Ihr habt vorhin in der Demonstration gesehen, daß ich mich zurückgelehnt habe, wenn Urs in Trance ging, und daß ich mich synchron zu der Geschwindigkeit, mit der er jeweils wieder aus der Trance zurückkam, vorlehnte. In dem Moment, als die Instruktions-Phase zu Ende war, habe ich ihn gefragt: „Alles klar? Alle Instruktionen verstanden?" Dazu machte ich eine Handbewegung, die im weiteren Prozeß zu einem visuellen Anker für A wurde, zu einem Signal, in den nächsten Trance-Zustand zu gehen. Ihr braucht diesen Anker gar nicht bewußt zu setzen, er wird als Interaktions-Ritual entstehen, wenn euch der Trance-Zustand, in den A jeweils geht, heilig ist, bzw. wenn ihr die Interaktion schützen wollt, die sein Bewußtsein mit den Teilen seines Unbewußten neu zelebriert. Wenn ihr als Familientherapeut eine Reihe von Interaktionen stiften könnt, werdet ihr auch den Mund halten, wenn zwei Familienmitglieder gerade eine neu erarbeitete, noch ganz zerbrechliche, intime Interaktionsform zelebrieren. Deshalb habe ich einige in der Übungsgruppe vorhin angewiesen, die Physiologien separat zu halten, anstatt A in den Trance-Phasen mit Instruktionen anzusprechen und in den Wach-Phasen zu rehypnotisieren.

Wenn ihr schon mit Hypnose arbeitet und über eine reichhaltige hypnotherapeutische Erfahrung verfügt, solltet ihr sicherstellen, daß ihr beide Formen beherrscht: Einerseits den Mund halten können, um die Physiologien separat zu halten — sowohl die von A als auch eure eigene — und andererseits, ihn oder sie in der Trance-Phase ansprechen und weitere Instruktionen und Prozeßinstruktionen geben können. Übt beides, bis ihr es könnt; und entdeckt dann die Vor- und Nachteile beider Vorgehensweisen und der verschiedenen Kombinationsmöglichkeiten.

Mit dem Tieftrance-Reframing werden wir uns in der Ausbildungsgruppe während der Hypnose-Wochenenden befassen. Es ist ein Reframing-Modell, in dem direkt mit dem Unbewußten gearbeitet wird, während das Bewußtsein mit etwas anderem beschäftigt ist. Das Bewußtsein zum Beispiel in Urlaub oder ins Kino zu schicken, hat den entscheidenden Vorteil, daß das Reframing dann sehr schnell geht; es hat aber den Nachteil, daß ich das Bewußtsein nicht als Vermittler habe, und es dadurch etwas Wesentliches lernen kann: Das Six-Step-Reframing ist nämlich ein Lernprozeß, den A später alleine für sich selbst nutzen kann. Er lernt zu lernen, oder er lernt, wie er lernt zu lernen. Es findet ein Lernen zweiter und dritter Ordnung statt — nach der Einteilung von *Bateson*: Lernen erster, zweiter und dritter Ordnung. A kann das Modell später vom Bewußtsein her auf andere Probleme anwenden und hat eine gute Chance, den Prozeß des Six-Step-Reframing ohne B durchlaufen zu können. Das geht natürlich nicht, wenn ich sein Bewußtsein auf Urlaub schicke, und direkt mit dem Unbewußten arbeite — es sei denn, (lacht) es ist ein Bildungsurlaub, in dem es um systemisches Gedankengut geht, wie zum Beispiel um das Denken im Six-Step-Reframing.

Ich kann aber auch, wenn ich mit der Trance-Version des Reframings gearbeitet habe, das Bewußtsein noch eine Zeitlang im Urlaub lassen und einen Tieftrance-Generator installieren, wie der terminus technicus heißt. Das Bewußtsein wird zu dieser Veränderungsarbeit überhaupt nicht herangezogen.

Welches Modell ich anwende, hängt davon ab, mit welchem Klienten ich in welcher Situation was im Sinn habe. Wenn ich möchte, daß er oder sie einen geistigen Wachstumsschritt macht, werde ich das Six-Step-Modell nehmen, das wir in diesem Seminar üben. Wenn ich meine, es sei erst einmal wichtiger, daß ein Symptom zum Stillstand kommt, zum Beispiel Krebs, arbeite ich direkt mit dem Unbewußten und spare die Zeit, die das „Ideen säen" und damit der „pädagogische Kampf" mit den bewußten Glaubenssätzen kostet. Später käme dann das Wachstum, oder besser die Bereicherung, Erweiterung oder Bildung des Bewußtseins — Wachstum ist ein ungünstiges Wort für Prozeßinstruktionen für einen Krebskranken.

Wir werden in der Ausbildungsgruppe (Band II) auf diese komplexen und philosophischen Fragen noch zurückkommen. Bis dahin der Tip für die Hypnotiseure unter euch: Übt durch ein separierendes, unterschiedliches nonverbales Verhalten, diese zwei Physiologien total zu trennen und sie zeitlich auseinander zu halten.

9.4 Interaktionell einwanderhebende Teile

Kannst du jetzt deine Frage nochmal stellen, vor diesem Hintergrund?

Lukas: Ich habe meinen A als mit mir im Wachbewußtsein kämpfend erlebt; er wollte in Trance bleiben oder selbst bestimmen, wann er in Trance geht.

Na ja, Gott sei Dank, sonst hättest du keine Herausforderung gehabt, etwas zu lernen.

Lukas: Es ist mir nur unklar, warum ich mich dann emotional unbefriedigt gefühlt habe.

Stimmt, Lernen ohne Spaß kann sehr nervig sein ... (Lukas nickt). Es sei denn, ... du sagst später: „Gelernt ist gelernt", sagte der Igel, und stieg von der Bürste. Wenn du einverstanden bist, versuche ich, deine Frage anders zu beantworten (Lukas nickt), und zwar mit Hilfe einer Erweiterung des Six–Step–Reframings: Einwanderhebende Teile in A äußern sich, wie wir vorhin bemerkt haben, direkt im Bewußtsein von A als zusätzliches, für A subjektiv erfahrbares Phänomen, sei es als Bild, Hörerlebnis oder Gefühl. Solche Phänomene bezeichne ich als internale einwanderhebende Teile. Es kann jedoch auch passieren, daß sich ein einwanderhebender Teil external meldet. Das ist dann der Fall, wenn sich ganz plötzlich die Interaktionsstruktur sehr verändert, so daß ich als B völlig überrascht bin und denke: „Oh, was ist das denn?"

Ich habe zum Beispiel einmal eine Stunde lang ein schönes Six–Step–Reframing gemacht, eine ganz intensive Arbeit vor der Gruppe als Demonstration. Zu der Zeit hatte ich meinen Grundsatz, Veränderungsarbeiten symmetrisch abzuschließen, noch nicht so weit entwickelt wie jetzt. Vielleicht wußte ich auch, daß noch eine kleine Asymmetrie vorhanden ist, habe sie aber nicht so wichtig genommen. Ich dachte, wir wären fertig, denn A meinte, es gäbe keinen einwanderhebenden Teil mehr. Ich wollte mich schon aus der Demonstration verabschieden, da guckte er mich plötzlich mit großen

Augen an, wie in einer spontanen Regression in weihnachtliche Kindertage, als ob er vor einem leibhaftigen Weihnachtsmann stünde, und sagte: „Du bist aber ein Zauberer." Und ich dachte im ersten Moment: „Ja, genau. Endlich kriegt das mal einer mit." Nach diesem kurzen Anfall von Größenwahn kam der Zweifel, ob das stimmt, und schließlich der Argwohn: „Der will dir nur eins reinwürgen, und dich auf den Arm nehmen. Das ist gar kein Kompliment." Ich habe das zunächst nur auf mich bezogen. Und dann kam mir die Idee, daß sich auf diese spezielle Weise ein Teil melden könnte, der noch einen Einwand hat, und den A im Bewußtsein vielleicht überhört, übersehen oder überfühlt hat. Das passiert dem Bewußtsein doch alle Nas' lang, um hier die olfaktorisch sich meldenden Teile auch mit einzubeziehen. Das Bewußtsein braucht ja gerade die Hilfe von B, um die Botschaften des Unbewußten besser bzw. überhaupt würdigen zu können.

So entstand das Konzept der interaktionell einwanderhebenden Teile. Ich habe gelernt, in solchen plötzlichen Wechseln der Interaktionsqualität zwei Ebenen wahrzunehmen und in der nächsten Interaktion zu validieren: Ich danke der Person für das Kompliment oder für den Anteil des Komplimentes, den ich als ihre Form verstehe, mir Danke zu sagen, und den ich auch kongruent annehmen kann. Die zusätzlich vorhandene Ebene der Mitteilung berücksichtige ich, indem ich sage: „Um ganz sicher zu gehen, daß alle Teile in dir ihr O. K. für das geben, was wir hier getan haben, beantworte mir bitte folgende Frage: Woran wußtest du eben innerlich, daß es an der Zeit war, diesen Kommentar mir gegenüber zu machen? Was hast du innerlich gesehen, gehört, gefühlt, gerochen oder geschmeckt, um zu wissen, daß es an der Zeit war, mir das zu sagen?"

Ich würdige dadurch zuerst die Ebene der Botschaft von Mensch zu Mensch. Ähnlich wie in jeder Übertragung, die ich von einem anderen Menschen als Beziehungsangebot bekomme, finde ich auch hier etwas, was ich als für mich bedeutsames Feedback annehmen kann. Ihr kennt vielleicht in ähnlichen Situationen den Eindruck, etwas zu bekommen, was man als irgendwie zuviel für die Situation erlebt, in der man ist. Das impliziert, daß ein Teil an der richtigen Adresse ist. Den nehme ich an mit: „Vielen Dank für dieses Kompliment. Einen großen Teil der Energie, die in ihm enthalten ist, nehme ich gerne an. Einen Teil dieser Energie brauchst du vielleicht noch für den Veränderungsprozeß in deinem Leben, der mit dieser Arbeit hier angefangen hat. Um herauszukriegen, ob das so ist, möchte ich gerne wissen, woher wußtest du, daß es an der Zeit war, das und das zu machen?" Dabei beschreibe ich das interaktionelle Phänomen detailliert genug, um A wissen zu lassen, was ich meine. Das setzt natürlich voraus, daß ich mich als Person von dem Übertragungs- bzw. Beziehungsangebot distanzieren kann und mich neutral und zugewandt in bezug auf das zu beschreibende Phänomen verhalten kann. Nach meiner Erfahrung kann ich das am besten, wenn ich Phantasien darüber entwickeln kann, in welchen Lebensbereichen von A es wohl jetzt nach den ersten Veränderungen im Six-Step-Reframing zu Schwierigkeiten kommen wird. Außerdem mache ich mir Gedanken darüber, wie wohl das, was jetzt in der Interaktion zwischen A und mir als B passiert, eine Metapher für welche Kontexte im Leben von A ist. Solche Intuitionen kann ich am besten lernen zu entwickeln, wenn ich möglichst viele Erfahrungen mit dem Six-Step-Reframing mache, auch wenn es mal schiefgeht.

Die in dieser Beziehung lehrreichste und überraschendste Situation war für mich eine Reframing-Demonstration mit einer Frau vor einer Gruppe. Wir hatten schon anderthalb Stunden zusammengearbeitet und den für eine konzentrierte, konstruktive Zusammenarbeit notwendigen guten klaren Rapport, der in seiner Qualität die ganze Zeit über im wesentlichen gleichblieb. Auch auf der Mann-Frau-Ebene hatten wir uns gegenseitig bestätigt, in einer für die Arbeit sehr ressourcefördernden Form. Und plötzlich, am Ende des Six-Step-Reframing passierte etwas für mich sehr Unerwartetes: Sie guckte mich völlig unvermittelt sehr intensiv und verführerisch an, öffnete die Beine leicht und fing an, sich die Innenseiten ihrer Schenkel zu streicheln. Einen kurzen Moment lang konnte ich überhaupt nicht funktionieren, weder denken noch reden noch etwas tun. Es war wie eine Verführungssituation in der Kirche, wo es unpassend wäre, verhaltensmäßig zu antworten, und wo man in zwei unvereinbaren Handlungsentwürfen, zwei nicht integrierbaren Realitäten ist: Soll ich jetzt beten oder mit dem Mädchen flirten, das mich da anmacht?

Erstmal dachte ich, „warum eigentlich nicht, das ist ja auch ein tolles Kompliment", bis ich irgendwie dahinter kam, daß es ja auch eine komische Situation für so ein Angebot war. Dann wurde ich für einen Moment sauer, von ihr in so eine hilflose Lage gebracht worden zu sein und ich glaube, ich habe mir erstmal eine Pause ausgebeten und danach — so gut ich konnte — die Demonstration mit der Gruppe durchgearbeitet. In der Pause schon löste sich mein Ärger über die Situation und meine damit verbundene Unsicherheit auf. Ich wurde sehr neugierig und überlegte, wie es kam, daß das genau an der Stelle in dem Prozeß passierte und nicht zehn Minuten früher oder später.

Später, Wochen nach dem Seminar, als ich mit ihr noch einmal über das Reframing sprach und auch von dem Inhalt erfuhr, wurde mir klar, daß sich darin ein Teil meldete, der mich auf diesem Weg wissen ließ, daß irgend etwas in der Veränderungsarbeit noch berücksichtigt werden mußte. Die Situation mit mir war ein Exemplar des Kontextes, in dem dieser Teil nicht mehr so gut für sie sorgen konnte wie vorher. Der Teil hat mir die fehlende Ökologie sozusagen direkt vorgeführt, denn genau dieser „doppelte Aufforderungscharakter" der Situation war entscheidend. Das X war Konzentrationsschwäche in Unterrichtssituationen, und zwar speziell bei männlichen Dozenten oder Seminarleitern. Der Teil hatte sie die positive Funktion nicht wissen lassen, aber neue Wege vom kreativen Teil ausgesucht und die Verantwortung übernommen, sie umzusetzen. Im Ökologie-Check meldete sich, subjektiv für sie erfahrbar, keiner — nur einer eben sehr deutlich interaktionell. Weitere inhaltliche Details machten mir klar, daß es, in der Sprache des Six-Step-Reframings gesprochen, drei Teampartner für das X gab, von denen sich der zweite erst im Ökologie-Check meldete. Dieser Teil hatte die Funktion, den Dozenten, in der Vaterübertragung, für sich zu interessieren, und ihr ein Maximum an dessen Zuwendung und Aufmerksamkeit zu garantieren. Die Aufgabe des dritten Teiles war es, für ein gutes Selbstwertgefühl und klare Grenzen zu sorgen, zum Beispiel auch gegenüber besagten Männern. Er verfügte im wesentlichen nur über zwei Wege, das zu bewerkstelligen: Etwas nicht zu kapieren, oder den Dozenten durch erotisierendes Verhalten zu verunsichern, indem sie es auf eine Weise plazierte, die durch die Inkompatibilität zum Kontext optimale Sicherheit vor den eventuell handgreiflichen Folgen dieses Verhaltens bot. Bezüglich meiner persönlichen und beruflichen Identitätsentwicklung habe ich dabei natürlich intensive Prozesse durchlebt. Ihr Resultat war unter anderem. daß ich sehr viel Sicherheit darin gewonnen habe, zu erkennen, in welcher Situation wieviel von einem Kompliment wirklich an meine Person gerichtet ist, was ich anzunehmen und zu genießen bereit bin; und inwieweit ich es A als zusätzliche und für die Veränderung dringend benötigte Ressource zurückgeben will.

Durch solche und ähnliche Erlebnisse bin ich zu dem Konzept der „interaktionell einwanderhebenden Teile" gekommen. Ich habe gefunden, daß dieses Konzept, als Wahrnehmungsfilter, das Six-Step-Reframing um etwas Wesentliches bereichert: Die Übertragungsdynamik in den NLP-Reframing-Modellen wird dadurch theoretisch faßbar und behandlungspraktisch utilisierbar. Der Teil, der sich in dieser Demonstration über die Kunst der „unmöglichen Verführung" gemeldet hat, also in einem plötzlichem Wechsel der Übertragung bzw. Übertragungsfacette, ist ebenso wie der im „Zauberer"-Beispiel ein Hinweis des Unbewußten an B, daß A zusätzlich zu dem was eventuell in der Arbeit schon erreicht ist, noch eine Ressource hat, von der A nichts weiß, die aber unerläßlich für die positive Richtung der Gesamtveränderung ist.

Ein sich interaktionell meldender Teil kann im Prinzip auf genau dieselbe Art einbezogen werden wie ein Teil, der sich im Bewußtsein von A direkt meldet. Den Standard-Weg habe ich vorhin mit Urs demonstriert. Die Unruhe, die ich auch interaktionell wahrgenommen habe, in dem Sinn, daß sie auf mich gewirkt hat, war eine Botschaft an mich als B, ihn dahingehend zu beraten, das als Unruhe wahrnehmbare Phänomen als Hinweis seines Unbewußten auf eine nicht genutzte notwendige und vielleicht vergessene Ressource mit in den Veränderungsprozeß einzubeziehen.

Als Standard frage ich in so einer Situation: „Woher wußtest du, daß es an der Zeit war, das zu machen? Was hast du innerlich gesehen, usw. ... (V.A.K.O.), an dem du gemerkt hast, daß es an der Zeit war, dich so zu verhalten?" Wenn A das dem äußeren Verhalten korrespondierende innerlich wahrnehmbare Phänomen fokussiert hat, soll er oder sie nach innen gehen und fragen: „Du Teil, der sich so gemeldet hat, hast du einen Einwand gegen die Veränderungen, die schon auf dem Weg sind in meinem Leben?" Im Falle der „unmöglichen Verführungskunst" hatte er natürlich etwas dagegen; da ging die Arbeit noch ein gutes Stück weiter, um alternative Verhaltensweisen zu finden, ihr Selbstwertgefühl und ihre Grenzen zu schützen.

Eine interessante Hypothese wäre es, in ihrem Fall — und eventuell auch generell — davon auszugehen, daß sich der zweite Teampartner-Teil erst deshalb im Ökologie-Check gemeldet hat, weil ich in meiner Gegenübertragung erst zu dem Zeitpunkt offen dafür war, ihn wahrzunehmen. Das würde bedeuten, daß das Konzept der interaktionell einwanderhebenden Teile vor allem auch eine Wahrnehmungs- und Handlungshilfe ist, um therapeutisch sinnvoll mit der Gegenübertragung umgehen zu können.

Ein einwanderhebender Teil kann sich auch schon in den ersten Minuten einer Arbeit melden; einfach als ein eventuell sehr wenig prägnantes Beziehungsangebot von A an B. Wird dann später, zum Beispiel im Ökologie-Check, der Aspekt in der Wahrnehmung von B prägnant, umgänglich und einbeziehbar, vermittelt über den interaktionell einwanderhebenden Teil, so kann B sich im Nachhinein fragen, was er oder sie zu Beginn der Sitzung überhaupt wahrnehmen hätte können, um diesen Aspekt der Übertragung–Gegenübertragungs–Konstellation von Anfang an mit einzubeziehen und zu utilisieren? Die Antwort auf diese Frage kann B zum Anlaß nehmen, um etwas zu tun, was *John Grinder* einen „Branch–Dream" nennt: Er geht in der Phantasie, im Tagtraum oder im richtigen Traum zu genau dem Zeitpunkt in der Entwicklung dieser Begegnung zurück, in dem er die Wahrnehmung gemacht hat, die ihre Bedeutung erst im Nachhinein bekommen hat, und träumt von da aus alternative Wege, diese Wahrnehmung früher und vor allem durch Handlungen zu würdigen.

Zusätzlich gilt für interaktionell einwanderhebende Teile genau wie für internal sich meldende Teile: Sie können auch ein Kommentar über das sein, was ich als B tue, oder über die Situation, in der A mit mir als B ist — was ziemlich gleichbedeutend ist, da ich als B die Verantwortung für diese Situation habe. Den Kommentar kann ich als sofortiges Feedback nutzen, indem ich sage: „Frage den Teil, der die Unruhe macht — oder was immer es gerade ist —, ob er einen Kommentar zu der Situation hier mit mir hat?"

(Thies wendet sich an Lukas, der in der Zwischenzeit oft genickt hat.) Ist ganz zufällig deine Frage damit beantwortet? (Lukas nickt.)

Die Verhaltensänderung, mit der sich der einwanderhebende Teil in der Interaktion meldet, könnte man auch Widerstand nennen. Das ist das Schöne an diesem Modell: Es gibt keinen Widerstand, sondern nur Einladungen an B, etwas Neues zu lernen.

Vera: Wie weiß ich denn, ob etwas, was A tut, der Ausdruck eines interaktionell einwanderhebenden Teiles ist?

Denkt dran, dies ist ein Modell der Wirklichkeit, das ich sehr nützlich finde, um mit dem Six–Step–Reframing und anderen Reframing–Modellen zu arbeiten — es ist nicht die Wirklichkeit selbst. Das Kriterium ist, ob die Situation nach der subjektiven Einschätzung von B plötzlich verändert ist, und ob der Rapport von einem Moment zum anderen anders ist als die ganze Zeit vorher. Wenn ich als B diese Hypothese habe, teste ich sie, indem ich frage: „Wie wußtest du, daß es an der Zeit war ...?" Ich lasse mir die Antwort nicht notwendigerweise inhaltlich erzählen, sondern stelle nur sicher, daß A innerlich ein entsprechendes Phänomen fokussiert. Wenn A das tut, kann B so tun, als stimme seine Hypothese. Im negativsten Sinn könnte dann so etwas passieren, wie ich es in meiner Gestaltausbildung wieder und wieder erfahren habe: Der Therapeut will für ihn schwierige Interaktionssituationen mit seinem Klienten routinemäßig dadurch lösen, daß er zunächst sein Gegenüber auffordert, „seinen Anteil" zu bedenken, zu fühlen und zu benennen. Sobald jener diese Aufforderung als sinnvoll akzeptiert, hat er die als Präsupposition enthaltene Wirklichkeitsauffassung anerkannt: Der Klient hat etwas in seinem Verhalten, in seiner Organisation, in seiner Psyche, was sozusagen in einer Einbahnkommunikation dazu führt, daß der Therapeut eben gerade überrascht, verärgert, verunsichert, etc. sein mußte. Das ist die Gefahr des Machtmißbrauches, die im Konzept der interaktionellen einwanderhebenden Teile genauso schon mit angelegt ist, wie in einem solchem Konzept des „Anteils". B braucht einen Weg, sich daran zu erinnern, daß die einwanderhebenden Teile sich immer auch deshalb melden, weil er als Berater etwas ganz Wesentliches über Menschen generell, über seinen A und vor allem über sich selbst noch nicht kapiert hat.

Rainer: Also mir gefällt das noch nicht. Es kann auch sein, daß ich es nicht kapiere ...

Vielleicht wird es aus einer anderen Perspektive noch deutlicher: Eine weitere Gemeinsamkeit der sich internal und external artikulierenden Teile wird in der Wirkung ihrer Einbeziehung in den Prozeß deutlich. Werden die Phänomene gewürdigt, verändern sie sich. Wird die Störung gewürdigt, ist es keine Störung mehr, sondern ein willkommener Hinweis auf zusätzliche Möglichkeiten oder Chancen. Dies ist ein Reframing für A und für B. Das externale Phänomen ist für B vor der Würdigung meist eine Störung des „normalen Therapiebetriebes", und danach ein Hinweis auf eine noch nutzbare Ressource für A.

Rainer: Ah ja, so macht das eher Sinn für mich. Also stammen die einwanderhebenden Teile, die sich in der Interaktion äußern, eher aus einer Dissoziation?

In ihnen und in der Art, wie sie sich äußern, bilden sich oft Dissoziationen ab. Die external sich artikulierenden Teile scheinen dissoziierter zu sein als die internalen. Wie in den Dissoziationen, die mit Suchtmitteln zu tun haben: Ein Alkoholiker gibt kaum zu, daß sein Alkoholgenuß ein Problem ist. Das ist das „Fisch im Wasser"-Phänomen — er kennt das Wasser nicht, bevor er gestrandet ist.

Silke: Die Ernüchterung nach solchen dissoziierten Episoden wird oft auch als Gestrandetsein erlebt.

Genau. Die Wirkung ist in beiden Fällen ein Reframing der Störung, als Grundlage, die in ihr enthaltene Energie und Information für den Veränderungsprozeß zu nutzen. Meiner Erfahrung nach ist interessanterweise nach der Einbeziehung eines einwanderhebenden Teiles die nächste Trance von A immer ein bißchen tiefer und symmetrischer als die davor. Nach meinem Glaubenssystem wird das innere Erleben von A nach der Einbeziehung eines Einwandes kongruenter; wahrnehmbar sowohl in der nächsten Trance an der Symmetrie, als auch äußerlich, im Fall des external sich meldenden Teiles: Aus einem „übertriebenen" Verhalten wird ein innerlich identifizierbares Phänomen und schließlich ein Trance–Zustand, in dem das Phänomen als Einwand gewürdigt wird. Aus diesem Trance–Zustand kommt A jedesmal kongruenter und zentrierter in den Kontakt zu mir als B zurück.

Lukas: Was ist, wenn am Ende jemand noch asymmetrisch ist, aber kein einwanderhebender Teil mehr da ist?

Du meinst, wenn du in der Interaktion nichts wahrnehmen kannst, was du sozusagen probeweise als einwanderhebenden Teil definieren und behandeln kannst, um dann herauszufinden, ob dadurch noch eine weitere Trance möglich ist, in oder nach der die Symmetrie zunimmt? (Lukas nickt.) Dann kann ich so etwas sagen, wie: „Ich möchte, daß wir ganz sicher gehen, keinen Teil zu übersehen oder zu überhören etc., der eventuell noch einen Einwand gegen die schon in dein Verhaltensrepertoire inkorporierten neuen Wege hat und der womöglich der Vertreter eines wichtigen Bedürfnisses von dir ist." Ich achte dabei auf nonverbale, minimale unbewußte Zeichen der Zustimmung. Dann bitte ich A: *„Ohne es zu verändern,* registriere im Moment genau wie deine Haltung ist. Achte besonders auf Asymmetrien und darauf, wie sie sich innerlich anfühlen. Und wenn du durch den ganzen Körper hindurch genau gespürt hast, wie die Asymmetrie ist, als innerlich wahrnehmbares Phänomen, dann wechsel in eine bewußt initiierte, eventuell sogar künstlich aufgesetzte, symmetrische Haltung, und achte auf alle Wahrnehmungen, die du im Moment dieses Wechsels machen kannst. So bekommst du Kontakt zu dem Teil von dir auf der unbewußten Ebene, der noch einen Einwand hat." In 99% der Fälle, in der ich diese Intervention gemacht habe, hatten meine A danach nicht nur Zugang zu dem entsprechenden Teil, sondern zeigten auch mit der Versöhnungs–Physiologie, daß sie irgend etwas Bedeutsames in ihrem Leben neu würdigen konnten.

9.5 Umgang mit Übertragung und Gegenübertragung

Ruth: Habe ich es richtig verstanden, daß sich alles Wesentliche in Teile verwandelt? Also gibt es nicht das Ich, sondern es gibt den Teil, der macht das, und einen Teil, der macht jenes, und einen, der macht die Widerstände, und einen, der macht andere Vorschläge, und dann gibt es noch einen Teil, der berät, und noch einen Teil, bis man so alle Teile im Team hat .....

Nicht notwendigerweise immer, aber bei euch scheint es so gewesen zu sein. Ihr hattet also ein Team. Gab es hierarchische Strukturen in dem Team?

Ruth: Ja, aber es war immer das Ich dabei. Es gab einen Teil, der als erster erschien und sagte: „Ich mache X." Aber dieser Teil war eigentlich sehr clever.

„Er war eigentlich sehr clever" impliziert, daß es dumme Teile gibt. Die gibt es nicht.

Ruth: Ja. Und dann haben wir einen Teil gefunden, der genau weiß, warum der dumm ist.

(Allgemeines Lachen, auch Thies lacht, etwas überrascht und ungläubig.)

Also, noch mal von vorne: Ihr habt also zuerst gefragt: „Teil, der du zuständig bist für das X, bist du bereit, mit mir im Bewußtsein zu kommunizieren?" Und da kam einer und meldete sich mit einem bestimmten Signal und sagte damit: „Ich bin der Teil, der für das X zuständig ist." Was ist dann passiert?

Ruth: Dann habe ich, weil ich Zeichen sah, daß der Teil schon ganz gut bekannt war, nach dem Namen gefragt: „Hat der Teil, der X macht, einen Namen?" A hatte ein Bild, und ich sah so eine große Vertrautheit.

Vertrautheit im Sinne einer Abwehrhaltung wie „ah, der schon wieder", oder eher erfreut wie „schön, daß du mal wieder da bist"?

Ruth: Im Sinne von letzterem. Ich habe mir gedacht, daß da bestimmt ein Bild ist, ich sah das auch, und ...

Moment, deine A hat vor ihrem geistigen Auge ein Bild und du siehst es auch? Das ist spannend.

Ruth: Also ich hatte zumindest den Eindruck, es auch zu sehen.

Ach so. (Er sieht zu Lydia, die in dieser Arbeit A war und etwas verschüchtert guckt, als wäre sie etwa elf Jahre alt und mit ihrer Mutter beim Schulpsychologen.) Das könnte noch wichtig werden, je nachdem, ob die Übertragung–Gegenübertragungskonstellation für die Beantwortung deiner Frage wichtig wird.

Aber wenn meine A in einer Weise an ihr X–Verhalten denkt wie „Schön, daß du dich mal wieder meldest", oder „Ah, ich wußte gar nicht, daß du auch für das X zuständig bist, du geliebter Teil, den ich von anderen Kontexten kenne", so schreit diese Situation geradezu danach, utilisiert zu werden. Etwa indem ich sage: „Wenn du dir das vergegenwärtigst, an das X und daran denkst, daß du den Teil vielleicht in anderen Zusammenhängen jetzt schon wertschätzt, was

weißt du dann neu über die positive Funktion des X?" Das oberste Ziel ist ja, daß das Bewußtsein die sekundären Gewinne erfahren bzw. die positive Funktion des X würdigen soll, als Grundlage für seine angemessene Mitwirkung an der Veränderung oder für konstruktive Trance-Zustände.
Ruth: Ja, das war genau der Punkt in dem ganzen Reframing. Dieser Teil meinte es gut, aber er war zu dumm, um zu wissen, was gut war.
Hast du mitbekommen, was ich eben gesagt habe?
Ruth: Äh, ... ja (schüttelt dabei leicht den Kopf). Dieser Teil wurde teils freudig begrüßt und teils ... es ging immer hin und her, die Entscheidung, wie dieser Teil angeredet wurde. Dann kam mir die Idee, wenn dieser Teil dumm ist, gibt es vielleicht einen anderen Teil, der extrem klug ist, und den gab es auch, und der hatte auch einen Namen.

Und dann habt ihr darauf hingearbeitet, daß die beiden Teile — sozusagen wie der Blinde und der Lahme — sich zusammentun und ihre Fähigkeiten kombinieren.
Ruth: Ja, das wurde so gemacht. Das Ich, dieser andere Teil, der wußte, daß dieser Teil dumm war, ... da war die Frage, Kommunikation, Hilfe und Lösung .... da hat der Teil gesagt, ich mache nichts, ich gebe nichts und ich mag auch nichts.

Ein Tip direkt dazu: Wenn so etwas passiert, gibt es den Standard, auch in zwischenmenschlichen Verhandlungssituationen — und hier geht es ja um so etwas wie eine interne zwischenmenschliche Verhandlungssituation: „Gehe nach innen und frage den Teil, ob es Bedingungen gibt, die ich, A, vom Bewußtsein her erfüllen kann, unter denen du das doch tun würdest."
Ruth: Ja, das habe ich gemacht. „Was müßtest du tun, damit der sich mit dir alliiert?" Darauf war die Antwort: „Ich müßte so werden wie er."

Halt! (Er geht zu ihr hin und legt ihr die Hand auf die Schulter.) Kannst du sie mal anschauen (er deutet zu Lydia, die er dann anspricht) und du sie ... (sie machen es, gucken aber beide sofort wieder Thies an). Schaut euch mal weiter an, eine Zeitlang, während ihr mir erlaubt, zwei, drei Dinge zu Euch zu sagen. (Er wartet ihr nonverbales Einverständnis ab; beide nicken.) Es kann sein, daß ihr erst jetzt dazu kommt, vom Bewußtsein her die interessante Situation zu würdigen, in der ihr miteinander seid. Angenommen, ihr wart vorhin in der Lage, eine spannende Übertragung zu entwickeln ... Übertragungen sind übrigens die Quelle von Wachstum und Bereicherungen, in jeder Beziehung (etwas verlangsamt gesprochen, um die Ambiguität zu markieren). Und ob ihr eine Übertragung aufeinander entwickeln konntet, findet ihr vielleicht im Sehen ..., oder, wenn ihr euch noch einmal die Stimme eures Gegenübers vergegenwärtigt ..., im Hören. (Er sieht, während er spricht, zwischen beiden hin und her, Ruth hat schon in der Pause nach dem Wort „Sehen" ideomotorisch genickt, Lydia noch nicht.) Es kann auch sein, daß ihr innerlich fühlt, daß ihr schon einmal in einer ähnlichen zwischenmenschlichen Situation wart. (Jetzt kommt auch bei Lydia ein ideomotorisches Nicken.) Und während ihr euch weiter anguckt, möchte ich, daß ihr euch fragt, ob es vielleicht interessant wäre, diese Situation auf eine ganz neue Weise zu nutzen; denn das Tolle an der Situation, in der ihr jetzt seid, ist, daß die Person, die euch gegenübersitzt, Dinge sagen kann, oder zu sagen bereit ist, die die Originalperson nicht sagen kann oder konnte, oder nicht bereit ist oder war zu sagen. Also könnt ihr jetzt die Gelegenheit nutzen, etwas Bestimmtes zu lernen, was ihr sonst nicht lernen könntet. (Er achtet auf ein ideomotorisches Nicken, welches von beiden kommt; beide sind im Trance–Zustand und zeigen, als reziprokes Interaktionsphänomen die Versöhnungs–Physiologie.) Und laßt euch überraschen, ob ihr eine kleine nonverbale Verabredung darüber machen könnt, später ohne mich die Möglichkeiten der Situation noch weiter zu erforschen, oder ob ihr es eurem Unbewußtem überlaßt, wie ihr die jetzige Situation so auflöst, daß ihr die bestmögliche Ausgangsposition für das habt, was nach diesem Erlebnis Interessantes passiert. (Thies zieht sich etwas zurück, beobachtet aber die beiden weiterhin und hält sich auch bereit, falls sie Hilfe oder noch mehr Prozeßinstruktionen brauchen. Nach einiger Zeit nicken sich die beiden zu und treffen eine Verabredung für die Pause. Sie sind aus ihren Trance–Zuständen und den Problem–Physiologien der Übertragung heraus wieder ganz reorientiert.)

Schön, herzlichen Glückwunsch. Und wir verraten keinem, welche Übertragung das war, oder? (Beide sehen sich noch einmal kurz an, schütteln den Kopf und lachen.)

Das Thema der Einzelarbeit ist Figur auf dem Hintergrund dessen, was in der Gruppe passiert. Das ist eines der wichtigsten Dinge, die ich als Gestalt–Therapeut gelernt habe. Zusätzlich habe ich in meiner Gestalt–Zeit gefunden, sowohl in meiner Ausbildungsgruppe als auch in den vielen Gruppen, die ich selbst geleitet habe, daß die Gruppen–Einzelarbeit–Thema–Relation noch einen anderen Aspekt hat, nämlich die Frage, wie das Unbewußte des Protagonisten weiß, welches für die entsprechende Gruppensitzung die richtige der unerledigten Szenen ist. Das Unbewußte sucht die richtige Szene zum Bearbeiten danach aus, was wohl die geeignetste Metapher für das

Bewußtsein des Protagonisten, das der übrigen Gruppenteilnehmer und das des Trainers ist, um eine bestimmte Übertragung–Gegenübertragungs–Konstellation der Hier–und–Jetzt–Gegenwart zu transzendieren. Und das sind meistens welche, die zum Gruppentherapeuten bestehen. Eine ähnliches Phänomen gibt es meiner Erfahrung nach auch in den Kleingruppen hier: Wen ich mir aussuche, um an dem innerlich schon festgelegten X zu arbeiten, bzw. welches X ich aussuche, wenn ich weiß, wer in meiner Kleingruppe mein B und C sein werden — sich das zu vergegenwärtigen ist sehr spannend, nicht? (Ruth und Lydia nicken.) Wer war C bei euch?
Guido (meldet sich): Ich.

Denk du doch nochmal an den Moment zurück, wo vorhin Ruth und Lydia ihre Übertragung entdeckten, als ich zu beiden geredet habe, oder an einen anderen Moment, in dem du die beiden angeguckt und ihnen zugehört hast ... (Stimme langsamer und tiefer) und vielleicht kannst du einen Moment darüber meditieren, wenn du eine Übertragung auf beide gemacht hättest, welche dafür in Frage kommen würde? Vielleicht findest du sie auf der Stelle oder bist sofort in der Lage, sie zu erfinden oder zu konstruieren ..., vielleicht nimmst du dir auch erst die Zeit, dich zu fragen: „Wenn ich einzeln auf jede von beiden eine Übertragung hätte, oder mir eine ausdenken oder erzeugen sollte, welche würde ich nehmen, (Guido sieht Lydia an) für A ..., (er sieht Ruth an) und für B?" Ganz egal, ob du sie als einzelne Übertragungen erlebst, oder als das, was ich Beziehungsübertragung nenne, wie vielleicht die Beziehung zwischen Mutter und Schwester (Guido lächelt). Vielleicht kannst du dich, während du sie weiter ansiehst, auch überraschen lassen, ob du mit ihr (er deutet auf Lydia) oder mit ihr (er deutet auf Ruth), oder mit beiden zusammen eine nonverbale Verabredung machen wirst, euch später auszutauschen und diese Lernsituation zu nutzen ... (Guido geht spontan auf beide zu und umarmt sie.)

Sehr interessante Konstellationen von Teilen hatten die beiden in ihrer Arbeit. Denkt daran, die metaphorische Realität, die man bzw. Frau sich als B mit A erarbeitet, ist so einzigartig wie es zum Beispiel eine Fotomontage ihrer genau übereinanderkopierten Fingerabdrücke wäre. Wie ich schon sagte, B und A entwickeln und konstruieren gemeinsam eine Realität. Und wenn ich als A mit jemand arbeiten würde, würde ich bei dem gleichen X als Inhalt eine völlig andere Realität konstruieren als mit jedem anderen B. Wenn die beiden (zeigt zu Ruth und Lydia) jetzt mit dem gleichen X wieder ein Six–Step–Reframing machen würden, wäre es ein völlig anderes. Und ich bin sicher, daß sich auch ein völlig anderes Team von Teilen melden würde. Vor allem, wenn es nach ihrer Dreier-Verabredung stattfinden würde. Manchmal „externalisieren" sich Teile scheinbar; beim genaueren Hinsehen und Hinhören bildet sich die Dynamik der Kleingruppe im internalen „sozialen Mikrokosmos" exakt ab. Im nächsten Seminar, wenn es um das Verhandlungsmodell geht, werden wir auf dieses Abbildungsphänomen zurückkommen. Eventuell wäre dieses Modell für die Besonderheiten des Reframings von Ruth und Lydia besser geeignet, denn Grundlage des Verhandlungsmodelles sind zwei Teile, die darüber im Konflikt sind, wann wer für die Person arbeitet. Aber ich denke eher, daß im Beispiel eben die Konfliktstruktur innerhalb der Teilegemeinschaft ein Abbild der äußeren Übertragungsdynamik war.

Einen Kommentar zu der Arbeit von Ruth und Lydia vorhin habe ich noch. Wenn im Reframing die Situation plötzlich so ist, daß ein Teil über einen anderen Teil denkt, er sei dumm, wie auch immer das Bewußtsein von A das weiß, könnte ich A bitten, dem Teil zu sagen: „Wenn du denkst und sagst, der andere Teil sei dumm, kann es gut sein, daß das für dich ein Weg ist, etwas Bestimmtes in meinem Leben sicherzustellen. Vielleicht gehört dazu dein Wissen, daß es dem anderen Teil nichts ausmacht, wenn er als dumm bezeichnet wird. Aber daß du mir gegenüber im Bewußtsein den Teil als dumm bezeichnest, kann ein Weg sein, wie du etwas Bestimmtes in meinem Leben tun willst. Es muß nicht notwendigerweise sein, daß du den anderen Teil wirklich dumm findest." Alle Interventionsmuster, die in zwischenmenschlichen Verhandlungs-, Konferenz- und Schlichtungssituationen oder in familientherapeutischen Kontexten wirksam und angemessen sein könnten, sind auch in der intrapsychischen Kommunikationssituation der Teile effektiv.

Etwas Ähnliches habe ich einmal am Ende eines Six-Step-Reframings erlebt. Ein Teil in A sagte, der Rest der Arbeit könnte auf Traumebene gemacht werden. Und ein anderer Teil sagte: „Nein, um Gottes Willen, der Traumteil kann das nicht." Meine nächste Intervention war: „Gehe mal nach innen und frage den Teil, der dem Traumteil das nicht zutraut, ob dieser es wirklich nicht kann, oder ob er das nur sagt, um etwas Bestimmtes, Wichtiges sicherzustellen oder durchzusetzen." Dies war natürlich der Fall. Hinter der Aussage steckte eine spezielle Absicht. Der Teil wollte eigentlich sagen, daß es Zeiten für Traum-Reframings und Selbst-Reframings gibt, aber auch Momente, wo man zu jemand hingehen und darum bitten sollte, daß derjenige ein Reframing mit einem macht. Letzteres wollte der Teil. Er hat den Traumteil für stark und souverän genug gehalten, um es aushalten zu können, inkompetent genannt zu werden.

Diese Situation gibt es auch in manchen Beziehungen, wenn sich die Partner selbst Etiketten anhängen, auf denen zum Beispiel steht, „ich bin frigide", oder „ich bin impotent". In solchen Fällen passiert es häufig, daß der Partner, der sich als impotent oder frigide bezeichnet, sicher bzw. souverän und stark genug ist, dieses Etikett tragen zu können, um den anderen damit zu schützen.

Jedes Reframing ist spannend und einzigartig. Prinzipiell alle Besonderheiten zwischenmenschlicher Systeme kann ich auch als potentielle Besonderheiten der Teile-Metapher des Unbewußten erwarten. Also kann ich mich jedesmal auf neue, spannende Konstellationen freuen, wenn ich mit jemanden ein Reframing anfange.

Dagmar: Was du mit den Dreien aus der Kleingruppe gemacht hast, war das nicht auch ein Reframing?

Klar! Ich nenne es, „Reframing der Übertragungssituation" und habe es in den vielen Seminaren entwickelt, die ich in dem letzten Jahrzehnt gemacht habe. Es funktioniert als sehr kurzes inhaltliches Reframing oder als Interventionsmuster. Für diejenigen von euch, die auch mit Gruppen arbeiten und wissen, wie schnell und intensiv Übertragungs- und Gegenübertragungs-Konstellationen entstehen, sind hier noch einmal kurz die Schritte des Interventionsmusters.

9.5.1 *Kurzform der Schritte*

INTERVENTIONSMUSTER ZUR BEARBEITUNG VON ÜBERTRAGUNGS- UND GEGENÜBERTRAGUNGSKON-STELLATIONEN:

1) Interaktion unterbrechen

2) Rapport-Check mit beiden Interaktionspartnern

3) Instruktion I
Guckt euch doch beide mal an, bitte.
a) Ihr achtet darauf, daß beide im Separator–State sind.
b) Beide sollten in einer Neugierhaltung sein.
c) Ihr überprüft, ob Einwände gegen eine Führung von außen bestehen, im Kontext der entsprechenden Übertragungs-Regression bzw. der äußeren Öffentlichkeit (Klein- oder Großgruppe).

4. Instruktion II
Und während ihr euch anguckt, möchte ich, daß ihr euch weiter anguckt und mir gleichzeitig zuhört...! Hier sollte sich eine Trance-Physiologie bei beiden entwickeln, ohne die speziellen Übertragungs-Physiologien.

5. Explizitmachen der Übertragungssituation
Es kann sein, daß ihr erst jetzt dazu kommt, vom Bewußtsein her, die interessante Situation zu würdigen, in der ihr miteinander seid. Übertragungen sind die Quelle von Wachstum und Bereicherungen, in jeder Beziehung. Und ob ihr eine Übertragung aufeinander habt, findet ihr vielleicht im Sehen, oder, wenn ihr euch noch einmal die Stimme eures Gegenübers vergegenwärtigt, im Hören. Es kann auch sein, daß ihr innerlich fühlt, daß ihr in einer ähnlichen zwischenmenschlichen Situation schon einmal wart. Dabei achtet ihr auf ein ideomotorisches Nicken von beiden.

6. Reframing der Übertragungssituation
Das Tolle an der Situation, in der ihr jetzt seid, ist, daß die Person, die euch gegenübersitzt, euch Dinge sagen kann, oder zu sagen bereit ist, die die Originalperson euch nicht sagen kann oder konnte, oder nicht bereit ist oder war, euch zu sagen. Also könnt ihr jetzt die Gelegenheit nutzen, etwas Bestimmtes zu lernen, was ihr sonst nicht lernen könntet. Achtet auf ein ideomotorisches Nicken und auf Trance– und eventuell Versöhnungs–Physiologien.

7. Erweiterung der Interaktion
Laßt euch überraschen, ob ihr eine kleine nonverbale Verabredung machen könnt, später ohne mich die Möglichkeiten der Situation noch weiter zu erforschen; oder ob ihr es eurem Unbewußtem überlaßt, wie ihr die jetzige Situation so auflöst, daß ihr die bestmögliche Ausgangsposition für das habt, was nach diesem Erlebnis Interessantes passiert. Ihr überlaßt die beiden sich selbst und studiert aus der Ferne die Neuerungen in der Interaktion. Wichtig ist die Überprüfung der Ökologie, speziell wenn andere Personen involviert sind.

9.5.2 Fragen

Was habt ihr noch erfahren in eurer ersten Six-Step-Reframing-Sitzung?
Roland: Das sind so viele Teile, da kommen immer wieder neue Teile und ...
   Du wirst mit etwas Übung eine spezielle Form von Trance entwickeln, die es dir ermöglichen wird zu wissen, welche Teile beteiligt sind; du kannst sie vielleicht mit den Fingern repräsentieren (er macht eine Geste, wie wenn er etwas an den Fingern abzählt), oder du machst dir einen Film vor dem geistigen Auge, und stellst sicher, daß du jeden, der in der Interaktion neu erwähnt wird, in ihm repräsentierst. Du kannst es auch primär auditiv machen, indem du zum Beispiel jedem Teil, der schon da ist, ein Instrument oder eine Stimme zuordnest. Wichtig ist, auf irgendeine Weise sicherzustellen, daß du als B nicht nur alle Teile von A speichern kannst, die bisher schon Vordergrund waren, sondern auch eine Möglichkeit hast, die Informationen über sie zu speichern. Wenn du eine Wandtafel hast, so wie wir jetzt hier, kannst du sie alle aufschreiben und mit Kreisen etc. symbolisieren. Das tue ich häufig, wenn viele Teile beteiligt sind. Damit hast du visuelle Anker, die die Verständigung mit A sehr erleichtern. Du brauchst nur noch hinzuzeigen, wenn du über zwei oder drei Teile und ihr Verhältnis untereinander etwas sagen willst, anstatt langwierige Benennungen benutzen zu müssen.
   Eine Wandtafel ist natürlich sehr gut bei Demonstrationen vor der Gruppe. In der Praxis laß ich den Klienten manchmal Dinge von meinem Schreibtisch nehmen und damit auf dem Fußboden die Teile symbolisieren. Damit bekomme ich manchmal sehr wichtige zusätzliche Informationen über die Teile und ihre Beziehungen untereinander. Meistens reicht es jedoch, die Teile einfach zu numerieren, besonders die einwanderhebenden Teile. Dabei müßt ihr darauf achten, daß ihr die Zahlen als gute auditive Anker etabliert: Immer wenn A gerade eine Kommunikation von einem Teil erhält, ankert ihr die Signal-Physiologie des betreffenden Teiles, indem ihr etwa sagt: „Aha, da hat sich also Teil Nummer Soundso gemeldet." Macht dich das mutiger? Kannst du damit was anfangen?
Roland: Ich werde es auf jeden Fall probieren.
Alice: Wie ist das mit dem Ja-Nein-Signal in Schritt vier? Ich sage mal, wie ich das verstanden habe. Wenn A aus seiner Trance zurückkommt, bitte ich ihn, sich für die Kooperation zu bedanken und nochmal zurückzugehen und um ein Ja-Signal zu bitten, bezüglich der Bereitschaft zu kommunizieren.

Nein, dann nicht mehr bezüglich der Bereitschaft zu kommunizieren — das hat er ja schon gemacht. Dann heißt es im wesentlichen: „Jetzt, wo du mir schon deine Bereitschaft, überhaupt mit mir zu kommunizieren, signalisiert hast, möchte ich dich bitten, mir ein Ja-Signal zu schicken, damit wir das auch sinnvoll tun können."
Die Etablierung des Signals vollzieht sich eigentlich in zwei Schritten. Die erste Instruktion lautet: „Gehe nach innen und frage, bist du bereit, mit mir zu kommunizieren und nimm einfach erstmal auf, wie er es tut." Die Frage kann nicht verneint werden, das ist das Schöne. Was immer dann in dem Trance-Zustand passiert, ist eine Kommunikation des Unbewußten. Es wird in irgendeinem Sinneskanal etwas passieren und wenn A mit der Antwort zurückkommt, frage ich gleich: „In welchem Sinnessystem hat er sich gemeldet?" Dadurch validieren wir die Tatsache, daß ein veränderter Bewußtseinszustand da war, und machen das Phänomen nochmals prägnant für A. Ich weiß dann, ob es ein V-, A-, K- oder O-Phänomen war, und lasse A im nächsten Schritt den Teil bitten, das gleiche Phänomen auf eine Weise noch einmal zu schicken, durch die A später weiß, welche Kommunikation des Teiles einem Ja und welche einem Nein entspricht.

Cordula: Was ist, wenn innerlich mehrere Dinge gleichzeitig wahrnehmbar sind?

Angenommen, zwei oder drei Phänomene kommen auf einmal, dann würde ich fragen: „Erlebst du das vom Bewußtsein als ein Phänomen, als aus einem Guß?" Es ist gut möglich, daß das eine vollständige Regression über alle Sinneskanäle ist. In dem Fall würde A sicher sagen: „Ja, das gehört zusammen, der Geruch, das Körpergefühl usw.". Angenommen, A sagt, es waren zwei oder drei verschiedene Phänomene, dann ist die Anzahl für mich maßgeblich, die A mir angibt, also die Art und Weise, wie A das subjektive Erleben vom Bewußtsein, von der bewußten Wahrnehmung her aufteilt und sortiert. Dann sage ich: „Gehe jeweils zu den Teilen, die die Phänomene gemacht haben und frage sie einzeln, arbeitest du mit am X." Auf diese Weise lasse ich alle drei Phänomene hinterfragen. Die, die mit Ja antworten, sollen sich im nächsten Schritt zum Team zusammentun. Und von denen, die Nein sagen, weiß ich automatisch, daß sie einwanderhebende Teile sind. Wenn das für einen Teil auch nicht zutrifft, kann ich davon ausgehen, daß er ein wichtiges Feedback an A, an mich als B oder über die Gesamt-Situation hat. Diese Möglichkeit zum Instant-Feedback für mein Tun als B ist für mich mit das Wertvollste an diesem Modell.

Wenn mehrere Phänomene die Antwort auf die erste Frage nach

der Kommunikation sind, also bevor die Ja–Nein–Bedeutung etabliert ist, kann ich das gleiche tun und einfach voraussetzen, als könnte mein A schon Ja und Nein differenzieren.

Eine andere Möglichkeit ist es zu fragen, welches, oder ob alle der Phänomene einen autonomen Charakter haben: „Kannst du es, vom Bewußtsein her initiiert, genauso wiederholen, wie es eben spontan passiert ist?" Die Signale im Reframing haben autonomen Charakter. Sie werden vom Bewußtsein erfahren wie Geschenke, wie etwas, das nicht kontrollierbar ist. Das ist der große meta-therapeutische Gewinn der Trance–Phasen des Six–Step–Reframing: Zu lernen, sich überraschen zu lassen, nicht alles kontrollieren zu müssen, sich hingeben zu können. Im Six–Step–Reframing wird diese Haltung nicht nur dem eigenen Unbewußten gegenüber gelernt, sondern den Mitmenschen, der Welt und für manche Klienten auch Gott gegenüber.

Wenn keines der Phänomene diesen Charakter hat, kann ich sicher sein, daß ich in der Phase des Ideen–Säens nicht gründlich genug war: Dann brauche ich einen Zitat–Check. Dazu kommen wir später.

Thilo: Du sagtest vorhin, es wäre ein Feedback des Unbewußten an A selbst. Was wäre ein Beispiel dafür?

Wenn A sich zum Beispiel selbst Leistungsterror macht, der vielleicht äußerlich daran deutlich wird, daß er oder sie schlecht und unbequem sitzt, dann könnte sich ein Teil melden, der mit irgendeinem Phänomen innerlich darauf hinweist, sich erstmal so hinzusetzen und sich die Situation entsprechend einzurichten, damit die angestrebte Veränderung überhaupt möglich wird. Ich habe es einmal erlebt, daß aus einem Phänomen wie Seitenstechen der Impuls wurde, zur Uhr zu gucken und sich an einen wichtigen Termin zu erinnern. Der Klient mußte erst telefonieren und das klären, bevor er die Arbeit mit mir weitermachen konnte.

Sigrid: Kann ich mit dieser Technik auch an Phobien arbeiten?

Wenn der Klient gleich am Anfang auf seine Frage, „Bist du bereit, mit mir im Bewußtsein zu kommunizieren?", eine Antwort in einer unangenehmen Form bekommt mit Schweißausbrüchen, Herzrasen, Schwindelanfällen etc., kann ich sagen: „Wenn ich *so* angesprochen würde, wie du ihn ansprichst, würde ich dir auch in der Form antworten." Ich weiß zwar in dem Moment nicht genau, wie er es innerlich gemacht hat, tue aber so, als wenn ich es wüßte und als hätte er es sehr disrespektvoll gemacht. Das heißt, wenn das erste Signal von dem Teil, der die phobische Reaktion im Leben von A einsetzt, die phobische Reaktion selbst ist, brauche ich eine Möglichkeit, diese Tatsache sehr schnell so zu reframen, daß ich sie utilisieren kann. Ich brauche außerdem einen exquisit guten Rapport und eine große Variationsbreite von potentiellen Separator-State-Manövern. Die eben vorgeschlagene Intervention ist meist ein guter Separator und gleichzeitig ein sinnvoller Rahmen für A's Wahrnehmung — sinnvoll wieder physiologisch gemeint, denn oft zeigt A als Reaktion alle erfüllten Gütekriterien eines guten inhaltlichen Reframings. Wir kommen im Zusammenhang mit dem sogenannten Zitat-Check noch darauf zurück. Wenn ich diese günstige Reaktion kriege, kann ich sagen: „Gehe nach innen und bitte ihn, das Signal angenehmer zu machen oder sich ganz anders zu melden" — wobei ich auch sage, daß die Betonung auf „bitte" liegt." Wenn sich das Signal dann verändert, kann ich mit einem Six-Step-Reframing an der Phobie arbeiten. Wenn das Signal sehr unangenehm bleibt, würde ich zumindest als Anfänger bei einer Phobie kein Reframing machen, um das Risiko auszuschließen, daß sie sich unnötig generalisiert.

9.6 Mit Kopf und Bauch dabei

Nachdem ihr das Six-Step-Reframing schon selbst geübt habt, könnt ihr die folgende Demonstration mit dem Wissen verfolgen, daß ihr die Schritte alle schon kennt. So könnt ihr besser auf Feinheiten achten.

Wenn du einverstanden bist (zu Stephanie, die schon neben ihm auf dem Tisch sitzt), hätte ich nachher gerne noch zwei Leute mehr hier vorne zum Demonstrieren, so daß ihr das Six-Step-Reframing gleich in verschiedenen Versionen kennenlernen könnt. (Sie nickt.)
Thies: Hast du vorhin die X-Physiologie und die gegenteilige Physiologie integriert?
Stephanie: Ja.
Thies: Und hast du in der Integration Fähigkeiten wiedergefunden oder entdeckt?
Stephanie: So einen Anflug von einer veränderten Haltung.
Thies: Heißt das, die Fähigkeit könnte sein, in einer bestimmten Weise deine Haltung zu überprüfen; zu wissen, in welcher Haltung du bist? Das weiß man ja manchmal, nicht immer.
Stephanie: Ja.
Thies: Und weißt du, wo du diese Fähigkeit gut verwenden kannst?
Stephanie: Ja, einen Kontext habe ich. Da muß ich es ausprobieren.
Thies: Kannst du es mal durchhalluzinieren. (Stephanie orientiert sich nach innen.)

Ich teste, ob sie das, was sie in der Integration an Fähigkeiten fand, ökologisch eingeplant hat, oder ob sie damit Unsinn macht.
Stephanie (reorientiert sich): Ich denke, es ist schwierig.

O. K., wir nennen es nicht, „Macht sie Unsinn damit?", sondern „Ist es schwierig?". (Er blinzelt ihr dabei zu, sie nickt nach einem Moment zustimmend und lächelt.)
Thies: „Es ist schwierig" heißt nur, daß du ein paar Sekunden länger dafür brauchst, die geeigneten Kontexte zu finden ..., (mit tiefer Stimme, trancemäßig) Situationen in der Zukunft ..., wo du diese neugefundene Fähigkeit anwenden willst ..., in einer bestimmten neuen Art deine Haltung überprüfen zu können, also in neuer Weise zu wissen, in welcher Haltung du gerade bist ...; Situationen, in denen du diese Fähigkeit einsetzen willst.

Stephanie (reorientiert sich): Nein, es ist nicht schwierig, die Situationen zu finden. Schwierig ist, daß die Haltung allein nicht genügen wird.

Thies: O. K. In den Situationen, die du bisher gefunden hast. Es sind also nicht die Kontexte, die du suchst. Wenn du in dem Kontext, wo die Haltung allein nicht genügt, die Fähigkeit einsetzt, kann es theoretisch für dich sogar schwieriger werden, anstatt leichter. Also suchst du dir einen anderen. Du sagst: „O. K., hier habe ich die Fähigkeit, in dieser bestimmten Weise meine Haltung zu überprüfen. Wo will ich mir vornehmen, sie einzusetzen, damit sie nicht in Vergessenheit gerät?" Was soll sie hier im Raum bleiben? Da schimpfen nur die Putzfrauen heute abend. (Stephanie lacht und geht wieder in Trance.)

Das ist der Sinn vom FuturePace. Was sollen andere Menschen mit dieser Fähigkeit anfangen? Es könnte natürlich sein (wendet sich von Stephanie weg, als wenn er tuschelnd jemand in der Gruppe einen heißen Tip gibt, etwas zu klauen, auf das der Besitzer gerade nicht richtig aufpaßt), daß sie sie einfach für etwas ganz anderes nehmen. (Allgemeines Lachen. Stephanie reorientiert sich.)

Stephanie: Es gibt zwei Kontexte.

Thies: O. K. Suche noch einen dritten. Manchmal ist es wichtig, die kleinen Veränderungen im Leben zuerst anzustreben, die die Basis oder die Plattform für die nächsten Schritte bilden.

Stephanie: Einen halben habe ich.

Thies: Nein, halb geht nicht. (Er macht eine Geste in ihre Richtung, die er als Anker für „in Trance gehen" etabliert hat.)

Zum ersten Entwurf gab es nämlich schon einen Einwand, von der Symmetrie her.

Thies: Deshalb sollte der dritte einer sein (Stimme wieder trancemäßig), wo die Fähigkeit *genau* hinpaßt ..., insofern, als du auch mit den Konsequenzen umgehen kannst. ... (Zeigt auf ihre gekreuzten Beine und Füße.) Da nicht, jedenfalls nicht so ...

(Stephanie geht wieder in Trance, diesmal tiefer, kommt mit einer spontanen, symmetrischen Ausrichtung zurück.)
Thies: O. K., danke. Tun wir mal so, als wenn du, während du das in der nächsten Zukunft ausprobierst, noch Ideen bekommen würdest darüber, was du noch lernen müßtest, um sicherzustellen, daß du auch den ersten Kontext ausprobieren kannst? (Während er sie fragend ansieht, nickt er leicht mit dem Kopf und schließt dabei für einen Moment die Augen. Mit diesem Verhalten hatte er sie vorher wiederholt aufgefordert, in Trance zu gehen.)
Stephanie: Mhm (orientiert sich wieder internal).
Thies: Und tun wir weiterhin so, als ob du diese Ideen von alleine in die richtige Sequenz bekommst. (Er zeigt das gleiche nonverbale Verhalten wie eben.)
Stephanie (nach einem kurzen Trancemoment kongruent mit ideomotorischem Nicken): Ich denke doch.

Das war der erste Schritt. Die Fähigkeiten aus der Integration waren noch nicht ausreichend im FuturePace durchhalluziniert. Das sind sie nun, zumindest besser als vorher. Ich bekomme hier zwar noch einen Einwand gegen die Art und Weise, wie sie die Fähigkeit einsetzen will, aber sie versichert glaubhaft, sie könne damit alleine umgehen. Der Einwand ist also gewürdigt. Nach der Integration mit FuturePace kommen wir zur Sinnhaftigkeit des X.

Thies: Hast du vorhin neue Ideen über die Sinnhaftigkeit des X gekriegt?
Stephanie: Nein. Es war eine altbekannte Idee, die mir überhaupt nicht paßt (zeigt dabei aber die Versöhnungs–Physiologie).

Das ist interessant. Wir sind in der Vorbereitung für das eigentliche Six–Step–Reframing, in der häufig schon viel Reframendes passiert. Wir kennen zum Beispiel die Physiologie, aus der heraus sie sagt, daß ihr das nicht paßt. (Er spielt die damit verbundene Inkongruenz vor und bringt damit viele zum Lachen.)
Thies: Du weißt, aus welchem guten Grund ein Teil deines Unbewußten dafür sorgt, daß du X machst, auch wenn dein Bewußtsein das nicht will?
Stephanie: Ja.
Thies: Und akzeptierst du den Grund? Ist es sinnvoll, daß es einen Teil von dir auf der unbewußten Ebene gibt, der das sicherstellt. Nicht wie er das sicherstellt, sondern daß er das sicherstellt, ist dabei wichtig.
Stephanie: Ich finde es albern.
Thies: Albern. Es ist ein wirklich guter Grund (nonverbal: läppisch), aber er ist albern (nonverbal: bedeutungsvoll)?

Stephanie (etwas verwirrt): Ich denke, die Verhältnismäßigkeit der Mittel ist kein Witz, äh, ein Witz, und überhaupt ...
Thies: Paß auf. Der Trick ist, wir reden nicht darüber, wie dieser Teil das tut, ...
Stephanie: Nein, es geht nicht um das „Wie", es geht um das „Warum".
Thies (lehnt sich etwas vor, faßt sie am Unterarm, mit etwas tieferer und eindringlicher Stimme): Ist es sinnvoll, daß das berücksichtigt wird? Daß es einen Teil auf der unbewußten Ebene gibt, der dafür sorgt, daß das sichergestellt ist? Nicht *wie* er das macht, sondern *daß* er dafür sorgt? (Sie zeigt eine Versöhnungs–Physiologie und Trance– Entwicklung.) ... O. K. Es wäre natürlich gut, wenn er andere Wege hätte, das gleiche sicherzustellen, aber er macht erstmal das Beste, was er kann.
Stephanie: Mhm. (Sie nickt versunken.)
Thies: O. K. Bleibe bitte noch einen Moment hier.
 Wer von euch hat X und das Gegenteil von X zusammengekriegt, also die Integration erlebt? Ob mit neuen Ideen über die Sinnhaftigkeit des X oder ohne, das ist im Moment egal. Es geht auch ohne; dann wird die Demonstration hier für uns interessanter. Wer hat Lust vorzukommen? Zwei Leute suche ich noch, mehr Sitzmöglichkeiten haben wir hier nicht. Sonst könnten es auch mehr sein. Man kann Reframing mit einer ganzen Gruppe machen, das bringt sehr viel Spaß. Wer hat Lust, hier noch vorzukommen?
Thies: Kannst du verkraften, daß meine Aufmerksamkeit im Moment durch drei geteilt wird?
 (Stephanie lacht und nickt. Gisela und Daniel kommen vor und setzen sich.)
Thies: Es kann Situationen geben, wo jeweils zwei von euch gerade in Trance sind und an irgend etwas arbeiten, während ich einem von euch neue Instruktionen gebe. Es kann aber auch passieren, daß ich mit einem von euch arbeite, und die anderen beiden einen Moment warten müssen. Ist das akzeptabel? (Alle drei nicken.) Wir sind jetzt im Reframing–Prozeß. Wir haben die Vorarbeit der Integration gemacht. Jetzt möchte ich gerne von euch beiden wissen, wie das mit der Sinnhaftigkeit des X ist. Habt ihr Ideen dazu?
Gisela (mit einer Versöhnungs–Physiologie): Oh ja!
Daniel: Die Sinnhaftigkeit?
Thies: Ja. Ist das X etwas Sinnvolles?
Daniel: Ja.
 Das heißt, sie sind alle schon gut vorbereitet — in dem Sinn, als sie schon davon ausgehen, daß das X für etwas gut ist. Diese Vorberei-

tung geht natürlich auch zu einem großen Teil auf den Seminarkontext zurück. Im nächsten Kurs werden wir mit schwierigen Klienten arbeiten, also mit solchen, die noch nicht so gut vorbereitet sind. Das ist weder schwerer noch leichter — nur anders.

Jetzt gehen wir offiziell in die Phase „Ideen säen". Inoffiziell haben wir schon damit angefangen, weil die wichtigste dieser Ideen zumindest weitgehend schon akzeptiert ist: Der Teil auf der unbewußten Ebene, der für das X zuständig ist, verfolgt damit eine gute Absicht. Inoffiziell nenne ich es deshalb, weil es jetzt noch „Sinnhaftigkeit des X" heißt.

Thies: Die nächste Idee, die ich in euer Denken säe, ist die, daß es auf der unbewußten Ebene einen Teil gibt, der dafür sorgt, daß X stattfindet, auch wenn ihr das vom Bewußtsein nicht wollt. Ist diese Idee akzeptabel?
Daniel: Das ist schwierig. (Er macht ein Gesicht, als hätte er zu enge Schuhe an, könnte sie aber nicht ausziehen.)
Thies: Du willst nicht bewußt, daß X passiert. Aber X passiert. Wie kommt das, wenn du es vom Bewußtsein her nicht willst und initiierst? Wer macht das dann? ... (Daniel nickt nachdenklich.) O. K,. diese Instanz, die das tut, muß irgendwie zu deiner Person dazugehören; du bist es ja selbst, der X macht. (Daniel signalisiert wieder den gleichen Vorbehalt wie eben.) Es könnte natürlich sein, daß du an einen Sender denkst, der von oben gesteuert wird — der macht dann klick und du gehst los und machst X. In dem Fall bräuchten wir einen anderen Ansatz. Hier kommen wir mit einer einfachen Wahnwelt aus: Es gibt einen Teil von dir auf der unbewußten Ebene, der aus guten Gründen dafür sorgt, daß X stattfindet. (Daniel lacht in der Versöhnungs-Physiologie.)

Wenn das plötzlich passiert und ich so etwas wie eine Versöhnungs-Physiologie sehe, gehe ich davon aus, daß Daniel das, was ich eben erzählt habe, zum Anlaß genommen hat, neu über das X nachzudenken.
Thies: Stimmt das?
Daniel (lacht): Ja. (Er krempelt sich die Ärmel hoch.)

Ist das nicht verblüffend? Die metaphorische Realität wird um einen Schritt ausgebaut und schon stehen die „Kulissen" für eine geeignete Arbeits-Physiologie richtig: Die Versöhnungs-Physiologie ist die Grundlage für ein wirksames Herangehen.
Thies: Hast du auch neu über die Funktion des X und über die positive Absicht des unbewußten Teiles nachgedacht, der das einsetzt?
Daniel: Ich bin mir schon über die positive Sache klar, sie ist nur zu intensiv.

Thies: Meine Frage war: „Hast du gerade eben noch auf eine neue Art darüber nachgedacht?"
Daniel: Nein, eigentlich nur, daß das ein Teil von mir ist.
Thies: Und vorher hast du gedacht ...
Daniel: ... das ist etwas Bedrohliches.
Thies: ... was vom subjektiven Erleben her eher als etwas von außen Kommendes wahrgenommen wurde?
Daniel: Tatsächlich ja, stimmt. (Er zeigt die Versöhnungs-Physiologie mit spontaner Tranceentwicklung.)
Wir sehen von außen, daß etwas neu ist. Jetzt denkt er an das X innerhalb des Konzeptes der unbewußten Teile und mit Hilfe dieses Wahrnehmungsrahmens bzw. Wahrnehmungsfilters kann er in der Versöhnungs-Physiologie an X denken. Diese Versöhnungs–Physiologien brauche ich so oft und intensiv wie möglich als Reaktion im Prozeß des Six–Step–Reframings; außerdem auch spontane Trance–Physiologien und eine Zunahme an Symmetrie. Das ist mein Ariadne–Faden im Labyrinth dieser Wirklichkeit, die wir jetzt gerade aufbauen.

Ich könnte chinesisch reden und euch auf chinesisch erzählen, was der Teil für euch tut, auch wenn ihr kein chinesisch könnt. Ich könnte auch sagen:
Thies: „Der Teil tut auf der unbewußten Ebene ... mit Sicherheit ... folgendes: Niemadieuäösinie." (Er sieht Stephanie dabei kongruent bedeutungsvoll an.) So hast du noch nie darüber nachgedacht, stimmt's?

(Stephanie ist einen Moment lang verwirrt, und kommt dann mit einem Mittelding aus Scham– und Versöhnungs–Physiologie aus einem kurzen Trance–Zustand zurück.)

Zur Idee der Trennung von bewußter und unbewußter Geistestätigkeit gehört auch, daß die Tätigkeiten, die die unbewußten Teile einsetzen, steuern und in ihrem Ablauf organisieren und sequenzieren, in der Regel sehr komplex sind. Es gibt keine unkomplizierten Tätigkeiten! Selbst eine Tür auf und zu zu machen ist ein höchst komplexer Vorgang, wie ich vorhin schon erklärt habe. Und euer X ist bestimmt nicht weniger komplex als das Öffnen einer ganz normalen Tür, oder? (Die drei nicken mit einem etwas erstaunten Gesichtsausdruck. Bei zweien tritt die Versöhnungs-Physiologie erneut auf.)
Eine Möglichkeit wäre jetzt, jede und jeden von den Dreien zu fragen: „Was ist euch gerade neu bewußt geworden, in bezug auf die positive Absicht des Teiles, der euch x-en läßt?" (Er spricht den Satz analog markiert, so daß die drei darauf reagieren, als hätte er sie wirklich gefragt.) Oder anders gesprochen: „Was ist euch über den sekun-

dären Gewinn des Problemverhaltens neu bewußt geworden?" Damit könnte ich die Versöhnungs-Physiologie stabilisieren und ihnen helfen, die vielleicht flüchtigen Gedanken festzuhalten, die sie gerade hätten. (Er zeigt auf die beiden, bei denen sich gerade die Versöhnungs-Physiologie wiederholt, besonders auf Daniel, der mit der Art seiner Versunkenheit anzeigt, daß diese Ausführungen für seine inneren Prozesse als Prozeßinstruktionen gut passen.) Wenn sie diese Gedanken dann ausgesprochen hätten, könnte ich sie auffordern, für jeden Aspekt der positiven Absicht, die manchmal aus einem ganzen Bündel von sekundären Gewinnen bestehen kann, etwas Bestimmtes zu tun.

Thies: Und das tut ihr jetzt einfach auch, ohne es ausgesprochen zu haben: Die Tatsache, daß euch das jetzt bewußt geworden ist, ist so, als wenn der für das X zuständige Teil sagt ..., (direkt zu Daniel:) nach dem Krieg, den dein — sagen wir mal — unbedachtes Bewußtsein (lacht Daniel an) die ganze Zeit gegen ihn geführt hat, ... (analog markierend): „Wenn du anfängst, so über mich nachzudenken, kann ich dich auch wissen lassen, was ich für dich mit dem X getan habe. Ich habe das Beste gemacht, was ich in deinem Leben tun konnte, um (macht einen Pfeifton und spricht weiter, als wenn nichts passiert wäre) ... sicherzustellen. Wenn du jetzt aufhörst, mit Füßen auf mir herumzutreten und mir laufend Schimpfworte an den Kopf zu werfen, kann ich mir leisten, dich zum Teil oder auch ganz wissen zu lassen, was ich die ganze Zeit für dich getan habe." Wenn von den sekundären Gewinnen etwas ins Bewußtsein kommt, ist es so, als wenn der Teil damit sagt (streng zu Daniel, als eingebettetes Zitat), „du bist jetzt erwachsen genug, das selbst in die Hand zu nehmen". (Zu den anderen beiden:) „Und ihr auch."

Daniel (nickt unwillkürlich, prustet vor Lachen und schüttelt dabei den Kopf): Das hätte mein Vater nicht besser sagen können. (Er bleibt in der Versöhnungs-Physiologie.)

Thies: Nur diesmal hat es gefruchtet. (Sie lachen sich an, Daniel nickt dann nachdenklich.) Bleib' noch einen Moment so (Stimme trancemäßig) ... nachdenklich ... und träume durch, daß es dein Vater war ..., oder eine andere in deinem Leben wichtige Person ..., und träume auch den Ort und die Zeit, wenn die wichtig sind ... für das Erlebnis, das dich sowohl amüsiert, als auch ... beeinflußt, in eine bestimmte Richtung zu denken und zu empfinden ..., die wichtig für deine Zukunft ist ... ohne ... X, es sei denn ..., du tust es freiwillig und wohlüberlegt ..., (Daniel reorientiert sich) sozusagen mit Anstand. (Daniel ist ganz zurück und schaut Thies lächelnd an.)

Alles, was im therapeutischen Kontext nur im entferntesten nach neuem Verhalten aussieht, soll im FuturePace durchhalluziniert werden. Ich hätte den plötzlichen Wechsel in unserer Interaktion eben auch als interaktionell einwanderhebenden Teil reframen können. Ich bin sicher, daß Daniel, wenn ich es gemacht hätte, bei der Würdigung und Einbeziehung des korrespondierenden, subjektiv wahrnehmbaren Phänomens innerlich etwas getan und vorbereitet hätte, was auf jeden Fall zumindest implizit ein FuturePace enthalten hätte. Der einwanderhebende Teil hätte ganz sicher einen Einwand dagegen gehabt, daß das ressourcevolle Verhalten hier an diesen Raum oder an meine Person gebunden bleibt — was immer das für Ressourcen sind, die (Blick zu Daniel, mit dem Thies markiert, daß Daniel diese Bemerkung als Prozeßinstruktion für sich selbst verwenden kann) er vorhin zeigte, als er zu mir sagte, sein Vater hätte das nicht besser sagen können.

Thies: Das heißt, nachdem euch Dinge bewußt geworden sind, braucht ihr nur noch zu überprüfen, wo ihr was neu lernen müßt, damit ihr diesen Aspekt der positiven Absicht vom Bewußtsein her eigenverantwortlich selbst übernehmen könnt? Es kann sein, daß ihr jetzt alles wißt, und es auch auf eine andere Weise umsetzen könnt — was immer das war, was der Teil sichergestellt hat. Und es kann sein, daß ihr es nur teilweise wißt, und daß der Teil mit dem X noch etwas anderes zusätzlich sicherstellt, was ihr im Bewußtsein noch nicht wißt.

So gehen wir damit um, wenn die Absicht teilweise bewußt wird. Und es werden im Six–Step–Reframing nach meiner Erfahrung immer Komponenten des sekundären Gewinnes bewußt, wenn man sich die Zeit für eine gründliche Vorbereitung in der Integrationsphase und in der Phase „Ideen säen" nimmt. Die Grundstruktur der möglichen Prozeßinstruktionen als Hilfestellung für A, die in der Sitzung verfügbar gewordenen Einsichten umzusetzen, ist: „Nimm dir hier und jetzt etwas vor, wie du das, was du jetzt schon weißt, anders sicherstellen kannst, außer unbewußt über das X. So muß das Unbewußte es mit dem X weniger oft tun. O. K.?" (Er sieht Daniel dabei an; dieser nickt.)

Das war die Idee, unbewußter Teil versus bewußter. Sie wird meist sehr schnell akzeptiert. Wenn es notwendig sein sollte, erinnere ich noch einmal an die unbewußten und komplexen Fähigkeiten, durch Türen zu kommen, laufen, autofahren oder Fahrrad fahren zu können. Irgend etwas kann jeder, das ihm oder ihr bewußt macht: „Ah, auf die Fähigkeit kann ich mich verlassen." So eine Referenzerfahrung ist der erste Schritt zur Versöhnung mit dem Problemverhalten, welches eben auch eine komplexe Fähigkeit ist. Zum Beispiel

habt ihr alle einen Teil, der jetzt im Moment dafür sorgt, daß ihr ....
Spannung! ... aufrecht sitzt, ohne umzufallen. Oder habt ihr die
ganze Zeit bewußt gesessen? Nein, bewußtlos? Das war eine Idee,
die viele Ansatzpunkte enthält, um einen Wahrnehmungsrahmen zu
konstruieren, der zur letzten zu säenden Idee hinführt: Das Verhalten und die Absicht des Teiles sind zwei unterschiedliche Dinge und
die Absicht ist positiv.

Thies: Als zweite Idee möchte ich euch jetzt näherbringen, daß dieser Teil sehr zuverlässig ist? (Er schaut Daniel fragend an.)

Daniel: Ja.

Thies: Ob man will oder nicht, man muß das zugeben nicht?

Daniel: Ich will ja ...

Thies: Ist dir auch klar, daß der Teil, der dich immer x-en hat lassen, sehr zuverlässig ist, Stephanie?

Stephanie: Klar.

Thies: Also in Situationen, wo er es normalerweise für richtig hält, dich x-en zu lassen, hat er noch nie verschlafen, oder?

Stephanie (lacht): Nein.

Thies: Das meine ich mit zuverlässig.

Daniel: Geschlafen hat er bei mir ja schon. (Einige Teilnehmer lachen.)

Thies: Geschlafen hat er schon? O.K. das heißt, es gibt bei dir verschiedene Kontexte, wo das X mal stattfindet und mal nicht.

Gisela: Bei mir auch.

Thies: Es gibt aber bestimmte Situationen, in denen X auf jeden Fall stattfindet? Kontexte, die durch eine Konstellation ganz bestimmter situativer Charakteristika oder durch das Auftreten irgendeines ganz bestimmten Kennzeichens definiert sind. Das bedeutet, um gleich die nächste Idee zu vermitteln, daß der Teil absolut klug ist — klüger als euer Bewußtsein und weniger eingeschränkt. Im Gegensatz zu eurem Bewußtsein weiß er, was er wahrnehmen muß, um zu entscheiden: „Jetzt ist Zeit für X." (Er hält einen Moment inne und studiert dabei die sich spontan entwickelnden Trance–Zustände, Stimme trancemäßig:) Euer Bewußtsein ahnt vielleicht, was ihr sehen, hören, fühlen, riechen oder schmecken müßt, damit X stattfindet; oder besser gesagt: Was der Teil durch eure Augen und Ohren, euren Mund, eure Nase und euer Körpergefühl wahrnimmt, wenn er sich entscheidet: „Jetzt ist Zeit für X." Der Teil weiß das genau, euer Bewußtsein nicht, oder? (Alle drei sind noch etwas versunken und nicken ideomotorisch.) Ist der Punkt akzeptabel? (Stephanie nickt.) O.K. für dich, ja. Für dich Gisela?

Gisela: Ja (mit leichtem Zögern).

Thies: Das mußt du zugeben. Es gibt Situationen, in denen X passiert

und du fragst dich: „Wie zum Kuckuck entscheidet er das, und wann genau macht er das und wann nicht?"
Gisela: Ja. (Sie sagt es inkongruent und schüttelt den Kopf dabei.)
Thies (an Daniel): Ist das für dich akzeptabel?
Daniel: Ja.
Da muß ich mir jetzt innerlich eine Notiz machen. „Zuverlässig" müssen wir mit Gisela noch überprüfen. Ah, ich sehe schon, mit dir auch.
Daniel: Genau.
Thies: Aber klüger ist er.
Daniel: Ja.
Ich bin jetzt dabei, die induzierte Wahnwelt zu verfeinern — wobei sich Induktion und Verfeinerung schwer trennen lassen.
Thies: Also klüger habt ihr alle akzeptiert. Und zuverlässig? Inwiefern ist der Teil nicht zuverlässig? Hat deiner jemals ...?
Daniel: Wenn eine bestimmte Situation kommt, passiert immer X, das ist richtig. Wenn ich jetzt weitergehe und sage, daß dieses X einen Sinn hat, kommt es nicht immer hundertprozentig, wenn dieser Sinn stattfindet.
Thies: In der ersten Klasse von Situationen ist er also absolut zuverlässig? Da hat er die Verantwortung in deinem Leben übernommen.
Daniel: Ja, stimmt.
Thies: Kann es sein, daß er dir bezüglich der anderen Klasse von Kontexten erlaubt, vom Bewußtsein her etwas mitzumischen.
Daniel: Nein, (nachdenklich) das sind genau die Dinge, die er abdecken soll, die ich vom Bewußtsein nicht überprüfen kann (mit Versöhnungs–Physiologie).
Thies: Bei dem, was du jetzt gerade im Moment erlebst, ist dir gerade eine neue Idee gekommen, was der Teil für dich tut?
Wann immer ich so etwas wahrnehme wie eine Versöhnungs–Physiologie, werde ich sie nochmal in der Kommunikation validieren, indem ich sie anspreche oder eine Frage darauf aufbaue.
Daniel: Nein, ich habe das Wesentliche erkannt, was er für mich tut. Und das ist eigentlich schon sehr viel (nachdenklich).
Thies: Ah ja, das ist das Neue: Diese spezielle Art zu wissen, daß er „eigentlich schon sehr viel tut". (Daniel nickt in der Versöhnungs–Physiologie.) Kannst du dieses Wissen noch einmal vergegenwärtigen und es innerlich folgendermaßen formulieren: „Ja, der hat ja noch immer das und das für mich getan." (Daniel orientiert sich nach innen und nickt nachdenklich.) Und wieder gilt, daß die Art, wie er das tut, vielleicht nicht die optimalste ist. Aber du bist froh, daß es überhaupt einen Teil auf der unbewußten Ebene gibt, der dafür

sorgt, daß das sichergestellt ist? Er macht halt das Beste, was er kann. (Daniel nickt, die Versöhnungs-Physiologie wird intensiver.) Das gehört eigentlich zur nächsten Idee: Unbewußte Teile machen das Beste, was sie können, um Sachen sicherzustellen. Die Reihenfolge, in der die Ideen vermittelt werden, ist egal; Hauptsache, A kann sie akzeptieren. Und zwar als vollwertigen und konstruktivsten Ersatz für die Ideen um sein X herum, mit denen er bis jetzt vergeblich versucht hat, es zu transzendieren.

Thies: Er weiß also, wenn bestimmte Dinge im Kontext wahrnehmbar sind, über deine Augen und Ohren, deine Sinneskanäle, dann macht er X absolut zuverlässig. Nur weiß dein armes dummes Bewußtsein nicht genau, welche Auslöser er nimmt.

Daniel: Ja (etwas empört).

Thies: Aber mach dir nichts daraus, das Bewußtsein ist bei uns allen der dümmste Teil. (Er lacht Daniel an, bis dieser lächelt.)

Der unbewußte Teil ist klüger in bezug auf die Auslöser. Ich habe noch nie ein Reframing gemacht, wo mein A das nicht zugeben konnte. Das ist einfach so. Wenn es nicht so wäre, gäbe es eine bewußte Entscheidungsfreiheit über das X. Außerdem ist noch wichtig, daß der Teil mächtiger als das Bewußtsein ist.

Thies: Ist das für dich akzeptabel, Gisela?

Gisela: Ich weiß nicht, ob er immer durchkommt.

Thies: Angenommen, du guckst auf die Uhr und sagst, in zehn Minuten wäre eine gute Zeit für X ... (allgemeines Lachen) ... und der Teil sagt: „Nein, da wird nicht ge–x–t!" Wer setzt sich dann durch?

Gisela: Das kann ich schon schaffen.

Thies: Das erlaubt er dir.

Gisela: Anscheinend. (Sie lacht in der Versöhnungs-Physiologie.)

Thies: Aber wie ist es umgekehrt, wenn du anfängst mit X und sagst: „Ach nein, laß mich doch noch zehn Minuten, jetzt will ich noch nicht."

Gisela: Das kann ich auch beeinflussen, weil ich weiß, warum er kommt.

Thies: Hast du schon Situationen erfahren, wo du vom Bewußtsein her X auf keinen Fall machen wolltest, und trotzdem ist es passiert?

Gisela: Ja.

Thies: In den Situationen hat er dir demonstriert, daß er vielleicht nicht mächtiger, sondern stärker ist?

Gisela: Klüger.

Obwohl ja sonst der Klügere immer nachgibt. In einem Reframing habe ich mal gesagt, der Teil ist mächtiger als dein Bewußtsein. Das hat mein A nicht akzeptiert, obwohl er mit mir übereinstimmte, daß

es ein hierarchisches Verhältnis zwischen dem Teil und dem Bewußtsein gab — was natürlich das Wichtigste an dieser Idee ist. Das Wort „mächtiger" war für die betreffende Person negativ konnotiert. Ich habe dann in meiner größten Verzweiflung gesagt, „Ja, aber damit gestehst du doch zu, daß der Teil stärker ist." Da sagte die Person: „Ja, na klar." Stärker war der Teil, nur mächtiger nicht. Also feilsche ich nicht um Worte. Es geht darum, die Idee zu säen, daß es zwischen Bewußtsein und Unbewußtem eine Hierarchie gibt. Wenn das Bewußtsein sagt, ich will X jetzt nicht machen, und der Teil entscheidet, daß es an der Zeit ist, ist absolut klar, wer das Sagen hat.
Gisela: Wenn ich es nicht begreife.
Thies: Das ist ja interessant. Das heißt, daß der Teil dich grundsätzlich schon sehr erwachsen behandelt und nicht immer alles einfach so durchpeitscht. Du darfst in bestimmten Situationen vom Bewußtsein her schon die Verantwortung übernehmen und Dinge so oder so tun. (Gisela nickt.) Aber wenn es dabei zu einem Konflikt zwischen deinem Bewußtsein und dem Teil kommt — meinetwegen, dein Bewußtsein will es nicht und der Teil besteht drauf — findet X statt, oder?
Gisela: Ja.
Thies: Also ist der Teil klüger im Sinne von mächtiger.
Gisela: Nein. Mächtig beschreibt das nicht richtig.
Thies: Nimm ein anderes Wort, das die Hierarchie ausdrückt.
Gisela: Der ist weise.
Thies: Ist der Teil auch weise genug, X in den Kontexten durchzusetzen, in denen er es für sinnvoll hält?
Gisela: Er läßt mich ja nur x-en, weil ich ein bestimmtes Verhalten zeige. Wenn ich ihm sage, daß ich mich so verhalten werde, daß er X nicht einsetzen muß, kommt das X-Verhalten auch nicht.
Thies: Aber wenn du es vergißt, kommt es?
Gisela: Ja.
Thies: O. K. Also gibt es keine Situationen, in denen es einen Machtkampf gibt zwischen dem Teil und dem Bewußtsein?
Gisela: Da ist das Bewußtsein dann nicht dabei.
 (Zur Gruppe) Spannend, oder?
Thies: Wir haben so angefangen, daß wir gesagt haben, es gibt einen Zustand oder ein Verhalten X in deinem Leben, was dann passiert, wenn dein Bewußtsein nicht will, daß es passiert. Das ist der Rahmen, in dem wir uns bewegen.
Gisela: Ja.
Thies: Also heißt es, es gibt Situationen, wo dein Bewußtsein nicht will, daß das passiert, und doch passiert es.

Gisela: Wenn es sich falsch verhält, passiert es doch.
Thies: O.K., es ist ein sehr erzieherischer Teil.
Gisela: Ja.
Thies: Das heißt, es gibt Situationen, wo dein Bewußtsein nicht will, daß es passiert, und es passiert doch.
Gisela: Ja.
Thies: Wie nennst du diesen Sachverhalt, wenn nicht „mächtiger", „stärker", „weiser" oder „durchsetzungsfähiger"? Die Situation, wo dein Bewußtsein nicht will, daß es passiert, und es passiert doch.
Gisela: Dann ist mein Bewußtsein nicht da, wenn es passiert. Weil ich weiß, was der Grund ist, warum ich X mache.

Die NLP-Techniken funktionieren meistens gut, wenn der Rahmen und die Problembeschreibung stimmt, für die sie da sind. Also müssen wir sehr sorgfältig überprüfen, ob Gisela das richtige Problem für ein Six-Step-Reframing hat ...,
Thies: ... (er zwinkert ihr zu) ob du also in dieser Demonstration hier vorne richtig bist.
Gisela: Wenn ich mir vorher bewußt vornehme, X darf da und da nicht passieren ... Das ist der Rahmen, den du gesetzt hast?
Thies: Ja, und es ist für diesen Rahmen egal, ob das Bewußtsein jeweils vor oder während oder nach dem X nicht will, daß es passiert. Aber bei dir haben wir jetzt einen sehr spannenden Spezialfall, insofern, als daß du ja das X quasi als Strafe akzeptierst, und ...
Gisela: Wenn ich in der Situation vergesse, wie ich mich verhalten muß, damit X nicht stattfindet, dann passiert es, genau.
Thies: Aber gibt es in der Situation vorher, wenn du sagst, nachher will ich nicht x-en, solche Momente, wo X dann doch stattfindet?
Gisela: Ja.
Thies: Das heißt, der Teil ist so weise, machtvoll oder soviel stärker, also so deutlich auf einer hierarchisch anderen Ebene, daß er nicht nur einfach mächtiger ist, sondern sogar in der Lage, dein Bewußtsein dann einfach wegzukicken.
Gisela: Ja.
Thies (faßt sich an den Kopf): Und ich halte mich die ganze Zeit daran auf, ob er nun mächtiger ist als das Bewußtsein; das ist ja gar keine Frage. Der Teil ist so mächtig, daß er das Bewußtsein mal gerade auf Urlaub schickt.
Gisela (eifrig): Das sage ich ja die ganze Zeit.
Thies: B ist nun mal langsamer als A (allgemeines Lachen), gut wenn ihr es auf diese Weise erfahrt. Also ist er meta-mächtiger (Gisela lacht), denn mächtiger ist tatsächlich ein zu triviales, zu profanes Wort für diese Art von beinahe göttlicher Allmacht.

Gisela: Ja genau, so kann man es ausdrücken.
Thies: Wie würdest du es ausdrücken, er ist nicht nur meta–mächtiger, sondern...
Gisela (zögert, überwindet sich dann doch): Er ist ein Zauberer. (Sie zeigt die Versöhnungs–Physiologie.) Zaubermächtig.
Thies: Für den Fall, daß er dir gerade eine neue Information ins Bewußtsein gezaubert hat, was er mit dem X noch für dich getan hat, (sie nickt, doppeldeutig verstehbar im Sinn von, „ja, die Information habe ich bekommen", und „ja, ich höre"; Thies' Stimme wird tiefer, trancemäßig) nimm dir einen Moment Zeit, das neue Verhältnis zu ihm zu zelebrieren und dich darauf vorzubereiten, diese Information in deine Zukunft einzupassen ..., in deine Pläne und Vorhaben ..., in die Art und Weise, wie du dich täglich wissen läßt, wer du bist. (Gisela orientiert sich sehr plötzlich aus ihrer Nachdenktrance und wirkt überrascht.)
  Es gibt wohl wenige X–Verhaltensweisen, die nicht aufs engste mit der eigenen Identität verwoben oder sogar eine Metapher für wichtige Aspekte der Identität wären. Ich war „ein x–ender Mensch". Heute bin ich „ein Mensch, dem im Leben das und das wichtig ist, und der nicht nur viele Wege hat, das umzusetzen, sondern auch einen bestimmen Stil, eine bestimmte Ästhetik, diese Wege auszusuchen und sie zu lernen".
Gisela (hat nachdenklich lächelnd zugehört): Ja, ich habe interessante Ideen (in einer ressourcevollen, beweglichen Physiologie).
Thies: Schön, zurück zum Ideen-Säen. Die Idee „klüger" hat zwei Bedeutungen. Klüger als euer Bewußtsein ist der Teil nicht nur deshalb, weil er die Auslöser kennt und in bestimmten Kontexten dafür sorgt, daß X stattfindet. Zusätzlich weiß er noch — anders als euer Bewußtsein —, was er euch in dem betreffenden Kontext und in anderen Kontexten mit dem X ermöglicht und wovor er euch schützt. Insofern ist er absolut klüger als euer Bewußtsein, denn er kennt sich in der Vernetztheit eurer Lebensbereiche bei weitem besser aus. Wenn er in bestimmten Kontexten für das X sorgt, weiß er genau, was euch im gleichen oder in anderen Kontexten dadurch möglich wird oder wovor ihr geschützt seid. Oder wißt ihr das im Bewußtsein?
Gisela: Ja.
Thies: Vermutest du, daß du alles weißt? Ist deine Einschätzung, daß du alle positiven Absichten des Teiles weißt, der für das X zuständig ist?
Gisela: Nein, nur bei einem gewissen X–Zustand weiß ich es.
Thies: Vielleicht tut er noch etwas mehr, was du im Bewußtsein nicht weißt. Das werden wir gleich überprüfen.

An dieser Stelle kommt der Check, ob A schon alles weiß. Wenn ja, wären wir fertig. Wenn A alles weiß, impliziert das, daß sie oder er vom Bewußtsein her sehr gut die notwendigen Veränderungen initiieren kann und schnell Ideen finden wird, wie die Funktion anders gewährleistet werden kann, ohne daß ihr Unbewußtes es über das X tun muß.

Thies (an Daniel und Stephanie): Habt ihr beiden den Hauch einer Ahnung ..., oder den Schimmer einer Ahnung ..., oder das Raunen einer Ahnung ..., was die positive Absicht ist? Ja, klar habt ihr, das weiß ich ja schon von vorhin.

Naja, ein Fauxpas, aber wenigstens didaktisch sinnvoll (allgemeines Lachen), denn jetzt kennt ihr die Formulierungen, mit denen man ein noch völlig „ignorantes" Bewußtsein mit Hilfe von Präsuppositionen sanft von einer besseren Einsicht überzeugen kann. Wenn A dann darüber nachdenkt, ob er einen „Hauch" von Ahnung hat, oder ob er es eher visuell oder auditiv, über einen „Schimmer" oder ein „Raunen" wüßte, was die positive Absicht ist, hat er schon lange die Wirklichkeitsauffassung akzeptiert, *daß* es diese gibt.

Thies (wieder an die beiden gewandt): Und meint ihr, daß ihr alles wißt? (Zu Daniel) Es ist ziemlich klar, daß es mehr gibt, was der Teil tut, oder?
Daniel: Ja.
Thies (zu Stephanie): Und meinst du, daß du alles weißt?
Stephanie: Nein.

Es gibt also noch mehr. Man kann nicht sagen, daß man erfolgreicher gearbeitet hat, wenn A die Absichten bewußt werden, weil man keine Ahnung hat, was A innerlich macht, und wie das in sein Gesamtsystem eingebettet ist.

Die nächste und letzte Idee besagt, daß eine positive Absicht existiert. Ich habe das vorhin gegenüber Gisela schon angesprochen. Dabei geht es um die Trennung von Verhalten und Absicht. Das „Wie", wie der Teil arbeitet, ist etwas absolut anderes als das „Wofür". Seine Absicht ist dabei identisch mit positiver Funktion und sekundärem Gewinn. Die zweite Hälfte dieser Idee ist die Grundannahme: Unbewußte Teile tun das Beste, was sie können, um ihre Absicht im Leben der Person umzusetzen.

Das war nach der Integration die zweite Vorbereitungsphase des Six–Step–Reframings bzw. der zweite Schritt meiner Six–Step–Reframing–Fassung. Wenn wir soweit sind wie jetzt, haben wir das Schwierigste hinter uns. Das ist so wie bei einer Katze, die durch ein enges Loch will: Wenn sie mit dem Kopf durch ist, kommt der Rest von alleine hinterher. Dieser zweite Schritt ist dann abgeschlossen, wenn A die Tatsache akzeptiert, daß der Teil eine positive Absicht hat. (Er guckt alle drei nacheinander an; sie lachen und nicken.) Das hatten sie, in ihren Reaktionen, in den verschiedenen Trance–Zuständen und in ihren Antworten auf meine expliziten und impliziten Annahmen und Aussagen oft genug gezeigt. Was jetzt kommt, ist also einfach.

Thies: Bis jetzt habt ihr nur eine Vermutung, ob ihr alles oder wieviel ihr jeweils von der Absicht wißt. Aber ihr wißt nicht, ob diese Einschätzung eures Bewußtseins richtig ist oder nicht. Es gibt nur eine Instanz, die das weiß, und das ist der Teil selbst. Und deshalb möchte ich gerne, daß ihr folgendes macht: Ihr geht gleich nach innen ..., oder versenkt euch in euch selbst ...

Während ich diesen nächsten Schritt ankündige, daß nach innen gegangen werden soll, um den Teil Sachen zu fragen, gucke ich genau hin, wie die nonverbale Reaktion auf meine Worte ist. Die beiden Frauen haben gleich eine Trance–Reaktion gezeigt bei den Worten „nach innen gehen". Daniel hat mich nur groß angeguckt, als käme ich vom Mars. Also habe ich gleich weitergeredet, „oder versenkt euch in euch selbst". Auch damit kam ich nicht viel weiter. Ihr könnt auch sagen, „macht eine Meditation", „schaltet ab", „geht in Trance" etc. Ich benutze soviele alternative Bezeichnungen wie nötig, bis ich, als spontane Reaktion im Sprachverständnisprozeß, für einen kurzen Moment eine Trance–Entwicklung wahrnehme. Wenn ich keine Alternativbezeichnungen mehr finde, kann ich den Zustand, den ich suche, beschreiben:

Thies (zu Daniel): Damit möchte ich dich bitten, in einen Zustand zu gehen, wo man unwichtig werden läßt ..., was man außen, um sich herum, sieht ..., hört ..., fühlt ..., tastet ..., riecht oder schmeckt ..., zugunsten der Dinge, die man innerlich wahrnehmen kann ..., vor dem inneren Auge ... und Ohr ..., die man innerlich fühlen oder tasten kann ..., riechen oder schmecken kann ... (Daniel zeigt eine Trance–Entwicklung). Das meine ich mit „nach innen gehen".

Ich etabliere einen auditiven Anker, indem ich in den sich kurz entwickelnden Trance–Zustand hinein die Worte „nach innen gehen" sage. Einmal machte ich es so wie eben, und mein A sagte: „Ach, dösen meinst du." Die eine Hälfte der Bevölkerung sagt, „ich gehe meditieren", und die andere Hälfte, „ich döse jetzt ein bißchen". Ich möchte, daß A mir einmal kurz physiologisch demonstriert, daß er weiß, wie „nach innen gehen" funktioniert.

Thies: Wenn ihr gleich nach innen geht, sollt ihr folgendes tun: Stellt sicher, daß ihr den Teil von euch auf der unbewußten Ebene ansprecht, der immer für das X zuständig war. Wie immer ihr das macht. (Zwei zeigen Tranceentwicklungen.) Noch nicht! Dann stellt ihr ihm die Frage: „Bist du bereit, mit mir im Bewußtsein zu kommunizieren?" Die Frage müßte eigentlich heißen: „Bist du bereit, auf eine neue Weise mit mir im Bewußtsein zu kommunizieren." Kommuniziert hat er ja schon immer mit euch, nur leider nicht in einer Form, die ihr vom Bewußtsein her in die bewußte Gestaltung eures Lebens hättet einbeziehen können. Die Tätigkeiten des Bewußtseins und des Unbewußten waren dadurch in der Vergangenheit sehr unsynchronisiert.

Plötzlich sehen wir hier bei den beiden eine Versöhnungs–Physiologie. Sie haben beide noch eine neue Idee, was der Teil tut.

Thies (zu Stephanie): Stimmt's? Hast du eine neue Idee über die positive Absicht gehabt?

Stephanie: Ja, das kann man wohl sagen.

Thies: Mach innerlich ein kleines Ritual, das sicherstellt, daß du dich später in deiner Kleingruppe, oder zu einem geeigneten Zeitpunkt daran erinnern wirst, um diese Idee dann in konkrete Vorhaben und Aktionen umzusetzen. (An alle gewandt) O. K., ihr sollt also nach innen gehen und sicherstellen, daß ihr den Teil direkt ansprecht. Dann fragt ihr ihn: „Bist du bereit, mit mir ihm Bewußtsein zu kommunizieren?" Das Wort „kommunizieren" ist deshalb sinnvoll, weil ihr nicht wißt, ob er sich vor dem geistigen Ohr ... oder vor dem geistigen Auge ... meldet, oder über ein Körpergefühl ..., oder mit einer Geruchs– oder Geschmackssensation.

Während ich die Sinnessysteme aufzähle, habe ich eine tolle Chance, meine Wahrnehmungsfähigkeit zu trainieren: Ich achte darauf, in welchem Sinnessystem mein A wohl sein Signal bekommt. Ich kann in dieser Phase schon anfangen, mich auf die Ja–Signal–Physiologie zu kalibrieren. Ich gehe alle Sinnessysteme bei diesem „V.A.K.O.–Putz" durch, wie ich ihn nenne.

Thies: Wenn ihr den Teil angesprochen und gefragt habt, habt ihr vom Bewußtsein her Feierabend, Sendepause. Ihr braucht euch dann nur noch überraschen zu lassen, *wie* der Teil kommunizieren wird.

Gisela: Aber wenn der im Bewußtsein schon mit mir kommuniziert? Über das Fühlen.

Thies: Dann warte einen Moment. (Zu Daniel und Stephanie) Könnt ihr beiden nach innen gehen und das tun. (Sie nicken.) Und ich gebe Gisela separate Anweisungen.

Thies (zu Gisela): Du gehst nach innen und sagst: „Vielen Dank, daß du schon die ganze Zeit mit mir kommunizierst, und ich möchte, daß

du mir das Körpergefühl nochmal schickst, in der Ja–Bedeutung und auf eine Weise, die es mir erlaubt, hinterher, wenn ich dich Sachen frage, Ja und Nein auseinanderhalten zu können.
Gisela (kommt zurück aus dem Trance–Zustand): Ich habe ja noch kein Nein.
Thies: Das heißt, du erfährst das, was du jetzt hast, als Ja–Signal? (Gisela nickt.) O. K., und wenn es nicht da ist, kannst du das eindeutig davon unterscheiden, wenn es da ist?
Gisela: Ja klar.
Thies: O. K., dann gehe nach innen und frage ihn: „Weiß ich alles, was du mit dem X für mich getan hast?"
Thies: Stephanie, wie hat dein Teil kommuniziert, im Sehen, Hören, Fühlen, Riechen oder Schmecken?
Stephanie: Ich habe gefragt, wie das neu gehen soll, also nicht, daß ich möchte, daß es neu geht, und ich möchte mich nicht auf die übliche Art beziehen, ... wie wir geredet haben. Ich weiß es noch nicht, ob es geht oder nicht geht.
Thies: Bevor ... du weitere eigenmächtige Extratouren unternimmst ..., (sieht sie an und wartet, bis sie lächelt und lacht sie dann an) möchte ich, daß du folgendes tust: Bitte ihn, daß er dir ein Signal schickt, was du sehen, hören, fühlen, riechen oder schmecken kannst. Und bitte ihn, daß er dir eines schickt, was dich ausgesprochen überrascht und amüsiert und was auch sehr lehrreich für dich ist, mit einem schönen Gruß von mir.
Thies: Daniel, was hat er gemacht? Konntest du das die ganze Zeit lang nicht glauben, wie er mit dir kommuniziert?
Daniel: Stimmt, es war ausgesprochen angenehm.
Thies: Also geh gleich nochmal nach innen und bedank dich für diese neue und angenehmere Form der Zusammenarbeit, oder zelebriere es mit ihm, oder wie immer du das nennen würdest, womit man eine neue Interaktion validiert oder besiegelt (beim letzten Wort nickte Daniel ideomotorisch).

Das gibt es oft: In der B–Position kann man sehen, wie etwas immer wieder passiert, was sehr angenehm ist; und es hat den Anschein, als wenn A einfach nicht glauben könnte, was er wahrnimmt. (Daniel lächelt.) War es ein Körpergefühl oder ein Bild oder war es etwas zu hören?
Daniel: Ein sehr angenehmes Körpergefühl. Und das Aufgabengebiet, die Verantwortung dieses Teils hat sich erweitert.
Thies: Wenn du dir noch einmal seine alte und seine erweiterte, neue Aufgabe in deinem Leben vergegenwärtigst, was weißt du dann neu

über seine Verantwortlichkeit in deinem Leben? Was ist die Meta–Aufgabe, die die alte und die neue umfaßt?
Diese Präsupposition kann ich sehr kongruent anbieten, weil ich tatsächlich glaube, daß das Unbewußte keine Gelegenheit ausläßt, das Bewußtsein über die sekundären Gewinne aufzuklären. Voraussetzung dafür ist eine Gelegenheit, in der das Bewußtsein die Information „temperiert" erhalten kann, wie *Erickson* es einmal ausgedrückt hat. Träume sind dazu genauso geeignet wie eine Mitteilung über neue Aufgabenbereiche oder ein Wechsel in dem für die Kommunikation mit dem Bewußtsein benutzten Signal. „Temperiert" oder auch „dosiert" läßt sich übersetzen in „ökologisch", insofern, als daß das Bewußtsein nicht nur inhaltlich mit der Information umgehen können muß, sondern auch mit der Art und dem Ort der Übermittlung..., (Daniel reorientiert sich, nachdem er diese Ausführungen als Prozeßinstruktion genutzt hat; Thies lächelt ihn freundlich an zur Begrüßung).
Daniel: ... es gibt Kontexte, wo sich X früher bemerkbar macht. Global war mir das eigentlich schon klar. Aber, mit dem, was ich jetzt weiß, kann er praktisch früher anfangen zu warnen.
Thies: Das heißt, ihr seid schon dabei, euch eine neue Vereinbarung über eine noch konstruktivere Zusammenarbeit zu erarbeiten?
Daniel: Ja.
Thies: Sehr schön. Trotzdem möchte ich, daß du noch einen Schritt tust. (Zu Gisela und Stephanie) Und ihr anderen beiden könnt das auch tun, wenn es für euch schon paßt. (Wieder zu Daniel) Du gehst nach innen und bedankst dich für diese neue Art von Kooperation, für das Signal und für die zusätzliche Information. Und dann bittest du darum, daß er das nochmal macht, in der Ja–Bedeutung. Und zwar so, daß du später, wenn du ihn Sachen fragst, Ja und Nein differenzieren kannst.
Daniel: Da fällt mir ein, er reagiert auch manchmal bei Dingen, die bei weitem nicht mehr die Bedeutung haben, die sie in der Vergangenheit hatten, und wo es dann nicht relevant ist.
Thies: Also hat er dich eben nochmal wissen lassen, was er im Einzelnen in der Vergangenheit sichergestellt hat.
Daniel: Mhm. Ja.
Thies: Kannst du ihn bitte zuerst nochmal um das Ja–Signal bitten? Das brauchen wir, weil es der Teil in dir ist, der wirklich die Antworten auf Fragen kennt, die ich beantwortet haben muß, um dir ein optimaler Berater für einen neuen Umgang mit deinem Unbewußten zu sein. Der Teil weiß wirklich Bescheid. Er ist mein Supervisor für die Art und Weise, wie ich dich berate. Deswegen möchte ich, daß

du das Ja–/Nein–Signal etablierst. Die einfachste Form, das zu tun, ist ihn zu bitten: „Mache es doch nochmal in der Ja–Bedeutung, und so, daß ich hinterher differenzieren kann, wann du Ja und wann du Nein sagst."
Daniel: Jetzt?
Thies: Ja. ... (zu Gisela): Wie geht es dir?
Gisela: Er findet, glaube ich, das X am sinnvollsten.
Thies: Ja natürlich findet er das X am sinnvollsten. Das hat er ja die ganze Zeit gemacht.
Gisela: So wie es ist.
Thies: Und kannst du vom Bewußtsein her sagen: „Ja, das ist es auch; solange bis das und das in meinem Leben gegeben oder verändert ist?"
Gisela: Nein, weil ich den Schaden habe — körperlich.
Thies: Trotzdem ist es erstmal das sinnvollste, was er machen kann. Hast du die Möglichkeit, mit ihm mit Ja und Nein zu kommunizieren?
Gisela: Im Moment nicht, es ist mir zu laut.
Thies: Was ist zu laut?
Gisela: Draußen, wenn du redest.
Thies: Wenn ich mit jemand anderem rede?
Gisela: Ja.
Thies: Kann es sein, daß sich darin noch ein Teil artikuliert, der eventuell noch ein Teampartner von dem Teil ist, der für das X zuständig ist. Überprüfe mal innerlich, wie du gemerkt hast, daß es dir zu laut war. Und dann fragst du den Teil, der für das Phänomen zuständig war: „Arbeitest du mit am X? Bist du mit verantwortlich, daß X immer stattgefunden hat? Ich bin gleich wieder da. ... (Zu Daniel) Hast du eine Ja/Nein–Bedeutung?
Daniel: Ja schon, aber wir haben etwas ausgeklammert.
Thies: Das heißt mit anderen Worten, du hast den Prozeß fortgeführt, Dinge neu auszuhandeln?
Daniel: Ja. Ich habe ja vorhin gesagt, daß da auch Vergangenheitsgeschichten laufen, die die Bedeutung verloren haben, und die habe ich ausgeklammert.
Thies: Das heißt, du hast dem Teil gesagt: „Schön, daß du das die ganze Zeit über noch gemacht hast und mir damit gezeigt hast, daß du deine Aufgabe in meinem Leben sehr ernst nimmst, aber die Situation hat sich verändert. Wärst du bereit, das nicht mehr zu machen?"
Daniel: Nein, ich habe einfach gesagt, „ausgeklammert, die Geschich-

ten aus der Vergangenheit stellen wir ein anderes Mal zur Disposition". Und dann habe ich die Sache gemacht, die du mir gesagt hast ...
Thies: Nämlich Ja und Nein? (Daniel nickt.) Dann gehe nach innen und frage: „Tust du heute in meinem Leben noch etwas, was ich noch nicht weiß?" Du könntest auch fragen: „Hat das, was du in der Vergangenheit sichergestellt hast, heute wirklich keine Bedeutung mehr?" Es kann ja sein, daß der Teil antwortet, er habe weitergemacht und gar nicht gemerkt, daß sich die Dinge geändert haben. Es kommt vor, daß Teile Sachen machen und gar nicht hingucken und hinhören, ob es noch notwendig ist. Sie sind ja nicht göttlich und unfehlbar.
Daniel: Also was soll ich jetzt genau machen.
Thies: Du gehst nach innen und fragst: „Gibt es noch etwas, was du heute für mich tust, was ich noch nicht weiß?"
Daniel (ohne nachzudenken oder nach innen zu gehen): Das tut er. Es gibt bloß gewisse Dinge, bei denen er reagiert, obwohl es nicht mehr notwendig ist und er mich da im Prinzip gar nicht mehr zu schützen braucht.
Thies: Es gibt also zwei Gründe für ihn, zu arbeiten. Einerseits, wenn er denkt, daß es noch so wie früher ist, was es aber nicht ist, wie du jetzt weißt. Andererseits hat er aber noch andere gute Gründe, das heute noch zu machen.
Daniel: Richtig.
Thies: Und sind das Gründe, die du im Bewußtsein weißt?
Daniel: Ja.
Thies: Jetzt gehe nach innen und frage: „Gibt es zusätzlich zu dem, was ich im Bewußtsein schon darüber weiß, was du für mich mit dem X getan hast, noch mehr, was ich noch nicht weiß?" Oder frage so: „Ist in der Information darüber, was du in der Vergangenheit für mich getan hast und was heute anscheinend keine Bedeutung mehr hat, noch eine zusätzliche Information darüber enthalten, was du heute noch für mich tust?" Das ist spannend, oder? (Daniel nickt.)

Wenn er jetzt ein Ja bekommt, bedeutet das, daß sein Bewußtsein eingeladen ist, herauszubekommen, wofür in seinem heutigen Leben die frühere Schutzfunktion, so wie sie ihm mitgeteilt worden ist, eine Metapher ist. Das Unbewußte hat viele Wege, das Bewußtsein in einer angemessenen Weise zu informieren.
Thies (zu Stephanie): Sag mir mal gerade, was du im letzten Schritt gemacht hast.
Stephanie: Im letzten Schritt habe ich gefragt, ob das auf eine neue Art und Weise mit mir kommuniziert.
Thies: Was „das"? Und was ist passiert?

Stephanie: Also irgendwie war ich total fixiert, daß das nicht immer über diesen Gefühlskanal laufen muß, weil der schon so eingeschliffen ist.
Thies: Der kinästhetische Trampelpfad?
Stephanie: Das erste, was kam, war so eine gefühlmäßige Zustimmung.
Thies: Hast du ihn gebeten: „Kommuniziere doch anders mit mir, nicht im Gefühl, da kann ich besser damit umgehen." Und er hat geantwortet, „Nein, das mache ich nicht", und dir ein anderes Körpergefühl geschickt?
Stephanie: Ja.
Thies: Und ist das angenehm?
Stephanie: Ja.
Thies: Ah, ein kleines Geschenk. Dann gehe nach innen, bedanke dich für dieses Geschenk — er hätte es ja auch in ein schlimmes Körpergefühl verwandeln können. Und bitte ihn, daß er dieses neue Körpergefühl nochmal macht, in der Bedeutung von Ja. Möglichst so, daß du später Ja und Nein differenzieren kannst, wenn du ihn Sachen fragst. (Stephanie orientiert sich nach innen.)
Und interessant ist, wie wir sehen, daß Gisela den nächsten Schritt ohne Instruktion gemacht hat. (Sie war in der Zwischenzeit von sich aus in Trance gegangen.) Wenn ich erstmal von außen helfe, mit meinem Feedback und meinen Instruktionen, daß diese Kommunikation, diese Nutzung von Selbsttrance–Zuständen anfängt, geht oft der Prozeß ohne meine Hilfe weiter. Das ist das Gute am Six–Step–Modell. Wenn man einmal auf den Geschmack gekommen ist, kann man es nicht lassen. Es gibt täglich neue X–Verhaltensweisen, auf die man das Gelernte anwenden kann. Trance und vor allem Selbst–Trance und die Nutzung von Trance–Zuständen ist ein Lernprozeß.
Thies: Daniel, gibt es noch mehr, was du im Bewußtsein nicht weißt, was er für dich tut?
Daniel: Nein.
Thies: Das heißt, du weißt alles. Damit sagt der Teil zu dir im wesentlichen: (mit hoher Stimme, als wenn eine Mutter ihr Kind zurechtweist) „Daniel, du bist jetzt erwachsen genug, diese Geschichte selbst in die Hand zu nehmen." (Mit normaler Stimme) Das impliziert natürlich für dich, (wieder mit hoher Stimme) daß du dir Gedanken machst! (Daniel muß lachen, nickt aber dabei) ... Weißt du, was du in welcher Reihenfolge neu lernen wirst, damit du sichergehst, (analog markiert) du kannst das machen? Kennst du das Timing und die Reihenfolge? Häufig nimmt man sich irgend etwas vor, und es geht nicht, weil man zu viele Schritte auf einmal oder in der falschen

Reihenfolge macht (zeigt nur für die Gruppe sichtbar auf Daniels Fußhaltung, einer hinter dem anderen verschränkt).
Daniel: Es gibt da keine Reihenfolge, sondern mehr eine Intuition ...
Thies: Wie lange wirst du brauchen, um das zu lernen, was du lernen willst und mußt, um diese positive Funktion erwachsen und vom Bewußtsein her, intuitiv selbstinitiiert in deinem Leben sicherzustellen — so daß dein Unbewußtes es nicht mehr mit dem X machen muß?
Daniel: Die erste Idee war zwei Jahre, aber ich bilde mir ein, das ist zu lang.
Thies: Und kannst du dir das gesundheitlich leisten, oder wie auch immer, noch zwei Jahre zu x–en? Wenn du zum Beispiel ein Junkie wärst, und das X wäre Schießen ...
Daniel (unterbricht, lacht): Also die Zeiten sind vorbei! (Mit einem nonverbalen Verhalten, das andeutet, daß er Junkie war.)
Thies: Meine Frage ist: Kannst und willst du es dir leisten, dir zwei Jahre Zeit zu nehmen, um dein Leben in bestimmten Bereichen so umzuorganisieren, daß das X nicht notwendig ist? Das können größere oder kleinere Projekte sein.
Daniel: Ich will mir das nicht leisten. Ich will das schon früher lösen.
Thies: Aber deine erste Idee war, daß du zwei Jahre brauchen könntest.
Daniel: Ja.
Thies: Und selbst wenn du das nicht früher löst, sondern zwei Jahre brauchst, um das neu zu lernen, was du lernen wirst, um die gleiche positive Funktion in deinem Leben sicherzustellen, kannst du noch zwei Jahre x–en? Überlebst du das?
Daniel: Du meinst physisch. Ja, zur Not schon, aber es ist schon äußerst unangenehm.
Thies: Also bist du in der Position, daß du dich beeilen mußt?
Daniel: Ja. Ich tue ja auch einiges dafür.
Thies: Jetzt, wo du den Teil auf eine neue Weise kennengelernt hast, hast du da eine Idee, was gut wäre, was der Teil tun könnte, um dir maximal zu helfen, daß du vom Bewußtsein her Dinge in deinem Leben neu einrichten kannst und auf eine neue Art und Weise die positive Funktion sicherstellen kannst, die das X bis heute noch erfüllt? Was könnte der Teil tun, um dir zu helfen? Unbewußte Teile sind genau wie Menschen nicht gerne untätig — (lacht, spricht halb zu Gruppe hin, mit einem minimalen Kopfnicken in Daniels Richtung) und er ist doch auch zu jung, um in Rente zu gehen, oder? (Allgemeines Lachen.) Hast du eine Idee?
Daniel: Mhm.
  Gehst du nach innen und fragst ihn, ob er bereit ist, das zu machen?

Daniel: Ich frage ihn auch gleich wie.
Thies: Gute Idee. Das kannst du mit ihm aushandeln: „Bist du bereit, das so und so zu machen? Oder es in der und der Weise zu verändern?" Er kann dein Bewußtsein als kreativen Partner mit in seine Arbeit einbeziehen. Das wird er sicher tun, jetzt, wo du ihn nicht mehr bekämpfst. „Oder mich ab und zu, statt mich x-en zu lassen, das und das neu tun zu lassen, was mir hilft, daß ich vom Bewußtsein her lerne, was ich lernen muß, um die positive Funktion selbst zu erfüllen?" (Daniel ist schon in Trance gegangen.)
Thies (zu Gisela): Was hast du die ganze Zeit gemacht? Hast du zwei, drei Sachen mit vollzogen, die ich hier außen zu den anderen gesagt habe?
Gisela: Nein.
Thies: O. K. Weißt du alles, was der Teil für dich tut. Ach nein, entschuldige, es war ja ein Team.
Gisela: Ja, das ist größer als ich dachte.
Thies: Das Team? Sind noch mehr dazugekommen?
Gisela: Ja, zwei noch.
Thies: Kannst du das ganze Team bitten, daß sie als Team ein neues Signal aussuchen, das...
Gisela: Das habe ich gerade gesucht.
Thies: Du hast das gesucht? Du sollst das nicht suchen oder aussuchen, du sollst sie bitten, daß sie eins aussuchen. Und dann laß dich überraschen, welches das wohl ist.
Gisela: O. K. (Sie geht in Trance.)

Wenn A weiß, daß es sich um Teampartner handelt, geht A nach innen und sagt: „Vielleicht ist euch gar nicht so bewußt, daß ihr immer als Team zusammengearbeitet habt, um das Phänomen X hervorzubringen oder aufrechtzuerhalten. Ich bitte euch, sucht doch ein neues Signal aus, was ich sehen, hören, fühlen, riechen oder schmecken kann, und was ihr als Teamsignal benutzen könnt, um mit mir im Bewußtsein zu kommunizieren — und nehmt doch bitte eines, das anders ist als die Signale, die ihr vorher als einzelne benutzt habt."
Gisela (kommt aus der Trance zurück): Ich hab's.
Thies: O. K. Frage sie jetzt nach der Ja/Nein-Bedeutung. Bitte sie, es nochmal in der Ja-Bedeutung zu schicken, damit du hinterher weißt, wie Ja und Nein geht.
Gisela: Das brauche ich nicht.
Thies: Das weißt du schon?
Gisela: Das ist irgendwie anders beschaffen, als ... Ich brauche kein Ja oder Nein: Ich weiß, wann mein X kommt. Und jetzt kam, daß sie

mir das vorher mitteilen wollen, damit ich nicht mehr Magenschmerzen und sonstiges kriege.
Thies: Ah, das ist ja toll, oder?
Gisela: Ja.
Thies: Angenommen, das Team findet es notwendig, dich x-en zu lassen und teilt dir das fünf oder zehn Minuten vorher mit — über ein Bild oder etwas zu Hören oder wie immer sie es dir eindeutig mitteilen —, fändest du es O. K., weil du dann ja vom Bewußtsein her alles Notwendige alleine tun könntest?
Gisela: Ja.
Thies: O. K. Und möchtest du so informiert werden von dem Team, wie sie es eben angeboten haben?
Gisela (überlegt): Mhm.
Thies: Oder hast du vom Bewußtsein her eine andere Vorliebe, auch bezüglich der Vorwarnzeit?
Gisela: Das weiß ich noch nicht.
Thies: Kannst du es festlegen? Lege es einfach fest und frage dann das Team: „Seid ihr bereit, das so und so zu machen, nämlich mich so und so lange vorher in genau der und der Weise zu informieren? (Sie geht in Trance.)
Thies (zu Stephanie): Was macht dein Teil?
Stephanie: Der ist unkonzentriert und braucht eine Pause.
Thies: Der, oder du oder wer, das ist hier die Frage. Bevor wir das klären, frage ich erstmal: Hattest du schon ein Signal?
Stephanie: Ich glaube nicht.
Thies: Woher weißt du, daß der Teil „unkonzentriert ist und eine Pause braucht"?
Stephanie: Das merke ich daran, daß meine Augen müde werden.
Thies: Und kannst du innerlich mal den Teil fragen, der dafür sorgt, daß deine Augen müde werden: „Kann es sein, daß du am X mitarbeitest?" (Sie geht kurz nach innen.)
Stephanie (überrascht): Ja.
Thies: Bittest du dann den Teil und den anderen Teil, daß sie sich zusammentun und ein neues Signal nehmen, mit dem sie als Team mit dir im Bewußtsein kommunizieren können.

Das sind drei sehr spannende Reframings, oder?
Thies (zu Daniel): Wie wirst du das jetzt neu machen?
Daniel: Da sind jetzt ein paar seltsame Geschichten gelaufen. Ich bin mir nicht sicher, ob ich mir es nicht vormache, daß das jetzt doch nur zwei Monate sind, statt zwei Jahre. Also diese Information ist gekommen.

Thies: Die Information, es könnte auch sein, daß das in zwei Monaten machbar ist?
Daniel: Ja. Und die direkte Antwort war schon ein bißchen leicht metaphysisch. Und da ich jetzt wieder hier bin, ... das ist in der Art ...
Thies: Paß auf, eben sagtest du, du bist nicht sicher, ob du dir etwas vormachst. Woher wußtest du innerlich, daß es an der Zeit war, das zu denken? (Daniel orientiert sich internal und nickt ideomotorisch.) Dann frage den Teil, der sich mit diesem Phänomen gemeldet hat: „Arbeitest du mit am X?" Wenn die Antwort darauf Nein ist, fragst du weiter: „Hast du einen Einwand gegen die Veränderungen in meinem Leben, die sich abzeichnen?" (Daniel geht nach innen.)
Daniel (kommt zurück, gähnt und lacht dann): Ich glaube, der hatte einen Einwand.
Thies: Und ich glaube, der (deutet ein Gähnen an) hat einen Einwand. Oder er ist ein Teampartner. Es kann auch sein, daß er einen Kommentar zu der Situation hat, in der wir sind.
Daniel: Nein, ich glaube, ...
Thies: ... daß du dem Teil gleich nochmal sagst: „Ich habe bestimmte Dinge in meinem Leben vor und weiß nicht, ob sie zwei Monate oder zwei Jahre dauern. Bist du, Teil der mich früher pur hat x–en lassen, ..." (Daniel muß lachen, da er gerade anfangen wollte zu gähnen, als Thies „pur" in augenblinzelnder Betonung einfügte.) Aber, wie du richtig sagst (deutet beim Sprechen ein Gähnen an), vorher brauchst du eine Verbindung, einen Kontakt zu zwei anderen Teilen .... Gehe nach innen und frage den Teil: „Wie hast du gewußt, daß es an der Zeit war, mich gähnen zu lassen?"
Daniel (geht in Trance und lacht dann): Also der Teil ist natürlich sehr ehrlich und sagt: „Das ist langweilig."
Thies: Und kannst du zusätzlich dazu, daß das für mich hier außen ein sinnvolles Feedback bezüglich der Länge und Komplexität dieser Demonstration ist, den Teil fragen: „Arbeitest du mit am X? Warst du die ganze Zeit über schon ein Teampartner für das X?" Wenn er das nicht war, fragst du ihn: „Es kann sein, daß du ein Teil von mir auf der unbewußten Ebene bist, der bestimmte Dinge sicherstellt und jetzt befürchtet, daß er nicht mehr so gut arbeiten kann wie vorher, wenn sich Dinge in bezug auf das X ändern. Und der mir deshalb einfach jetzt schon einen Einwand deutlich macht. Stimmt das?" Entweder ist das ein Teampartner oder ein einwanderhebender Teil. Du kannst ihn auch fragen: „Bist du Sprachrohr für die Gruppe, die vielleicht langsam nicht mehr folgen kann?" Wenn er mit Ja antwortet, richte ihm einen schönen Gruß von mir aus, das sei deren Problem. (Lacht) Oder meines. Kannst du das mal überprüfen? Und dann

sprich auch noch einmal den Teil von vorher an, der dich nicht ganz sicher sein ließ, ... du weißt schon? (Daniel nickt.) O. K. (Er macht seine Geste als Anker für „Geh in Trance", auf die Daniel mit der Trance-Physiologie reagiert.)
Thies (zu Gisela und Stephanie): Wer macht weiter von euch? Wer ist soweit?
Stephanie: Ich, (lacht) und mein Teil ist auch wieder voll da, der eine, außerdem sind sie jetzt zu zweit im Team.
Thies: Na fein! Kannst du die beiden bitten, ein Teamsignal einzurichten, das anders ist als ihre einzelnen Signale? Oder hat das Team schon ein Signal? (Stephanie schüttelt den Kopf und geht gleich in Trance.)
Thies: Gisela, wie werden sie es machen?
Gisela (lächelt): Ich bin eigentlich beim Ausgangspunkt, wo ich mich sehr wohl gefühlt habe. Mein X ist gut, so wie es ist. Ich will kein leichteres Merkmal, weil ich nicht tun werde, was ich tun muß, wenn das Merkmal leichter oder nicht so schädigend für mich ist.
Thies: Merk-mal! (Er stimmt in ihr Lachen ein; sie hatte das Wort selbst vorher in dieser Weise intoniert.) Und bist du einverstanden, daß dein Unbewußtes dich in dieser Weise noch eine Zeitlang mnemotechnisch unterstützt? (Sie nickt.) Du kennst dich, oder? (Beide lachen.) Du kannst vielleicht später nachverhandeln, ob es nicht doch einen leichteren Weg gibt, mit dem du an bestimmte Dinge erinnert werden kannst.
Gisela: Später vielleicht, ja.
Thies: Wenn du bereit bist, das zu tun, was du tun mußt?
Gisela: Ja.
Thies: Aber für jetzt sagst du, es ist gut so, daß es so ist? (Sie nickt kongruent.)
An dieser Stelle können wir den Prozeß auch abschließen und sie ins Leben zurückschicken. Oder kommt jemand aufgrund der Entwicklung ihrer Physiologien nicht zu diesem Schluß. Sie hat jetzt die besten Voraussetzungen, das X gleichzeitig als Lernherausforderung und als das korrigierende Feedback eines „weisen" Lehrers zu benutzen.
Kurt: Hatte sie die nicht vorher auch schon? Am Anfang der Arbeit sagte sie doch schon, das X ist erzieherisch.
Thies (mit zusammengebissenen Zähnen, den geballten Fäusten in den Hosentaschen, gesenktem Kopf und vorsichtigem Blick nach vorne): Ja gut, ich werde daran denken, daß ich meine Schulaufgaben machen soll. (Wieder in normaler Haltung.) Ja, die hatte sie insofern, als sie schon angefangen hatte, das X in einer Funktion und

einer Weise zu würdigen. Jetzt nehme ich an, hat sie ein anderes, tieferes Verständnis für die Sinnhaftigkeit des X, oder?
Gisela (in der Versöhnungs–Physiologie): Ja, ich sehe, es ist in mein Leben anders eingebettet, als ich vorher dachte. Auch begreife ich es jetzt eher als Phänomen, das schon früher in meiner Familie angefangen hat (mit gerührtem Gesichtsausdruck).
Thies: O. K., danke dir. (Er gibt ihr die Hand und sie geht auf ihren Platz zurück.)
Thies (zu Stephanie und Daniel): Wir machen weiter, auch auf die Gefahr hin, ...
... (zur Gruppe) daß ihr von Einzelheiten überfrachtet seid; nachher bringen wir ein bißchen linkshemisphärische Ordnung in das Ganze und ich erkläre die Schritte. Sorgt ihr für euch, lauft herum, geht nach draußen, macht, was immer ihr für euren Lernprozeß braucht. Hauptsache, ihr macht es einigermaßen leise.
Thies (zu Stephanie und Daniel): Wie geht's euch? (zu Stephanie) Hast du ein Teamsignal bekommen?
Stephanie: Ich bin irritiert über die zwei Signale und ich weiß nicht ...
Thies: Zwei Signale im gleichen Sinnessystem oder in verschiedenen.
Stephanie: Im gleichen Sinnessystem.
Thies: Dann sprich beide nochmal in folgender Weise an: „Du der Teil, der das eine Körpergefühl geschickt hat, und du, der Teil, der das andere geschickt hat, ich bitte euch, daß ihr euch zusammentut und ein Teamsignal aussucht, das eindeutig ist. Und ich bitte euch auch, eines zu nehmen, was mich ausgesprochen angenehm überrascht und was für mein Bewußtsein auf eine völlig unerwartete Weise absolut lehrreich ist." (Sie orientiert sich nach innen.) O. K.
Thies (zu Daniel): Wie wirst du es machen, mit den zwei Monaten oder zwei Jahren?
Daniel: Ich habe jetzt erst die ganze Geschichte mit dem Gähnen überprüft.
Thies: Und, ist das ein einwanderhebender Teil oder ein Teampartner? Arbeitet der Teil mit am X?
Daniel: Also ein Teilbereich, ein Verantwortungsbereich ist, daß er mitarbeitet, in der Art ... (lacht) Also, die Hauptgeschichten sind gelöst.
Thies: Ah, gut! Das heißt, es ist ein Teampartner. Das ist spannend.
Angenommen (zur Gruppe) ich lese richtig Gedanken, dann würde ich in euren lesen, daß eure Aufmerksamkeit langsam nachläßt ... ihr seid voll, oder? (Die meisten schütteln den Kopf.)
Diese interaktionell einwanderhebenden Teile sind immer wieder eine Herausforderung. Vorhin war ich für einen Moment verunsi-

chert, weil ich dachte, ich hätte euch in eurer Aufnahmefähigkeit überfordert. Und dann fängt der Kerl hier an zu gähnen (lacht) und sagt auch noch — natürlich nur als eingebettetes Zitat –, es —ei langweilig ...! Eine typische Reaktion darauf wäre es zu glauben, ich hätte versagt. Und das habe ich vorhin für einen Moment gedacht; da war ich verunsichert bezüglich meines didaktischen Geschicks und darüber, ob diese „Simultanpartie" hier vorne nicht Angeberei ist. Das hieße aber, nur auf der Ebene der Botschaft an mich als Person und Seminarleiter zu bleiben. Wichtig ist, bei interaktionell einwanderhebenden Teilen beides zu würdigen: Das Feedback an mich, das ich einbeziehen muß, und die Ebene des Einwandes bezüglich der laufenden Arbeit. In dem Fall war es ein Einwand dagegen, daß er als Teampartner nicht mit berücksichtigt worden ist. Unter diesem Aspekt kann ich mich als B wieder entspannen und das Phänomen erstmal als Kommentar deuten, daß noch ein zusätzlicher Teil an dem mitarbeiten muß, was A innerlich macht. Damit habe ich eine gute Chance, erfolgreich zu arbeiten, denn jede mich überraschende und in der Arbeit zunächst hinderliche, emotionale Reaktion von mir ist eine Chance für meinen A, eine übersehene, oft für die Veränderung wichtige Gegebenheit und Ressource noch mit einzubeziehen.
Thies: Sprich beide Teile an und bitte sie, ein Teamsignal festzulegen, mit dem sie als Team mit dir im Bewußtsein kommunizieren können.
(Daniel geht in Trance.)

Und wir hier außen sehen eine Zunahme an Symmetrie. Das ist ganz typisch, wenn ein Phänomen innerlich neu gewürdigt und einbezogen wird. Denkt daran, bei all dem, was euch müde machen könnte, langsam wieder (spricht es mit dem nonverbalen Verhalten, als wäre er kurz vor dem Einschlafen) wach und wacher und wacher zu werden ... (Daniel lacht; er sieht aus, als hätte er gerade gut ausgeschlafen; allgemeines Lachen.)

Wach und wacher, das kann der Teil also auch. Er kann ihn so wachkicken, als wenn wir ihn „Speedy" genannt hätten. (Daniel muß lachen.) Das Wort „Speedy" war aus irgendeinem Grund, den wir nicht kennen und höchstens ahnen, ein wichtiger Hinweis für sein Erleben. Das können wir an seiner Physiologie sehen. Aber ...
Thies: ... wenn das Wort schon ein Anker sein kann, dann kann, was immer dein Unbewußtes entscheidet, *auch* ein Anker sein für das Wachbewußtsein, oder?
Daniel (etwas konfus, aber in der Speedy–Wach–Physiologie, lacht): Ich glaube schon.
Thies (wendet sich Stephanie zu): Wie macht dein Team das? Ein anderes Signal?

Stephanie: Ein anderes Signal, aber ein altbekanntes wieder.
Thies: In der Kinästhetik wieder?
Stephanie: Ja.
Thies: Altbekannt, heißt das unangenehm?
Stephanie: Langweilig.
Thies: „Es gibt so schöne Gefühle auf der Welt, und ich muß gerade das bekommen?" (Er faßt sich an den Kopf.) O. K. Was meinst du, was hat das Team für einen Grund, so ein langweiliges Gefühl zu nehmen? Ist damit noch eine kleine Aufklärung an dein Bewußtsein verbunden?
Stephanie (lacht kurz, leicht bitter): Anscheinend schon. Aber mir ist die Lektion noch nicht klar.
Thies: Du kannst folgendes machen: Gehe nach innen und frage: „Könnt ihr das nicht ein bißchen spannender machen, nur so aus Spaß. Und zwar in einer Weise, die mich vom Bewußtsein her ausgesprochen überrascht."
Stephanie (leicht gereizt): Hab ich doch schon.
 O. K. Dann machen wir jetzt, was ich den „Zitat–Check" nenne.
Thies: Stell' dir vor, der Teil oder das Team wären hier irgendwo außerhalb von dir, und du würdest hier außen das Team ansprechen, so wie du es eben innerlich gemacht hast. Kannst du das mal laut machen? (Er spricht in den leeren Raum vor ihnen.) Du, das Team von Teilen, die ihr mich immer x–en habt lassen ...
Stephanie (lacht etwas überrascht): Das geht nicht über Reden.
Thies: Sondern telepathisch? Versuch es mal mit reden. Vielleicht finden die Teile reden toll und denken, wie Kinder, die sonntags mit spazierengehen sollen: „Telepathisch, wie langweilig!"
Stephanie: Ich würde halt sagen: „Ich finde, wir sollten uns unterhalten."
 Wenn ihr ihr nonverbales Verhalten seht und hört und euch vorstellt, hier wären andere Menschen, zu denen sie das gesagt hat, welche typische Szene wäre das? Nicht laut sagen, nur denken! Wer könnte diesen Satz zu wem mit diesem nonverbalen Verhalten gesagt haben? Und sobald einer eine Idee hat, meldet er oder sie sich, holt sich den Rapport zu Stephanie und erzählt sie ihr. Und zwar etwa in folgender Form: „Als ich eben gesehen und gehört habe, wie du mit deinem Team gesprochen hast, entstand vor meinem geistigen Auge und Ohr die und die Szene." Dann beschreibt ihr die Szene, wer mit wem wie und über was redet und/oder in welcher Weise interagiert. Ihr teilt das einfach als eure Phantasie und Intuition mit. Sucht möglichst eine sehr typische soziale Szene aus, die jeder schon einmal als Beteiligter oder Zuschauer erlebt hat.

Thies: Bist du bereit, von der Kreativität der ganzen Gruppe zu profitieren — für eine kleine Lehre, wie du am besten mit deinem Unbewußten kommunizierst?
Stephanie: Ja.
Julia: Als du mit deinem Team geredet hast, habe ich den Eindruck gehabt, daß du mit jemandem reden willst, weil du ein schlechtes Gewissen hast. Du bietest ihm sozusagen als Entschuldigung an, mit ihm zu reden, aber in Wirklichkeit willst du gar nicht reden, sondern meinst nur, du wärst dem anderen das schuldig.
Thies: Wie zum Beispiel wer? Erzähle eine Situation, so wie sie dir gekommen ist: Wen genau hast du vor Augen gehabt, und mit wem fand wo und wie die Interaktion statt?
Julia: Du hast zum Beispiel deine Mutter durch irgendeine Bemerkung gekränkt. Und sie läßt dich nun spüren, daß sie nicht mit dir einverstanden ist und dich so nicht mag. Sie zeigt dir ihre Ablehnung. Und du spürst das, hast ein schlechtes Gewissen und sagst nun ...
(Stephanie zeigt plötzlich eine Versöhnungs–Physiologie, und sieht außerdem so aus, als ob sie sich ein bißchen schämt.)
Wenn ich so ein schönes Exemplar der Versöhnungs–Physiologie bekomme, sage ich im Zitat–Check als B etwa zu A, ...
Thies: ... wie auch immer das Verhältnis von deinem Bewußtsein zu diesem Team(bzw. sonst: Teil) auf der unbewußten Ebene ist — bei aller Ähnlichkeit mit bestimmten zwischenmenschlichen Beziehungen in deinem Leben, in der Gegenwart und in der Vergangenheit —, ist es doch ein sehr eigenes, besonderes Verhältnis, das etwas völlig anderes ist als alle Beziehungen, die du vorher kennengelernt hast ... Mit diesem Wissen gehe nochmal nach innen und bitte das Team, dir ein neues Signal zu schicken. (Sie orientiert sich internal, die Trance hat sich radikal vertieft; nach einiger Zeit kommt sie sehr symmetrisch zurück.) O. K. Wie machen sie es?
Stephanie (angenehm berührt): Kinästhetisch.
Ein schönes Signal? Ein langweiliges?
Stephanie (lacht): Nein, ein witziges.
Thies: O. K., schön. Geh nach innen, frage das Team nochmal, ... nebenbei, weißt du, wie das Team Ja und wie es Nein kommuniziert?
Stephanie (orientiert sich für einen Moment nach innen): Ja.
Thies: Dann frage noch einmal: „Weiß ich alles im Bewußtsein, was ihr für mich tut?" (Sie orientiert sich wieder nach innen.)
Thies (zu Daniel): Haben sie es gemacht? Oder wie weit bist du?
Daniel: So ziemlich am Schluß. Ich habe das abgeklärt, daß ich mit

meinem Wissen umgehen kann; und auch die Vergangenheitsgeschichte.
Thies: Meinst du, du kannst lernen, all das, was dein Unbewußtes mit dem X Positives gemacht hat, in der nächsten Zeit auf anderen Wegen sicherzustellen, die bewußt initiiert sind?
Daniel: Ich weiß nicht, was du meinst.
Thies: Meinst du, daß wir fertig sind?
Daniel (lacht mit spontaner Symmetriezunahme, eine Hand hält jedoch die andere umfaßt): Ja.
Thies: Oder gibt es noch einen kleinen Einwand? Was müßte passieren, damit du sagst (übertrieben kongruent und symmetrisch): „Ja, wir sind fertig?"
Daniel (lacht): Ich fühle mich jetzt auch von der Gruppe gehemmt.
Thies: Gehemmt das zu tun, was der Abschluß wäre?
Daniel: O. K., ich sage mal, was mein Teil gesagt hat: Da müßt ihr die ganze Geschichte nochmal durchgehen.

(Allgemeines Lachen.)

Thies: Du kannst ihm folgendes sagen: „Einen schönen Gruß von Thies, das ist genau das, was wir tun sollen, du und ich ganz alleine. Und dann machst du eine Verabredung mit ihm ...

(Daniel lacht.)

Thies: ... eine Verabredung, für die du heute oder morgen Zeit und Raum schaffst, und in der du mit dem Teil zusammen die Geschichte nochmal durchgehst. Das ist die beste „connection", die du haben kannst. Ich habe dich nur beraten, wie du dir diesen Berater holen kannst ...
Daniel: Kann ich das auch in der Nacht machen, im Traum?
Thies: O. K., wer kam auf die Idee?
Daniel: Ich glaube, das war ein dritter, der die Idee gehabt hat; einer, der es mir möglich machen möchte. Er ist für die Ökologie und Ökonomie zuständig.
Thies: Oh, wenn das nicht dein Bewußtsein war, du selbst sozusagen.

Richard Bandler hat mal zu mir gesagt, er macht keine Reframings mehr, weil die Leute dann noch dissoziierter sind als vorher. Eine aufschlußreiche Bemerkung, die uns im nächsten Seminar (Band II) noch beschäftigen wird. Sie enthält einige interessante Tilgungen: Dissoziierter von was oder wem in welcher Weise? (Er guckt Daniel an.) Von Teilen, die man (markiert die folgenden beiden Worte mit etwas tieferer Stimme) verantwortlich machen kann für die eigene Faulheit? (Wieder mit normaler Stimme.) Nein, im Ernst, ich denke, das ist die Wahl zwischen zwei gleichberechtigten Möglichkeiten: Es einerseits möglichst auf der unbewußten Ebene bearbeiten und an-

dererseits vom Bewußtsein her maximal partizipieren zu wollen. Die Entscheidung hängt meiner Meinung nach sehr stark davon ab, was das Bewußtsein gerade mehr interessiert. Wenn jemand vom Bewußtsein her ein Selbst-Reframing machen oder bestimmte Prozesse abschließen will, weil er das spannend findet oder einen ästhetischen Genuß dabei empfindet, ist das für mich genauso in Ordnung, wie wenn jemand zu seinem Unbewußten sagt: „Nein, ich habe keine Lust dazu, macht ihr das. Ich habe gerade ein anderes Projekt im Sinn, für das ich meine bewußte Aufmerksamkeit voll brauche, wie zum Beispiel, (er blinzelt Daniel zu) die Einstein'sche Relativitätstheorie kreativ zu erweitern ...
Daniel (lacht): Fast erraten. (Er sitzt jetzt aufrecht und sehr symmetrisch.)

Da ich keinen Widerspruch von ihm bekomme, auch nicht von seinem Unbewußten, gehe ich davon aus, daß der von mir angebotene Rahmen für seine Selbstwahrnehmung für ihn akzeptabel ist und er nichts verliert, wenn er diese Sichtweise übernimmt.
Thies: Du legst im ersten Schritt vom Bewußtsein her fest — dafür ist es nämlich da —, wie du es gerne hättest.
Daniel: Lieber im Traum.
Thies: O. K. Und dann im zweiten Schritt frage das Team, ob sie bereit sind, mit dem Teil zusammen, der die Träume träumt, diesen Prozeß zu beenden. Oder ob sie darauf bestehen, daß du vom Bewußtsein her mitarbeitest und deinen „erwachsenen Beitrag" dazu leistest. (Lacht) Womit wohl klar geworden ist, wofür ich bin. Aber letztendlich entscheidet das der Teil. Fragst du ihn mal? (Daniel orientiert sich nach innen.)

Denkt daran, Fluff, Fluff, Fluff, warme Luft. Wenn ihr versucht, die Logik der warmen Luft zu erkennen, dann (analog markiert zur Gruppe) hängt ihr in den Seilen. (Einige in der Gruppe nicken, andere schütteln den Kopf ideomotorisch.) Ihr könnt die Situation aber auch so wahrnehmen: „Das ist ja interessant, was für ein blödes Zeug redet er und was kriegt er damit für tolle Zustandsveränderungen bei seinem A?" Auf diese Weise fangt ihr an, das Six–Step–Reframing wirklich zu verstehen. Wichtig ist, daß er nochmal in Trance geht und Selbsttrance-Zustände utilisiert. Und innerlich Kontakt macht zu ...

(Daniel lacht, hat sich die Hand, die vorher die andere hielt, auf den Bauch gelegt.)
Thies: Laß mich raten. Er hat gesagt, du sollst vom Bewußtsein her mithelfen.
Daniel: Genau.

Thies: Mit Kopf und Bauch bei der Sache! (Allgemeines Lachen.) Also du sollst mit dem Bewußtsein mitarbeiten?
Daniel: Nein, äh, ... ich habe jetzt leichte Schmerzen. So macht es sich auch körperlich bemerkbar, wenn ich X mache.
Thies: Gehe nach innen und frage den Teil, der dafür zuständig ist: „Bist du bereit, mich wissen zu lassen, was du gerade für mich getan hast?" (Daniel orientiert sich internal.)
Thies (zu Stephanie): Und, weißt du alles?
Stephanie: Nein.
Thies: Und nun?
Stephanie: Kreative Konferenz. (Sie sagt es in sehr ressourcevoller Physiologie, mit einem Bewegungsimpuls, als ob sie lostanzen wollte.) Oder?
Thies (lacht): Genau (spiegelt ihren Bewegungsimpuls).

Und das Gute ist, die kreative Physiologie müssen wir gar nicht lange induzieren, die kann sich schon gar nicht mehr halten. (Beide lachen.)
Thies: Bitte also deinen kreativen Teil (spricht diese beiden Worte, während er noch einmal den Bewegungsimpuls spiegelt), er möge diesmal auf seine Weise voll in Bewegung kommen. Er würde bald Besuch bekommen und er soll sich überraschen lassen, ob er von seinem Besucher auch was lernen könne. Also, nun mal im Ernst (zeigt kongruent ernstes Verhalten, sie kommt sofort aus der kreativen Tanz–Physiologie heraus), ge–x–t wird heute nicht mehr (zeigt dabei wieder die Bewegung). Gehe doch nochmal nach innen und bitte das Team auf der unbewußten Ebene, das immer für das X zuständig war, sich mit dem kreativen Teil (während er diese beiden Worte spricht, reagiert sie minimal, aber wahrnehmbar mit der entsprechenden beweglichen Physiologie) zu treffen und ihn wissen zu lassen, was sie alles im einzelnen mit dem X in deinem Leben sichergestellt haben. Von den vielen Ideen des kreativen Teiles möge sich das Team mindestens drei aussuchen, die genau so effektiv sind wie das X, oder noch viel effektiver, eleganter, ästhetischer, geiler (er studiert ihre Physiologie genau, die sie während der letzten vier Worte zeigte; erst beim letzten erschien ansatzweise die kreative Physiologie beim Zuhören). Dann bitte das Team, dich jedesmal mit ihrem Signal wissen zu lassen, wenn sie einen ausgesucht haben. Alles klar? (Sie nickt.) O. K. (er macht seine „Geh in Trance"–Geste).
Thies (zu Daniel): Und, läßt er dich wissen, was er hier und jetzt eben für dich getan hat (formuliert in der Vergangenheitsform, da Daniel, äußerlich wahrnehmbar, sich sehr entspannt hat).
Daniel (nickt): Mhm.

Thies: Er sagt Ja. Und, ist es jetzt besser?
Daniel: Er will mich warnen.
Thies: Und ähnlich wie eben bei Gisela, bist du bereit, auf diese Weise noch eine Zeitlang gewarnt zu werden?
Daniel: Ich fühle mich gezwungen dazu.
Das ist eine interessante Information, aber keine Antwort auf meine Frage. Denke noch einmal so darüber nach: Angenommen, ein Kind vergißt immer die Welt um sich herum und läuft plötzlich los, oder will sich von der Hand der Mutter losreißen, weil ihm ein Ball aus der Hand gefallen ist. Aber es merkt, wie die Mutter ganz fest zudrückt, so daß es für das Kind nicht nur unangenehm, sondern sogar richtig schmerzhaft ist. Aber als es dem Ball hinterhersieht, kriegt es plötzlich einen großen Schreck, weil ein LKW mit riesigen Rädern vorbeidonnert und den Ball plattfährt wie eine Briefmarke. Und dir wird klar, Gott sei Dank, daß sie mich festgehalten hat. Das bißchen Schmerz.
Daniel (volle Versöhnungs-Physiologie): Ja, das akzeptiere ich.
Thies: Du könntest sagen, eine Zeitlang akzeptiere ich noch so ein drastisches Signal, um auf diese Weise sicher zu gehen, daß ich etwas Bestimmtes einbeziehe. Was meinst du, wie lange müßte das noch so drastisch bleiben?
Daniel (sehr kongruent): Zwei Monate.
Thies: Kannst du innerlich nochmal fragen: „Gibt es einen Teil, der einen Einwand dagegen hat, daß das noch zwei Monate lang so drastisch bleibt?" (Daniel geht in Trance.)
Thies (zu Stephanie): Das sah so aus, als wenn die reichlich losgelegt hätten.
Stephanie: Ich kam irgendwann mit dem Zählen nicht mehr mit.
Thies: Toll. Mach eine Zeitschätzung dafür, wie lange das Team (sie zeigt ein motorisches Tanz–Programm in den Füßen) diese vielen neuen Tanzschritte, (lacht) äh, ich meine natürlich diese neuen Wege ausprobieren sollte. Und dann frage das Team: „Bist du bereit, die Verantwortung dafür zu übernehmen, daß in der nächsten Zeit, entsprechend meiner Schätzung, diese neuen Wege in meinem Verhalten auftreten werden, genauso sicher und unabhängig von meinem Bewußtsein wie vorher das X?" O.K.? (Sie nickt und geht nach innen. Kurze Pause.)
Thies: Wenn ich richtig gesehen habe, sind sie bereit, oder?
Stephanie: Ja. Mir ist sogar noch eine Idee gekommen, wofür das X noch gut war.
Thies: Für die du auch schon Wege hast, sie umzusetzen? (Sie nickt.) Gut, dann gehe nach innen und frage: „Gibt es einen Teil, der einen

Einwand dagegen hat, daß diese neuen Wege in meinem Verhalten auftreten werden?"
Thies (zu Daniel): Hat bei dir einer was dagegen?
Daniel (war ziemlich lange in Trance): Nein.
Thies: Gut. Jetzt frage noch: „Gibt es einen Teil, der irgendwie helfen kann, der die Bereitschaft und Kompetenz hat, mir auf den verschiedenen Ebenen des Lernens bei dem zu helfen, was ich lernen will und muß, um ohne das X auszukommen?" Es kann ja sein, daß es einen Teil gibt, der dazu etwas anzubieten hat. (Daniel geht wieder in Trance.)
Thies (zu Stephanie): Und? Von der Symmetrie her würde ich raten, daß noch einer da war, oder?
Stephanie: Ja, und ich glaube, ich weiß auch, wofür er zuständig ist.
Thies: Paß auf, einmal aus Zeitgründen und außerdem, damit die Gruppe diesen Weg auch demonstriert bekommt, möchte ich nicht, daß wir mit diesem und den eventuell noch dazukommenden anderen einwanderhebenden Teilen einzeln etwas machen. Frage doch bitte innen, ob es einen Teil auf der unbewußten Ebene gibt, der die Bereitschaft und die Kompetenz hat, folgendes zu tun: Erstens den einwanderhebenden Teil in eine Konferenz mit dem kreativen Teil zu bringen, damit er neue Wege bekommt, wie er weiter genau so effektiv für dich arbeiten kann wie vor der Veränderung und zwar in einer Weise, die sich mit den vielen neuen Wegen verträgt, die jetzt anstelle des X da sein werden. Zweitens den Rapport zu jedem Teil auf der unbewußten Ebene aufzubauen oder zu halten, um drittens festzustellen, ob andere Teile, wenn dieser einwanderhebende Teil vom kreativen Teil auch neue Wege bekommen hat, einen Einwand gegen diese neuen Wege erheben, weil sie dann nicht mehr so gut wie vorher für dich arbeiten können. Dies ist dann der Fall, wenn sie die Art, wie der einwanderhebende Teil gearbeitet hat, für ihr optimales Funktionieren brauchen. Viertens soll er diese Teile dann ebenfalls mit dem kreativen Teil zusammenbringen können, damit sie für den Tanz des Lebens noch besser vorbereitet werden, indem auch sie vom kreativen Teil neue Wege bekommen, wie sie weiterhin genauso gut oder sogar besser und eleganter für dich arbeiten können, aber so, daß sich diese Art mit den schon erreichten neuen Wegen in deinem Leben verträgt — mit denen, die das X ersetzen und den neuen Wegen aller einwanderhebenden Teile. Außerdem soll er fünftens einen guten Draht zu dem Teil haben, der für das Träumen der Träume zuständig ist. Soll ich die ganze Liste noch einmal wiederholen, oder ist die Instruktion für den nächsten Schritt

klar? (Sie nickt bei den letzten Worten.) O. K. (Sie geht auf seine Geste hin in Trance.)
Thies: Daniel, du siehst so aus, als hättest du gute Nachrichten bekommen.
Daniel (lacht): Es hat sich einer gemeldet, der mich dabei unterstützen kann, daß ich meine Bequemlichkeit überwinde, und diese ganze Geschichte nochmal durchgehe. Der kann das sicher sehr spannend gestalten.
Thies: Das heißt, es hat sich ein Teil gemeldet, den du aus anderen Kontexten kennst, in denen du in der Lage bist, eine anfängliche Bequemlichkeit zu überwinden und dann an etwas sehr viel Spaß zu haben? (Daniel nickt.) Kannst du dich bei dem Teil für das Angebot bedanken und dich mit ihm und dem anderen Teil und eventuell dem Teil, der die Träume träumt, verabreden? (Daniel orientiert sich nach innen.)
Das ist ein FuturePace. Hier meldet sich ein Teil und sagt: „Ich verfüge über ein Repertoire von Verhaltensweisen, die dir absolut bei dem helfen, was du vorhast." A soll sich bei diesem Teil bedanken und eine Verabredung für irgendwann später außerhalb dieser Hier-und-Jetzt-Situation machen, wo er oder sie sich mit ihm und den anderen treffen wird. (In Daniels Richtung) „Wo schaffst du dir die Muße, zum Beispiel kurz vorm Einschlafen, oder auf deinem Lieblings-Fernseh-Sessel, um innerlich Kontakt mit den Teilen aufzunehmen? (Daniel lächelt, während er in Trance bleibt.) Das ist zusätzlich auch ein FuturePace für die hier erlernte Fähigkeit, Selbsttrance-Zustände zu nutzen. Für die meisten Leute ist das schwierigste an der Nutzung von Selbsttrance-Zuständen, in ihrem Leben Raum und Zeit und ökologisch gesunde Grenzen dafür zu schaffen. O. K., wir sehen den Kommentar hier (zeigt dabei auf die Hand, die Daniel vom Bauch nimmt, und auf den Kopf, den er aufrichtet; Daniel reorientiert sich in einer sehr unternehmungslustigen ressourcevollen Physiologie).
Daniel (lacht sehr kongruent im Kontakt zu Thies): Ich soll bewußt mithelfen. Aber nachts wollen sie weiterarbeiten und alles für den nächsten Tag vorbereiten, damit ich dann wieder, vom Bewußtsein her, mithelfen kann.
Thies: Das hört sich sehr gut an, und es sieht gut aus. Ich danke dir. (Sie verabschieden sich mit einem Händedruck. Daniel geht in die Gruppe zurück.)
Thies (zu Stephanie): Da hat sich einer gemeldet, oder?
Stephanie: Ja. Und ich kenne den aus anderen Zusammenhängen, nämlich von Situationen ...

Thies: Halt! Behalte lieber den Inhalt für dich, einmal aus Zeitgründen, dann aber auch hier in der Demonstration aus didaktischen Gründen, damit ihr später eher motiviert seid, das Six-Step-Reframing auch ohne Inhalt zu üben. Frage bitte innerlich zur Sicherheit: „Gibt es einen Teil, der einen Einwand dagegen hat, daß dieser ..."
— Wie nennst du den Teil, der sich eben gemeldet hat?
Stephanie: Mhm, das ist der Wunder-Teil.
Thies: ... daß dieser Wunder-Teil der Koordinator sein wird und sozusagen den Thies für den Abschluß der Veränderungsarbeit vertreten wird, die hier angefangen hat? Alles klar? (Sie nickt und geht in Trance.)

(Kurze Pause.)

Thies: Da hat sich einer gemeldet, oder? (Stephanie nickt nachdenklich.) Sprich ihn an und frage ihn: „Gibt es Bedingungen, die ich vom Bewußtsein her erfüllen kann, unter denen du deine Zustimmung dazu geben kannst?" (Stephanie geht kurz in Trance und nickt dann.)
Stephanie: Ja, ich habe auch schon eine Idee gehabt, welche das sind. Er sagte: Ja, wenn ich sie erfülle, stimmt er zu. Aber er hat trotzdem noch einen anderen Einwand.
Thies: Dann frage ihn: „Möchtest du der Assistent vom Wunder-Teil sein?"
Stephanie (sieht aus wie ein Kind, das sich freut, und lacht): Ja, will er.
Thies: Dann frage den Wunder-Teil und alle andern Teile deines Unbewußten: „Hat jemand einen Einwand dagegen, daß dieser Teil, den wir hier außen noch nicht benannt haben, beim Abschluß des hier angefangenen Veränderungsprozesses der Assistent vom Wunder-Teil sein wird?
Stephanie (kommt sehr schnell aus der Trance zurück und ist beim Reorientieren sehr symmetrisch): Nein, keiner.
Thies (hält ihr die Hand hin): Herzlichen Glückwusch!
Stephanie (nimmt die Hand und lacht): Wozu?
Thies: Zu deinen tollen unbewußten Teilen. Gehe als Abschluß doch noch einmal nach innen und bedanke dich bei allen, die an unserer kleinen Metapher-Welt mitgewirkt haben und bitte sie: „Seid ihr bereit, euch in Luft und Wohlgefallen aufzulösen, wenn eure Existenz für mein Wohlergehen und meinen Lebensweg, so wie ich ihn mir wünsche, nicht mehr produktiv sein sollte?"
Stephanie (kommt zurück aus der Trance, sehr ressourcevoll und symmetrisch): Das wollen sie machen. Mein Wohlergehen ist ihnen so wichtig, das sie auch dazu bereit wären, wenn es notwendig wäre.
Thies: Gut, oder? (Stephanie nickt.) Die idealen Elternfiguren, wie ich

sagte. Viel Spaß und vielen Dank! (Sie verabschieden sich; sie geht zu ihrem Platz zurück.)

Die drei und auch Urs vorher haben uns demonstriert, daß sie gelernt haben, Trance-Zustände selbsttätig zu nutzen. Damit haben sie maximal aus der Sitzung gelernt. Es ist ein Lernen zweiter und dritter Ordnung. Spannend! Ich finde das Reframing absolut spannend, nach nunmehr acht Jahren immer noch.

9.7 Schritte und Erläuterungen

Jetzt sprechen wir die Schritte und die Struktur des Six-Step-Reframing noch einmal durch, damit euer Bewußtsein eine echte Chance hat, das Six-Step-Reframing-Modell auch zu verstehen — und nicht nur eurer Unbewußtes. Ich gehe das Modell noch einmal durch und stelle die einzelnen Schritte noch einmal in der Standard-Reihenfolge dar.

Am Anfang steht wie in jedem NLP-Interventionsmuster der **Rapport-Check**. Dann sorge ich für die **Integration der X-Physiologie und der gegenteiligen Physiologie**. Auch mit dem „Ideen säen" bin ich noch in der Vorbereitungsphase. Kernsatz hierbei ist die Aussage: Es gibt einen Teil auf der unbewußten Ebene, der für das Verhalten bzw. den Zustand X zuständig ist. Ist „unbewußt" als Konzept nicht akzeptabel, finde ich einfach eine alternative Bezeichnung.

Ich hatte eine Klientin, die nicht nach innen ging, um Teile etwas zu fragen, sondern in ihren Märchenwald, um dort ihre Feen und Kobolde zu treffen, die für sie sorgen. Die Gründe, warum für manche Menschen das Wort „Unbewußtes" ein schlechter Anker ist, sind genau so vielfältig wie die Möglichkeiten, alternative Wirklichkeiten zu erfinden, die alle nach dem Prinzip konstruiert sind, daß A das Phänomen von der bewußten Entscheidung her nicht oder anders will. A's bevorzugte Bezeichnung läßt sich mit der Frage feststellen: „Du willst vom Bewußtsein her nicht, daß dieses Verhalten X in bestimmten Situationen immer wieder auftritt, oder? Wenn du es nicht willst und es passiert trotzdem, wer ist dann zuständig?" Die Antwort wird mehr oder weniger elaboriert und explizit A's privates Erklärungsmodell über Ursache und Art der Dissoziation Bewußtsein/Unbewußtes enthalten, die ihn oder sie in Form des X in die Therapie geführt hat. Dieses private Erklärungsmodell kann B dann in seine Begrifflichkeit übernehmen oder in unser Konzept des Unbewußten übersetzen: „Ah ja, genau, und das, was du mit .....

meinst, darunter verstehe ich einen Teil deines Unbewußten, der für X zuständig ist.

Für einige Leute ist der Begriff „Teil" ein schlechter Anker; meist dann, wenn sie ihn im Konnotationsbereich von „aufteilen", „zerteilen" und „Einzelteile" einordnen. Ob das der Fall ist, sehe ich an A's Physiologie, wenn ich das erste Mal den Begriff benutze. Dann sage ich sofort, „Nein um Gottes Willen, *solche* Teile doch nicht! Ich meinte doch die Teile aus der Redewendung, das Ganze ist mehr als die Summe der Teile." Zeigt A im physiologischen Feedback nach wie vor, daß der alte Anker noch wirkt, kann und muß ich auf eine andere Weise dahinkommen, daß das Wort „Teile" eine andere Bedeutung für ihn oder sie bekommt. Das wäre ein Reframing im Reframing. Ich könnte von der Dialektik von Teil und Ganzem sprechen, davon, daß das Ganze im Teil repräsentiert ist, und umgekehrt. Oder ich erzähle von der Fuß–Refexzonen–Massage oder von Hologrammen. Oder ich schlage vor, daß wir von Teilen überhaupt nicht mehr reden, sondern nur noch von den Repräsentanten der Bedürfnisse, auch derer, die bewußt gar nicht bekannt sind.

Wird das Teile–Modell akzeptiert, kann ich es ausbauen, indem ich zusätzliche Aspekte hinzufüge: Der Teil des Unbewußten organisiert ein komplexes Verhalten. Stößt dieses Element auf Widerspruch, erzähle ich Metaphern; wie zum Beispiel die von den unbewußten Teilen, die für das Öffnen einer Tür und für die Kunst, Fahrrad oder Auto fahren zu können, zuständig sind. Solche Metaphern sind deshalb recht wichtig, weil mit ihrer Hilfe für A manchmal die erste positive Konnotation des Teiles möglich wird: Es gibt unbewußte Teile, die das Problemverhalten als komplexe Fähigkeit organisieren, sequenzieren und initiieren.

Weitere Aspekte sind: Der Teil des Unbewußten ist mächtiger als das Bewußtsein. Es existiert eine hierarchische Beziehung zwischen dem Teil des Unbewußten, der für das X zuständig ist, und dem Bewußtsein. Im Konfliktfall, ob im Einzelfall X auftritt oder nicht, gewinnt immer der unbewußte Teil. Der Teil des Unbewußten ist sehr zuverlässig. Er hat im entsprechenden Kontext noch nie vergessen, X zu machen. Und der Teil der Unbewußten ist klüger als das Bewußtsein. Im Gegensatz zum Bewußtsein erkennt er erstens die Stimuli, die im entsprechenden Kontext das X auslösen. Zweitens kennt er sich in der systemischen Vernetzung der Lebensbereiche aus und weiß, in welchen Kontexten er welche Schutzfunktion erfüllt bzw. welche Dinge er möglich macht, wenn er in einem bestimmten Kontext für das X sorgt.

Wenn ich mit dem Klienten so weit gekommen bin, kann ich den letzten Aspekt erwähnen: Der Teil des Unbewußten verfolgt mit dem X eine positive Absicht. Dies beinhaltet eine Trennung von Absicht und Verhalten: Wie der Teil etwas Bestimmtes tut, nämlich X, ist nicht identisch damit, wozu bzw. wofür er es tut. Unbewußte Teile tun das Beste, was sie können, um *das* im Leben der Person sicherzustellen, für das sie die Verantwortung übernommen haben — auch wenn es unerwünschte bis lebensbedrohende Nebenwirkungen hat.

Ruth: Wie meinst du das mit der Trennung von Absicht und Verhalten eines Teiles?

Folgende Geschichte erzähle ich als Metapher für die Trennung von Absicht und Verhalten gerne meinen Klienten: *Virginia Satir* hat mal mit einer Frau gearbeitet, die zu viel aß und gerne abnehmen wollte. Sie schaffte es auch öfters, nahm aber schnell das gleiche Gewicht wieder zu. In unserer Sprache hier würden wir sagen, daß ein Teil von ihr auf der unbewußten Ebene dafür sorgte, daß sie in bestimmten Kontexten mehr aß, als sie wollte und als es notwendig war. Man könnte jetzt denken, daß dieser Teil es nur darauf abgesehen hätte, sie zu quälen, wenn sie Treppen steigen mußte oder wenn sie sich im Spiegel sah etc. Weit gefehlt! Es stellte sich nämlich heraus, daß die Absicht des Teiles mit den Kontexten „sie und die Treppe oder der Spiegel", oder „sie und der Kühlschrank oder die Konditorei" nichts zu tun hatte. Als *Virginia Satir* mit ihr und etlichen Rollenspielern zusammen ihre unterschiedlichen Lebensbereiche anspielte, wurde deutlich, daß sie immer, wenn sie schlank war, reichlich Anträge von Männern bekommen hat, und daß ihr Verhaltensrepertoire, mit denselben umzugehen, nur in zwei Optionen bestand: Entweder sofort mit jedem ins Bett zu gehen oder diesen Anträgen auf eine für die Männer sehr verletzende Weise einen „abschlägigen" Bescheid zu geben. Beide Wege hätten nicht nur ihre Beziehungen am Arbeitsplatz, wo sie hauptsächlich mit Männern zusammenarbeiten mußte, ruiniert, sondern auch ihre Ehe. Also hat der Teil, der zuständig für befriedigende und kontinuierliche Beziehungen zu Männern war, das Beste gemacht, was ihm zur Verfügung stand und mit Hilfe des Essens seine Funktion erfüllt. *Virginia* hat ihr dann sicher von Frau zu Frau zwei, drei Dinge dazu gesagt, wie sie als schlanke Frau ökologisch und nicht rigide mit Anträgen umgehen kann.

Heike: Meinst du, nur schlanke Frauen sind begehrenswert?

Nein, aber sie hat es gemeint und sich danach verhalten.

Nun erst kommt das eigentliche Six-Step-Reframing. Um die Kommunikation mit dem unbewußten Teil aufzunehmen, wird als erstes ein **Signal etabliert**. In der *Instruktionphase* ist A in der Wach-

Physiologie und B erklärt, was er oder sie tun soll, nämlich nach innen gehen, genau den Teil ansprechen, der die ganze Zeit sichergestellt hat, daß X passiert und ihn fragen: „Bist du bereit, mit mir im Bewußtsein (neu) zu kommunizieren?" B nimmt eventuell alternative Formulierungen, bis A ihm einmal kurz eine Trance–Physiologie demonstriert. Manchmal besteht A darauf, daß ein oder mehrere Teile weiblichen Geschlechts sind. Der Hinweis auf die Animus–Anima–Unterscheidung hilft A in diesen Fällen meist, die Realität „Teile des Unbewußten" zu verdichten.

Manchmal ist es notwendig, zu überprüfen, ob A den inneren Dialog konstruktiv einsetzt. Wenn ich A frage, ob er oder sie weiß, wie der innere Dialog benutzt werden kann, um sich innerlich und leise selbst etwas zu fragen, sollte A als nonverbalen Teil der Antwort eine neutrale oder ressourcevolle Physiologie zeigen. Oft kommt es vor, daß A gewohnheitsmäßig den inneren Dialog eher dazu benutzt, sich zu motivieren oder zu verhindern, daß das Leben langweilig wird: (in hoher, schneller Stimmlage) „Nun hast du schon wieder nicht aufgepaßt. Und du hattest es dir doch so fest vorgenommen!" Wenn A den inneren Dialog in der Kommunikation mit dem Teil auf diese Weise einsetzt, sehen wir es an der Physiologie, wenn er oder sie nach innen geht und fragt. Dann helfe ich, eine Referenzerfahrung zu finden, in der er oder sie den inneren Dialog anders einsetzt oder ihn anders eingesetzt hat: „Bist du schon mal in bester Laune an einem heißen Tag zum Beispiel am Strand entlang gegangen und hast, als du einen Eisverkäufer gesehen hast, dich selbst gefragt (kongruent und zugewandt): Na, hättest du gerne ein Eis?" Wenn ich an der Physiologie sehe, daß er oder sie eine ähnliche Erfahrung gefunden hat, sage ich: „Und so solltest du den Teil von dir innerlich ansprechen!" Die ist eine Intervention, die manchmal auch direkt zur Versöhnungs–Physiologie führt und zu einem Bewußtwerden der sekundären Gewinne.

Schon deshalb empfehle ich euch, dies als Reframing–Anfänger häufig oder eine Zeitlang auch routinemäßig zu überprüfen. Mit einiger Übung in der Wahrnehmung von Trance–Physiologien braucht ihr es nicht mehr jedesmal zu machen, sondern könnt euch darauf verlassen, daß ihr von außen erkennt, ob jemand innerlich den inneren Dialog als ungünstigen Anker einsetzt.

Wichtig ist dann noch die Instruktion: „Wenn du innerlich sichergestellt hast, daß du genau den Teil angesprochen hast, der für das X zuständig ist, hast du Sendepause, denn du kannst dann vom Bewußtsein her nichts mehr richtig oder falsch machen. Du brauchst dich nur noch überraschen zu lassen, *wie* der Teil kommunizieren wird." Ihr macht den V.A.K.O–Check: „Laß dich überraschen, wie er sich meldet: Im Sehen ..., Hören ..., Fühlen ..., Riechen oder Schmecken. Alles klar? Ja, dann tu es jetzt."

In der *Ausführungsphase* ist A in der Trance–Physiologie und B hat Pause, die er nutzt, um sich auf die Signal-Physiologie zu kalibrieren.

Diese Trennung in Instruktions– und Ausführungsphase gilt in den nächsten Schritten auch. Um die **Ja/Nein–Bedeutung** des Signals zu etablieren, schlage ich A vor, nach innen zu gehen, sich bei dem Teil für diese neue Kooperation zu bedanken und den Teil zu bitten: „Schicke mir das Signal doch bitte noch einmal (das Bild, Geräusch, Gefühl, den Geschmack oder Geruch), aber auf eine solche Weise verändert, daß ich später Ja und Nein auseinanderhalten kann." A soll den Teil einfach um ein Blanko–Ja–Signal in einer Form bitten, die es ihm oder ihr später ermöglicht, genau zu wissen, wie er Ja und Nein kommuniziert.

Im fünften Schritt wird festgestellt, ob A die **Absicht des Teiles bekannt** ist. Er oder sie fragt den Teil: „Weiß ich alles im Bewußtsein, was du mit dem X die ganze Zeit für mich sichergestellt hast oder gibt es noch mehr, was du für mich tust, was ich nicht weiß?" Wenn die Antwort Ja lautet, dann ist das so, als würde der Teil zu A sagen: „Du bist jetzt erwachsen genug, das in deinem Leben selbst sicher zu stellen." Dann gibt B eventuell eine kurze Hilfestellung, die Erkenntnisse der Sitzung umzusetzen: A soll Ideen finden, in welchen Lebensbereichen er jetzt was verändern oder neu lernen wird, damit diese Funktion weiterhin erfüllt ist, aber ohne das X.

Ein alternatives Vorgehen wäre es, mit Schritt sieben weiterzumachen, und den kreativen Teil die Ideen finden zu lassen. Ein anderes, eine Trance zu induzieren und Prozeßinstruktionen für ein Future–Pace der neuen Einsichten und Ideen zu geben. Ist A sehr kongruent und in einer ressourcevollen, symmetrischen Physiologie, wenn er aus dem Trance–Zustand dieser Frage zurückkommt, kann es auch sein, daß ich gar nicht viel helfen muß und er die notwendigen Ideen zu konkreten Veränderungen von alleine bekommt und umsetzt. Dann kann ich ihn noch einmal fragen: „Können wir es so lassen?" Und wenn die Antwort ein kongruentes Ja ist, sage ich: „Auf Wiedersehen, komme in vier Wochen wieder und wir entscheiden dann, ob wir noch etwas machen wollen."

Ilse: Wovon hängt es ab, welche Alternative ich wähle?

Im wesentlichen davon, womit du dich als B am wohlsten fühlst. Oder anders ausgedrückt, jeder Alternative liegt ein Glaubenssystem und ein Wertesystem zugrunde. Zum Beispiel kann ich die letzte Alternative nur wählen, wenn ich bereit bin zu glauben, daß A mit der guten ressourcevollen und symmetrischen Physiologie in der Lage ist, die notwendigen Schritte in seinem Leben jetzt alleine zu tun. Die zweite Alternative kann ich als B nur dann kongruent ausführen, wenn ich glaube, daß mein A eigentlich nur im Trance-Zustand eine Chance hat, die Ideen zu kristallisieren und handlungsrelevant vorzubereiten. Die von mir bevorzugte, zuerst vorgeschlagene Version hat meiner Meinung und Erfahrung nach den großen Vorteil des „Du bist jetzt erwachsen genug"-Manövers. Das bewirkte bei fast allen Leuten, mit denen ich es bisher gemacht habe, eine sofortige Regression in sehr ressourcevolle Physiologien.

Wenn die Antwort Nein lautet, gibt es verschiedene Wege, diesen Sachverhalt zu reframen. Zum einen tun die unbewußten Teile eines immer, neben allem, was sie sonst im speziellen für den Menschen tun: Sie schützen das Bewußtsein vor zu vielen Informationen. Sie sorgen dafür, daß nur solche und nur so viele Erkenntnisse kommen, mit denen das Bewußtsein auch handeln und umgehen kann — denn das Bewußtsein ist zum Handeln da. Es kann ja durchaus sein, daß der Teil des Unbewußten, der immer für das X zuständig war, sagt: „Nein, es gibt noch etwas, was ich für dich tue, und ich möchte dich das zur Zeit nicht voll wissen lassen. Wenn ich zulassen würde, daß du es voll weißt, könnte es sein, daß du durch alte Schmerzen noch einmal hindurch mußt. Und davor schütze ich dich". Zum anderen kann es auch sein, daß der Teil sagt: „Es gibt noch etwas, was ich mit Hilfe des X in deinem Leben bewerkstellige und dich jetzt noch nicht wissen lasse. Dein bewußtes Denken bezüglich der Kontexte und der Zusammenhänge zu anderen Lebensbereichen, in denen das X wichtig ist, ist nämlich so eingeschränkt, daß ich das Risiko nicht eingehen kann, dich mit deinen eingeschränkten bewußten Denkschemata dazwischenfunken zu lassen. Es ist so weit entfernt davon, die Komplexität der Wirklichkeit deines Leben zu erfassen oder sie auch nur annähernd würdigen zu können, daß ich das lieber für mich behalte und meine Aufgabe alleine erfülle." Wenn ich A dies erzähle, werde ich mich dabei vom meinem nonverbalen Verhalten her in den Teil verwandeln und ihn mit den Worten „zitieren": „Bewußtsein, halt dich da heraus mit deinen begrenzten Denkschemata! Wenn du mir dazwischenfunkst, kann ich nicht mehr, oder nicht mehr so gut für dich arbeiten; und das weder in der alten noch in einer neuen Weise — wenn ich schon eine hätte."

Dieser letzte Zusatz vermittelt sehr gut und unaufdringlich die Idee, daß eine Veränderung möglich ist, die später wieder aufgegriffen werden kann. Denkt daran: Was ihr zu eurem A sagt, ist alles

Fluff. Diese letzte Verbalisierung ist meiner Erfahrung nach deshalb sinnvoll, weil sie mir oft Versöhnungs-Physiologien und spontane Trance-Zustände bringt. Tut sie das nicht, brauche ich einen anderen Wahrnehmungsrahmen, den ich A und eventuell mir selbst zur Verfügung stellen kann, um den Sachverhalt annehmen und konstruktiv mit ihm umgehen zu können, daß A die sekundären Gewinne nicht alle wissen soll.

Katharina: Ist es nicht beleidigend zu hören, das Bewußtsein sei eingeschränkt? Das liegt so eng bei beschränkt.

Das soll es auch. Ich kann jemandem an den Kopf werfen, (sieht sie dabei an) „dein Bewußtsein ist dumm", und dann eine Pause machen, damit sich die Schock-Physiologie so richtig gut entwickelt. Erst wenn ich sehe, daß A soweit ist, einen Einwand gegen diese Behauptung vorzubringen, (während er das alles sagt, passiert es in der Interaktion mit ihr) sage ich versöhnlich: „Ich muß zugeben, meines auch! Mein Bewußtsein ist auch der dümmste Teil meiner Person, verglichen mit dem Wissen meines Unbewußten." Zusätzlich könnte ich geeignete Metaphern finden, die diesen Punkt für A akzeptabel machen. Ich erzähle zum Beispiel, daß der unbewußte Teil des Tausendfüßlers, der dafür sorgt, daß die tausend Füße alle gut koordiniert arbeiten, dessen Bewußtsein eingeschränkt nennen könnte, wenn der Tausendfüßler plötzlich auf die Idee kommen würde, bewußt gehen lernen zu wollen. Wenn der Tausendfüßler mit seinen eingeschränkten Denkkategorien daran geht, würde er pro Schritt tausendfach stolpern, oder nein, pro Schritt fünfhundertfach.

Im nächsten Schritt wird die **kreative Physiologie induziert**, mit folgenden Worten: „Denk mal an eine Situation, in der du dich in einer bestimmten Weise verhalten hast, und wo du, noch während du dich so verhältst, oder kurz hinterher, merkst: Oh, das war genau das Richtige, zum genau richtigen Zeitpunkt, in der genau richtigen Art und Weise, ohne daß ich mir das vorher bewußt überlegt habe. Da war dein kreativer Teil tätig." Ich habe noch keinen Menschen in der direkten Interaktion kennengelernt, der darauf nicht sofort mit einer kreativen Physiologie reagiert hätte, denn das hat jeder schon erlebt.

Die Möglichkeiten, die kreative Physiologie zu induzieren, sind so verschieden, wie Menschen und Situationen verschieden sind. In der einfachsten Form frage ich, „du weißt, daß du einen kreativen Teil hast", und achte darauf, welche Reaktion ich kriege. Wenn die Physiologie nicht spontan wechselt und mehr Flexibilität und Bewegung aufweist, kann ich im Six-Step-Reframing-Prozeß noch nicht weiter machen. Ich brauche eine Reaktion, die sich von der normalen

Rapport-Physiologie durch mehr Muskeltonus und mehr ideomotorische Bewegungsprogramme unterscheidet. A muß wie ein Mensch aussehen, der gerade kreativ ist, in welcher Beziehung auch immer. Das hat in aller Regel mit Bewegung zu tun. Solange ich die nicht sehe, muß ich weiter versuchen, die entsprechende Physiologie zu induzieren.

Wenn ich sie nicht sofort bekomme, kann ich Metaphern erzählen, direkte Prozeßinstruktionen zum Suchen geben oder eine Zeitlang mit Worten herumspielen. Zum Beispiel bestand eine Frau mal darauf, daß alle Menschen kreative Seiten haben, nur sie nicht. Mit ihr mußte ich lange an diesem Schritt arbeiten. Ich fand keinen Weg, die kreative Physiologie zu induzieren, da dieses Wort ein so starker Anker für Versagen und Leistungsdruck geworden war. Ich fragte sie, was das Gegenteil von kreativ sei. Für sie war das „rezeptiv" oder „aufnehmend". Und es stellte sich heraus, daß sie eine Riesen-Schallplattensammlung hat, die sie als Ausdruck ihrer Rezeptivität empfand, also ihrer Fähigkeit, nur empfangen zu können. Nach einigen Bemühungen war klar, daß sie aktiv passiv in ihrer Rezeptivität ist. Ich habe sie dann gefragt, wie sie es eigentlich macht, von diesen zehntausend Musiktiteln, die auf diesen tausend Platten sind, für ihre jeweilige Stimmung den richtigen auszusuchen. An dem Punkt im Gespräch zeigte sie mehr und mehr die Merkmale einer kreativen Physiologie, vor allem als ich sie ganz überzeugt hatte, daß sie sehr kreativ beim Aussuchen ist. Auch dialektische Finessen im Gespräch sind Fluff, wichtig war die Physiologie, in der sie eine Platte aussuchte.

Dietmar: Und wenn sie nun gesagt hätte: „Die Platten sucht mein Mann immer aus, und auch, welche wir auflegen."

Hat sie aber nicht. Wenn sie es getan hätte, hätte ich dieses Beispiel nicht utilisiert. Und wenn sie zum Beispiel kurz bevor ich die kreative Physiologie erfolgreich induziert hätte, damit gekommen wäre, nachdem sie sie vorher als ihre Sammlung dargestellt hätte, die sie pflegt und genießt, hätte ich sie entweder davon überzeugt, wie kreativ sie darin ist, sich als unkreativ darzustellen; oder ich hätte ein Zwischen- oder Vor-Reframing machen müssen, damit der Teil von ihr auf der unbewußten Ebene neue Wege bekommt, der zur Zeit für sie arbeitet, indem er ihr Bewußtsein denken und kreativ behaupten läßt, sie sei nicht kreativ.

Wenn ich als B die kreative Physiologie nicht induzieren kann, wenn ich kein Kontext werden kann für A, daß seine kreative Seite herauskommt und sagt, „Hallo, interessante Interaktion hier", kann ich mir die Fortsetzung des Six-Step-Reframings schenken und statt dessen lieber ein Bier mit meinem A trinken gehen — und auf diese Weise die kreative Physiologie induzieren. Damit will ich sagen, daß die kreative Physiologie, ähnlich wie die Versöhnungs–Physiologie, auch ein reziprokes Phänomen ist. Wenn B denkt, „meine Kreativität wird nicht ausreichen, um diesen unkreativen Menschen A davon zu überzeugen, daß *auch er* kreativ ist", dann wird er die kreative Physiologie sicher nicht induzieren können.

In der **Konferenz mit dem kreativen Teil** soll A den Teil ansprechen, der für das X zuständig war, und der nach wie vor sein Ansprechpartner ist: „Bitte den Teil, der für das Verhalten X zuständig war, eine Konferenz mit dem kreativen Teil zu haben, was immer die tun oder wo immer sie es tun. Sie können spazierengehen oder sich gegenseitig besuchen, wo auch immer sie die günstigsten Arbeitsbedingungen haben, um gute Einfälle zu kriegen." Die Instruktion sollte Metaphern beinhalten, die dazu führen, daß A beim Zuhören in der Versöhnungs–Physiologie ideomotorisch nickt. Wenn A mir nicht physiologisch anzeigt, daß das eine Formulierung ist, die ihm „kreativen" Sinn macht, dann suche ich eine andere.

Otto: Und der unbewußte Teil erzählt dem kreativen Teil, warum er das X macht?

Thies: Nein, nicht so ...

Otto: Oder wie er das X macht?

Thies: Ja, das schon eher. Aber ich würde meinem A diese Warum–Formulierung nicht anbieten.

Ich würde nur sagen, der Teil des Unbewußten soll ihm das von der guten Absicht erzählen, was das Bewußtsein nicht weiß, oder die positive Funktion, je nachdem, welchen Begriff ich meinem Klienten gegenüber benutzt habe. „Warum" ist vom Wort her für die meisten Leute ein sehr starker Anker für linear–kausales Denken, für Rechtfertigungsstrategien, für Denken in den Kategorien richtig–falsch. Damit ist das, kurz gesagt, ein Anker für die sympathikusaktivierte Physiologie.

Der kreative Teil soll Ideen bringen, wie diese positive Absicht auf anderen Wegen als über das X sichergestellt werden kann. Manchmal ist es wichtig, A über eine Metapher zu vermitteln, daß nicht der kreative Teil, sondern der X–Teil die Wege bewertet. Der kreative Teil fördert Ideen wie eine Gruppe im Brainstorming. Eine andere Metapher ist die Geschichte mit dem Halstuchverkäufer, die ich in der Demonstration mit Urs erzählt habe. Eine weitere, sehr wirkungsvolle Metapher für eine Stabilisierung der kreativen Physiologie ist meiner Erfahrung nach der Vergleich mit Troubadix: Der kreative Teil kann gar nicht anders, er muß Ideen fördern — wenn man ihn läßt.

Der Teil, der mit dem X arbeitet, soll von den vielen Ideen, die der kreative Teil produziert und ihm zeigt, vorlegt, gibt oder sagt, diejenigen auswählen, die er mindestens so effektiv findet wie X für das, was er sichergestellt hat. Formuliert über alle Repräsentationssysteme hinweg, und laßt Pausen dazwischen. Das ist der V.A.K.O.-Putz, damit er in allen Kanälen auf Empfang ist.

Es kann für A sehr sinnvoll sein, an das Bewußtsein gewandt und ganz explizit zu sagen, „daß es keinen Zweck hat zu versuchen, am Schlüsselloch zu lauschen, denn der Teil hatte sich ja schon entschieden, daß dein Bewußtsein seine Funktion, zumindest zur Zeit, nicht wissen soll. Also wird er es natürlich auch nicht zulassen, daß du lauschst und sie auf diese Weise doch erfährst — es sei denn, er wählt das als den geeigneten Weg aus, dich im Bewußtsein doch zu informieren." Das wäre ein Beispiel für ein günstiges Preframing, das den Boden für einen konstruktiven Umgang mit beiden Situationen bereitet, ob A nun bewußt wissen wird oder auch nicht, welches die neue Wege aus der kreativen Konferenz sein werden. Denkt dran, das alles ist Fluff, der seine einzige Legitimation aus dem physiologischen Feedback von A erhält. Die Schlüsselloch–Metapher läßt sich durch die Analogie erweitern, daß dieser Schritt im Six–Step–Reframing so sein kann wie Weihnachten für ein Kind, wenn es in der optimalsten Weise von seinen Eltern auf die Bescherung vorbereitet wird: Das Kind weiß genau, es bekommt etwas Schönes zu Weihnachten, und die Versuchung ist riesig, am Schlüsselloch zu lauschen oder zu gucken, wie die Geschenke eingepackt werden. Und dann entdeckt es plötzlich, wie schön es ist, das nicht zu tun, weil es plötzlich dahinter kommt, daß das die Vorfreude noch viel mehr steigert, und daß es sehr schön ist abzuwarten; mit der absoluten Gewißheit, daß die Eltern, oder wer immer es ist, etwas sehr Schönes für mich einpacken.

Eine Geschenk–Metapher ist sehr günstig; weil viele Leute zum einen ihre Signale als Geschenk erleben, zum anderen aber auch spontan berichten, daß sie nach einem Six–Step–Reframing irgend etwas völlig Unerwartetes neu gemacht haben. Die Fähigkeit, sich überraschen lassen zu können, ist ein wichtiges Element in der Geschenk–Metapher und eine Referenzerfahrung für konstruktive Trance–Zustände, die jeder Mensch in seiner Geschichte vorfindet und nun im Six–Step–Reframing utilisieren kann.

In der Arbeit mit einer sehr depressiven, fünfundfünfzigjährigen Frau, die den fünf Jahre zurückliegenden Tod ihres Mannes überhaupt nicht verarbeitet hatte, habe ich unter anderem ein Six–Step–Reframing mit dem Teil gemacht, der für ihre Depression zuständig war. Später erzählte sie mir in einem anderen Zusammenhang, daß sie irgendwann ihre Haustür rot angestrichen hatte und nach wie vor überhaupt nicht wüßte, wie sie dazu kam. Es stellte sich später heraus, daß das der für sie damals ökologische Anfang war, aus dem Ehebett und dem großen Haus auszuziehen, in dem noch in erdrückender Weise der Mann gegenwärtig war.

Der Teil, der mit dem X arbeitete, soll A jedesmal das Ja-Signal schicken, wenn er einen vom kreativen Teil vorgeschlagenen neuen Weg ausgesucht hat. Er soll mindestens drei aussuchen. Manchmal ist es gut zu betonen, daß es „mindestens" heißt.

Im nächsten Schritt geht es um die Frage, ob der Teil bereit ist, die **Verantwortung** dafür zu übernehmen, daß die neuen Wege ausprobiert werden. Dazu wird A zunächst nach einer bewußten Zeitschätzung gefragt: „Über den Daumen, grob geschätzt, was denkst du, wäre eine sinnvolle Zeit, daß der Teil die neuen Wege in deinem Leben ausprobiert?" Das heißt, ihr macht so etwas wie ein halb bewußtes FuturePace oder, anders ausgedrückt, ihr stimmt A auf die Ökologie seiner oder ihrer Lebenssituation ein. Nach der Antwort soll A den Teil fragen: „Bist du bereit, für die nächsten ... (geschätzte Anzahl von Tagen, Wochen, Monaten) ab jetzt die Verantwortung dafür zu übernehmen, daß das neue Verhalten, diese drei oder mehr neuen Wege, in meinem Verhalten auftreten werden, genauso automatisch, zuverlässig und unabhängig von meinem Bewußtsein wie vorher das X?"

Markus: Das letzte muß ich aber dann doch mit jedem Teil vom Unbewußten machen, der irgendwie am X beteiligt war?

Nein. Wenn es ein Team von Teilen war, die zusammengearbeitet und das X gemacht haben, hat es auch ein Team-Signal gegeben, mit dem mir das ganze Team antworten kann.

Ich habe so gut wie nie erlebt, daß der Teil auf diese Frage geantwortet hat: „Nein, ich bin nicht bereit, die Verantwortung zu übernehmen." Wenn dies vorkam, war die Zeitschätzung unangemessen. In dem Moment, wo ich A's Aufmerksamkeit auf diese Möglichkeit richtete und A nach innen ging und noch einmal mit einer korrigierten Schätzung gefragt hat, war die Antwort Ja. Interessanterweise kommt dann meist noch ein sekundärer Gewinn ins Bewußtsein, sichtbar an der Versöhnungs–Physiologie. Einmal habe ich es erlebt, daß jemand, als die Frage mit der korrigierten Zeitschätzung positiv beantwortet wurde, ganz aus dem Häuschen war, weil ihm plötzlich irgend etwas sehr Wichtiges über sein X zusätzlich klar wurde: „Ah ja, der und der Geburtstag ist noch da, und da treffe ich ja so und so, und da ist ja überhaupt völlig klar, daß .... also wirklich, sowas Blödes, daß ich da nicht früher dran gedacht habe."

Manchmal braucht es zwei oder drei Anläufe, bis die richtige Zeitdauer bestimmt ist, die der Teil akzeptiert, und die aus irgendeinem Grunde in der Historie und im System der Person die optimale ist. Ich weiß als B nie, wie es dazu kommt. Es kann sein, daß der Teil bei drei Tagen kongruent Ja sagt, und bei drei Monaten: „Du hast wohl 'ne Meise!" Als B habe ich keine Ahnung, warum das so ist.

Nur ein- oder zweimal habe ich es erlebt, daß die Korrektur der Zeitschätzung nicht den gewünschten Erfolg gebracht hat. Da habe ich A den Teil fragen lassen: „Gibt es irgend etwas, was ich bewußt tun kann, quasi als unterstützende oder begleitende Maßnahme für diese Veränderung, wo du doch die Verantwortung übernehmen würdest, wenn ich das täte? Gibt es irgendeine Bedingung, die ich vom Bewußtsein her erfüllen kann, unter der du bereit wärest, die Verantwortung zu übernehmen?" Wenn die Antwort daraufhin Ja ist, kommt in der Regel auch wieder eine zusätzliche Information über die Absicht ins Bewußtsein. Außerdem wird es bei einem Ja sehr spannend, denn das bedeutet, A wird gleich eine Idee bekommen, welche Bedingung das ist. Er oder sie kann sich völlig überraschen lassen, wie diese Bedingung ins Bewußtsein kommt. Manchmal ist die Idee sofort da, manchmal wird A einen Moment überlegen. Und häufig wird A zu sich sagen:„Natürlich, die Bedingung erfülle ich, keine Frage."

Ich brauche als B dann nur noch hinzufügen: „Wenn der Teil nach dieser (geschätzten und bestätigten) Zeit das X doch wieder einsetzt, weißt du, daß die drei neuen Wege so große Veränderungen in dein Leben gebracht haben, daß der Teil auf das X zurückgegriffen hat, weil es sich dann eventuell wieder als der angemessenere Weg herausgestellt hat. Wenn das X wieder auftritt, ist das für dein Bewußtsein ein Signal, wieder nach innen zu gehen und die Teile in eine neue Konferenz zu bitten. Oder: Um wieder nach innen zu gehen und den Teil zu fragen, ob er diesmal bereit ist, zu erzählen, was er für dich tut."

Der letzte Schritt ist der **Ökocheck**. A soll fragen: „Gibt es irgendeinen Teil von mir auf der unbewußten Ebene, der einen Einwand dagegen hat, daß diese neuen Wege in meinem Verhalten auftreten werden?" Und wieder sage ich: „Laß dich überraschen, ob sich ein Teil meldet und wenn ja, wie er sich meldet, im Sehen ..." Diesen V.A.K.O.-Putz kennt ihr ja schon. Er hat noch einen interessanten Nebeneffekt: Je mehr sich A vergegenwärtigt, daß das Signal in jedem Sinnessystem kommen kann, desto leichter kann er häufig in eine sehr ressourcevolle Haltung regredieren, in der Kinder staunen, wie groß die Welt ist.

Ist die Antwort Nein oder meldet sich kein einwanderhebender Teil, so sind wir fertig. Wenn sich Teile melden, soll jeder nacheinander eine Konferenz mit dem kreativen Teil machen und sich sagen oder zeigen lassen, wie er weiterhin genauso effektiv für A arbeiten kann, aber in einer modifizierten Art, die kompatibel ist und mit den neuen Wegen harmoniert, die das X ersetzen oder dem vorhergehenden einwanderhebenden Teil irgend etwas sicherstellen.

Neben dem Vorgehen, das ihr in den Demonstrationen verfolgen konntet, kann ich A zum Abschluß, wenn ich aufgrund der noch vorhandenen Asymmetrien davon ausgehen muß, daß noch einwanderhebende Teile in der „Warteschleife" sind, nach innen gehen und fragen lassen: „Gibt es einen Teil in mir auf der unbewußten Ebene, der die Bereitschaft und Kompetenz hat, mir zu helfen, vom Bewußtsein her diesen Prozeß zu Ende zu führen. Er kann dies tun, indem er mich dazu bringt, eventuell noch sich meldende einwanderhebende Teile in eine Konferenz mit dem kreativen Teil einzuladen und danach wieder neu zu fragen, ob es noch einen Teil gibt, der gegen die neu gefundenen Wege Einwände hat etc. Gibt es also einen Teil, der mir helfen kann, das erstens vom Bewußtsein her zu machen, es also nicht zu vergessen, und zweitens, mein bewußtes Denken so zu organisieren, daß ich mich selbst da hindurchführen kann?"

Das ist ein interessanter Ansatz, oder? Es soll sich bitte der Teil des Unbewußten in meinem Bewußtsein melden, der determiniert, was der Inhalt meines bewußten Denkens von Moment zu Moment ist. Wird euch schwindlig? Wenn ja, habt ihr vergessen, daß der Gebrauch von Worten im NLP im wesentlichen nur zwei Ziele hat: erstens abzulenken, und zweitens, Physiologien zu manipulieren.

9.7.1 Fragen

Heike: Wie formulierst du das mit der Zeitschätzung: „Wie lange glaubst du, daß du die neuen Wege ausprobieren willst?"

Was? Nein, Logik, Logik! Wenn ich gerade mit der Person auf der unbewußten Ebene gearbeitet habe und der Teil unbewußt neue Wege ausgesucht hat, die er unbewußt die Person machen lassen kann, dann ist das unlogisch, das Bewußtsein zu fragen: „Was denkst du, was wäre eine gute Zeit, daß *du* die neuen Wege ausprobierst?" Das würde den ganzen Lernerfolg zunichte machen, der darin besteht, daß A lernt, mit seinem Unbewußten zu kommunizieren.

Das bedeutet, daß er oder sie sich überraschen läßt und Geschenke annehmen kann; die bekannte „Nichts–Tun–Müssen–Haltung" *Milton Ericksons*! Ich frage: „Was denkst du, was schätzt du vom Bewußtsein her, was wäre eine angemessene Zeit, daß *der Teil* deines Unbewußten diese neuen Wege ausprobiert?" Hingabe, Intuition und Logik, beides hat seinen Platz. Freiheit und Disziplin, eine sehr dialektische Angelegenheit. Es gibt ein schönes Spiel: Der Mann wirft der Frau vor, daß sie nicht logisch denkt. Ein sehr verbreitetes Interaktionsmuster. (Er geht dabei zur Seite, und blickt beim letzten Satz dahin, wo er vorher stand; Heike lacht.) Ich arbeite unter anderem deshalb so gerne mit dem Six–Step–Reframing–Modell, weil es Platz für Struktur *und* Chaos hat, für das Zusammenwirken von Disziplin und Freiheit, der Notwendigkeit zur Logik im Denken und Handeln und der von jeder Situation erneuerten Einladung zu intuitiven Kreationen für die Ausgestaltung und Wahrnehmung der von A und B gemeinsam konstruierten Welt.

Irene: Was ist, wenn verschiedene Teile sagen, sie sind damit nicht einverstanden?

Angenommen, es melden sich drei Teile. Dann soll jeder einzeln mit dem kreativen Teil eine Sitzung haben, wo neue Wege gefunden werden, wie der Teil weiterhin genauso zuverlässig und gut für die Person arbeiten kann wie vorher, aber so modifiziert, daß das mit den vorhergehenden Veränderungen zusammenpaßt. Das heißt in diesem Fall, mit den Änderungen des X–Teiles und den schon vorhandenen anderen neuen Wegen des oder der einwanderhebenden Teile. Also, der erste einwanderhebende Teil bekommt drei neue Wege. Wenn sich dann ein Teil meldet, der einen Einwand gegen die drei neuen Wege des einwanderhebenden Teiles Nummer 1 hat, dann bekommt er ebenfalls drei neue Wege. Und so kann man sich durcharbeiten bis zur Nummer 7 — so weit bin ich schon mal gekommen.

Heute mache ich es an der Stelle meistens so, daß ich die weitere Arbeit in die Träume übergebe. Es gibt ja wie gesagt verschiedene Möglichkeiten, A mit der aufgebauten Metapher–Welt sich selbst zu überlassen. Ob ein Weg für A in Ordnung ist, erkenne ich daran, daß die Abschlußtrance und die Reorientierung symmetrisch ist.

Am liebsten ist mir folgendes Vorgehen, wenn sich aufgrund der schon etablierten Dynamik der Metapher–Realität innen und der Interaktion mit mir außen nichts anderes ergibt: Ich sage, gehe nach innen und frage: „Gibt es einen Teil, der mich als B hier außen vertreten kann und die Koordinationsaufgabe übernehmen kann, jeden sich noch meldenden einwanderhebenden Teil zu einer Sitzung mit dem kreativen Teil einzuladen und danach zu überprüfen, ob es dann wieder Teile gibt, die einen Einwand gegen diese neuen Wege haben; diese sollen dann ebenfalls eingeladen werden."

Dieses Modell läßt sich hinsichtlich der folgenden Dimensionen beliebig abwandeln: Zum einen kommt es auf den Grad der Einbeziehung des Bewußtseins an, ob also im letzten Schritt die Arbeit eher dem Teil übergeben wird, der für den Inhalt und die Dramaturgie der Träume zuständig ist, oder ob das Bewußtsein in einem gewissen Maß beteiligt wird. Zum anderen kann das Team auf der unbewußten Ebene unterschiedlich komplex sein; es können zum Beispiel interessante Arbeitsteilungen entstehen oder Assistenten für den Koordinator dazukommen, die Extraaufgaben zugewiesen bekommen.

Letztendlich ist das einzige Kriterium für die Effektivität all dieser Möglichkeiten die symmetrische Reorientierung aus der letzten Trance. In aller Regel ist dies der Fall: Wenn A das O. K. bekommt, daß es den Teil gibt, und daß jener auch bereit ist und die Kompetenz hat, das zu machen, dann gibt es meistens eine spontane Symmetrie am Ende. Dann habe ich die Sicherheit als B, daß ich es mir leisten kann, mich nicht durch alle einwanderhebenden Teile selbst mit hindurcharbeiten zu müssen.

Wie weit und in welcher Weise wir die metaphorische Realität an dieser Stelle im Prozeß ausbauen und wie detailliert wir dabei sein müssen, zeigt uns nur die Physiologie von A. Es könnte zum Beispiel noch der Hinweis notwendig sein, daß der Teil, der das machen kann, einen guten Kontakt zu allen anderen Teilen des Unbewußten haben, von ihnen respektiert sein und ihr Vertrauen genießen muß. Auch wenn ich felsenfest davon überzeugt bin, daß meine Intuition darüber, welche Art von Abschlußversammlung auf der unbewußten Ebene gut für A wäre, weil ich in mein Angebot alle mir bekannten Informationen über die Lebens- und Familiensituation, über Lebensstil und Vorlieben von A kunstvoll eingebaut habe, kann ich nur dann auf eine gute Arbeit stolz sein, wenn die Abschlußtrance und die Reorientierung symmetrisch ist.

Ich würde euch aber als Training sehr empfehlen, daß ihr einwanderhebende Teile erst einmal nicht mit diesem „Koordinator-Teil-Modell" bearbeitet, bevor ihr nicht etliche Male im Six-Step-Reframing durch die verschiedenen einwanderhebenden Teile durchgegangen seid. Sonst nehmt ihr euch selbst die Gelegenheit, Physiologien und Symmetriephänomene zu studieren. Es ist toll mitzuerleben, wie nach jedem integrierten Einwand A's Symmetrie zunimmt! Dadurch lernt man enorm viel bezüglich der Wahrnehmungsgenauigkeit und Flexibilität beim Installieren von hypnotischen Kontexten. Dies kann man später vielleicht sehr gut brauchen, wenn man das Modell „Six–Step–Reframing" als Grundlage nicht mehr benötigt und lernen will, ohne dieses elegante Hilfsmittel ein guter Hypnotiseur zu sein.

So ähnlich, wie die Induktion von irgendeiner Physiologie durch die V.A.K.O.–Hypnose nur ein Mittel ist, den Wechsel der Physiologie im Prozeß der Induktion so weit zu verlangsamen, daß ich als B in der Lage bin, sie mit meinen Augen und Ohren wahrzunehmen und mit Verbalisierungen und anderen Handlungen auf sie reagieren zu können, so ist das Six–Step–Reframing eine Hypnosetechnik, in der ich die Wahrnehmungsgenauigkeit für Inkongruenzen im Ausdrucksverhalten von A und in seiner Interaktion mit mir enorm trainieren kann. Auch die Flexibilität und der sichere Umgang mit diesen Wahrnehmungen wird dadurch gesteigert. Denn das Fraktionierungselement im Six–Step–Reframing verlangsamt und sortiert die Prozesse in der Trance, so daß ich eine reelle Chance habe, auch schon vor Ablauf von fünf Jahrzehnten Hypnoseerfahrung ein guter Hypnotiseur zu werden. Wir werden darauf in der Ausbildunggruppe im Zusammmenhang mit den hypnotischen Interventionsmustern noch zurückkommen.

Bruno: Wenn wir jetzt in der Kleingruppe nochmal damit arbeiten, müssen wir ja wieder von vorne anfangen. Oder kann ich, wenn wir nicht fertig wurden, nur noch die letzten Schritte daranhängen?

Das kommt darauf an, welcher A vor dir als B sitzt. Wenn dein A die Vorbereitungsschritte noch nicht gemacht hat, fängst du von vorne an. Ansonsten fängst du beim fünften Schritt an. Du steigst ein, indem du fragst: „Was hast du in der Zwischenzeit mit deinen Signalen gemacht?"

Wenn A die Signale hat, und auch die Ja–Nein–Bedeutung etabliert ist, kann ich ihn zwischen zwei Sitzungen gut nach Hause gehen lassen. Wenn er wieder kommt, kann es sein, daß er mit den Signalen so konstruktiv umgegangen ist, daß alles schon geregelt ist. Wenn ich in meiner Praxis im Stundenrhythmus arbeite, ist es gut zu wissen, daß es auch sehr vorteilhaft sein kann, wenn A zwischen den Sitzungen Zeit hat, die Signale auszuprobieren. Dazu muß er allerdings gut vorbereitet sein. Dazu gehört ein FuturePace für die Gesamtfähigkeit, ein Signal zu bekommen, und Instruktionen, was er mit den Signalen anfangen kann: „Wann immer du eine Idee hast, was das X in deinem Leben noch sichergestellt hat, oder womit es noch zusammenhängen könnte, formulierst du diese Hypothese als Ja–Nein–Frage, gehst nach innen und stellst sie dem Teil." Auch ein explizites Eingehen auf die Ökologie der Situation ist manchmal sinnvoll: „Du brauchst zwei oder drei unterschiedliche Wege, in kurze Selbst–Trance–Zustände gehen zu können, die respektvoll für dich selbst sind und für die Menschen in den betreffenden Situationen um dich herum." Möglich sind hier alle „Kommissar Colombo–Techniken". Manchmal mache ich einen entsprechenden Vorschlag: „Du kannst ja mitten in jedem Gespräch und völlig unvermittelt sagen, daß dir gerade etwas eingefallen sei, in deinen Terminkalender sehen, sehr nachdenklich ausschauen, zurückkommen und erleichtert feststellen, daß du dich an etwas enorm Wichtiges erinnert hast. Denn du weißt ja nicht, wann du die besten Ideen über das X bekommst."

Viktor: Mir ist noch nicht klar, was der Unterschied zwischen „Signal etablieren" und „Ja–Nein–Bedeutung etablieren" ist.

Im dritten Schritt wird der Kanal festgelegt und im vierten die Zeichen–Bedeutung. (Viktor sieht immer noch verwirrt aus.) Stell dir vor, du hast mit jemand ein Geheimnis und ihr hättet eine Absprache getroffen, daß ihr euch in einer kritischen Situation mit Kerzen im Fenster verständigt, und nicht zum Beispiel damit, das Telefon klingeln zu lassen. Dadurch hättet ihr das Signal etabliert. Dann müßt ihr noch die Ja–Nein–Bedeutung etablieren, wie zum Beispiel zwei Kerzen heißt, „Ja, alles klar, du kannst kommen", und eine Kerze heißt, „Nein, Gefahr, du kannst nicht kommen." (Allgemeines Lachen.)

Melanie: Es ist doch erstmal so, daß sich der Teil überhaupt über einen Kanal meldet. Und mit diesem Signal gehe ich dann so damit um, daß ich sage: „Wenn es stärker wird, ist es Ja, und wenn es schwächer wird, ist es Nein."

Ja, so kann ich es machen. Aber ich denke es ist einfacher, wenn ich es in meiner Instruktion dem Teil überlasse, was er macht. Wenn ich als B weiß, der Teil kommuniziert mit einem autonom erlebten Bild, das irgendwie anders als die Bilder ist, die A sich normalerweise im Bewußtsein macht, dann kann ich zu A sagen: „Du sollst nachher dem Teil, der für das X zuständig ist, Fragen stellen. Aber damit er sie eindeutig beantworten kann, ist es gut für dich, wenn du weißt, wie er Ja und Nein sagt. Was muß also bildlich passieren, damit das Bild Ja bedeutet oder Nein? Das muß festgelegt sein. Ich kann nicht spontan, wenn das Bild größer oder kleiner wird, sagen, das eine heißt Ja und das andere Nein. Das muß irgendwie vereinbart werden. Deshalb geh nach innen und bitte den Teil, der dir das Bild geschickt hat, es dir noch einmal in der Ja–Bedeutung zu schicken, so daß du später Ja und Nein auseinanderhalten kannst, wenn du ihn Sachen fragst."

Wichtig ist, daß A, wenn der Teil das Bild noch einmal schickt und die Farben intensiver macht, die Tiefenwirkung erhöht, es panoramischer macht oder es inhaltlich verändert, ein inneres Evidenzerlebnis hat und das Signal als autonom erlebt. Und ich frage A, wenn er aus dem Trance–Zustand in Schritt vier zurückkommt: „Hast du vom Bewußtsein her die Sicherheit, Ja und Nein auseinanderhalten zu können, wenn dein Teil mit dir kommuniziert?" Wenn er dann kongruent Ja sagt, ist der Schritt durch. Ich kann dann, muß aber in keinster Weise, hineinfragen und mich dafür interessieren, wie das Signal sich verändert hat. Wichtig für den Prozeß des Six–Step–Reframing ist nur, ob er innerlich die Gewißheit hat, daß er Ja und Nein in seiner inneren Wahrnehmung differenzieren kann.

Otto: Ist es auch möglich, daß das Bewußtsein, wenn es über die sekundären Gewinne informiert ist, dem Teil Vorschläge macht, wie er angemessener für die Person arbeiten kann?

Natürlich! Es kann sein, daß das Bewußtsein das sogar am besten kann. Nicht selten kommt es vor, daß jemand sein bewußtes Interesse sogar sehr auf das problematische Verhalten eines Teiles fokussiert hat. Für uns als Angehörige der psychosozialen Berufe ist das sogar eher die Regel als die Ausnahme. Wir werden Psychiater, um mit der eigenen Verrücktheit oder der näherer Angehöriger umzugehen, Suchttherapeut aus einem ähnlichen Grund oder NLP–Manipulationsmeister aufgrund der eigenen Verletzbarkeit. Diese Aufzählung ließe sich sicher beliebig erweitern. Diese Wege zur Selbstheilung waren wohl meist weniger erfolgreich, weil sie in einer Kampfatmosphäre stattfanden. Nach der Versöhnungs–Physiologie und den anderen neuen Erfahrungen des Bewußtseins ist die innere Kommunikationssituation eine andere.

Unbewußte Teile sind zwar mächtiger, aber das Bewußtsein kann sagen: „Ich habe eine Idee, du willst doch das und das sicherstellen, und das hast du immer so und so gemacht und ich habe darunter gelitten — wie wäre es, wenn du es so und so machen würdest?" Manchmal erinnere ich bei dieser Intervention — auch in der externalen Familientherapie, wenn wir das Reframing als eine internale ansehen — an die auf *Moshé Feldenkrais* zurückgehende Äußerung: „the child is our guru". Was ich übrigens leicht tun kann, da ich es tatsächlich glaube.

9.7.2 Kurzform der Schritte

SIX–STEP–REFRAMING (... in neun Schritten)

1. Rapportcheck und Integration der X– und Nicht–X–Physiologie

2. Ideen Säen
a) Trennung von Bewußtsein und Unbewußtem:
   Du willst vom Bewußtsein her nicht, daß dieses Verhalten X in bestimmten Situationen immer wieder auftritt? Wenn die Antwort Ja lautet, kommt das Angebot: Es ist dein Unbewußtes bzw. unbewußte Teile, die dafür zuständig sind, daß X unter bestimmten Bedingungen passiert.
b) Hierarchie:
   Der unbewußte Teil ist mächtiger als das Bewußtsein.
c) Zuverlässigkeit:
   Der unbewußte Teil hat noch nie vergessen, X zu machen, wenn der Kontext dafür gegeben war.
d) Klugheit:
   Der unbewußte Teil ist klüger als das Bewußtsein, denn er kennt im Gegensatz zum Bewußtsein die Stimuli, die im entsprechenden Kontext X auslösen. Er kennt sich außerdem in der systematischen Vernetzung der Lebensbereiche aus und weiß, in welchem er welche Ermöglichungs– und Schutzfunktion erfüllt.
e) Trennung von Absicht und Verhalten:
   "Wie" der unbewußte Teil etwas tut (X) ist nicht identisch mit dem „Wofür" bzw. dem „Wozu". Das „Wo" repräsentiert „das Beste", was der Teil tun kann, um das „Wozu" sicherzustellen.

Hier wird die erste positive Konnotation fallen. Es gibt unbewußte Teile, die das Problemverhalten organisieren, und die sind auch für etwas verantwortlich. Offensichtlich wird das in der Versöhnungs–Physiologie.

3. Signal etablieren
Gehe bitte nach innen (oder alternative Formulierungen als Tranceinduktion), stelle sicher, daß du genau den Teil ansprichst, der für X zuständig ist, und frage ihn einfach: „Bist du bereit, hier und jetzt mit mir im Bewußtsein (neu) zu kommunizieren?" Moment, bevor du es tust, ... wenn du innerlich sichergestellt hast, daß genau der Teil angesprochen wird, machst du Sendepause, denn du kannst dann vom Bewußtsein nichts mehr richtig oder falsch machen,

sondern brauchst dich nur überraschen zu lassen, *wie* der Teil kommunizieren wird; wird er dir was vor das innere Auge oder Ohr schicken, vor die Nase oder den Mund oder ins Körpergefühl?

4. Ja–/Nein–Bedeutung etablieren

Gehe bitte noch mal nach innen und bedanke dich bei dem Teil für diese neue Kooperation. Und dann bitte ihn noch, das Bild (oder das Geräusch, das Gefühl, den Geschmack oder Geruch) nochmal zu schicken, oder es intensiver zu schicken, oder es irgendwie so zu verändern, daß du genau weißt, er schickt das als Ja–Signal. So daß du später genau weißt, wie kommuniziert er dir Ja und wie Nein. Deshalb bitte ihn einfach um ein Blanko–Ja–Signal.

5. Absicht des Teiles bekannt?

Jetzt frage ihn: „Weiß ich jetzt alles im Bewußtsein, was du mit dem X für mich getan hast? Weiß ich jetzt deine ganze Absicht?"

Wenn die Antwort Ja lautet, fragt ihr: Jetzt bist du erwachsen genug, das in deinem Leben selbst sicherzustellen; was mußt du tun, um die Funktion des Teiles selbst zu erfüllen? Am Schluß der Arbeit macht ihr ein FuturePace.

Wenn die Antwort Nein lautet, könnt ihr sagen, die unbewußten Teile tun eines immer, neben allem, was sie für den Menschen tun, sie schützen das Bewußtsein vor zu vielen Informationen. Es kann ja durchaus sein, daß der Teil deines Unbewußten, der für das X immer zuständig war, sagt: „Nein, es gibt noch etwas, was ich für dich tue, und ich möchte zur Zeit nicht, daß du das voll weißt. Wenn du es wüßtest, wenn ich zulassen würde, daß du es voll wissen würdest, könnte es sein, daß du durch alte Schmerzen nochmal durch mußt." Es kann auch sein, daß er sagt: „Dein bewußtes Denken in bezug auf die Kontexte und die Zusammenhänge zu anderen Lebensbereichen, in denen das X wichtig ist, ist so eingeschränkt, daß ich nicht zulassen kann, daß du mir mit deinen eingeschränkten bewußten Denkschemata dazwischenfunkst."

6. Induktion der kreativen Physiologie

Weißt du, daß du einen kreativen Teil hast?

Wenn auf die Frage hin nicht ein spontaner Wechsel in der Physiologie mit mehr Kreativität und Bewegung kommt, könnt ihr sagen: Du kennst Situationen, in denen du dich in einer bestimmten Weise verhalten hast, und noch während du dich so verhältst, oder kurz hinterher, wird dir plötzlich klar, daß du genau das Richtige getan hast, zum richtigen Zeitpunkt, in der richtigen Reihenfolge, ohne sich das vorher bewußt zurechtgelegt zu haben. Und da hast du gewußt, der kreative Teil ist da und arbeitet für dich.

7. Konferenz des unbewußten Teils mit dem kreativen Teil

Bitte den Teil, der für das Verhalten X zuständig war, eine Konferenz zu haben mit dem kreativen Teil, was immer die tun, oder wo immer die sind, spazierenzugehen oder sich gegenseitig zu besuchen, wo sie günstigste Arbeitsbedingungen haben, um gute Einfälle zu kriegen und eine gute Kommunikation miteinander zu haben.

Du sagst also zu dem Teil: „Gehe in Konferenz mit dem kreativen Teil, unterrichte den kreativen Teil, was du tust, was du für mich immer getan hast, so daß der das genau weiß. Und dann nimm von den vielen Ideen, die der kreative Teil einfach fördert, jene, wie du diese Absicht anders umsetzen kannst in meinem Leben, die mindestens genauso effektiv sind wie das X... Und schicke mir jedesmal das Ja-Signal, wenn du eine ausgesucht hast, und nimm mindestens drei."

8. Verantwortung

Jetzt danke bitte dem X-Teil für die neue Form der Zusammenarbeit; daß er das macht, ist ja nicht selbstverständlich. Danke auch dem kreativen Teil.

Was wäre vom Bewußtsein her eine gute Zeitschätzung, daß der Teil, der immer mit dem X gearbeitet hat, diese drei neuen Wege ausprobiert und nutzt. Kannst du mal eine Zeitschätzung sagen, daß er die einfach ab jetzt in deinem täglichen Leben ausprobieren und auf Effektivität hin überprüfen kann?

Nun frage den Teil, der immer mit dem X gearbeitet hat: „Bist du bereit, für die nächsten... (Tage, Wochen, Monate, entsprechend der Zeitschätzung)... ab jetzt, die Verantwortung dafür zu übernehmen, daß das neue Verhalten, diese neuen Wege in meinem Verhalten auftreten werden, genauso automatisch und zuverlässig und unabhängig von meinem Bewußtsein wie vorher das X?"

9. Ökocheck

Nun frage noch: „Gibt es irgendeinen Teil auf der unbewußten Ebene, der einen Einwand hat, daß diese drei neuen Wege in meinem Leben stattfinden und auftreten werden? Ab jetzt."

Wenn sich Teile melden, soll jeder eine Konferenz mit dem kreativen Teil machen und sich sagen lassen, wie er arbeiten kann, so daß die drei neuen Wege auftreten können.

9.8 Zitat–Check

Andrea: Was kann man machen, wenn der V.A.K.O.–Check ein ganz unangenehmes Signal ist?

Es gibt viele Möglichkeiten. Handelt es sich beim X zum Beispiel um eine Phobie, dann kann es sein, daß das Signal die phobische Reaktion ist. Und die kann sehr unangenehm sein. Dann werde ich als erstes natürlich ein Separator–Manöver machen. Wenn ich einen guten Rapport zu meinem A habe, kann ich auch mit dem Six–Step–Reframing versuchen, eine Phobie zu bearbeiten. Je besser mein Rapport zu A ist, desto schneller, kreativer und flexibler bin ich in meinen Separator–Manövern und in meinen Einfällen, die Tatsache zu reframen, daß das Signal so unangenehm ist. Es genügt nicht, sie zu redefinieren oder umzudeuten, sie ist wirklich zu reframen, mit allen Gütekriterien der physiologischen Reaktion auf meine Verbalisierung, wie wir sie beim inhaltlichen Reframing gelernt haben. Ein Standard–Reframing für diese Situation ist: „Ja, wenn du mit mir so umspringen würdest, wie du es mit dem Teil tust, würde ich dir auch mal zeigen, was eine Harke ist." Mit solchen Interventionen kann ich mir leicht einen drastischen Rapportverlust einhandeln — dann ist mein A nicht mehr in der phobischen Physiologie, sondern schlicht stocksauer (lacht). Dann war es immerhin ein gutes Separator–Manöver.

Also nebenbei, aber trotzdem sehr wichtig: Ich empfehle euch, dieses Interventionsmuster als Anfänger im Umgang mit dem Six–Step–Reframing nicht bei Phobien zu verwenden. Im nächsten Seminar (Band II) werden wir unter anderem mit der Technik der visuell kinästhetischen Dissoziation arbeiten, die auch unter der Bezeichnung „Phobie–Technik" bekannt ist.

Ich habe eine Intervention entwickelt, die ich „**Zitat–Check**" nenne. Dieses Vorgehen ist sehr gut geeignet, wenn A ein unangenehmes Signal bekommt. Aber auch, wenn das Signal sehr diffus oder flüchtig und veränderlich ist, empfehle ich euch diese Intervention. Außerdem ist diese Intervention ein guter Kontext für B, um seine Intuition zu schulen. Ihr habt es vorhin schon einmal kennengelernt, als Stephanie in der Demonstration mit ihrem Team von Teilen auf der unbewußten Ebene sprach — außerhalb von sich selbst. Das ist quasi die „Technik des leeren Stuhls" im NLP. Manchmal braucht man auch eine ganze Wohnzimmer–Garnitur dafür, wenn es zum Beispiel ein großes Team ist

Meiner Erfahrung nach gehört ein sicherer Umgang mit dem

Zitat–Check mit zu den Dingen, die darüber entscheiden, ob das Six–Step–Reframing als hölzerne Technik angewandt wird, oder ob es ein absolut lebendiges und bereicherndes Erlebnis für A und B wird. Als notwendige Fertigkeit neben Wahrnehmungsgenauigkeit, Rapportfähigkeit und Flexibilität, also den NLP–Grundfertigkeiten, kommt bei dieser Intervention noch die Fähigkeit von B hinzu, innerlich eine angemessene Repräsentation vom Reframing–Prozeß zu entwickeln. Um innerhalb der Wirklichkeit „das Bewußtsein und die Teile des Unbewußten" überhaupt intervenieren zu können, muß B vor seinem eigenen geistigen Auge und Ohr die schon erreichte Struktur des Prozesses und der etablierten „Realität" irgendwie abbilden. Er oder sie entwickelt im Geist eine Metapher, die benutzt wird, um all die Informationen, die er oder sie auf den verschiedenen Ebenen erhält, zu sortieren, zu organisieren und abrufbar zu speichern, also zu repräsentieren. Die innere Repräsentation, die sich B schafft, um A's verbale und nonverbale Angaben über dessen am Six–Step–Reframing–Prozeß mitwirkende Teile abbilden und speichern zu können, muß als Metapher systemisch organisiert sein. Metaphern wie die einer Familie, einer Firma oder Organisation eignen sich meiner Erfahrung nach am besten. Sie sind genügend ausbaubar, um die Informationsdichte und –komplexität, die ein komplexes Six–Step–Reframing oder eines der anderen Reframing–Modelle erreichen kann, abzubilden und abrufbar zu speichern. Ich selbst verwende, wie ihr euch nach dem Vorwort zum „Reframing"–Buch wohl denken könnt, oft die Metapher der Satir'schen Familienrekonstruktion.

Eine Ebene der Informationen, die B über die für A und sein X signifikanten „Teile des Unbewußten" erhält, sind die verbalen Berichte von A über die Teile, ihre Beziehungen untereinander und zum Bewußtsein. Eine zweite Ebene sind die interaktionellen einwanderhebenden Teile, und eine dritte Ebene ist das nonverbale Verhalten von A, wenn er oder sie über die Teile und ihre Beziehungen untereinander und zum Bewußtsein berichtet. Eine vierte, auch sehr interessante Ebene ist die spontane Einbeziehung von Menschen außerhalb der Interaktion. Zum Beispiel kann sich in einer Kleingruppe sowohl C als auch meistens B in Teile von A verwandeln. Mit dieser Ebene und mit B's Möglichkeiten, die verschiedenen Informationen zu organisieren und zu utilisieren, werden wir uns im nächsten Seminar noch ausführlicher beschäftigen.

Der Zitat–Check befaßt sich mit der dritten Ebene: Er erleichtert es B, die Art von Beziehung wahrzunehmen, die A vom Bewußtsein her zu dem Teil oder dem Team auf der unbewußten Ebene hat, mit dem er oder sie gerade versucht, effektiv zu kommunizieren. In allen drei Formen des Zitat-Check kommt B zu einer Hypothese über die Art dieser Beziehung. Unterschiedlich ist der Weg dahin und auch der Aufwand. Wer wenig Erfahrung im Six-Step-Reframing hat, sollte sich für die aufwendigere Form entscheiden, die ihr in der Demonstration mit Stephanie kennengelernt habt. Dabei geht ihr folgendermaßen vor: Im ersten Schritt bittet ihr A: „Sag mir mal, wie hast du den Teil angesprochen? Gib mir das wörtliche Zitat!" Ob A es tatsächlich ausspricht oder nicht, ist an dieser Stelle weniger wichtig. A soll es innerlich fokussieren und in die Physiologie kommen, die zu dieser Beziehung dazugehört. Wenn dies passiert, lautet die zweite Instruktion: „Stell dir vor, dieser Teil wäre außerhalb von dir, etwa hier im Raum." Dabei markiert ihr mit einer Geste eurer Hand einen Abstand zu A, in dem in etwa ein Mensch sich vor A hinstellen würde, wenn er mit ihm sprechen wollte oder sollte. Wenn die Physiologie maximal wird, sagt ihr: „Laß mich mal hören, wie sprichst du ihn an?" Ihr benutzt wieder die Geste mit der Hand, die jetzt zu einem Anker für die Physiologie geworden ist. Im vierten Schritt laßt ihr euch von der verbalen und nonverbalen Art und Weise, in der A den halluzinierten Teil anspricht, anmuten und fragt euch selbst, wer an den leeren Platz paßt, wer da sein müßte, damit das nonverbale Verhalten von A „szenischen Sinn" macht. Ihr laßt dann als Antwort auf diese Frage und aufgrund eurer Anmutung eine Phantasie oder eine Intuition in euch entstehen, zu was für einer Szene das nonverbale Verhalten von A gehören oder passen könnte. Diese Phantasie nehmt ihr möglichst in der Form einer typischen sozialen Szene, die in der Lebens- und Alltagserfahrung der meisten Menschen repräsentiert ist, als Grundmaterial für ein Feedback an A, etwa in dieser Form: „Dich dabei anzusehen und anzuhören erinnert mich an einen Menschen, der zu einem anderen Menschen in der und der Situation das und das sagt, oder auf den bezogen das und das tut." Hier setzt ihr also die szenische Konstellation und den Handlungsablauf eurer Phantasie ein, und zwar möglichst konkret und detailliert. Zeigt A sich tangiert oder beeindruckt von dieser Szene, was an einer Versöhnungs-Physiologie mit spontaner Trance sichtbar wird, macht ihr ihn oder sie mit folgendem Gedanken vertraut: „Bei aller Ähnlichkeit des Verhältnisses deines Bewußtseins zu diesem Teil von dir auf der unbewußten Ebene zu dieser Szene, ist es auf jeden Fall anders als alle Verhältnisse oder Beziehungen, die du vorher kennengelernt hast." Ist die Versöhnungs-Physiologie stabil und gibt es ein ideomotorisches Nicken, dann gebt ihr A die nächste Instruktion: „Mit diesem Wissen (gesprochen in die Versöhnungs–Physiologie oder das ideomotorische Nicken hinein) geh jetzt noch mal nach innen und sprich den Teil noch einmal neu an. Und laß dich überraschen, wie er dir diesmal antwortet."

Bekommt A dann ein befriedigendes, eindeutiges und autonomes Signal, ist der Zitat–Check beendet. Ist das Signal weiterhin unangenehm oder uneindeutig, wird er noch einmal durchlaufen — als Chance für B, eine andere Phantasie zu fördern und auszuprobieren, und damit seine szenische Verständnisfähigkeit zu schulen. Mit anderen Worten, den zweiten Zitat–Check durchläuft B zum eigenen Wohl und Wachstum. Letztlich natürlich auch den ersten; die Tatsache, daß überhaupt einer notwendig wird, ist nach meinem Verständnis ein Hinweis für B, daß er entweder die Phase „Ideen säen" zu schnell beendet hat, also dort schlampig gearbeitet hat, oder daß er bestimmte Einwände nicht wahrnehmen konnte, weil er mit einem ähnlichen Aspekt im eigenen Leben unversöhnt ist. In dem Fall ist der Zitat–Check eine ausgezeichnete Gelegenheit zur Instant–Supervision. Ich kann, genau wie im inhaltlichen Reframing, die passende Szene nicht finden, wenn ich sozusagen nicht meinen Frieden mit ihr habe. Der Zitat–Check hilft also B, seine eigenen Begrenzungen wahrzunehmen. Gleichzeitig ist er auch schon die Handlungsanweisung für deren Überwindung.

Damit ist klar, daß der Zitat–Check an jeder Stelle des Six–Step–Reframings möglich ist; an jeder Stelle im Prozeß kann es B klarwerden, daß A wohl doch noch nicht in der Lage ist, in der Versöhnungs–Physiologie an sein X zu denken bzw. in der Versöhnungs–Physiologie dem entsprechenden Teil gegenüberzutreten.

In der einfacheren Form frage ich A: „Wie hast du den Teil angesprochen?" und laß mich von seinem nonverbalen Verhalten während der Antwort anmuten, um dann mit dem nächsten Schritt weiterzumachen. Hier achte ich in der Antwort von A sowohl auf direkte als auch auf indirekte Rede, um das Zitat aus seinem inneren Dialog zu überprüfen.

In der einfachsten Form erschließe ich mir das Zitat aus dem verbalen und nonverbalen Verhalten von A, ohne ihn oder sie danach zu fragen. Ich frage höchstens mich selber, nach allem, was ich gehört und gesehen habe, wie A über den Teil und mit ihm redet, was das für eine Szene sein könnte. Dann geht es weiter mit dem nächsten Schritt.

Hartmut: Mir ist noch nicht ganz klar, was typische soziale, szenische Konstellationen sind?

Zum Beispiel kann ein Schüler einen Lehrer etwas fragen und dabei lieber sehr höflich sein und sich eher etwas dummstellen, als sich der Gefahr auszusetzen, daß der Lehrer merkt, wie sauer und genervt er darüber ist, daß der Lehrer sich so unverständlich ausdrückt. (Allgemeines Lachen, Hartmut schaut etwas verunsichert.)

Also, um deutlich zu machen, was ich meine, denkt bitte noch einmal an die Demonstration vorhin mit Stephanie: Das Beispiel mit der Tochter und der Mutter war eine sehr typische soziale Szene — ein Typ Szene, den wohl jeder Mensch in unserer Gesellschaft in dieser oder ähnlicher Form und Besetzung schon erlebt hat, selber beteiligt oder zuschauend. Und es war auch ein sehr schönes Beispiel in bezug auf die intensive Versöhnungs–Physiologie, die sehr nah an der Scham–Physiologie lag, die diese Szene als Reaktion in Stephanie ausgelöst hatte. Das war eine sehr konstruktive Physiologie, denn sie konnte im nächsten Schritt des Zitat–Checks utilisiert werden: „Mit dem, was du jetzt neu weißt, geh noch mal nach innen und sprich den Teil neu an." Wie immer sie das gemacht hat, sie hatte danach ein valides, weil autonomes Signal, das sie erfreute.

Ich erinnere mich gut an ein Six–Step–Reframing vor etwa fünf Jahren, in dem wir nicht von der Stelle kamen in unserer „therapeutischen" Interaktion. Da tauchte ein paarmal eine Szene in meinem Geist auf, die ich als Störung aber immer wieder beiseite schob — schließlich war es doch die Demonstration eines Six–Step–Reframings vor einer Gruppe. Zu meiner eigenen Überraschung habe ich dann zu ihm gesagt: „Mensch, hör mal zu. Du redest doch nicht mit deinem Sohn, daß der endlich sein Zimmer aufräumen soll. Du redest mit deinem Unbewußten!" Er sah mich überrascht an und staunte noch viel mehr, als ich mich lachend von dem zweiten Teil der szenischen Beschreibung befreite, die sich mir förmlich aufgedrängt hatte: „... und du weißt, daß er dich auflaufen läßt mit diesem Versuch, deine Autorität zu beweisen." Ich hatte einen sehr guten Rapport zu ihm und war sehr erstaunt, daß der durch diese Äußerung noch besser wurde. Er sprach den Teil neu an und erhielt ein Signal, das ihm beinahe die Socken auszog, so schön fand er es; außerdem bekam er ein neues, sehr viel befriedigenderes Verhältnis zu seinem siebenjährigen Sohn, wie er mir Monate später mitteilte. Ich hingegen bekam in der Sitzung ein sehr gutes Verhältnis zum Six–Step–Reframing mit seinen vielen Möglichkeiten. Und das Six–Step–Reframing bekam den Zitat–Check.

9.9 Sechs Schritte auf dem Weg zur Meisterschaft

Ihr müßt die Entscheidung fällen, ob ihr das Six-Step-Reframing lernen wollt, oder nicht. Wenn ihr es lernen wollt, solltet ihr es dazu benutzen, so würdigend mit Menschen zu arbeiten, wie *Virginia Satir* das tut und *Milton Erickson* es tat. Nehmt dieses Modell als Krücke, Sehhilfe, Hörhilfe, Fühl-und Gehhilfe, Formulierungshilfe, wie auch immer, um die vielfältigen Möglichkeiten meistern zu können, wie sich Teampartner melden, Einwände kommen und alle möglichen Phänomene im subjektiven Erleben von A und B und in der Interaktion auftauchen. Und wenn ihr das gut könnt, könnt ihr das ganze Modell irgendwann einmal vergessen. Wichtig ist, daß ihr im Six-Step-Reframing-Modell die Grundlage für die Entwicklung eurer therapeutischen Fähigkeit habt, alles einbeziehen und würdigen zu können, was in der therapeutischen Situation passiert. Damit habt ihr auch die Grundlage, alles zu utilisieren, was passiert, damit A die Veränderung in seinem Leben erreichen kann, die er oder sie anstrebt. Alles was stattfindet, ist ein Hinweis auf noch nicht genutzte Ressourcen und auf Wege, diese Ressourcen zu nutzen.

Alle in diesem Seminar vermittelten Techniken sind in diesem Sinne Krücken und Ressourcen zugleich und — diese Enttäuschung kann ich euch nach der schon investierten Arbeit nicht ersparen — ... sie sind nicht NLP! NLP ist der *Prozeß* des Modellierens, des Suchen und Findens von Mustern und der Bildung von Modellen.

Die hier vorgestellten und viele andere effektive Techniken und Interventionsmuster sind letztlich nur die Spur, die begabte Modellierer — im wesentlichen *John Grinder* und *Richard Bandler* — hinterlassen haben, während sie ihre Fähigkeiten als Modellbauer im Bereich menschlicher Kommunikation und Kompetenz verfeinerten.

Trotz aller Überschneidungen sind die Fähigkeiten zum Modellieren nicht identisch mit den Fähigkeiten, die man für ein „Change History" oder ein „Reframing" braucht. Dieser Prozeß NLP ist didaktisch schwierig zu vermitteln; es geht mehr um eine Haltung von Neugierde oder um die Fähigkeit zu staunen, als um technisches, vermittelbares know how. Trotzdem werden wir uns, wenn es in einem unserer nächsten Seminare um das Modelling geht, noch mit den technisch erlernbaren Aspekten dieses „eigentlichen" NLP beschäftigen. Ich habe einige Ideen für ein Modell des Modellingprozesses entwickelt, die ihr sicher interessant finden werdet, da sie sehr explizit der Tatsache gerecht werden, daß *John Grinder* und *Richard Bandler* ihre Modelle *zu zweit* entwickelt haben und daß sie sich getrennt haben, bevor sie ihre eigene Fähigkeit zum Modellieren modelliert und seminardidaktisch vermittelbar gemacht haben.

Aber nach dieser kleinen Vorschau zurück zu eurer schon erworbenen neuen Fähigkeit, Selbsttrance-Zustände zu utilisieren: Diejenigen von euch, die ein Signal haben, nutzen diese kleine Besinnungstrance am Ende dieses Seminars für irgend etwas, was immer auch angenehm und interessant ist. (Unruhe in der Gruppe, Leute setzten sich anders hin, legen ihr Schreibzeug weg, etc.) Diejenigen, die noch kein Signal haben, erwägen, sich schnell „richtig" hinzusetzen für die „richtige" Trance. (Allgemeines Lachen.) Und sie erwägen, innerlich nachzufragen, ob es so etwas Ähnliches gibt, wie einen Teil von ihnen auf der unbewußten Ebene, der heute nacht, in Zusammenarbeit mit dem Teil, der die Träume träumt, und mit dem kreativen Teil ..., die arbeiten sowieso immer sehr eng zusammen, oder habt ihr schon mal einen nicht kreativen Traum geträumt? „Gibt es einen Teil, der in dieser Zusammenarbeit heute nacht mich etwas Bestimmtes träumen lassen kann, so daß ich morgen mit dem Wissen aufwache, etwas Bestimmtes geträumt zu haben. Und das Wissen ist entweder ein bestimmtes Bild, oder ein bestimmtes Hörerlebnis, oder ein bestimmtes Körpergefühl, oder ein bestimmter Geruch oder Geschmack."

Oft erinnert man Träume auf die Art und Weise, daß man noch ein bestimmtes „Etwas" hat von dem Traum. Nur es kann sein, daß ihr fragt: „Gibt es einen Teil, der dafür sorgen kann, daß ich morgen auch so etwas habe, aber daß ich dann weiß, daß das das Signal ist von einem Teil, der für ein bestimmtes X zuständig ist." Und wie wäre das, wenn das so wäre? Es kann sein, daß ihr jetzt schon wißt, mit welchem Bild oder Hörerlebnis oder Körpergefühl oder Geruch oder Geschmack ihr morgen aufwachen werdet. Dann habt ihr jetzt schon euer Signal. Nur wißt ihr noch nicht, was ihr damit macht.

„Wie soll ich heute abend, falls ich es will, wenn ich Feierabend habe oder kurz vor dem Einschlafen bin, mit einem Teil von mir auf der unbewußten Ebene sprechen? Und wie überprüfe ich Hypothesen? Kann das X etwas zu tun haben mit so und so? Historisch, kann sich das so und so entwickelt haben? Welche Lebensgeschichte haben unbewußte Teile? Wie haben sie früher gearbeitet? Wie arbeiten sie heute? Wenn man voraussetzt, daß auch Teile lernen ... Welche Hypothesen kann ich entwickeln und wie frage ich den Teil?"

Am besten so, daß der Teil mit Ja und Nein antworten kann. Und wenn ihr andere Fragen habt, könnt ihr fragen: „Teil, der du für das X zuständig warst, fällt es in deinen Kompetenzbereich, zu der und der Frage zu antworten?" Wenn ihr ein Ja kriegt, habt ihr einen guten Berater, für was auch immer es ist, für das ihr das Ja kriegt. Es kann sein, daß er Nein sagt. Dann hattet ihr Pech. Dann müßt ihr solange überlegen und Ideen kriegen, bis ihr eine neue Hypothese habt. Oder ihr entscheidet euch einfach abzuwarten, bis die nächste Hypothese spontan kommt. Und in der Zwischenzeit genießt ihr das, was man allgemein nennt ...: Feierabend.

Literatur

Andreas, C., Andreas, S., Change Your Mind — and Keep the Change, Real People Press, Moab 1987; dt.: Gewußt wie, Junfermann, Paderborn 1988.
Bandler, R., Grinder, J., Satir, V., Changing with Families, Science & Behavior Books, Inc., Palo Alta 1976; dt.: Mit Familien reden, München, Pfeiffer 1978.
Bandler, R., Grinder, J., The Structure of Magic, Vol. I, Science & Behavior Books, Inc., Palo Alta 1975; dt.: Metasprache und Psychotherapie. Die Struktur der Magie — Bd. I, Junfermann, Paderborn 1981.
Bandler, R., Grinder, J., Frogs into Princes, Real People Press, Moab 1979; dt.: Neue Wege der Kurzzeit-Therapie, Junfermann, Paderborn 1981.
Bandler, R., Grinder, J., Patterns of the Hypnotic Techniques of Milton H. Erickson, M.D., volume 1, Meta Publications, Cupertino, California 1975.
Grinder, J., DeLozier, J., Bandler, R., Patterns of the Hypnotic Techniques of Milton H. Erickson, M.D., volume 2, Meta Publications, Cupertino, California 1977.
Bandler, R., Grinder, J., Reframing, Real People Press, Moab 1982; dt.: Reframing — ein ökologischer Ansatz in der Psychotherapie (NLP), Junfermann, Paderborn 1985.
Bandler, R., Using Your Brain — for a Change, Real People Press, Moab 1985; dt.: Veränderung des subjektiven Erlebens. Fortgeschrittene Methoden des NLP, Junfermann, Paderborn 1987.
Bateson, G., Steps to an Ecology of Mind, Ballantine Books, New York 1972; dt.: Ökologie des Geistes, Suhrkamp, Frankfurt 1981.
Bateson, G., Mind and Nature. A necessary Unity, E. P. Dutton, New York 1979; dt.: Geist und Natur. Eine notwendige Einheit, Suhrkamp, Frankfurt 1982.
Cameron-Bandler, L., They lived happily even after, Meta Publications, Cupertino 1978; dt.: Wieder zusammenfinden. NLP — neue Wege der Paartherapie, Junfermann, Paderborn 1983.
Cameron-Bandler, L., et al., Emotional Hostage, FuturePace, San Rafael 1986.
Cameron-Bandler, L., Solutions. Practical and Effective Antidotes for Sexual and Relationship Problems, FuturePace, San Rafael 1985.
Cameron-Bandler, L., Gordon, D., Lebeau, M., The Emprint Method. A Guide to Reproducing Competence, FuturePace, San Rafael 1985.
Cameron-Bandler, L., Gordon, D., Lebeau, M., Know How. Guided Programs for Inventing Your Own Best Future, FuturePace, San Rafael 1985.
DeLozier, J., Grinder, J., Turtles all the way down: Prerequisites to Personal Genius, Grinder, DeLozier and Associates, Bonny Doon 1987.
Dilts, R., et al., Neuro-Linguistic Programming: Vol. 1, Meta Publications, Cupertino 1980; dt.: Strukturen subjektiver Erfahrung — ihre Erforschung und Veränderung durch NLP, Junfermann, Paderborn 1985.
Dilts, R., Roots of Neuro-Linguistic Programming, Meta Publications, Cupertino 1983.
Dilts, R., Applications of Neuro-Linguistic Programming, Meta Publications, Cupertino 1983.
Erickson, M., The Collected Papers of Milton H. Erickson on Hypnosis, volume I – IV, Edited by *Rossi, E.*, Irvington Publishers, New York 1980.
Gordon, D., Therapeutic Metaphers, Meta Publications, Cupertino 1978; dt.: Therapeutische Metaphern, Junfermann, Paderborn 1985.
Grinder, J., Bandler, R., The Structure of Magic, Vol. II, Science & Behavior Books, Inc., Palo Alto 1976; dt.: Kommunikation und Veränderung. Die Struktur der Magie — Bd. II, Junfermann, Paderborn 1982.
Grinder, J., Bandler, R., TRANCE-formations, Real People Press, Moab 1981; dt.: Therapie in Trance. Hypnose: Kommunikation mit dem Unbewußten, Klett-Cotta, Stuttgart 1984.

Grinder, J., McMaster, M., Precision: A New Approach to Communication, Precision Modells, Beverly Hills 1980.

Haley, J., Uncommon therapy, Norton, New York 1973; dt.: Die Psychotherapie Milton H. Ericksons, Pfeiffer, München 1978.

Stahl, T., Der Erickson-Kongreß — ein subjektiver Bericht, *Integrative Therapie 7*, Junfermann, Paderborn 1981a.

Stahl, T., Das Konzept 'Widerstand' in der Psychotherapie Milton Ericksons, in der Kommunikationstherapie und im Neurolinguistischen Programmieren, in: *Petzold, H.*, (Hrsg.), Widerstand — ein strittiges Konzept in der Psychotherapie, Junfermann, Paderborn 1981b.

Stahl, T., Jürgens, G., Gespräch mit Virginia Satir, *Integrative Therapie 8*, Junfermann, Paderborn 1982.

Stahl, T., Interventionsmuster des NLP in der Familientherapie, in: *K. Schneider* (Hrsg.), Familientherapie in der Sicht psychotherapeutischer Schulen, Junfermann, Paderborn 1983.

Stahl, T., Die kleine Schule des Wünschens. Ein Interventionsschema für Verhandlungssituationen in der Familientherapie, in: *Schlippe, A., Kriz, J.*, (Hrsg.), Symposium. Familientherapie, Kontroverses - Gemeinsames, Verlag Mona Bögner-Kaufmann, Wildberg 1987.

Information zur Aus- und Weiterbildung sowie zu Sonderseminaren in NLP:

Bis 31.12.1988:

Deutsche Gesellschaft für
Neurolinguistisches Programmieren (DGNLP)

DGNLP-Sekretariat
z. H. Frau Barbara Conrad
Kaiserstraße 1
8000 München 40

DGNLP Ausbildungsleitung
Dipl.-Psych. Thies Stahl
Eulenstraße 70
2000 Hamburg 50

Ab 01.01.1989:

TRAINER-GEMEINSCHAFT
NEUROLINGUISTISCHES PROGRAMMIEREN
(TGNLP)

Eine Assoziation *aller* DGNLP-Trainer
c/o Dipl.-Psych. Thies Stahl • Eulenstraße 70 • 2000 Hamburg 50
Anschrift München (c/o Frau B. Conrad) wird angekündigt

Robert Ornstein

MULTIMIND

Ein neues Modell des menschlichen Geistes

Ergebnisse der Humanwissenschaften für Erziehung, Therapie und Management

ca. 240 Seiten, ca. DM 34,—
ISBN 3-87387-293-5

Zu diesem Buch:
Die Anfänge der modernen Psychologie liegen etwa hundert Jahre zurück, die der modernen Hirnforschung etwa fünfzig. Es ist an der Zeit, die Ergebnisse zusammenzutragen: die Art und Weise, uns und andere zu verstehen, ist unvollständig und führt in die Irre – so beschreibt Robert Ornstein die Ausgangslage für die moderne Hirnforschung.
Robert Ornstein, Professor für Psychologie und Humanbiologie, trägt in diesem Buch die verschiedensten Forschungsergebnisse so unterschiedlicher Wissenschaften wie der Hirnforschung, der Evolutionsbiologie, der Sozialpsychologie, aber auch der Persönlichkeits- und Intelligenzforschung zusammen. Das Fazit dieser Zusammenschau ist ein Modell, das eine radikale Abkehr von den traditionellen, aber auch von den modischen Konzepten des menschlichen Geistes darstellt: MULTIMIND.

Unser Geist ist ein multidimensionales Gebilde, eine Konföderation von verschiedensten Teil-Geistern, ein komplexes Informationssystem aus miteinander vernetzten und voneinander zum Teil unabhängigen „Super-Computern".
Das MULTIMIND-Modell versöhnt widerstreitende Ansätze und ist gleichzeitig eine Herausforderung. Ornstein popularisiert im besten Sinne des Wortes Wissenschaft. Herausgekommen ist ein Buch voller Anregungen für unseren Versuch, uns selbst und andere besser zu verstehen, sei es im Alltag, in der Erziehung, in der Therapie oder im Management.
Angesichts der Verbreitung längst nicht mehr haltbarer, eindimensionaler oder gar biologistischer Vorstellungen über das Wesen des menschlichen Geistes – besonders deutlich im Weiterbildungs-, „Trainings"- und Managementbereich – ist dieses Buch eine notwendige Antwort auf die Pop-Psychologie.

Robert Ornstein ist Professor für Psychologie und Humanbiologie an der Stanford-Universität; er ist durch zahlreiche, populär geschriebene Bücher einem breiten Leserkreis im deutschsprachigen Raum bekannt.

„Robert Ornstein war schon immer ein Vertreter des neuen und spekulativen Denkens, das uns in den letzten Jahren so viele Anstöße und Einsichten in die Arbeitsweise unseres Geistes gegeben hat.
Aber er ist auch in der Lage, diese Gedanken und Theorien so darzustellen, daß sie auch von Menschen verstanden werden, die keine Fachwissenschaftler sind.
...Nach der Lektüre dieses Buches begreife ich langsam, welche Konsequenzen es hätte, wenn wir unseren Geist und die Geiste unserer Mitmenschen als „Multiminds" begreifen könnten. Professor Ornstein ist kein Schmalspur-Spezialist. Um seine Gedanken zu illustrieren, verwendet er Beispiele aus der Literatur, Mythen, Gedichte und nicht zuletzt Witze. Dieses Buch ist nicht nur informativ, sondern auch unterhaltsam."
Doris Lessing

Junfermann-Verlag • Paderborn